구속사의 관점에서 본

민수기 파노라마

유도순 지음

머릿돌

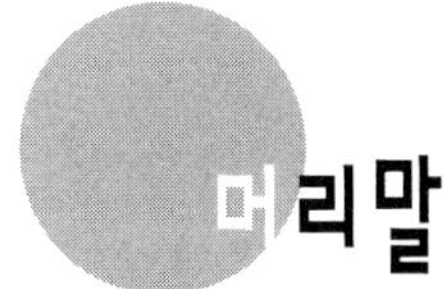
머리말

민수기에는 두 번의 인구조사가 나옵니다.
출애굽기에서는 십계명의 첫 석판은 깨어지고
두 번째 석판이 주어집니다.
출애굽을 한 그들이 훗날, "출바벨론"을 하게 됩니다.

이것은 무엇을 말씀해주는 것일까요?
하나님이 하시는 일에도 시행착오가 있단 말인가?
아닙니다.
여기에 구약성경을 통해서 하시고자 하는 메시지가
농축이 되어 있는 것입니다.

인간의 거짓됨입니다.
하나님의 신실하심입니다.
결론은 자력구원의 불가능성입니다.

타락한 인간에게 하나님은 먼저 복음을 주셨습니다.

그러나 그것만으로는 무용지물입니다.
죄를 모르면 복음이 필요치가 않기 때문입니다.

그래서 율법과 선지서와 구약의 역사가
"구약성경"이라는 이름으로 주어진 것입니다.
구약성경의 주제는 두 가지로 요약이 됩니다.
"내게 대하여(그리스도) 증거한 것이로다"(요 5:39).
"율법으로는 죄를 깨달음이니라"(롬 3:20).

죄를 깨닫기에는 구약성경의 분량이 너무 적다는 말인가?
죄를 모르면, 복음을 모릅니다.
그래서 철학을 말하고, 축복을 찾고 있는 것입니다.

저는 이 책을 그리스도와 복음을 증거하기 위해서 썼습니다.
이 책을 읽으면 죄를 발견하고, 그리스도를 만나게 될 것입니다.
이것은 제가 처음 부르심을 받았을 때에 주님과의 약속입니다.

우리교회 원로목사 유 도 순

목 차

민 수 기

파노라마

주제 : 믿지 아니하므로 능히 들어가지 못한 것이라

"창세기"의 역사는, 천지창조로 시작하여 야곱의 자손 70명이 애굽으로 내려가는 데까지이고, "출애굽기"의 역사는 애굽에서 430년 동안 노예생활을 하던 야곱의 자손들이 애굽을 탈출하여 시내산까지의 여정인데, "민수기"는 시내산을 출발하여 요단 동편 모압 평지에 이르는 광야 40년 간의 방황의 기록입니다. 민수기의 본래 이름은 "베미드 바르"인데 그 뜻은 "광야에서" 라는 의미입니다. 그러므로 민수기는 광야 같은 세상을 살아가고 있는 현대교회에 거울이 되고 경계가 되는 것입니다. 민수기를 상고하노라면, "우리는 지금 민수기 시대를 살아가고 있구나" 하는 각성을 하게 되는 까닭이 여기에 있습니다.

출애굽기를 통해서 살펴본 대로 이스라엘 자손들은 애굽 바로의 노예였던 신분에서 "구속"으로 말미암아 하나님의 백성이 되었습니다. 그리하여 하나님의 백성답게 살아가야 할 율법과, 하나님이 그들과 함께 하신다는 임재의 상징으로 성막이 주어졌습니다. 그리고 "레위기"를 통해서는 성막을 사용하는 법, 즉 죄인이 어떻게 하나님 앞에 나아갈 수가 있으며, 하나님과의 교제를 지속해나갈 수가 있는가 하는 방도를 말씀해주십니다.

그렇다면 다음 단계는 무엇인가? 저들과 함께 하시는 하나님의 명령대로 순종하면서 약속의 땅 가나안을 향해서 전진(前進)해 나가는 일입니다. 저들의 구심점(求心點)은, 그리고 원동력(原動力)은 하나님이 저들과 함께 계심을 상징하는 성막에 있습니다. 출애굽기에서는 하나님께서 "시내산"에 강림하셔서 말씀하셨는데, 민수기는 "여호와께서 시내 광야 회막에서 모세에게 일러 가라사대"(1:1) 하고 "회막"에서 말씀하시는 것으로 시작이 됩니다. 이제 약속의 땅에 들어가기 위해서는 광야를 통과해야만 하고, 저들의 앞길을 가로막는 많은 난관들을 극복해야만 될 것입니다. 하나님께서는 이에 대비하여 "이십 세 이상으로 싸움에 나갈만한 모든 자"(1:3)를 계수하라 명하십니다. 계수함을 입은 총계가 603,550명이었습니다. 이들을 네 대(隊)로 편성하게 하시고 각 대에는 대표 지파가 선임되었는데, 그 이름을 따라 "유다의 진, 르우벤 진, 단 진, 에브라임 진"으로 불려졌습니다. 그러므로 유념해야할 점은 "사백 삼십 년이 마치는 그 날에 여호와의 군대가 다 애굽 땅에서 나왔다"(출 12:41) 하고 저들을 "여호와의 군대"라 부르고 있다는 점입니다. 더 이상 바로의 노예들이 아닙니다. 그냥 하나님의 백성들도 아니라 "여호와의 군대"라는 말씀입니다.

네 대(隊)의 위치는 성막을 중심으로 진행에 나갈 선두에는 유다 진(陣)이 진쳤고 우편에는 르우벤 진, 좌편에는 단 진, 후방에는 에브라임 진이 배치되었습니다. 그리고 각 진에는 그 진을 상징하는 군기(軍旗)가 있었는데, 전승에 의하면 유다 진 기에는 사자가 그려져 있었다고 합니다. 이는 "유다는 사자 새끼로다"(창 49:9) 한 야곱의 예언에 근거했다는 것입니다.

하나님께서 유다 진은 "동방 해 돋는 편에"(2:3) 진을 치라 명하십니다. 여기에는 구속사적 의미가 있는 것입니다. 유다 지파에서 나실 그리스도를 말라기 선지자는, "의로운 해가 떠올라서 치료하는 광선을 발하리니"(말 4:2) 하고 예언하고 있는 것을 봅니다. 그러므로 다른 진과는 달리 유다 진만 "동방 해 돋는 편에 진칠 자"라고 설명을 부가하고 있는 것입니다.

민수기는 레위기의 분위기와는 전혀 다릅니다. 군대의 진과 나부끼는 깃발을 보게 되며, 군대를 통솔하기 위해 울려 퍼지는 나팔 소리(10:1-10)를 듣게 됩니다. 이제 하나님의 군대들이 광야를 통과하기 위해서 해야할 일이 무엇인가? 하나님의 약속을 믿고 전진해 나가는, "오직 믿음"입니다. 믿음의 선한 싸움을 싸워 승리하여 하나님께 영광을 돌리는 일 뿐입니다. 이것이 하나님께서 기대하시는 바입니다. "그들이 여호와의 명을 좇아 진을 치며 여호와의 명을 좇아 진행하고 또 모세로 전하신 여호와의 명을 따라 여호와의 직임(職任)을 지켰더라"(9:23) 합니다. 신구약을 막론하고 하나님의 군대는, "우리가 살아도 주를 위하여 살고 죽어도 주를 위하여 죽나니 그러므로 사나 죽으나 우리가 주의 것이로라"(롬 14:8) 하고 고백하는 자들입니다.

"제 이년 이월 이십 일에 구름이 증거막에서 떠오르매 이스라엘 자손이 시내 광야에서 출발"(10:11-12) 하였다고 말씀합니다. 드디어 출발 명령이 떨어진 것입니다. 출발하는 대형(隊形)을 주목해보십시오. "수두(首頭)로 유다 자손 진기에 속한 자들이 그 군대대로 진행하였으니"(10:14) 합니다. 유다 진이 선두(先頭)에 서서 인도했다는 것은 출애굽 당시에도 그리스도께서 선두에서 인도하셨음을 나타냅니다. 이를 시편 기자는 찬양하기를 "하나님이여 주의 백성 앞에서 앞서 나가사 광야를 행진하셨을 때에"(시 68:7) 하고 감격하여 말을 잇지 못하고 "셀라"

합니다.

하나님의 군대의 사기는 얼마나 충천했을 것인가! 그러나 보무(步武)도 당당히 출발한 10장 에 이어지는 11장 첫 절은, "백성이 여호와의 들으시기에 악한 말로 원망"했다고 말씀합니다. "이스라엘 중 섞여 사는 무리가 탐욕을 품으매 이스라엘 자손도 다시 울며 가로되 누가 우리에게 고기를 주어 먹게 할꼬 우리가 애굽에 있을 때에는"(11:4-5) 하고 애굽을 그리워하고 있는 것을 보게 됩니다. 이는 "여호와의 명을 좇아 진을 치며 여호와의 명을 좇아 진행하고, 여호와의 명을 따라 여호와의 직임을 지켰더라"(9:23) 한 말씀과는 반대되는 일입니다.

민수기의 분기점(分岐點)은 14장입니다. 12지파의 정탐꾼들 중 10명이 불신앙의 악평(13:32)을 했습니다. 말이 악평이지 그것은 반역(叛逆)이었던 것입니다. 왜냐하면, "우리가 한 장관을 세우고 애굽으로 돌아가자"(14:4) 하고 말하고 있기 때문입니다. 이를 계기로 출애굽 1세대들은 약속의 땅에 들어가지를 못하고 광야에서 죽게 됩니다. 이는, "하나님께 향하는 저희 마음이 정함이 없으며 그의 언약에 성실치 아니하였음"(시 78:37)을 나타냅니다. 성경은 말씀합니다. "저희에게 당한 이런 일이 거울이 되고 또한 말세를 만난 우리의 경계로 기록하였느니라"(고전 10:11).

하나님은, "여분네의 아들 갈렙과 눈의 아들 여호수아 외에는 내가 맹세하여 너희로 거하게 하리라 한 땅에 결단코 들어가지 못하리라"(14:30) 선언하십니다. 불순종한 10명의 족장과 순종한 2명의 족장, 그것은 10대2의 비율이 아니라, 60,3548대 2의 비율임을 유념해야만 합니다. 모압 평지에 이르렀을 때에 하나님께서는 제2차 인구조사를 명하십니다. "그들이 여리고 맞은편 요단 가 모압 평지에서 이스라엘 자손을 계수한 중에는 모세와 제사장 아론이 시내 광야에서 계수한 이스라엘 자손은 한 사람도 들지 못하였으니, 이러므로 여분네의 아들 갈렙과 눈의 아들 여호수아 외에는 한 사람도 남지 아니하였더라"(26:64-65) 합니다. 이는 인간의 성실하지 못함에도 불구하고, 하나님께서는 계획하시고 언약하신 바를 주권적으로 이루시려는 하나님의 신실(信實)하심을 나타냅니다.

하나님은 모세에게도 "너는 이 아비림산에 올라가서 내가 이스라엘 자손에게 준 땅을 바라보라 본 후에는, 너도 조상에게로 돌아가리니"(27:12-13) 하고 보기는 하나 들어갈 수 없음을 말씀합니다. 모세는 "원컨대 한 사람을 세워서, 여호와의 회중으로 목자 없는 양과 같이 되지 않게 하옵소서" 하고 간구합니다. 그리하여 세움 받은 후계자가 여호수아입니다. 두 명(여호수아, 갈렙)을 남겨주신 하나님을 찬양하십시다. 왜냐하면 여기에는 하나님의 깊고도 오묘한 섭리가 있으셨던 것입니다. 율법의 대명사인 모세의 사명은 하나님의 백성들을 가나안 입구까지는 인도하였으나 약속의 땅으로 인도할 수가 없었고, 여호수아(예수)에게로 인계하는 몽학선생의 역할인 것과, 또 남은 한 사람 갈렙이 어느 지파 족장인가를 주목해보시기 바랍니다. 유다 지파입니다. 그리스도가 탄생할 지파입니다. 유다 지파가 어떻게 해서 베들레헴, 예루살렘 일원을 분배받게 되었는가? "오직 내 종 갈렙은 그 마음이 그들과 달라서 나를 온전히 좇았은즉 그의 갔던 땅으로 내가 그를 인도하여 들이리니 그 자손이 그 땅을 차지하리라"(14:24) 하신 약속에 의해서입니다. "온전히 좇은" 것은 갈렙만은 아니었습니다. 그런데 여호수아는 모세의 후계자를 삼으셔서 "예수"의 예표적인 인물로 세우시고, 갈렙에게는 그리스도가 탄생하실 땅을 주셨던 것입니다.

민수기에는 그리스도가 어떻게 증거되어 있는가? 광야생활에 있어서 하루라도 없어서는 아니 될 두 가지 요소는 "만나와, 생수"입니다. 주님은 요한복음 6장에서는 "너희 조상들은 광야에서 만나를 먹었어도 죽었거니와 이는 하늘로서 내려오는 떡이니 사람으로 하여금 먹고 죽지 아니하게 하는 것이니라"(요 6:49-50) 하고 만나가 자신에 대한 그림자임을 말씀하시고, 7장에서는 "누구든지 목마르거든 내게로 와서 마시라"(요 7:37) 하고, 반석을 침으로 솟아난 생수가 자신에게서 성취될 것임을 말씀하십니다. 또한 "모세가 광야에서 뱀을 든 것같이 인자도 들려야 하리니 이는 저를 믿는 자마다 영생을 얻게 하려 하심이니라"(요 3:14-15) 하고, "불뱀"에 물린 자들을 치료하기 위해서 들려야 할 것을 말씀하십니다.

민수기를 통한 불변의 진리는 무엇인가? 그것은 구원에 이르는 "믿음"입니다. 그것은 어떤 믿음인가? 성경은 말씀합니다. "또 하나님이 누구에게 맹세하사 그의 안식에 들어오지 못하리라 하셨느뇨 곧 〈순종치 아니하던 자〉에게가 아니냐 이로 보건대 저희가 〈믿지 아니하므로〉 능히 들어가지 못한 것이라"(히 3:18-19). 명심하십시다. "불순종은 곧 믿지 아니함"입니다. 민수기는 바로 이 "구원에 이르는 믿음"을 계시해주고 있는 것입니다.

민수기 1장 개관도표

주제 : 여호와의 군대를 계수하라

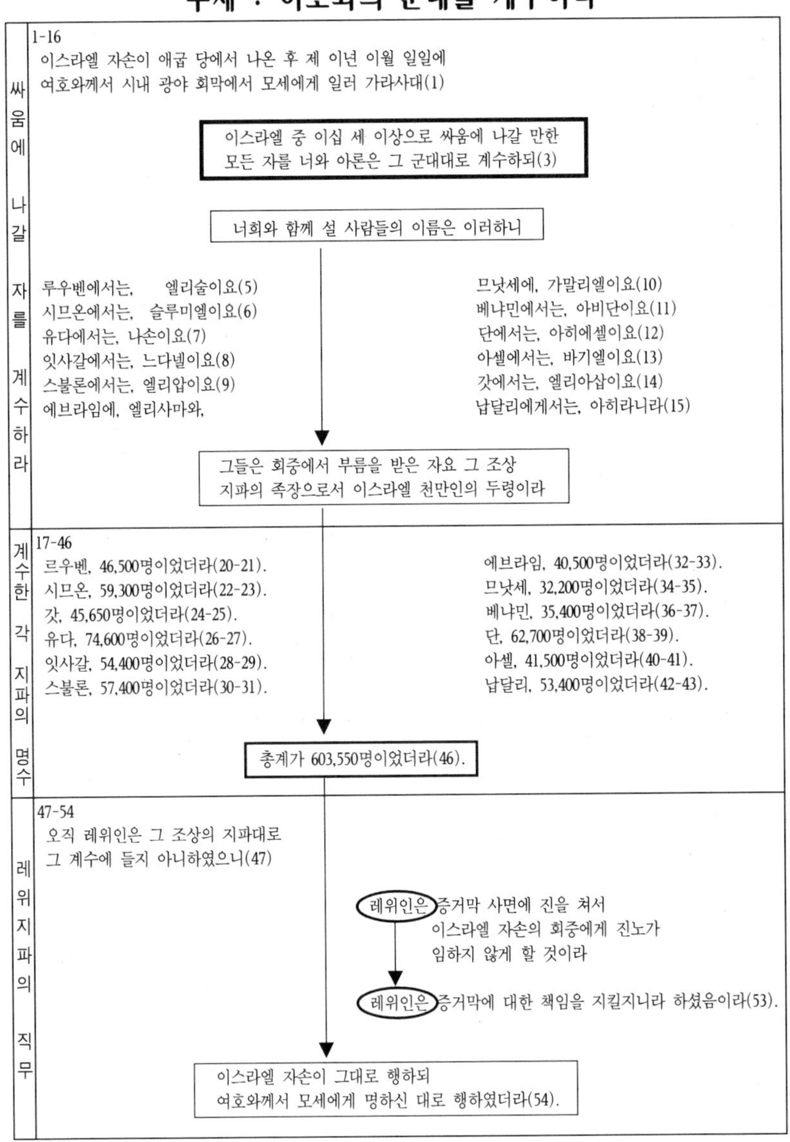

싸움에 나갈 자를 계수하라
1-16
이스라엘 자손이 애굽 땅에서 나온 후 제 이년 이월 일일에
여호와께서 시내 광야 회막에서 모세에게 일러 가라사대(1)
이스라엘 중 이십 세 이상으로 싸움에 나갈 만한
모든 자를 너와 아론은 그 군대대로 계수하되(3)
너희와 함께 설 사람들의 이름은 이러하니
루우벤에서는, 엘리술이요(5)
시므온에서는, 슬루미엘이요(6)
유다에서는, 나손이요(7)
잇사갈에서는, 느다넬이요(8)
스불론에서는, 엘리압이요(9)
에브라임에, 엘리사마와,
므낫세에, 가말리엘이요(10)
베냐민에서는, 아비단이요(11)
단에서는, 아히에셀이요(12)
아셀에서는, 바기엘이요(13)
갓에서는, 엘리아삽이요(14)
납달리에게서는, 아히라니라(15)
그들은 회중에서 부름을 받은 자요 그 조상
지파의 족장으로서 이스라엘 천만인의 두령이라
계수한 각 지파의 명수
17-46
르우벤, 46,500명이었더라(20-21).
시므온, 59,300명이었더라(22-23).
갓, 45,650명이었더라(24-25).
유다, 74,600명이었더라(26-27).
잇사갈, 54,400명이었더라(28-29).
스불론, 57,400명이었더라(30-31).
에브라임, 40,500명이었더라(32-33).
므낫세, 32,200명이었더라(34-35).
베냐민, 35,400명이었더라(36-37).
단, 62,700명이었더라(38-39).
아셀, 41,500명이었더라(40-41).
납달리, 53,400명이었더라(42-43).
총계가 603,550명이었더라(46).
레위지파의 직무
47-54
오직 레위인은 그 조상의 지파대로
그 계수에 들지 아니하였으니(47)
레위인은 증거막 사면에 진을 쳐서
이스라엘 자손의 회중에게 진노가
임하지 않게 할 것이라
레위인은 증거막에 대한 책임을 지킬지니라 하셨음이라(53).
이스라엘 자손이 그대로 행하되
여호와께서 모세에게 명하신 대로 행하였더라(54).

1 장

여호와의 군대를 계수하라

[3]이스라엘 중 이십 세 이상으로 싸움에 나갈 만한 모든 자를 너와 아론은 그 군대대로 계수하되.

민수기 1장의 중심주제는, "여호와의 군대를 계수하라" 명하심에 있습니다. 창세기로부터 시작된 구원계획이, 민수기에 이르러 군대를 계수하기까지의 맥(脈)을 간략하게나마 살펴보아야만 하겠습니다. 하나님은 창세기에서 믿음의 조상 아브라함을 택하셔서 메시아언약을 세워주시고, 그 언약을 이삭, 야곱에게 계승시켜주시고, 야곱에게 "이스라엘"이라는 이름을 하사하셨습니다. 애굽으로 내려간 이스라엘이라는 한 가족을, 거대한 민족으로 번성케 하신 하나님께서는, 출애굽기에서 유월절 양의 피로 구속하여 하나님의 백성으로 삼으십니다. 그리고 하나님의 백성답게 살아가도록 율법을 주시고, 하나님이 거하실 성막을 세워주십니다. 그런데 주목하게 되는 것은 조상 대대로 노예신분이었던 이들을 "여호와의 군대가 다 애굽 땅에서 나왔다"(출 12:41, 13:51) 하고 "여호와의 군대"로 기대하고 있으시다 는 점입니다. 왜냐하면 하나님의 나라건설은 선한 싸움을 통해서 회복되기 때문입니다.

그리고 레위기를 통해서 하나님과 교제하며 섬기는 법을 가르치십니다. 그런 후에 민수기에 이르러, "이십 세 이상으로 싸움에 나갈 만한 모든 자를 계수하라"(첫째 단원)고 명하시는 맥락입니다. 이는 단순한 인구조사가 아니라, "군대대로 계수하되"(3중) 하신 "여호와의 군대"를 점검(點檢)함임을 유념해야만 합니다. 가나안을 향하여 진군(進軍)해 나가기 위해서는 이를 저지하려는 대적을 물리치고, 약속의 땅 가나안을 정복할 군대가 필요했던 것입니다. "이십 세 이상으로 싸움에 나갈 만한 모든 자", 이것이 하나님께서 우리에게 기대하시는 바입니다. "계수한 각 지파의 명수"(둘째 단원)의 총계가 603,550명이었습니다. 그런데 레위 지파가 계수에 들지 않은 것은 "레위 지파의 직무"(셋째 단원)가 증거막에 대한 책임이었기 때문입니다. 이에 대한 구속사적인 의미가 무엇인가? 이를 세 단원으로 나누어 상고하겠습니다.

첫째 단원(1-16) **싸움에 나갈 자를 계수하라**
둘째 단원(17-46) **계수한 각 지파의 명수**
셋째 단원(47-54) **레위 지파의 직무**

첫째 단원(1-16) **싸움에 나갈 자를 계수하라**

"이스라엘 자손이 애굽 땅에서 나온 후 제 이년 이월 일일에 여호와께서 시내 광야 회막에서 모세에게 일러 가라사대"(1).

① 본 단원의 중심점은 "이스라엘 중 이십 세 이상으로 싸움에 나갈

만한 자"를 계수 하라는 명령에 있습니다. ㉠ "애굽 땅에서 나온 후 제 2년 2월 1일에" 합니다. 이는 출애굽기 40:17절과 연결이 되는 말씀인데, "제 2년 정월 곧 그 달 초 1일에 성막을 세우니라" 합니다. 그러니까 출애굽한지 약 1년 만에 성막을 세웠고, 성막을 세운지 한 달 후에 계수하라는 명령이 떨어진 것입니다. ㉡ "시내 광야 회막에서 모세에게 일러 가라사대", 출애굽기는 시내산에서 말씀하셨으나, 이제는 "회막"에서 말씀하십니다. 회막이란 곧 성막(聖幕)을 가리키는데, 회막(會幕)이라 한 것은 "만남의 장소"이기 때문입니다. 오늘날은 교회(敎會)가 회막이라 할 수가 있습니다.

② "이스라엘 중 이십 세 이상으로 싸움에 나갈 만한 모든 자를, 계수하라"(3) 명하십니다. 이 말씀은 세 마디로 되어 있는데, ㉠ "20세 이상으로", ㉡ "싸움에 나갈 만한 모든 자"를, ㉢ "계수(計數)하라" 하십니다. 이점이 신약교회에는 어떤 의미가 있는가?

③ 이를 구속사의 맥락에서 바라보면, 첫째가, "20세 이상으로" 하십니다. 이는 그만큼 자랐다, 즉 성숙한 신자를 가리킵니다. 신약성경에서도 목회자의 임무를, "이는 성도를 온전케(성숙하게) 하며 봉사의 일을 하게 하며 그리스도의 몸을 세우려 하심이라"(엡 4:12) 말씀합니다. 성숙해 진 후에야 싸움에 나갈(봉사) 수가 있기 때문입니다.

④ 그런데 결정적으로 중요한 선결문제는 먼저 가족의 일원으로 "태어나야 한다"는 점입니다. 본문은 "…아들들에게서 난 자"라는 묘사를 열 두 번(20, 22 등)이나 반복적으로 말씀하고 있습니다. 주님은 "거듭나지 아니하면 하나님 나라를 볼 수 없느니라"(요 3:3) 하십니다. 교회에 출석한다고 모두가 거듭난 것은 아닙니다. "그리스도 안에서 일만 스승이 있으되 아비는 많지 아니하니 그리스도 예수 안에서 복음으로써 내가 너희를 낳았음이라"(고전 4:15) 합니다. "스승"이란 학교 선생처럼 가르치는 자입니다. 그런데 "아비"는 그에게 복음을 전해주어서 태

어나게 해준 자를 의미합니다. "아비는 많지 아니하다"고 말씀합니다. 오늘날이 더욱 그러합니다.

⑤ 둘째는, "싸움에 나갈 만한 모든 자"라고 말씀합니다. "싸움에 나갈 만한"이라는 말씀도 반복적으로 16번이나 나옵니다. 이는 그만치 중요하기 때문일 것입니다. "싸움에 나갈 만"하다는 것은 그 만큼 성장할 뿐만이 아니라, 훈련되고, 무장했다는 뜻이 함의되어 있습니다. 성경은 말씀합니다. "마귀의 궤계를 능히 대적하기 위하여 하나님의 전신갑주를 입으라"(엡 6:11). 그런 자들을, 셋째는, "계수하라" 하십니다. "계수"하라는 말씀이 30번 이상이나 나오는 것만 보아도 그 "계수"(計數)에 든 한 사람의 중요성을 짐작케 합니다. 이는 연 수만 지나면 자동적으로 되는 것이 아니라, 지속적인 훈련으로만이 가능해짐을 명심해야만 합니다.

⑥ "너희와 함께 설 사람들의 이름은 이러하니"(5상) 합니다. 이는 모세를 도와서 계수하는 임무를 수행할 족장들인데 하나님께서 친히 지명(5-15)을 하십니다. 이들을 가리켜, "그들은 회중에서 부름을 받은 자요 그 조상 지파의 족장으로서 이스라엘 천만인의 두령이라"(16) 하고 말씀을 맺고 있습니다. 뒤에 가서 가나안 땅을 분배할 자들도 지명하심(34장)을 보게 됩니다.

둘째 단원(17-46) 계수한 각 지파의 명수

"여호와께서 모세에게 명하신 대로 그가 시내 광야에서 그들을 계수하였더라"(19).

① 본 단원의 중심점은 여호와의 명을 따라 계수하는 내용입니다. 그런데 아무렇게나 계수한 것이 아닙니다. ㉠ 지파 별로, ㉡ 종족을 따라,

㉢ 가족 별로 계수했다고 말씀합니다. 치밀하게, 조직적으로 계수한 것을 볼 수가 있습니다.

② 그런데 말씀하는 것을 보면 "틀"이 있습니다. 먼저, ㉠ 지파를 말씀하고, 다음으로, ㉡ "아들들에게서 난 자", ㉢ "이십 세 이상으로 싸움에 나갈 만한 각 남자", ㉣ "다 계수하니" 하고, 마지막으로, ㉤ "계수함을 입은 자가 몇 명이었더라" 하고 수(數)를 말씀하는 순서를 따르고 있습니다.

③ 그리하여 "계수함을 입은 자의 총계(總計)가 육십만 삼천 오백 오십 명이었더라"(46) 합니다. 여기서 주목하게 되는 것은, 이를 총괄적(도매금)으로 총계만 말씀하는 것이 아니라 많은 지면을 할애하여, 각 지파 마다 개별적으로 일일이 말씀하고 있다는 점입니다. 이에 빛을 비춰주는 말씀이 시편에는 있습니다.

땅에 있는 성도는 존귀한 자니
나의 모든 즐거움이 저희에게 있도다 (시 16:3).

여호와께서 민족들을 등록(登錄)하실 때에는
그 수를 세시며
이 사람이 거기서 났다 하시리라(셀라, 시 87:6).

이는 무엇을 말씀해주고 있느냐 하면, 계수함을 입은 한 사람 한 사람이 귀중한 존재이며, 그 한 수라도 소홀히 여기시지 않으신다는 점입니다.

④ "계수하라" 하신 주제는 우리를, "내가 인 맞은 자의 수를 들으니 이스라엘 자손의 각 지파 중에서 인 맞은 자들이 십 사만 사천이니"(계 7:4) 하신 말씀으로 인도해줍니다. 그러므로 중요한 점은 각 교회 중에,

"20세 이상으로 싸움에 나갈 만한 자", 즉 거듭나고, 성숙하고, 훈련되고, 무장한 수가 몇 명이나 되느냐 하는 점입니다. 형제도 그 수 가운데 들어있음을 명심하고, 인하여 찬양하십시다.

셋째 단원(47-54) **레위 지파의 직무**

"오직 레위인은 그 조상의 지파대로 그 계수에 들지 아니하였으니"(47).

① "레위 지파만은 너는 계수치 말며 그들을 이스라엘 자손 계수 중에 넣지 말고"(49) 하십니다. 왜냐하면 레위 지파는 "증거막에 대한 책임을 지킬지니라"53) 하십니다.

② 레위 지파는 싸움에 나갈 군사들이 아니라, 뒤에서 증거막을 지키며, 섬기며, 운반하는 일 등이 그들의 책임이었습니다. 그리하여 그들의 장막도 성막 사면(四面)에 치라(50) 하십니다.

③ 그런데 여기 두려운 말씀이 있습니다. "외인이 가까이 오면 죽일지며"(51) 하십니다. 왜 죽임을 당하게 됩니까? 가까이 했기 때문에 죽는 것이 아니라 문제는 "죄" 때문입니다. 그래서 "레위인은 증거막 사면에 진을 쳐서 이스라엘 자손의 회중에게 진노가 임하지 않게(가까이 오지 못하게 함으로) 할 것이라"(53) 하십니다. 그렇다면 레위인들에게는 죄가 없단 말인가? 아닙니다. 다만 직무를 수행케 하기 위해서 허용을 하셨을 뿐입니다. 그러므로 두렵고 떨림으로 섬겨야 했던 것입니다. 이것이 구약시대의 한계입니다. 그런데 신약의 성도들에게는 "은혜의 보좌 앞에 담대히 나아갈 것이니라"(히 4:16) 하십니다.

④ "레위인은 증거막에 대한 책임을 지킬지니라"(53하) 하셨는데, 그 책임이 무엇인가? 다른 지파들이 출전(出戰) 할 때에 안심하고 싸

울 수 있도록 성막에 남아 있어서 봉사하며 지키는 일입니다. 그것은 마치 여호수아가 나가서 아말렉과 싸울 때, 모세가 뒤에서 "손을 들면 이스라엘이 이기고 손을 내리면 아말렉이 이기더니"(출 17:11) 한 것에 비할만한 막중한 책임이었던 것입니다. 새 언약시대에 있어서는 성도들 모두가 "왕 같은 제사장"들로, 나가 싸워야할 책임과, 성막 책임을 한 몸에 지닌 자들입니다. 그러므로 조화와 균형이 필요합니다. 싸우러 나가는 것이 "전도"(傳道)하는 것이라면, 증거막에 대한 책임은 "예배, 기도"(祈禱)라 할 수가 있습니다. "전도하는 일과, 기도"의 균형과 조화를 잃지 말아야만 승리의 삶을 살아갈 수가 있는 것입니다.

⑤ 또한 목회자는 성도들을 세상에 파송한 후에, 뒤에 남아 손을 들고 있어야 하는 막중한 책임이 있음도 망각하지 말아야할 것입니다. 형제가 계수함을 입은 수 가운데 들어있음을 인해 감사하십시오. 자녀인 것만이 아니라 하나님의 군대임을 망각하지 마십시다. 또한 "왕 같은 제사장"으로서 기도와 전도하는 일의 균형과 조화를 잃지 않도록 하십시다.

민수기 2장 개관도표

주제 : 회막을 중심으로 진을 치고 진행하라

회막을 사면으로 대하여 치라 (1-31)

여호와께서 모세와 아론에게 일러 가라사대(1)
이스라엘 자손은 각각 그 기와 그 종족의 기호 곁에 진을 치되 회막을 사면으로 대하여 치라(2)

후대로 진행할지니라(31)

북편에는(25)
앗셀지파, 단 진, 납달리지파

베냐민지파	레위지파 (므라리)	잇사갈지파
에브라임 진 서편에는(18)	레위지파 (게르손) / 성막 (회막) / 아론의 아들들 (제사장)	유다 진 동방 해 돋는 편에(3)
제3대로 진행할지니라(24)	회막이 레위인의 진과 함께 중앙에 진행하되(17)	제1대로 진행할지니라(9)
므낫세지파	(고핫) 레위지파	스블론지파

갓지파, 르우벤 진, 시므온지파
남편에는(10)

제2대로 진행할지니라(16)

단 진 → 에브라임 진 → 성막 → 르우벤 진 → 유다 진 →
(후대) (제3대) (레위 지파) (제2대) (제1대)

명하신대로 준행함 (32-34)

모든 진의 군대 곧 계수함을 입은 자의 총계가 603,550명이었으며(32)
레위인은 이스라엘 자손과 함께 계수되지 아니하였으니(33)

이스라엘 자손이 여호와께서
모세에게 명하신 대로 다 준행하여

각기 가족과
종족을 따르며
그 기를 따라

진치기도 하며 진행하기도 하였더라(34)

2장

회막을 중심으로 진을 치고 진행하라

[17]그 다음에 회막이 레위인의 진과 함께 모든 진의 중앙에 있어 진행하되 그들의 진친 순서대로 각 사람은 그 위치에서 그 기를 따라 앞으로 행할지니라.

2장은, 1장에서 계수함을 입은 군사들을 도표에 나타난 대로 4대로 편성하여 진을 칠 위치(位置)와, 진행할 때의 순서(順序)를 명하심에 있습니다. 이 말씀은 출애굽기 19:2절과 결부가 됩니다. "그들이 르비딤을 떠나 시내 광야에 이르러 그 광야에 장막을 치되 산 앞에 장막을 치니라" 합니다. 이때는 자기 편한 대로 적당히 장막을 쳤을 것입니다. 그런데 민수기에서는 군대가 편성이 되고 진을 칠 위치가 정해진 것입니다. 참으로 "하나님은 어지러움의 하나님이 아니시오"(고전 14:33) 질서의 하나님이십니다. 그런데 여기서 "질서"만 보아서는 미흡합니다. 구속사적인 의미가 있기 때문입니다. 그것이 무엇인가? 이를 두 단원으로 나누어 상고하겠습니다.

첫째 단원(1-31) **회막을 사면으로 대하여 치라**
둘째 단원(32-34) **명하신 대로 준행함**

첫째 단원(1-31) 회막을 사면으로 대하여 치라

"여호와께서 모세와 아론에게 일러 가라사대 이스라엘 자손은 각각 그 기와 종족의 기호 곁에 진을 치되 회막을 사면으로 대하여 치라"(1-2).

① 본 단원의 중심점은 진을 칠 위치와, 진행할 순서를 말씀함에 있습니다. 먼저 조직을 살펴보면, ㉠ 최소단위가 "가족"(34)입니다. 그러니까 한 가족 중에서도 20세 이상으로 싸움에 나갈 만한 사람이 여러 명이 있었을 것입니다. 그 위는, ㉡ "종족"(2), 즉 지파입니다. 그 위는, ㉢ "진"(陣)인데 세 지파를 하나로 묶어 한 진으로 편성했습니다. 그러니까 네 개의 진, 4개 군단으로 편성이 된 것입니다.

② 그리고 진의 명칭을 제1대에는 유다 진, 제2대에는 르우벤 진, 제3대에는 에브라임 진, 제4대에는 단 진이라 명명(命名)했습니다.

③ 그리고 각 진에는 그 진을 상징하는 기(旗)가 있었습니다. 이러한 조직이 필요한 것은 그래야만 60만이라는 대군이 오합지졸이 되지 않고, 질서 있게 각자의 소속과 위치를 지킬 수가 있기 때문입니다. 각 진(陣)에 기(旗)를 세우게 한 것도 각자의 위치를 쉽게 식별할 수 있게 하기 위함으로 여겨집니다.

④ 그러므로 2장에서 놓쳐서는 아니 될 말씀은 "속"(屬)(9, 16, 24, 31)했다는 말씀입니다. 이는 각자의 "소속"(所屬)을 나타냅니다. 이스라엘 백성들은 전에는 바로에게 속해 있었습니다. 그런데 홍해를 건넘으로 이제는 하나님께 속한 자들이 된 것입니다. 이점을 주님은, "사망

에서 생명으로 옮겼느니라"(요 5:24) 하십니다. 뿐만 아니라 하나님의 군대 내에서도 자신이 소속되어 있는 진과, 그 "위치"(位置)에 대해 명백해야만 합니다. 성경이 "소속"에 관해 얼마나 중요시하고 있는가를 보십시오. "저희가 우리에게서 나갔으나 우리에게 속하지 아니 하였나니 만일 우리에게 속하였더면 우리와 함께 거하였으려니와 저희가 나간 것은 다 우리에게 속하지 아니함을 나타내려 함이니라"(요일 2:19) 하십니다.

⑤ 또한 군사가 제 위치를 떠난다는 것이 얼마나 중죄인가를, "또 자기 지위를 지키지 아니하고 자기 처소를 떠난 천사들을 큰 날의 심판까지 영원한 결박으로 흑암에 가두셨으며"(유 1:6) 한 말씀을 통해서 알 수가 있습니다.

각자의 소속과 위치

① 2장의 핵심은, "그 다음에 회막이 레위인의 진과 함께 모든 진의 중앙에 있어 진행하되(17상)" 한, "중앙에 있는 성막"에 있습니다. 도표에서 보시는 바대로 진을 칠 때에도 회막(성막)을 중심으로 진을 쳤고, 진행할 때에도 성막이 중앙에 위치해 있었습니다. 어느 장막에서나 성막을 바라보도록 배치가 되어 있었습니다. 진을 칠 때도 모든 장막의 문이 성막을 향해 있도록 쳤을 것입니다. 문을 열기만 하면 성막에 임재해 있는 구름과 불기둥을 볼 수 있도록 말입니다. 이것이 하나님중심 신앙입니다.

② 또 하나 주목해야할 말씀이 있는데, "동방 해 돋는 편에 진 칠 자는 그 군대대로 유다의 진 기에 속한자라"(3상)는 말씀입니다. 이 표현을 다른 진에 하신 말씀과 대조해 볼 때 그 의미가 두드러지게 나타나게 됩니다. "남편에는 르우벤(10), 서편에는 에브라임(18), 북편에는 단

군대의 진 기가 있을 것이라"(25) 하실 뿐입니다. 그런데 유다에 대해서만은, "동편에는 유다" 라고 하지 않고, 어찌하여 "동방 해 돋는 편"이라는 설명을 첨부하고 있는가? 이는 무심한 말씀이 아닙니다. 유다 지파에서는 "의로운 해가 떠올라서 치료하는 광선을 발할"(말 4:2) 그리스도가 나시게 되기 때문입니다. 이 점은 유다 진이 "제 일 대로 진행할지니라"(9)는 말씀에서도 드러납니다. 그 점은 출발하는 장면인 10장에 가서 살펴보도록 하겠습니다.

둘째 단원(32-34) **명하신 대로 준행함**

"이스라엘 자손이 여호와께서 모세에게 명하신 대로 다 준행하여 각기 가족과 종족을 따르며 그 기를 따라 진치기도 하며 진행하기도 하였더라"(34).

① 본 단원은 1-2장을 요약해주는 말씀입니다. "계수함을 입은 자의 총계가 육십만 삼천 오백 오십 명이었으며"(32, 1:46) 합니다. 이만한 병력은 인구가 증가한 오늘의 기준으로 보아도 가히 대군(大軍)이라 하겠습니다.

② "레위인은 이스라엘 자손과 함께 계수되지 아니하였으니 여호와께서 모세에게 명하심과 같았더라"(33) 합니다. 이상은 1장을 요약한 말씀입니다.

③ 그리고 "이스라엘 자손이 여호와께서 모세에게 명하신 대로 다 준행하여 각기 가족과 종족을 따르며 그 기를 따라 진치기도 하며 진행하기도 하였더라"(34) 하고 총 결론을 맺고 있는데 이는 2장을 요약하는 말씀입니다. 1장도 "명하신 대로 행하였더라"(1:54) 하고, 2장도 "명하신 대로 다 준행하여"(2:34) 하고 마치고 있습니다. 이것이 여호와의

군대입니다.

④ 2장을 통해서 우리에게 하시고자 하는 말씀은, 우리의 신분과, 소속과 위치가 어디인지 분명해야 한다는 정체성(正體性)입니다. ㉠ 너는 어느 진 기 아래 속해있는가 하고 묻는다면, 우리는 십자가 군기(軍旗) 아래 있습니다 하고 대답할 것입니다. ㉡ 너의 위치가 어디인가 하고 묻는다면, 무엇이라 대답할 것인가? 형제가 하나님의 교회에서 담당하고 있는 직무가 무엇입니까? 그곳이 형제의 위치입니다. 이를 떠나지 마시고 잘 감당하시기를 바랍니다. 이를 군대용어로는 "사수(死守)하라" 말하고, 주님은 "죽도록 충성하라 그리하면 생명의 면류관을 네게 주리라"(계 2:10) 하십니다.

민수기 3장 개관도표

주제 : 대속원리에 입각한 레위인의 봉사

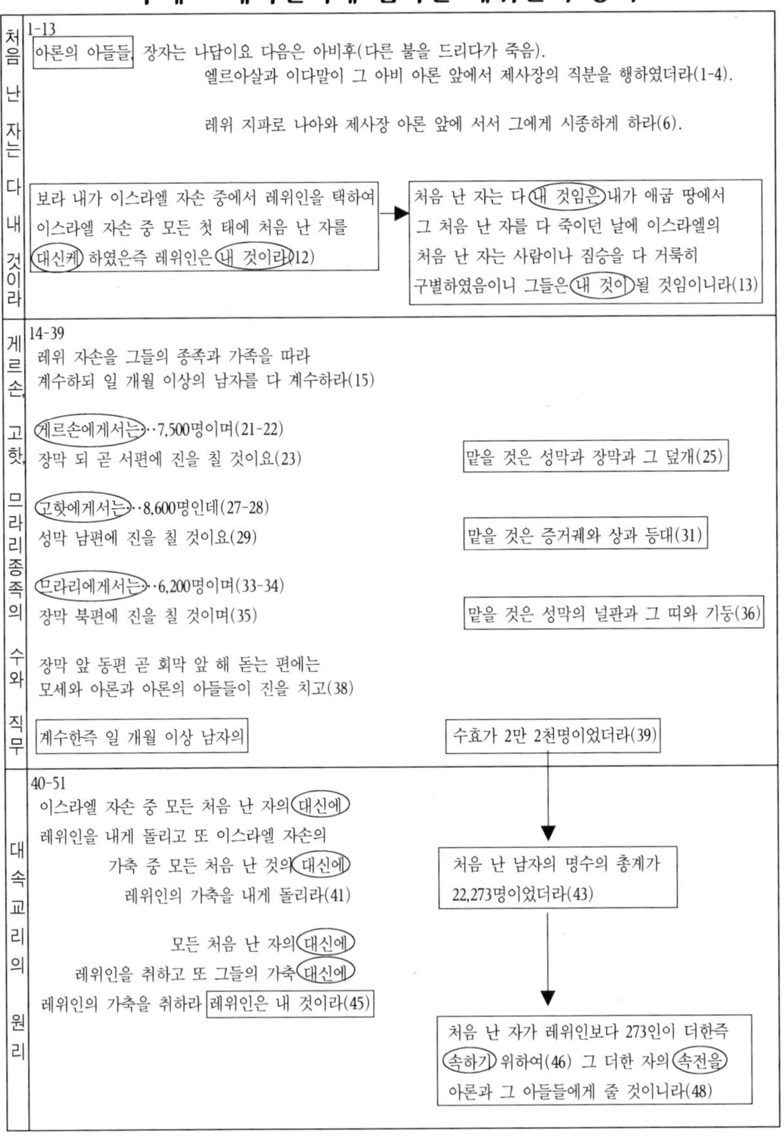
처음 난 자는 다 내 것이라
1-13
아론의 아들들, 장자는 나답이요 다음은 아비후(다른 불을 드리다가 죽음).
엘르아살과 이다말이 그 아비 아론 앞에서 제사장의 직분을 행하였더라(1-4).
레위 지파로 나아와 제사장 아론 앞에 서서 그에게 시종하게 하라(6).
보라 내가 이스라엘 자손 중에서 레위인을 택하여 이스라엘 자손 중 모든 첫 태에 처음 난 자를 대신케 하였은즉 레위인은 내 것이라(12)
처음 난 자는 다 내 것임은 내가 애굽 땅에서 그 처음 난 자를 다 죽이던 날에 이스라엘의 처음 난 자는 사람이나 짐승을 다 거룩히 구별하였음이니 그들은 내 것이 될 것임이니라(13)
게르손, 고핫, 므라리종족의 수와 직무
14-39
레위 자손을 그들의 종족과 가족을 따라 계수하되 일 개월 이상의 남자를 다 계수하라(15)
게르손에게서는··7,500명이며(21-22)
장막 뒤 곧 서편에 진을 칠 것이요(23)
맡을 것은 성막과 장막과 그 덮개(25)
고핫에게서는··8,600명인데(27-28)
성막 남편에 진을 칠 것이요(29)
맡을 것은 증거궤와 상과 등대(31)
므라리에게서는··6,200명이며(33-34)
장막 북편에 진을 칠 것이며(35)
맡을 것은 성막의 널판과 그 띠와 기둥(36)
장막 앞 동편 곧 회막 앞 해 돋는 편에는
모세와 아론과 아론의 아들들이 진을 치고(38)
계수한즉 일 개월 이상 남자의
수효가 2만 2천명이었더라(39)
대속교리의 원리
40-51
이스라엘 자손 중 모든 처음 난 자의 대신에
레위인을 내게 돌리고 또 이스라엘 자손의
가축 중 모든 처음 난 것의 대신에
레위인의 가축을 내게 돌리라(41)
처음 난 남자의 명수의 총계가 22,273명이었더라(43)
모든 처음 난 자의 대신에
레위인을 취하고 또 그들의 가축 대신에
레위인의 가축을 취하라
레위인은 내 것이라(45)
처음 난 자가 레위인보다 273인이 더한즉 속하기 위하여(46) 그 더한 자의 속전을 아론과 그 아들들에게 줄 것이니라(48)

3장

대속원리에 입각한 레위인의 봉사

[12]보라 내가 이스라엘 자손 중에서 레위인을 택하여 이스라엘 자손 중 모든 첫 태에서 처음 난 자를 대신케 하였은즉 레위인은 내 것이라.

3-4장은, 1-2장에서 제외되었던 레위 지파에 대한 계수와 직무 분담입니다. 이를 해석하는 열쇠는, "처음 난 자는 내 것이라"(13) 주장하시는 그 원리를 파악하는 데 있습니다. 애굽의 장자들이 죽임을 당하던 유월절의 밤에, 이스라엘의 장자들은 어린양으로 "대속"했기 때문에 죽음을 면할 수가 있었습니다. 그래서 "장자는 내 것이라" 하시는 것입니다. 그런데 그 장자들 대신에 "레위인"으로 봉사케 하라고 말씀하십니다. 그러므로 3장의 주제가 "대속원리에 입각한 레위인의 봉사"라 할 수가 있습니다. 그러므로 3장에 있어서의 핵심은 도표에서 보시는 바대로 "대신(代身), 대속(代贖), 내 것이라"는 말씀에 있습니다. 이는 의문(儀文)이 아니라, 구약성경에 나타난 대속교리, 즉 복음인 것입니다.

이를 세 단원으로 나누어 상고하겠습니다.

첫째 단원(1-13) **처음 난 자는 내 것이라**
둘째 단원(14-39) **게르손, 고핫, 므라리 족속의 수와 직무**
셋째 단원(40-51) **대속교리의 원리**

첫째 단원(1-13) 처음 난 자는 내 것이라

"처음 난 자는 다 내 것임은 내가 애굽 땅에서 그 처음 난 자를 다 죽이던 날에 이스라엘의 처음 난 자는 사람이나 짐승을 다 거룩히 구별하였음이니 그들은 내 것이 될 것임이니라 나는 여호와니라"(13).

① 레위인의 직무를 말씀하시기 전에 먼저 대제사장 아론과 제사장들에 대해 말씀하십니다. 왜냐하면 레위인의 직분이 제사장을 보필(6)하는 직분이기 때문입니다. 구약시대에 세움 받은 주도적인 인물은, "제사장(모세 오경), 왕(역사서), 선지자"(선지서)입니다. 이들은 모두 메시아의 일면을 예표하는 인물들입니다. 하나님께서는 모세를 택하셔서 출애굽의 지도자로 삼으시고, 형 아론을 부르셔서 대제사장으로 삼으셨습니다. 모세와 아론의 족보를 보면, ㉠ 레위의 세 아들, 게르손, 고핫, 므라리 중에서, ㉡ 고핫의 아들 아므람을 통해서 태어난 자손들(출 6:13-20)입니다. 그러니까 모세와 아론은 레위의 증손(曾孫)이 됩니다. 그런데 아론의 네 아들 중에서 "나답과 아비후는 시내 광야에서 다른 불을 여호와 앞에 드리다가 죽었고, 엘르아살과 이다말이 그 아비 아론 앞에서 제사장의 직분을 행하였더라"(4) 합니다. 1-4절을 통해서 이를 밝혀주고 있습니다. 그런 후에,

② "여호와께서 또 모세에게 일러 가라사대 레위 지파로 나아와 제

사장 아론 앞에 서서 그에게 시종(侍從)하게 하라"(5-6) 하십니다. 어찌하여 레위 지파는 제사장을 시종 해야만 하는가? 한마디로 말하면 "레위인은 내 것"(12하)이기 때문이라는 것입니다. 그 이유를 11-13절을 통해서 설명을 하시는데 핵심은 "대신케 했다"는 대속교리에 있습니다. 이 대속교리를 깨달아야만 우리가 어찌하여 "주의 소유요, 주의 종"인가 하는 점에 분명해질 수가 있는 것입니다.

③ 12절에서는 "레위인은 내 것이라" 말씀하고, 13절에서는 "처음 난 자는 다 내 것임은" 하십니다. 먼저 어찌하여 "처음 난 자는 내 것이라" 말씀하시는가? ㉠ "내가 애굽 땅에서 그 처음 난 자를 다 죽이던 날에"(13중) 하고 "죽음"을 상기시키십니다. 이점에서 분명해야할 점이 있습니다. 하나님께서 애굽의 장자를 치심이 무죄(無罪)한 자를 죽이신 것이 절대로 아니라는 점입니다. 애굽의 장자를 치심은 죄에 대한 심판이었던 것입니다. 다 죄인이요, 다 심판을 받아 마땅한 중에 장자(長子)들만 치신 것은 여기에 대표성(代表性)이 있는 것입니다. 그렇다면 이스라엘의 장자들은 죄가 없었단 말인가? 아닙니다. ㉡ "이스라엘의 처음 난 자는 사람이나 짐승을 다 거룩히 구별"(13중) 하였다고 말씀하십니다.

④ 무엇으로 "구별"(區別)하셨는지 대답할 수가 있으십니까? ㉠ "유월절 어린양의 피"입니다. 이스라엘 집에서도 죽음은 있었습니다. 다만 양이 대신 죽은 것입니다. 이것이 값을 주고 사셨다는, ㉡ "구속"이요, 값을 대신 지불했다는 "대속"이요, "거룩히 구별하였다"는 성별입니다. 우리를 "성도"(聖徒)라 하심도 거룩히 구별한 무리들이라는 뜻입니다. 하나님께서 대신 값을 지불하시고 사셨다면, "처음 난 자는 다 내 것이라" 하심은 너무나도 당연하고도 합당한 것입니다.

⑤ 이점에서 집고 넘어가야 할 점은 어찌 "장자"만 여호와의 것이겠느냐 하는 점입니다. 즉 10/1조는 여호와의 것이고, 10/9조는 내 것이냐

는 말입니다. 10/10이 다 주의 것이요 우리는 관리자에 불과한 것입니다. 그럼에도 불구하고 "처음 난 자는 다 내 것이라" 하심은 첫째는, 대속원리를 드러내기 위해서요, 둘째는, 그들이 듣는 것이 둔하기 때문에 죽임을 당한 애굽의 장자와, 죽지 아니한 이스라엘의 장자를 단순(單純) 논리(論理)로 대조하여 말씀하시기 때문입니다. 신약의 성도들은 모두가 주의 것임을 명심해야만 합니다.

⑥ 이제 "처음 난자는 내 것이라" 하시는 뜻이 분명해졌는데 그런데, "레위인을 택하여 이스라엘 자손 중 처음 난 자를 대신케 하였다"(12)는 것입니다. "처음 난 자", 즉 장자가 하나님의 소유지만 그들 대신으로 레위인을 받으시겠다는 말씀입니다. 그리하여 "처음 난 자를 대신케 하였은즉 레위인은 내 것이라" 하시는 것입니다. 그렇다면 "레위 지파"가 어떻게 해서 이런 축복을 받게 되었는가 하는 점입니다. 레위는 "디나 사건"(창 34장) 때 포악한 복수를 감행한 일로 인하여 야곱에 의하여 축복 대신에 저주를 받은(창 49:6-7) 지파입니다. 저주 하에 있던 레위 지파가 하나님을 섬기는 제사장 지파가 되고 성막의 봉사자가 되었다는 것은 기이하고도 놀라운 일이라 하겠습니다. 이는 저들에게 자격이나 공로가 있어서가 아니라, "택하심을 따라 되는 하나님의 은혜"(롬 9:11, 10:5)라고 밖에는 달리는 설명할 길이 없는 것입니다. 이점이, "보라 내가 이스라엘 자손 중에서 레위인을 택하여"(12상) 라는 말씀에 드러납니다.

⑦ 신약성경에는 이에 빛을 비춰주는 말씀이 있습니다. "그리스도께서 우리를 위하여 저주를 받은 바 되사 율법의 저주에서 우리를 속량하셨으니"(갈 3:13) 합니다. 레위 지파는 메시아언약 안에서 저주를 속량받은 것만이 아니라, 도리어 제사장 지파의 축복을 받게 된 것입니다. 하나님의 찬란한 은혜 빛이 더욱 선명한 빛을 발하게 하시기 위해서 흑암에 처해있던 레위 지파에게 비춰주신 것이라 하겠습니다. 즉 "죄가

더한 곳에 은혜가 더욱 넘쳤다"(롬 5:20)는 말씀입니다. 그리고 이 예표가, "왕 같은 제사장"이 된 바로 우리들의 이야기라는 점입니다. 그러므로 "레위인은 내 것이라"(12하) 하시는 말씀을 통해서, "너희는 너희 것이 아니라 값으로 산 것이 되었으니 그런즉 너희 몸으로 하나님께 영광을 돌리라"(고전 6:19-20) 하고 적용이 되는 것입니다.

⑧ 이러한 은총을 입은 레위 지파의 변화된 모습이 "금송아지 사건" 때 드러납니다. 모세가 "여호와의 편에 있는 자는 내게로 나아 오라 하매 레위 자손이 다 모여 그에게로 오는지라" 합니다. 이는 그들이 금송아지 우상에 절을 하지 않았다는 증거입니다. 그리고 하나님을 대신하여 우상숭배자 3천 명 가량을 심판함으로, 모세가 "오늘날 여호와께 헌신하게 되었느니라 그가 오늘날 너희에게 복을 내리시리라"(출 32:26-29) 하고 축복 받는 지파로 변화되었음을 보게 됩니다.

둘째 단원(14-39) 게르손, 고핫, 므라리 족속의 수와 직무

"레위 자손을 그들의 종족과 가족을 따라 계수하되 일 개월 이상의 남자를 다 계수하라"(15).

① 본 단원의 중심점은 레위인을 종족을 따라 계수하여 그들에게 직무를 분담시키시는데 있습니다. 레위의 아들들의 이름은 "게르손과 고핫과 므라리요"(17) 합니다.

② 게르손 자손의 계수함을 입은, ㉠ "일 개월 이상 된 남자의 수효 합계가 7,500명이며"(22), ㉡ "게르손 가족들은 장막 뒤 곧 서편에 진(陣)을 칠 것이요"(23) 하십니다. 레위인들을 성막 주변에 장막을 치게 하신 데는 두 가지 뜻이 있습니다. 첫째는 성막의 책임을 수행하기 위해서 가까이에 진을 치게 하신 것이고, 둘째는, "외인(外人)이 가까이 하

면 죽임을 당할 것이니라"(10하)는 말씀에서 알 수 있듯이 가까이 왔다가 죽임을 당하지 않도록 하는 완충지대 역할을 했던 것입니다. ㉢ "게르손 자손의 회막에 대하여 맡을 것은 성막과 장막과 덮개와 회막 문장"(25) 등입니다. 자세한 내용이 4장에 나옵니다.

③ 고핫 자손의 계수함을 입은, ㉠ "일 개월 이상 모든 남자의 수효가 8,600명인데"(28), ㉡"성막 남편에 진을 칠 것이요"(29), ㉢ "그들의 맡을 것은 증거궤와 상과 등대"(31) 등입니다.

④ 므라리 자손의 계수함을 입은, ㉠ "일 개월 이상 남자의 수효 총계가 6,200명이며"(34), ㉡ "장막 북편에 진을 칠 것이며"(35), ㉢ "므라리 자손의 맡을 것은 성막의 널판과 그 띠와 그 기둥"(36) 등입니다.

⑤ "장막 앞 동편 곧 회막 앞 해 돋는 편에는 모세와 아론과 아론의 아들들이 진을 치라"(38) 하십니다. 이것이 2장 도표에 표시되어 있습니다. "레위인을 각 가족대로 계수 한즉 일 개월 이상 남자의 수효가 22,000명이었더라"(39) 합니다. 이들의 직무분담에 관해서는 4장에 가서 자세히 살펴보게 될 것입니다. 이처럼 계수케 하시는 하나님의 의도가 무엇인가?

셋째 단원(40-51) **대속교리의 원리**

"여호와께서 또 모세에게 이르시되 이스라엘 자손의 처음 난 남자를 일 개월 이상으로 다 계수하여 그 명수를 기록하라"(4).

① 본 단원의 중심점은 앞에서 말씀하신 대속교리에 대한 상론(詳論)입니다. 대속교리는 기독교의 핵심적인 교리요, 그리하여 이에 일말의 의문도 없이 분명해야만 하기 때문입니다. 그럼에도 불구하고 오늘날은 "대속교리"를 도살장의 신학이라고 비웃는 자들이 있는 것입니다.

앞 단원에서 "레위 자손의 일 개월 이상의 남자를 다 계수하라"(15) 명하신 하나님께서 이번에는, "이스라엘 자손의 처음 난 남자를 일 개월 이상으로 다 계수하여 그 명수를 기록하라"(4) 명하십니다. "일 개월 이상으로 계수함을 입은 처음 난 남자의 명수의 총계가 22,273명이었더라"(43) 합니다. 그러니까 이들은 유월절의 밤에 양의 대속으로 말미암아 죽음을 면하고 살아남은 자들입니다. 이렇게 명하시는 하나님의 의도가 무엇인가?

② 하나님의 의도를 깨닫기 위해서는 본 단원에 반복적으로 등장하는 핵심적인 낱말들의 의미를 파악해야만 합니다. 그것은 "대신"(代身)이라는 말과, "속전(贖錢), 대속(代贖)"이라는 단어입니다. "대신"이라는 말이 4번 나오고, "속전"이라는 말이 3번, "대속과, 속하기 위하여"라는 말까지 합하면 6번이나 강조되어 있습니다.

③ "나는 여호와라 이스라엘 자손 중 모든 처음 난 자의 대신(代身)에 레위인을 내게 돌리고 또 이스라엘 자손의 가축 중 모든 처음 난 것의 대신(代身)에 레위인의 가축을 내게 돌리라"(41) 하십니다. 첫 단원에서 "처음 난 자는 내 것이라"(13) 하셨습니다. 왜냐하면 값을 주고 사셨기 때문입니다. 그런데 그 "처음 난 자"(장자) "대신에 레위인을 내게 돌리라"는 것입니다. 그래서 이스라엘의 처음 난 자의 수와 레위인의 수를 계수하라 명하셨던 것입니다.

④ 그런데 "이스라엘 자손의 처음 난 자가 레위인보다 273인이 더"(46)하다, 즉 많다는 것입니다. 이들은 어떻게 할 것인가? "그 더한 자의 속전(贖錢)을 아론과 그 아들들에게 줄 것이니라"(48) 하십니다. 여기 "속전"이 등장하는데, 신약성경은 말씀합니다. "그가 모든 사람을 위하여 자기를 속전(贖錢)으로 주셨으니 기약이 이르면 증거할 것이라"(딤전 2:6). 이 계시는 우리의 죄 값을 대신 지불하시기 위하여 죽임을 당하실 하나님의 아들로 모아지고 있는 것입니다. 지금 하나님은 이 심

오한 교리를 알아듣기 쉽게 예표를 통해서 설명하고 계시는 것입니다. 그러므로 이스라엘의 장자가 레위인보다 많았다는 것은 자연스러운 일이면서도 하나님 중심으로 보면 무심한 일이 아닌 것이 됩니다. 즉 "속전"의 원리를 설명하시기 위한 하나님의 섭리하심이라는 말씀입니다. 그런데 이런 말씀을 읽노라면 하품이 나온다고 말합니다. 그것은 우리를 "대신"하여 "속전"으로 주신 대속교리의 영광스러움을 모르기 때문입니다.

⑤ 유월절의 밤에는 장자들 대신(代身)으로 "어린양"이 죽임을 당했습니다. 이제 장자들 대신(代身)에 "레위인"이 성막을 봉사하는 일을 담당하라 하십니다. 이스라엘의 장자들이 레위인을 보면서, 저 레위인은 나를 대신하여 하나님께 헌신하고 있다는 감격이 있었을 것입니다. 그것은 마치 우리가 십자가를 바라보면서 대신 죽으신 주님을 생각하듯 말입니다.

⑥ 이를 계시하시기 위해서 장자를 대신하여 어린양이 죽임을 당하는 유월절을 마련하셨고, 레위인으로 장자를 "대신"(代身)케 하라 명하셨으며, 장자의 수가 더 많게 하시어 "속전"(贖錢)의 원리를 계시해주셨던 것입니다. 그럼에도 불구하고 "대속교리"는 설명하기가 어렵고, 재미가 없다고 옆으로 비켜놓을 것입니까? "대신(代身), 속전(贖錢), 대속(代贖)" 등을 통해서 대속교리를 깨달은 자라면, "그리스도의 사랑이 우리를 강권하시는도다 우리가 생각건대 한 사람이 모든 사람을 대신하여 죽었은즉 모든 사람이 죽은 것이라 저가 모든 사람을 대신하여 죽으심은 산 자들로 하여금 다시는 저희 자신을 위하여 살지 않고 오직 저희를 대신하여 죽었다가 다시 사신 자를 위하여 살게 하려 함이니라"(고후 5:14-15) 하고 고백하지 않을 수가 없는 것입니다. 이것이 "대속원리에 입각한 레위인의 봉사"요, "대속교리에 입각한 우리들의 헌신"입니다.

민수기 4장 개관도표

주제 : 레위 자손의 직무분담

구분	내용
고핫 자손의 직무	1-20 고핫 자손의 회막 안 지성물에 대하여 할 일은 이러하니라(4) 행진할 때에 아론과 그 아들들이 성소와 성소의 모든 기구 덮기를 필하거든 고핫 자손이 와서 멜 것이니라 그러나 성물을 만지지 말지니 죽을까 하노라(15) 제사장, 엘르아살의 맡을 것은 등유와 분향할 향품과 항상 드리는 소제물과 관유며(16)
게르손 자손의 직무	21-28 게르손 가족의 할 일과 멜 것은 이러하니(24) 성막의 앙장들과 회막과 그 덮개와 그 위의 해달의 가죽 덮개와 회막 문장을 멜이며(25) 제사장, 이다말이 감독할지니라(28)
므라리 자손의 직무	29-33 므라리 자손도, 직무를 따라 회막에서 할 모든 일이 곧 그 멜 것이 이러하니 곧 장막의 널판들과 그 띠들과 그 기둥들과 그 받침들과 뜰 사면 기둥들과 그 받침들과 그 말뚝들과 그 줄들과(29-32) 제사장, 이다말의 수하에 있을 므라리 자손(33)
각 자손의 계수함을 입은 수	34-49 고핫 자손들을 그 가족과 종족대로 계수하니(34) 30세 이상으로 50세까지 회막 봉사에 입참하여 일할 만한 모든 자(35) 계수함을 입은 자가 2,750이니(36) 게르손 자손의, 계수함을 입은 자는(38) 30세 이상으로 50세까지 회막 봉사에 입참하여 일할 만한 모든 자라(39) 계수함을 입은 자가 2,630명이니(40) 므라리 자손의 가족 중, 계수함을 입은 자는(42) 30세 이상으로 50세까지 회막 봉사에 입참하여 일할 만한 모든 자라(43) 계수함을 입은 자가 3,200명이니(44) 계수함을 입은 자가 8,5080명이라(48) ▼ 그들이 그 할 일과 멜 일을 따라 모세에게 계수함을 입었으되 여호와께서 모세에게 명하신 대로 그들이 계수함을 입었더라(49)

4장

레위 자손의 직무분담

49 그들이 그 할 일과 멜 일을 따라 모세에게 계수함을 입었으되 여호와께서 모세에게 명하신 대로 그들이 계수함을 입었더라.

4장은 레위인 중에서 30세 이상 50세까지를 계수하여, 고핫, 게르손, 므라리, 세 자손에게 회막 봉사를 분담시키는 내용입니다. 도표에 나타난 대로, "고핫 자손의 직무"(첫째 단원), "게르손 자손의 직무"(둘째 단원), "므라리 자손의 직무"(셋째 단원)와, 각 자손별로 30세 이상 50세까지 계수함을 입은 자의 수(넷째 단원)를 밝혀주고 있습니다. 우리는 지금 이스라엘 민족이 어떻게 출애굽을 했는가 하는 이스라엘의 역사를 공부하고 있는 것이 아닙니다. 하나님께서 구속 사역을 어떻게 이루어 오셨는가를 통해서, 우리의 정체성이 무엇인가 하는 구속사(救贖史)를 공부하고 있는 것입니다. 그렇다면 직무를 분담시키시는 이 내용이 오늘의 우리에게는 어떤 의미가 있는가? 이를 네 단원으로 나누어 상고하겠습니다.

첫째 단원(1-20) **고핫 자손의 직무**
둘째 단원(21-28) **게르손 자손의 직무**
셋째 단원(29-33) **므라리 자손의 직무**
넷째 단원(34-49) **각 자손의 계수함을 입은 수**

첫째 단원(1-20) 고핫 자손의 직무

"고핫 자손의 회막 안 지성물에 대하여 할 일은 이러하니라"(4).

① 직무를 말씀하기에 앞서서 먼저, "30세 이상 오십 세까지 회막의 일을 하기 위하여 그 역사에 참가할 만한 모든 자를 계수하라"(3) 명하십니다. 그 계수한 내용은 넷째 단원에 나옵니다. 이는 레위인 중에서도 노동에 참가할 대상은 30-50세까지라는 말씀입니다. 이는 참으로 자상하시고도 빈틈이 없으신 하나님의 배려하심이라 하겠습니다.

② 고핫 자손의 임무는 지성물(至聖物), 즉 성막 안에 있는 법궤, 향단, 등대, 떡상 등을 운반하는 일입니다. 그런데 여기에는 몇 가지 금기(禁忌) 사항이 있습니다. "행진할 때에 아론과 그 아들들이 들어가서 간 막는 장을 걷어 증거궤를 덮고"(5) 하십니다. "덮으라"는 말이 8번 이상 나옵니다. 이는 "보지 못하게 하라"는 의미가 있습니다. 20절에 보면, "그들은 잠시라도 들어가서 성소를 보지 말 것은 죽을까 함이니라" 하고 말씀하십니다. 왜 그런가? 한마디로 "죄" 때문입니다. 언제까지인가? 그리스도의 대속으로 가리웠던 휘장을 열어주실 때까지임을 명심해야만 합니다.

③ "행진할 때에 아론과 그 아들들이 성소와 성소의 모든 기구 덮기

를 필하거든 고핫 자손이 와서 멜 것이니라"(15상) 하십니다. "그러나 성물을 만지지 말지니 죽을까 하노라"(15하) 하십니다. 다윗이 왕위에 올라 하나님의 궤를 예루살렘으로 옮겨오려 했을 때, "새 수레"로 운반하려 했습니다. 다윗은 그렇게 하는 것이 하나님을 공경하는 것으로 여긴 듯싶습니다. 그러나 소들이 뛰므로 웃사가 손을 들어 하나님의 궤를 붙들었다가 즉사한 것을 봅니다. 실패한 후에 뒤늦게, "전에는 너희가 메지 아니하였으므로 우리 하나님 여호와께서 우리를 충돌하셨나니"(대상 15:13) 하고 깨닫는 것을 알고 있습니다.

④ "보지 말라, 만지지 말라, 외인이 가까이 하면 죽임을 당할 것이니라"(3:10)는 등의 엄위하심이 무엇을 뜻하는가? "죄"로 말미암은 분리(分離)를 보여주시기 위함에서입니다. 지성소에 일년 일차 대제사장의 들어옴을 허용하시고, 제사장들이 성물을 만지는 것을 용납하시는 것도 그들에게 죄가 없기 때문이 아니라 그리스도를 예표하는 인물이기 때문입니다. 그러므로 제사장들도 성막에 들어가기 전에 먼저 자신을 위하여 속죄제를 드려야만 했습니다. 그런데 신약의 성도들에게는 그리스도의 대속으로 말미암아 은혜의 보좌 앞에 담대히 들어감이 가능해진 것입니다. 그렇다면 소들로 끌게 할 것이 아니라 구속함을 입은 성도들이 "메어" 받들어 섬겨야 마땅하지 않겠습니까?

⑤ "제사장 아론의 아들 엘르아살의 맡을 것은 등유와 분향할 향품과 항상 드리는 소제물과 관유(灌油)며"(16상) 하십니다. 제사장 엘르아살의 임무는 지성물을 운반하는 고핫 자손을 감독하는 일입니다. 그런 중에 "등유, 향품, 소제물과, 머리에 붓는 관유" 등은 직접 관리하라고 명하십니다. 제사장에게 직접 관리하라 명하시는 품목들은, "기도 또는 성령"과 결부되는 상징물들임을 알 수가 있습니다. 이는 우리에게 시사해주는 의미가 크다 하겠습니다.

둘째 단원(21-28) 게르손 자손의 직무

"게르손 가족의 할 일과 멜 것은 이러하니 곧 그들은 성막의 앙장들과 회막과 그 덮개와 그 위의 해달의 가죽 덮개와 회막 문장을 메이며"(24-25).

① 행진(行進)할 때에 게르손 자손들이 담당할 일은 성막의 "앙장, 회막, 덮개, 해달의 가죽" 등 "천막"(天幕) 종류입니다. 성막은 맨 위에는 해달의 가죽을 덮었고, 맨 아래는 앙장(仰帳)으로 덮은 여러 겹으로 되어 있었습니다. 또한 성막의 울타리 역할을 하는 것도 휘장으로 되어 있었고, 문들도 문장(門帳)으로 되어 있었습니다.

② "게르손 자손의 가족들이 회막에서 할 일이 이러하며 그들의 직무는 제사장 아론의 아들 이다말이 감독할지니라"(28) 하십니다.

셋째 단원(29-33) 므라리 자손의 직무

"그들이 직무를 따라 회막에서 할 모든 일 곧 그 멜 것이 이러하니 곧 장막의 널판들과 그 띠들과 그 기둥들과 그 받침들과"(31).

① "너는 므라리 자손도 그 가족과 종족을 따라 계수하되 삼십 세 이상으로 오십 세까지 회막 봉사에 입참하여 일할만한 모든 자를 계수하라"(29-30) 하십니다.

② 므라리 자손의 직무는 성막의 "널판들과 그 띠들과 그 기둥들과 그 받침들과"(31), 뜰 사면 기둥들과 그 받침들과 그 말뚝들과 그 줄들과 그 모든 기구들"(32)입니다. 즉 골조(骨組)에 해당되는 목재종류들입니다. "이는 제사장 아론의 아들 이다말의 수하"(33)에 있게 된다고 말씀합니다.

넷째 단원(34-49) **각 자손의 계수함을 입은 수**

"곧 삼십 세 이상으로 오십 세까지 회막의 일을 하기 위하여 그 역사에 참가할 만한 모든 자를 계수하라"(3).

① "고핫 자손들을 그 가족과 종족대로 계수 하니 30세 이상으로 50세까지 회막 봉사에 입참하여 일할 만한 모든 자가, 2,750이니(34-36) 합니다.

② "게르손 자손의 그 가족과 종족을 따라 계수함을 입은 자는, 2,630명이니"(38-40) 합니다.

③ "므라리 자손의 가족 중 그 가족과 종족을 따라 계수함을 입은 자는, 3,200명이니"(42-44) 합니다.

④ "삼십 세 이상으로 오십 세까지 회막 봉사와 메는 일에 입참하여 일할 만한 모든 자 곧 계수함을 입은 자가 8,580명이라"(47-48) 합니다.

⑤ 이제 생각해보아야만 하겠습니다. 총 8,580명이나 되는 봉사자들이 각기 맡겨진 성물을 정성껏 메고 운반했을 광경을 상상해보십시오. 그 중에 어느 누구도 맡겨진 짐이 없어 빈손으로 가는, 그렇게 필요 없는 사람은 한 사람도 없었을 것이요, 또한 감당 못할 짐을 자기 홀로 짊어지고 견디다 못해 쓰러지는 그런 사람도 없었을 것입니다. 가장 무거운 짐은 수가 제일 많은 므라리 자손에게 담당케 하시고, 가장 가벼운 짐은 수가 제일 적은 게르손 자손에게 맡기셨습니다. 여기에는 아름다운 동역과 협력만이 있을 뿐입니다.

⑥ 또 하나 명심해야할 점은 법궤를 맡은 고핫 자손들이 널판이나 말뚝을 맡은 므라리 자손들을 쓸데없다고 무시하거나, 반대로 휘장을 맡은 게르손 자손이 고핫 자손들을 부러워한 나머지 자신들을 필요 없는 사람들이라고 비하해서도 안 된다는 점입니다. 생각해보십시오. "말뚝"을 메고 가던 사람이 쓸데없다 하여 한 개라도 소홀히 여겼다면 성

막 한 쪽은 온전하지를 못했을 것입니다. 하나님이 명하신 성막의 식양(式樣)은 전체가 그리스도의 모형입니다. 그러므로 그들은 그리스도의 몸의 일 부인 지체들로서 쓰임을 받고 있는 것입니다. "기둥"이 없으면 덮개는 어떻게 덮으며, 덮개가 없으면 법궤는 어디에 안치할 것입니까? 성경은 말씀합니다. "만일 발이 이르되 나는 손이 아니니 몸에 붙지 아니하였다 할지라도 이로 인하여 몸에 붙지 아니한 것이 아니요 또 귀가 이르되 나는 눈이 아니니 몸에 붙지 아니하였다 할지라도 이로 인하여 몸에 붙지 아니한 것이 아니니, 이제 지체는 많으나 몸은 하나라 눈이 손더러 내가 너를 쓸데없다 하거나 또는 머리가 발더러 내가 너를 쓸데없다 하거나 하지 못하리라"(고전 12:15-21).

⑦ 본문에는 "30세 이상 50세까지 회막 봉사에 입참(入參)하여 일할 만한 모든 자"(23, 30, 35, 39, 43, 47)라는 말씀을 반복해서 강조하고 있습니다. 이 말씀 속에 함축된 진리는 ㉠ 봉사자가 되기 위해서는 어리지도 늙지도 않은 건강하고 성숙한 자라야 한다는 것과, ㉡ 봉사에 입참한다는 것은 무엇과도 바꿀 수 없는 영광이라는 것입니다. 그렇습니다. 형제는 30세 이상 50세까지에 해당되는 가장 일하기 좋은 자로 계수함을 입었으며, 중요한 임무를 맡은 자입니다. 성경은 말씀합니다. "성도를 온전케 하며, 봉사의 일을 하게 하며, 그리스도의 몸을 세우려 하심이라"(엡 4:12). 하나님의 짐을 메는 일은 주님을 태운 당나귀처럼 영광스러운 일입니다.

⑧ 이제 결론은 분명해졌습니다. 하나님께서 명하신 짐을 어깨에 메고 가는 이 레위 사람들은 죽음에서 대속함을 입은 장자들을 대신하여 메고 가는 것이며, 저들을 대신하여 죽임을 당한 유월절 어린양은, 우리를 대신하여 "십자가"를 메고 골고다를 향하여 가시는 주님을 상징하고 있다는 점입니다. 그렇다면 교회 내에는 "주신 은혜와, 받은 은사대로"(롬 12:6), 아름다운 동역만이 있을 뿐입니다.

민수기 5장 개관도표

주제 : 여호와께서 진 가운데 거하시느니라

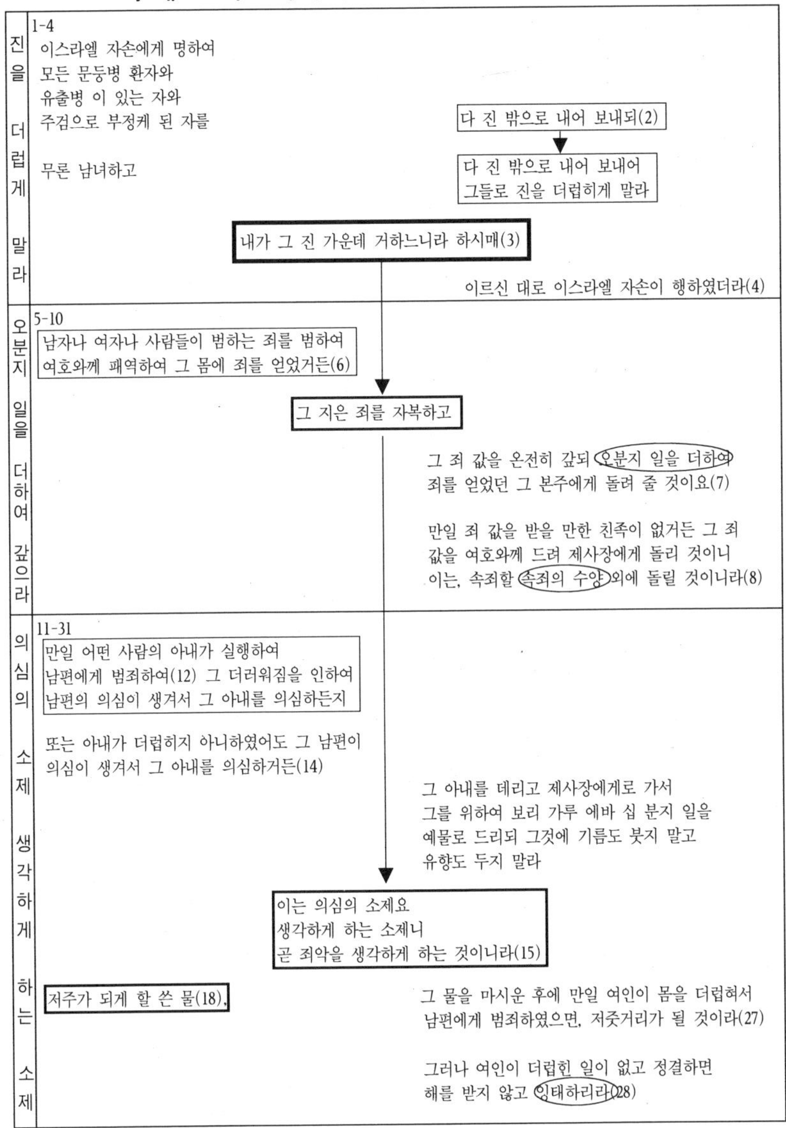
진을 더럽게 말라
1-4
이스라엘 자손에게 명하여
모든 문둥병 환자와
유출병 이 있는 자와
주검으로 부정케 된 자를
무론 남녀하고
다 진 밖으로 내어 보내되(2)
다 진 밖으로 내어 보내어
그들로 진을 더럽히게 말라
내가 그 진 가운데 거하느니라 하시매(3)
이르신 대로 이스라엘 자손이 행하였더라(4)
오분지 일을 더하여 갚으라
5-10
남자나 여자나 사람들이 범하는 죄를 범하여
여호와께 패역하여 그 몸에 죄를 얻었거든(6)
그 지은 죄를 자복하고
그 죄 값을 온전히 갚되 오분지 일을 더하여
죄를 얻었던 그 본주에게 돌려 줄 것이요(7)
만일 죄 값을 받을 만한 친족이 없거든 그 죄
값을 여호와께 드려 제사장에게 돌리 것이니
이는, 속죄할 속죄의 수양외에 돌릴 것이니라(8)
의심의 소제 생각하게 하는 소제
11-31
만일 어떤 사람의 아내가 실행하여
남편에게 범죄하여(12) 그 더러워짐을 인하여
남편의 의심이 생겨서 그 아내를 의심하든지
또는 아내가 더럽히지 아니하였어도 그 남편이
의심이 생겨서 그 아내를 의심하거든(14)
그 아내를 데리고 제사장에게로 가서
그를 위하여 보리 가루 에바 십 분지 일을
예물로 드리되 그것에 기름도 붓지 말고
유향도 두지 말라
이는 의심의 소제요
생각하게 하는 소제니
곧 죄악을 생각하게 하는 것이니라(15)
저주가 되게 할 쓴 물(18),
그 물을 마시운 후에 만일 여인이 몸을 더럽혀서
남편에게 범죄하였으면, 저줏거리가 될 것이라(27)
그러나 여인이 더럽힌 일이 없고 정결하면
해를 받지 않고 잉태하리라(28)

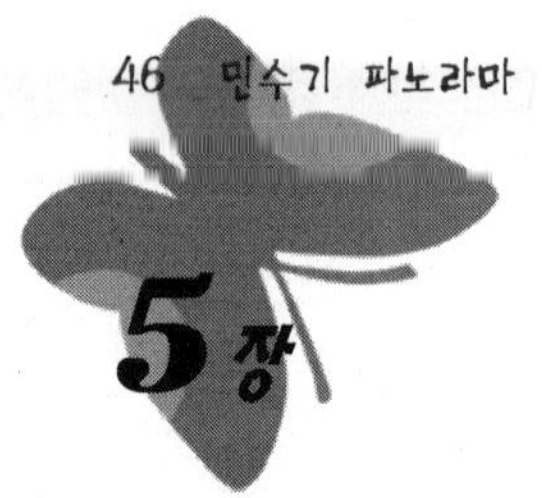
5장

여호와께서 진 가운데 거하시느니라

[3]무론 남녀하고 다 진 밖으로 내어 보내어 그들로 진을 더럽히게 말라 내가 그 진 가운데 거하느니라 하시매.

5장의 중심점은 "진을 더럽히게 말라" 하심에 있습니다. 왜냐하면 "내가 그 진 가운데 거하느니라"(3) 하시기 때문입니다. 지금 이스라엘 백성들은 시내산 기슭에 머물면서 가나안을 향한 대장정(大長程)의 준비를 서두르고 있는 중입니다. 1-2장에서 군사들을 계수하여 부대를 편성하고, 3-4장에서 성막 봉사를 위한 임무도 분담시키셨습니다. 이제 5장에서는 하나님이 함께 하시는 여호와의 군대의 진(陣)에 대한 성결(聖潔) 규례(規例)를 말씀하시는 문맥입니다. 이는 너무나 합당한 순서라 하겠습니다. 그러므로 주제가 "여호와께서 진 가운데 거하시느니라"가 됩니다. 이는 우리에게도 적실성이 있습니다. 왜냐하면 하나님께서 "내 몸, 가정, 교회"라는 진중(陣中)에 거하시기 때문입니다. "진을 더럽게 말라"(첫째 단원) 하십니다. 여호와께 패역하여 죄를 범했으면 "오 분지 일을 더하여 갚으라"(둘째 단원) 하십니다. 그리고 하나님이 거하시는 진중(陣中)에는 "의심의 여지가 있어서는 안 됨"(셋째 단원)을 경계하십니다. 이 말씀들이 현대교회에는 어떤 의미가 있는 것일까요?

첫째 단원(1-4) **진을 더럽게 말라**
둘째 단원(5-10) **오 분지 일을 더하여 갚으라**
셋째 단원(11-31) **의심의 소제, 생각하게 하는 소제**

첫째 단원(1-4) 진을 더럽게 말라

"이스라엘 자손에게 명하여 모든 문둥병 환자와 유출병이 있는 자와 주검으로 부정케 된 자를 다 진 밖으로 내어보내되"(2).

① 이런 자들을 왜 내어보내라 하시는가? 그 이유는 "그들로 진을 더럽히게 말라" 하시는 데 있고, 핵심은 "내가 그 진 가운데 거하느니라"(3)에 있습니다. 그렇다면 묻습니다. "문둥병, 유출병 환자와, 주검으로 부정케 된 자"로 인하여 진이 더럽혀지는 것입니까? 아니면 "죄"로 말미암아 더럽혀지는 것입니까? 주님은 말씀하십니다. "입에 들어가는 것이 사람을 더럽게 하는 것이 아니라 입에서 나오는 그것이 사람을 더럽게 하는 것이니라"(마 15:11).

② 여기서 잠시 구약성경을 해석하는 중요한 요점을 말씀드려야 하겠습니다. 이점을 사도 바울이 친절하게 가르쳐주고 있습니다. "오늘까지라도 구약을 읽을 때에 그 수건이 오히려 벗어지지 아니하고 있으니 그 수건은 그리스도 안에서 없어질 것이라"(고후 3:14) 합니다. 여기

"수건"은 모세가 얼굴의 광채를 가리기 위해서 쓴 수건을 가리킵니다. 바울은 "광채"를 복음으로 보고, 수건을 의문(儀文)으로 해석하고 있는 것입니다. 구약시대에도 복음은 있었습니다. 다만 의문에 가려있었을 뿐입니다. 그런데 "오늘까지라도" 수건이 벗어지지 않고 있다는 것입니다. "오늘"이란, "이 비밀은 만세와 만대로부터 옴으로 감취었던 것인데 이제는 그의 성도들에게 나타났다"(골 1:26) 한 "오늘"입니다. 그러므로 구약성경은 밝히 나타난 신약의 빛 아래서 해석되어야만 하는 것입니다. 그런데 구약으로 구약성경을 해석하려는 사람들이 있습니다. 유대교 학자들, 문자주의자들이 그러합니다. 주경가(註經家)들도 이런 경향이 있습니다. 심지어 구약성경으로 신약성경을 해석하려는 사람들도 있는데, 특히 계시록을 그렇게 해석하므로 혼란에 빠지게 하고 있습니다.

③ 본문도 신약의 빛 아래서 보아야만 하나님의 의도를 곡해하지 않게 됩니다. 이 말씀을 받는 이스라엘 백성들은 4백 30년 동안이나 애굽에서 노예로 있던 자들입니다. 그들이 유월절 어린양의 구속으로 말미암아 하루아침에 하나님의 백성들이 된 것입니다. 그리하여 영적으로 하면 갓 태어난 어린아이와 같은 상태입니다. 하나님은 이들에게 마치 유치원 어린이들을 상대로 실물교육(實物敎育)을 하듯이 가르치고 계시는 중입니다. 그러므로 이하에 나오는 "의심의 소제"도 이와 같은 그 시대의 눈높이에서 보아야만 이해할 수가 있는 것입니다. "문둥병, 유출병 환자와, 주검으로 부정케 된 자를 다 진 밖으로 내어보내어 그들로 진을 더럽히게 말라" 명하셔야만, "여호와의 진은 거룩하고 이를 더럽혀서는 안 된다"는 점을 절실히 깨달을 수가 있었을 것입니다. 주님은 말씀하십니다. "모세가 너희 마음의 완악함을 인하여 아내 내어버림을 허락하였거니와 본래는 그렇지 아니하니라"(마 19:8), 이것이 구약시대의 연약성이요, 수준입니다.

④ 그런데 주님께서 이 연약성을 얼마나 온전케 하셨는가를 보십시오. ㉠ "예수께서 한 동네에 계실 때에 온 몸에 문둥병 들린 사람이 있어 예수를 보고 엎드려 구하여 가로되 주여 원하시면 나를 깨끗케 하실 수 있나이다 하니 예수께서 손을 내밀어 저에게 대시며 가라사대 내가 원하노니 깨끗함을 받으라 하신대 문둥병이 곧 떠나니라"(눅 5:12-13). ㉡ "이에 열 두 해를 혈루증으로 앓는 중에 아무에게도 고침을 받지 못하던 여자가 예수의 뒤로 와서 그 옷 가에 손을 대니 혈루증이 즉시 그쳤더라. 딸아 네 믿음이 너를 구원하였으니 평안히 가라 하시더라"(눅 8:43-48). ㉢ "주께서 과부를 보시고 불쌍히 여기사 울지 말라 하시고 가까이 오사 그 관에 손을 대시니 멘 자들이 서는지라 예수께서 가라사대 청년아 내가 네게 말하노니 일어나라 하시매 죽었던 자가 일어 앉고 말도 하거늘"(눅 7:13-15). 주님은, "문둥병, 혈루증, 죽은 자"에게 친히 손을 대셨습니다. 그리고 고쳐주시고, 살리셨습니다. 이러한 신약의 하나님과 본문을 말씀하시는 구약의 하나님은 동일하신 하나님이십니다.

⑤ 성경은 말씀합니다. "이 장막은 현재까지의 비유니 이에 의지하여 드리는 예물과 제사가 섬기는 자로 그 양심상으로 온전케 할 수 없나니 이런 것은 먹고 마시는 것과 여러 가지 씻는 것과 함께 육체의 예법만 되어 개혁(改革)할 때까지 맡겨 둔 것이니라"(히 9:9-10). 이는 "비유"라 말씀합니다. "개혁할 때까지 맡겨 둔" 것이라 하십니다. 그러므로 본문의 "문둥병, 유출병, 주검" 등은 죄에 대한 상징이라 할 수가 있습니다.

둘째 단원(5-10) 오 분지 일을 더하여 갚으라

"그 지은 죄를 자복하고 오분지 일을 더하여 그가 죄를 얻었던 그 본

주에게 돌려 줄 것이요"(7).

① 본 단원의 중심점은 타인에게 손해를 끼치는 죄를 범했을 때의 배상(賠償) 규례입니다. 이는 5대 제사 중 속건제(레 5장)에 해당이 됩니다. 먼저 "여호와께 패역"(6하)한 것이라고 말씀합니다. 모든 죄는 궁극적으로, "여호와께 패역"한 것이라는 점을 명심해야만 합니다. 왜 그렇습니까? 그로 인하여 하나님의 거룩하신 이름이 더럽힘을 받으시기 때문입니다.

② 그러므로 이를 배상하는 절차도 이에 상응하는 조치를 취해야만 하는 것입니다. 먼저 ㉠ "그 지은 죄를 자복"(7상) 하라 하십니다. ㉡ "그 죄 값을 온전히 갚되 오 분지 일을 더하여"(7중) 배상하라고 말씀합니다. 이것이 사람에게 갚는 절차입니다. 그런데 이렇게 한다고 완결(完決)이 된 것이 아닙니다. 왜냐하면 하나님과의 관계성이 남아있기 때문입니다. 그러므로, ㉢ "그를 위하여 속죄할 속죄의 수양"(8중)을 드려야 한다는 점입니다. 이를 예로 든다면, "오 분지 일을 더하여" 배상한 것이 민사적(民事的)인 책임이라면, "속죄제"는 형사(刑事)상의 책임이라 하겠습니다. 이를 위해서 "속죄양"을 드려야 한다는 것은, 우리들의 형사상의 책임은 궁극적으로는 세상 죄를 지고 가실 하나님의 어린양이 담당하시게 됨을 나타냅니다. 그런데 명심해야할 점은 민사상의 책임은 본인의 몫이라는 점입니다.

③ 이 시점에 배상 규례를 다시 말씀하시는 의도가 무엇인가? 이런 분쟁이 여호와의 진중(陣中)에서 일어나서는 안 되기 때문으로 여겨집니다. 가해자와 피해자 모두가 하나님의 백성들이요, 이런 죄를 범한 곳이 "여호와의 진중"임을 잊지 말아야만 합니다. 신약성경에서도, "그런즉 거짓을 버리고 각각 그 이웃으로 더불어 참된 것을 말하라 이는 우리가 서로 지체가 됨이니라"(엡 5:25) 합니다. "우리가 서로 지체가 됨이니라"는 말씀을 유념하십시오. 오른 손이 왼 손에게 거짓을 할 수가

있겠느냐는 것입니다. 불신자에게 범한 죄도 해결을 해야만 합니다. 그런데 더욱 같은 지체간에 이런 속임과 불의를 잉태하고 있다면 지체와 지체 사이에, 나아가 하나님과의 관계에 균열(龜裂)이 생기게 될 것입니다. 신명기에 보면 의외다 싶은 말씀이 있는데 "너희 진 밖에 변소를 베풀라"는 말씀입니다. 그리고 구체적으로 삽으로 땅을 파고 배설물을 덮어 보이지 않게 하라 하십니다. 왜냐하면, "이는 네 하나님 여호와께서 너를 구원하시고 적군을 네게 붙이시려고 네 진중에 행하심이라 그러므로 네 진을 거룩히 하라 그리하면 네게서 불합한 것을 보시지 않으므로 너를 떠나지 아니하시리라"(신 23:12-14) 합니다. 이렇게 말씀하셔야만 알아들을 수 있는 것이 당시의 수준이었던 것입니다.

셋째 단원(11-31) 의심의 소제, 생각하게 하는 소제

"이스라엘 자손에게 고하여 그들에게 이르라 만일 어떤 사람의 아내가 실행하여 남편에게 범죄하여".

① 본 단원의 중심점은 "의심의 소제, 생각하게 하는 소제"(15)에 있습니다. 남편이 아내의 정절에 의심을 품게 되면 어찌할 것인가? 이는 한 가정의 문제만이 아니라, 나아가 여호와의 진영의 문제임을 인식해야만합니다. "의심"에는 두 가지 경우가 있는데, ㉠ 실제로 죄를 범했음에도 증거가 없을 경우와, ㉡ "또는 아내가 더럽히지 아니하였어도 그 남편이 의심이 생겨서 그 아내를 의심"(14)하게 되는 경우입니다. 이럴 경우 이를 해소해야만 했습니다. 그래서 11-31절까지의 규례를 말씀하시게 된 것입니다.

② 우선적으로 주목할 점이 빈번히 등장하는 "저주"(18, 19, 21, 22, 23, 24, 27)라는 말입니다. 만일 이 "괴악하고 악독한 누룩"(고전 5:8)을

제거하지 않는다면 "저주"가 온 진중에 미칠 수가 있는 것입니다. 그 예를 아간의 실행(失行)에서 보는 바입니다. "어떤 사람의 아내가 실행(失行)하여"(12) 하십니다. 만일 실수를 범했다면 본문의 재판 절차를 밟기 전에 자복하고 죄 값을 달게 받아야 마땅하지 않겠습니까? 이런 "의심의 소제"까지 이르게 해서 진중을 어지럽게 해서야 되겠습니까?

③ 성경은 하나님과 우리와의 관계를 "남편과 아내"에 비유하고 있습니다. 또한 "너의 하나님은 질투하시는 하나님"(출 20:5)이라 하시고, "시기하기까지 사모한다"(약 4:5)고 말씀합니다. 주님은 "사람이 두 주인을 섬기지 못한다"(마 6:24) 하십니다. 그럼에도 불구하고 우리들은 하나님 앞에서 고멜과 같지 아니합니까? 갈라디아서 4:20절에 "내가 이제라도 너희와 함께 있어 내 음성을 변하려 함은 너희를 대하여 의심이 있음이라"고 말씀합니다. 이를 어찌 바울의 의심이라 할 수가 있겠습니까? 우리의 신랑이신 주님의 의심은 아닐까요?

④ 그러므로 "의심의 소제, 생각하는 소제"라는 말은 의미심장하다 하겠습니다. "곧 죄악을 생각하게 하는 것이니라"(15하) 하십니다. 그렇다면 이러한 소제는 우리에게도 절실한 것입니다. 더욱이나 "소제"라 하심을 유념해야만 합니다. "소제"란 피 없는 제사로 삶의 현장을 통해서 드리는 제사를 상징하기 때문입니다. 우리는 내 "배가 붓고 넓적다리가 떨어지게" 될까 보아서가 아니라 주님의 망극한 사랑을 저버리지 아니하였는가 스스로 "의심의 소제, 생각하는 소제"를 자주 자주 드려야 마땅할 것입니다. 이점이 다윗의 시편에 나타납니다.

하나님이여
나를 살피사 내 마음을 아시며
나를 시험하사 내 뜻을 아옵소서
내게 무슨 악한 행위가 있나 보시고

나를 영원한 길로 인도하소서 (시 139:23-24).

이렇게 기도하고 있는 다윗은 하나님 앞에 의심의 소제, 생각하는 소제를 드리고 있는 셈입니다.

⑤ "그러나 여인이 더럽힌 일이 없고 정결하면 해를 받지 않고 잉태하리라"(28) 하십니다. 우리의 마음을 무겁게 했던 5장에서 해를 받지 않는 것만이 아니라, "잉태하리라"는 말씀을 듣게 된다는 것은 긍휼히 아닐 수가 없습니다. 왜냐하면 여인에게 "잉태하리라"는 말씀은 최고의 축복, 영예인 구약적인 묘사이기 때문입니다. 성경을 상고하다보면 하나의 공통점을 발견하게 되는데 잘못하고도 잘못된 줄을 모르고 있다는 점입니다. 우리들이라고 예외일 수가 있겠습니까? 그렇다면 우리도 "의심의 소제, 생각하는 소제"를 드리는 시간을 많이 가져야할 것입니다. 그렇게 하노라면 매사에 잉태하는 복을 받게 될 것이기 때문입니다.

민수기 6장 개관도표

주제 : 나실인의 헌신과 여호와의 축복

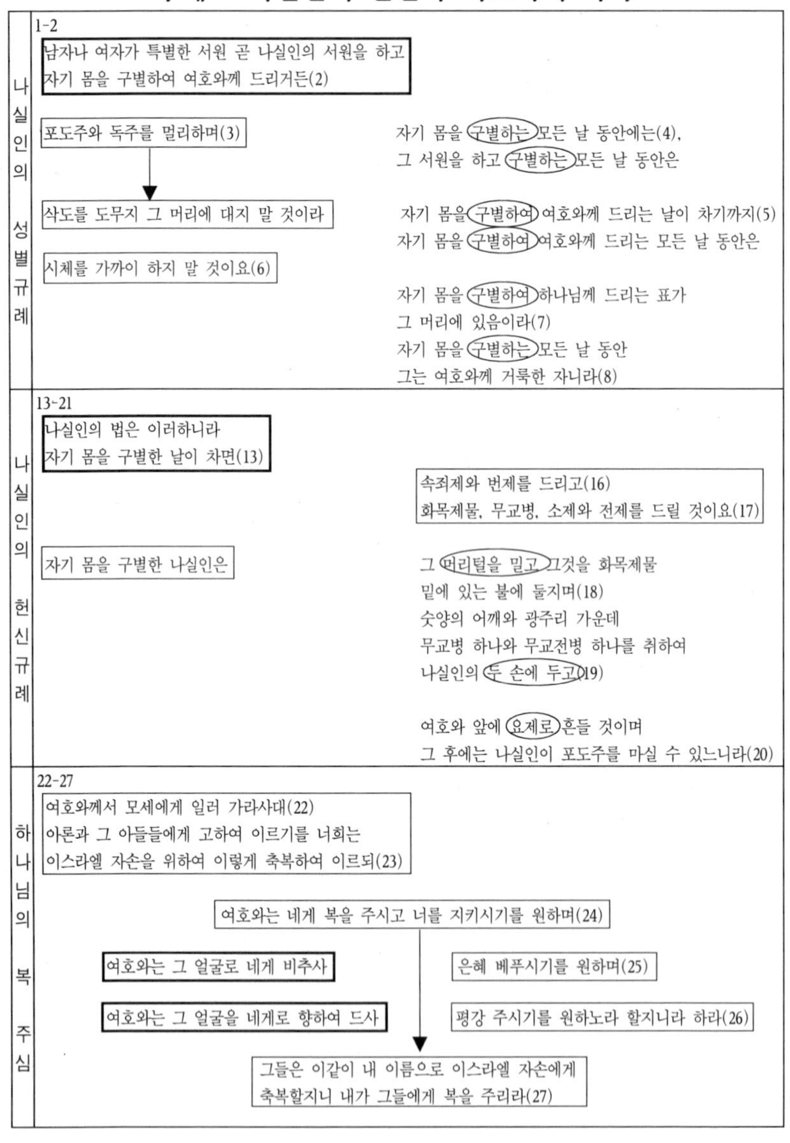
나실인의 성별규례
1-2
남자나 여자가 특별한 서원 곧 나실인의 서원을 하고
자기 몸을 구별하여 여호와께 드리거든(2)
포도주와 독주를 멀리하며(3)
삭도를 도무지 그 머리에 대지 말 것이라
시체를 가까이 하지 말 것이요(6)
자기 몸을 구별하는 모든 날 동안에는(4),
그 서원을 하고 구별하는 모든 날 동안은
자기 몸을 구별하여 여호와께 드리는 날이 차기까지(5)
자기 몸을 구별하여 여호와께 드리는 모든 날 동안은
자기 몸을 구별하여 하나님께 드리는 표가
그 머리에 있음이라(7)
자기 몸을 구별하는 모든 날 동안
그는 여호와께 거룩한 자니라(8)
나실인의 헌신규례
13-21
나실인의 법은 이러하니라
자기 몸을 구별한 날이 차면(13)
속죄제와 번제를 드리고(16)
화목제물, 무교병, 소제와 전제를 드릴 것이요(17)
자기 몸을 구별한 나실인은
그 머리털을 밀고 그것을 화목제물
밑에 있는 불에 둘지며(18)
숫양의 어깨와 광주리 가운데
무교병 하나와 무교전병 하나를 취하여
나실인의 두 손에 두고(19)
여호와 앞에 요제로 흔들 것이며
그 후에는 나실인이 포도주를 마실 수 있느니라(20)
하나님의 복 주심
22-27
여호와께서 모세에게 일러 가라사대(22)
아론과 그 아들들에게 고하여 이르기를 너희는
이스라엘 자손을 위하여 이렇게 축복하여 이르되(23)
여호와는 네게 복을 주시고 너를 지키시기를 원하며(24)
여호와는 그 얼굴로 네게 비추사
은혜 베푸시기를 원하며(25)
여호와는 그 얼굴을 네게로 향하여 드사
평강 주시기를 원하노라 할지니라 하라(26)
그들은 이같이 내 이름으로 이스라엘 자손에게
축복할지니 내가 그들에게 복을 주리라(27)

6장

나실인의 헌신과 여호와의 축복

27그들은 이같이 내 이름으로 이스라엘 자손에게 축복할지니 내가 그들에게 복을 주리라.

6장의 내용은 도표에서 보시는 바대로, 나실인의 규례(1-21)와, 제사장의 축복(22-27)으로 되어 있습니다. 나실인의 규례를 한마디로 표현하면 "헌신"(獻身)이고, 제사장의 축복은 한마디로 하나님의 "은혜"(恩惠)입니다. "나실인"이란 하나님을 위하여 "구별 된 자, 바쳐진 자"라는 뜻입니다. 구약시대 나실인은 첫째는 부모의 서원(삼상 1:11)으로, 둘째는, 나면서부터 나실인이 된 자(삿 13:5), 셋째는 자신의 서원(2) 등이 있습니다. 또한 일정 기간만 헌신하는 나실인과, 평생 동안 나실인이 되는 두 길이 있었습니다. 대표적인 나실인은 삼손, 사무엘, 세례 요한 등을 꼽을 수 있습니다. 그런데 신약에 이르러, "너희는 너희 것이 아니라 값으로 산 것이 되었으니 그런즉 너희 몸으로 하나님께 영광을 돌리라"(고전 6:20) 하고, 모든 그리스도인들이란 평생 나실인이 된 자라고 말씀하십니다. 그러므로 본문을 통해서 나실인의 정체성을 잘 인식해야 할 것입니다.

첫째 단원(1-12) **나실인의 성별**
둘째 단원(13-21) **나실인의 헌신**
셋째 단원(22-27) **하나님의 복 주심**

첫째 단원(1-12) **나실인의 성별**

"이스라엘 자손에게 고하여 그들에게 이르라 남자나 여자가 특별한 서원 곧 나실인의 서원을 하고 자기 몸을 구별하여 여호와께 드리거든 (2).

① 본 단원의 중심점은 나실인의 "성별과 구별"에 있습니다. 나실인, 곧 성도의 성도다움은 거룩하게 구별되었다는 성별에 있는 것입니다. ㉠ "자기 몸을 구별하여 여호와께 드리거든"(2하) 합니다. "구별"이라는 말이 14번, "여호와께 드리고, 드린다"는 말씀이 합해서 10번이나 나옵니다. 하나님께 "드린 자, 바쳐진" 나실인은, ㉡ "구별 된 자"입니다. "나실인"의 서원을 한 자가 "구별"됨을 지키지 못한다면 그것은 "무효"(12)라고 말씀합니다. "택함을 받은 자, 부르심을 받은 자, 성도, 거룩한 백성" 등은 한마디로 "구별 된 자"라는 뜻입니다. 그런데 오늘날은 이 구별 됨이 분명치 않다는데 문제의 심각성이 있는 것입니다. 그것은 변명의 여지가 없는 교회가 세속화되었다는 증거입니다. 본문 말씀대로 하면 "무효"(無效)라는 뜻이 되고, 주님 말씀대로 하면 "아무 쓸데없어 다만 밖에 버리워 사람에게 밟힐 뿐"(마 5:13)이라는 뜻이 됩니다.

② 나실인의 서원을 한 자는 첫째로, "포도주와 독주를 멀리하며" (3-4), 즉 금주하라 하십니다. 레위기 10장에 보면 아론의 아들 나답과 아비후가 여호와의 명하지 않은 다른 불을 담아 분향하다가 죽임을 당하는 기사가 나옵니다. 그런데 이 기사에 이어서, "여호와께서 아론에게 일러 가라사대 너나 네 자손들이 회막에 들어 갈 때에는 포도주나 독주를 마시지 말아서 너희 사망을 면하라 이는 너희 대대로 영영한 규례니라 그리하여야 너희가 거룩하고 속된 것을 분별하며 부정하고 정한 것을 분별하고 또 여호와가 모세로 명한 모든 규례를 이스라엘 자손에게 가르치리라"(레 10:8-10) 하십니다. 이로 보건대 나답과 아비후가 다른 불로분향하게 된 그 원인이 술에 취하여 분별력을 상실한 까닭이 아닌가 여겨집니다. 술이란 각성제가 아니라 분별력을 혼미케 하는 마취제인 것입니다.

③ 둘째로, "삭도를 도무지 그 머리에 대지 말 것이라"(5) 합니다. "이는 자기 몸을 구별하여 하나님께 드리는 표가 그 머리에 있음이라"(7) 한 것을 보면, 머리털을 길게 자라게 한 것은 나실인임을 나타내는 일종의 표로 여겨집니다. 이 "표"가 유월절의 밤에는 피 뿌림으로, 여리고 성에서는 붉은 댕기로, 유대인들에게는 할례로, 계시록에서는 이마에 인 맞은 자(계 7:4) 등으로 나타나고 있습니다. "할례는 마음에 할지니"(롬 2:29) 하심같이 오늘날에는 성도들의 "마음"에 성별 된 표가 있어야 한다 하겠습니다.

④ 셋째로, "자기 몸을 구별하여 여호와께 드리는 모든 날 동안은 시체를 가까이 하지 말 것이요"(6) 합니다. 앞에서도 말씀드렸습니다만 이는 구약적인 계시의 빛 아래서 주어진 규례임을 유념해야만 합니다. 중요한 것은 의문(儀文)에 있는 것이 아니라 "신령"에 있는 것입니다. 또한 거룩하게 구별 된 자라는 정체성(正體性)을 망각하지 않는데 있습니다. 이점을 삼손에게서 보는 바입니다. 그는 "태에서 나옴으로부터

하나님께 바치운 나실인"(삿 13:5)입니다. 그런데 하나님의 신을 힘입어 블레셋 사람들을 쳐 죽이는 것을 봅니다. 삼손이 실패한 원인은 시체에 접촉했기 때문이 아니라, 나실인의 정체성을 망각했기 때문입니다.

둘째 단원(13-21) **나실인의 헌신**

"나실인의 법이 이러하니라 자기 몸을 구별한 날이 차면 그 사람을 회막문으로 데리고 갈 것이요"(13).

① "자기 몸을 구별한 날이 차면"(13중) 합니다. 이점을 통찰력을 가지고 살펴보시기를 바랍니다. "구별한 날이 차면", 이제 끝났다는 말인가? 아닙니다. 그 동안 "몸을 구별"한 목적이 어디에 있는가를 생각해보시기를 바랍니다. 하나님께 자신을 "드리기" 위해서 몸을 거룩하게 "구별"을 했던 것입니다. 그렇다면 그 후에는 무엇이 와야만 바른 순서인가? 회막문으로 데리고 가서는, "여호와께 예물을 드리되"(14상) 하고, "드리라" 말씀하십니다. 다시 강조합니다만 하나님께 드리기 위해서 "자기 몸을 구별"했다는 점입니다.

② 그런데 14-17절에서 드리는 것은 자신이 아니라, "번제물로 흠 없는 수양, 속죄 제물로 흠 없는 어린 암양, 화목 제물로 흠 없는 수양"(14)을 드리는 것을 봅니다. 이 제물들이 누구의 무엇에 대한 그림자인가? 여기에 나실인 규례의 우선순위가 있는 것입니다. 우선적으로 거룩하게 구별되어 온전히 하나님께 바쳐진 "나실인"이란 예수 그리스도에게서 성취 될 예표임을 깨달아야만 합니다.

③ 그런 연후에라야, "그러므로 형제들아 하나님의 모든 자비하심으로 너희를 권하노니 너희 몸을 하나님이 기뻐하시는 거룩한 산 제사로 드리라 이는 너희의 드릴 영적 예배니라"(롬 12:1), 즉 우리의 나실인

됨이 가능해지는 것입니다. 그렇습니다. 우리가 거룩하게 "구별"된 나실인이 될 수 있었던 것은 우리에게 그럴만한 자격이나 가치가 있어서가 아니라, 오직 예수 그리스도의 나실인 되심을 통해서 가능하여진다는 사실입니다. 그래서 몸을 구별한 날이 차면 그를 회막문으로 데리고 가서 "번제와 속죄제"(14)를 드리라 명하시는 것입니다. 우리의 나실인 됨을 열납하실 수 있는 근거는 속죄제에 있기 때문입니다.

④ 13-20절에 나오는 "나실인의 법"을 "이제 낱낱이 설명할 수는 없습니다"(히 9:5). 다만 예수 그리스도의 구속으로 말미암아 나실인이 된 우리가 명심해야할 몇 가지만을 상고해 본다면, 첫째가, ㉠ "무교병"(17, 19)이라는 의미입니다. 무교병은 누룩이 없는 떡입니다. 유월절은 하루 밤 뿐이요, 그 후로는 칠일 동안 무교절이 계속됩니다. 유월절 양의 피로 구속함을 얻은 나실인은 누룩 없는 삶을 살아야함을 나타냅니다. 둘째는, ㉡ "그 머리털을 밀고 그것을 화목 제물 밑에 있는 불에 둘지며"(18) 한 의미입니다. "구별하는 모든 날 동안은 삭도를 도무지 그 머리에 대지 말 것이라"(5) 명하셨는데, 길게 자란 "머리털을 밀라" 하심은, 더욱이나 "그것을 화목제물 밑에 있는 불에 둘지며" 한 것은 옛 사람의 죽음을 상징한다 할 수가 있습니다. 그렇게 한 후에야 나실인의 두 손에는 비로소, ㉢ "수양의 어깨와, 무교병과, 무교전병"이 주어지는 것을 봅니다. "어깨"는 힘의 상징이고, "무교병은 성결을, 무교전병은 성별 된 삶에 따르는 고난"을 상징한다고 말할 수가 있습니다. 전병(煎餠)은 불에 지진 떡이기 때문입니다.

⑤ "여호와 앞에 요제로 흔들 것이며"(20상) 한 것은 의미가 깊다 하겠습니다. 왜냐하면 요제는 하나님께 바쳐진 것을 의미하기 때문입니다. 그렇다면 이제 "나실인의 법은 이러하니라" 하신 13절을 다시 음미해보아야만 하겠습니다. "자기 몸을 구별하는 날이 차면"(13중)이라고 말씀한 것은 "나실인의 사명"을 마쳤다는 뜻이 아니라, 나실인이 되기

위한 "몸을 구별한 날이 찬" 것뿐이라는 사실입니다. 이것이 맞는다면 나실인의 삶은 이제부터 시작인 셈입니다. 이점이 장본인의 두 손에 "수양의 어깨와 무교병과 무교전병"을 주고 "여호와 앞에 요제로 흔들 것이며" 하신 데서 나타납니다. "그 후에는 나실인이 포도주를 마실 수 있느니라"(20하) 하십니다. 성경은 "그 후에는 나실인에서 해방되었다"고 말씀하는 것이 아니라, 여전히 "나실인"이라고 부르고 있습니다. 다만 "포도주를 마실 수 있느니라" 하심은, 나실인으로서의 헌신을 의무으로가 아니라 기쁜 마음으로 자원하여 수행할 수 있게 되었음을 나타낸다 하겠습니다.

⑥ 이 순서의 중요성을 예를 들어 말씀드린다면 작정기도를 하고, 금식기도를 하는 것을 봅니다. 중요한 것은 "구별한 날이 차면"(13) 한 그 이후입니다. 금식기도를 드렸다고 자동적으로 교회가 부흥이 되고 사업이 잘 되는 것은 아닙니다. 거룩하게 구별을 했으면 심기일전하여 열심히 나실인의 삶을 살아가야만 하는 것입니다. 만일 열심히 나실인의 삶을 살아가고 있다면 굳이 40일 금식기도를 하지 않아도 될 것입니다. 왜냐하면 나실인의 대표자 되시는 그리스도께서 다 이루셨기 때문입니다.

셋째 단원(22-27) **하나님의 복 주심**

"그들은 이같이 내 이름으로 이스라엘 자손에게 축복할지니 내가 그들에게 복을 주리라"(27).

① 본 단원은 하나님께서 명하신 제사장의 축복문(祝福文)입니다. "여호와께서 모세에게 일러 가라사대 아론과 그 아들들에게 고하여 이르기를 너희는 이스라엘 자손을 위하여 이렇게 축복하라"(22-23)고 이르라 명하십니다. 그러니까 신약성경에 주님께서 가르쳐주신 "주기도

문"이 있듯이, 구약성경에는 하나님께서 가르쳐주신 "축복문"이 있는 것입니다. 그렇다면 축복문의 의미가 무엇인가? 아론은 대제사장이고 아들들은 제사장들입니다. 그들이 한번만 이렇게 축복한 것이 아닙니다. 그렇다고 그들 당대만 이렇게 축복하라 하심도 아닙니다. 마치 주님께서 가르쳐주신 기도를 이루어질 때까지 드려야 하듯이, 하나님께서 가르쳐주신 축복이 응하기까지 구약시대 내내 이렇게 축복을 한 것입니다. 그러므로 중요하고도 그 의미가 깊다 하겠습니다. 그 의미를 구속사라는 맥락에서 볼 때만이 깨달을 수가 있습니다.

② "여호와는 네게 복을 주시고 너를 지키시기를 원하며"(24) 합니다. 첫 축복이 "복을 기원하는 것입니다. 그런데 하나님께서 복을 주시겠다고 약속하심은 여기가 처음도 아니고 새삼스러운 것도 아님을 인식해야만 합니다. 하나님께서는 아브라함에게, "내가 너로 큰 민족을 이루고 네게 복을 주어 네 이름을 창대케 하리니 너는 복의 근원이 될지라 너를 축복하는 자에게는 내가 복을 주고 너를 저주하는 자에게는 내가 저주하리니 땅의 모든 족속이 너를 인하여 복을 얻을 것이니라"(창 12:2-3) 하고 언약을 세워주셨습니다. 그렇다면 무슨 복을 주시겠다는 말씀인가? 인간은 물질적인 축복을 우선시하나 하나님은 아브라함의 자손으로 그리스도를 보내셔서 천하 만민이 구원의 복을 받게 하시려는 것입니다. 하나님께서는 일관되게 이 복을 이루어 나가고 계시는 것입니다. 하나님은 "아브라함에게 약속하신 복(언약)"을 제사장의 축복을 통해서 자손 대대로 계승(繼承)하여 주시려는 것입니다. 그렇다면 이 복이 구체적으로 어떻게 성취될 복인가?

③ "여호와는 그 얼굴로 네게 비취사 은혜 베푸시기를 원하며"(25) 합니다. "그(하나님) 얼굴로 네게 비취사" 라는 주제는 구속사의 맥락에서 보면 엄청난 의미가 내포되어 있는 말씀입니다. 왜냐하면 성경이, "오직 너희 죄악이 너희와 너희 하나님 사이를 내었고 너희 죄가 그 얼

굴을 가리워서 너희를 듣지 않으시게 함이니"(사 59:2) 하고 말씀하고 있기 때문입니다. 이는 일년, 이년, 십년, 백년만 가려있던 것이 아닙니다. 구약시대 내내 가려져 있었습니다. 이를 단적으로 보여주고 있는 것이 하나님의 임재를 상징하는 지성소를 굳게 가로막고 있는 휘장입니다. 이는 죄로 말미암아 하나님이 그 얼굴을 가리셨음을 나타냅니다. 그러므로 시편에는 그 얼굴을 비춰주시기를 간구하는 시가 많이 있습니다.

하나님은 우리를 긍휼히 여기사 복을 주시고
그 얼굴빛으로 우리에게 비취사(셀라)
주의 도를 땅위에
주의 구원을 만방 중에 알리소서
하나님이여 여러 민족들로 주를 찬송케 하시며
모든 민족으로 주를 찬송케 하소서(시 67:1-3).

하나님이여 우리를 돌이키시고
주의 얼굴빛을 비취사 우리로 구원을 얻게 하소서
만군의 하나님이여 우리를 돌이키시고
주의 얼굴빛을 비취사 우리로 구원을 얻게 하소서 (시 80:3, 7)

"여호와는 그 얼굴로 네게 비취사 은혜 베푸시기를 원하며", 이것이 구약시대가 갈망하는 가장 절실한 축복이었던 것입니다.

④ 얼굴을 비추심이 "은혜"와 결부되어 있음을 주목하시기 바랍니다. 왜 은혜인가? 얼굴을 비취시기 위해서는 휘장이 제거되어야만 가능한데, 이것이 인간의 행위로나 자력으로는 불가능하기 때문입니다. 가로막혔던 휘장이 언제 누구에 의해서 어떻게 제거되었는가를 아는 사람이

라면 이것이 하나님의 은혜 베푸심임을 찬양하게 될 것입니다. 주님께서 십자가상에서 "다 이루었다" 선언하셨을 때에 휘장이 찢어졌다는 것은 죄가 제거되었다는 증거입니다. 인간 편에서 보면 하나님께 나아가는 길이 열린 것이요, 하나님 편에서 보면 마치 구름 속에 가려져 있던 태양이 빛을 발하듯이 그 얼굴을 비추심이 가능해진 것입니다. 주님은 자신의 육체를 찢으심으로 휘장을 찢어주신 것입니다.

⑤ 그런데 한 걸음 더 나아가야만 합니다. 왜냐하면 주님께서 단 번에 열어 놓으심으로 "비취심"이 가능케 된 것이, "네게 비취사" 하고 각 사람에게 적용(適用)되는 문제가 남았기 때문입니다. 주님께서 휘장을 찢으셨다고 자동적으로 각 심령에 비춰지는 것은 아닙니다. 그렇다면 각 심령이 어떤 방도로 비췸을 받게 되는가? 성경은 말씀합니다. "어두운 데서 빛이 비취리라 하시던 그 하나님께서 예수 그리스도의 얼굴에 있는 하나님의 영광을 아는 빛을 우리 〈마음〉에 비취셨느니라"(고후 4:6), 즉 "그리스도의 영광의 복음의 광채"(고후 4:4)가 전도를 통해서 비췸을 받게 되는 것입니다. 이 사역을 위해서 하나님은 성령을 보내주신 것입니다. 설교자는 이 빛을 비춰줄 수가 없습니다. 그러나 복음을 전해줄 수는 있습니다. 믿음은 들음에서 난다고 말씀합니다. 전파하는 복음을 듣게 될 때에, 성령께서는 "그리스도의 영광의 복음의 광채"를 그 마음에 비추시어 믿음을 주시고 거듭나게 하시며 어둠을 몰아내고 빛의 자녀가 되게 하시는 것입니다. 이를 아는 설교자라면 성령께서 빛을 비춰주시도록 복음을 자주 자주 전해주기를 열망하게 되는 것입니다.

여호와는 그 얼굴로 네게 비추사

① "여호와는 그 얼굴을 네게로 향하여 드사 평강 주시기를 원하노

라 할지니라 하라"(26) 하십니다. "그 얼굴을 향(向)하여 드사" 라는 뜻은 늘 바라보고 계시다는 그런 뜻입니다. 하나님은 얼굴을 한 번 비추시는 것으로 끝나는 것이 아닙니다. "주의 눈은 의인을 향하시고 그의 귀는 저의 간구에 기울이시되"(벧전 3:12) 함과 같이 자비하신 얼굴로 늘 살피신다는 말씀입니다. 스데반이 눈을 위로 향하자 하나님 우편에 서서 자신을 바라보고 계시는 주님과 눈이 마주 친 것같이 이를 믿는 자에게는 어떤 처지와 형편에서도 "평강"의 복을 누릴 수가 있는 것입니다.

② 이를 알았기에 바울은 교회에 보내는 모든 서신들에서 "하나님의 사랑하심을 입고 성도로 부르심을 입은 모든 자에게 하나님 우리 아버지와 주 예수 그리스도로 좇아 〈은혜와 평강〉이 있기를 원하노라"(롬 1:7) 하고 "은혜와 평강"을 축복하고 있는 것입니다. "은혜"가 임하는 곳에 평강은 강수처럼 흐르게 되는 것입니다. "은혜와, 평강", 이는 압축된 복음입니다.

③ "그들은 이같이 내 이름으로 이스라엘 자손에게 축복할지니 내가 그들에게 복을 주리라"(27) 하십니다. 이제는 형제가 왕 같은 제사장입니다. 그러므로 형제에게는 이 축복권이 주어진 것입니다. 형제가 복을 주는 것이 아닙니다. 형제가 축복을 하면 하나님이 복을 주시겠다는 약속입니다. 제사장의 가정에 우유를 배달하는 아줌마, 신문배달 소년을 그냥 돌려보내서야 되겠습니까? 하루에도 수도 없이 마주치는 불쌍한 영혼들에게 사랑의 눈빛을 주면서 마음속으로, "여호와는 그 얼굴로 네게 비춰사 은혜 베푸시기를 원하노라" 하고 축복해주시지 않으시렵니까?

④ 6장의 앞부분은 자원하여 드리는 헌신입니다. 하나님은 그에게 "은혜와 평강"의 복을 주십니다. 또한 그 나실인을 통해서 은혜와 평강의 복이 확장되어 나가게 되기를 기대하시는 것입니다.

민수기 7장 개관도표

주제 : 족장들이 드린 단의 봉헌 예물

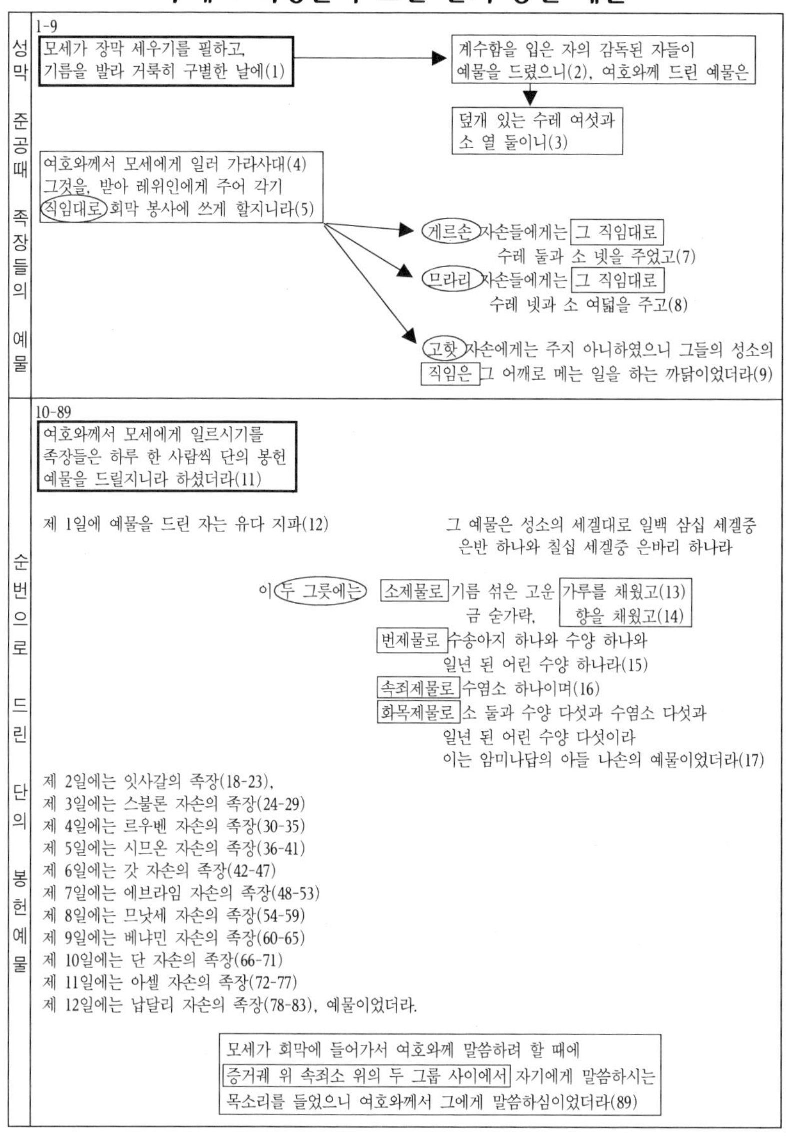
성막 준공때 족장들의 예물
1-9
모세가 장막 세우기를 필하고, 기름을 발라 거룩히 구별한 날에(1)
계수함을 입은 자의 감독된 자들이 예물을 드렸으니(2), 여호와께 드린 예물은
덮개 있는 수레 여섯과 소 열 둘이니(3)
여호와께서 모세에게 일러 가라사대(4) 그것을, 받아 레위인에게 주어 각기 직임대로 회막 봉사에 쓰게 할지니라(5)
게르손 자손들에게는 그 직임대로 수레 둘과 소 넷을 주었고(7)
므라리 자손들에게는 그 직임대로 수레 넷과 소 여덟을 주고(8)
고핫 자손에게는 주지 아니하였으니 그들의 성소의 직임은 그 어깨로 메는 일을 하는 까닭이었더라(9)
순번으로 드린 단의 봉헌 예물
10-89
여호와께서 모세에게 일르시기를 족장들은 하루 한 사람씩 단의 봉헌 예물을 드릴지니라 하셨더라(11)
제 1일에 예물을 드린 자는 유다 지파(12)
그 예물은 성소의 세겔대로 일백 삼십 세겔중 은반 하나와 칠십 세겔중 은바리 하나라
이 두 그릇에는 소제물로 기름 섞은 고운 가루를 채웠고(13)
금 숟가락, 향을 채웠고(14)
번제물로 수송아지 하나와 수양 하나와 일년 된 어린 수양 하나라(15)
속죄제물로 수염소 하나이며(16)
화목제물로 소 둘과 수양 다섯과 수염소 다섯과 일년 된 어린 수양 다섯이라
이는 암미나답의 아들 나손의 예물이었더라(17)
제 2일에는 잇사갈의 족장(18-23),
제 3일에는 스불론 자손의 족장(24-29)
제 4일에는 르우벤 자손의 족장(30-35)
제 5일에는 시므온 자손의 족장(36-41)
제 6일에는 갓 자손의 족장(42-47)
제 7일에는 에브라임 자손의 족장(48-53)
제 8일에는 므낫세 자손의 족장(54-59)
제 9일에는 베냐민 자손의 족장(60-65)
제 10일에는 단 자손의 족장(66-71)
제 11일에는 아셀 자손의 족장(72-77)
제 12일에는 납달리 자손의 족장(78-83), 예물이었더라.
모세가 회막에 들어가서 여호와께 말씀하려 할 때에 증거궤 위 속죄소 위의 두 그룹 사이에서 자기에게 말씀하시는 목소리를 들었으니 여호와께서 그에게 말씀하심이었더라(89)

7장

족장들이 드린 단의 봉헌 예물

[11]여호와께서 모세에게 이르시기를 족장들은 하루 한 사람씩 단의 봉헌 예물을 드릴지니라 하셨더라.

7장은 성막 세우기를 필하고, 기름을 발라 거룩히 구별한 날에(1) 족장들이 하나님께 드린 봉헌 예물을 상세히 기록하고 있습니다. 그런데 이는 예물을 드렸다는 단순한 말씀이 아닙니다. 본 장에는 핵심적인 낱말들이 여럿 나오는데, "기름을 바르다, 드리다, 채우다, 주었다"는 말씀 등입니다. 그 낱말들에 함축되어 있는 의미들을 파악하는 것이 7장을 바르게 이해하는 것이요, 바르게 적용하는 것입니다. 그러므로 이를 깊이 음미해 보아야만 합니다. 이를 두 단원으로 나누어 상고하겠습니다.

첫째 단원(1-9) **성막 준공 때 족장들이 드린 예물**

둘째 단원(10-89) **순번으로 드린 단의 봉헌예물**

첫째 단원(1-9) 성막 준공 때 족장들이 드린 예물

"모세가 장막 세우기를 필하고 그것에 기름을 발라 거룩히 구별하고 또 그 모든 기구와 단과 그 모든 기구에 기름을 발라 거룩히 구별한 날에"(1).

① 첫 절은 원리(原理)가 되는 말씀입니다. 그러므로 이를 명백히 인식해야만 7장 전체를 바르게 이해하게 됩니다. 첫 절에는 "기름을 발라" 라는 말과, "거룩히 구별"하다는 말이 각각 두 번씩 나옵니다. "기름을 발랐다"는 말씀이 7장 전체로는 5번(1, 1, 10, 84, 88) 나옵니다. 그렇다면, ㉠ "기름을 발랐다"는 의미가 무엇인가?. 이는 천막(天幕)을 "성막"되게 하는 결정적인 요점입니다. "성막"이 다른 천막과 구별되는 것이 무엇인가? "그것에 기름을 발랐다"는 데 있습니다. 기름을 바르기 전에는 다른 천막과 본질적인 차이가 없었던 것입니다. 그러므로 성경은 "기름을 발라", ㉡ "거룩히 구별(區別)" 했다고 말씀하는 것입니다. 성경은 적당히 말씀하고 넘어가는 것이 아니라, ㉢ "그 모든 기구와 단과 그 모든 기구에 기름을 발라" 거룩히 구별했다고 낱낱이 말씀합니다. 만일 기름 바름을 받지 아니한 기구가 있다면 그 기구는 "거룩히 구별" 된 것이 아닌 것이 된다는 뜻입니다.

② 이 "성막" 계시는, "말씀이 육신이 되어 우리 가운데 거하시매(장막을 치시매) 우리가 그 영광을 보니 아버지의 독생자의 영광이요 은혜와 진리가 충만하더라"(요 1:14) 한 임마누엘의 그림자로 주어진 것입니다. 그리스도란 기름부음을 받은 자 곧 기름을 발라 온전히 거룩하게 성별 된 분이십니다. 그런데 여기서 멈춰서는 아니 됩니다.

③ 이 성막 계시는, "너희가 하나님의 성전인 것과 하나님의 성령이 너희 안에 거하시는 것을 알지 못하느뇨"(고전 3:16)까지 나아가야만 하는 것입니다. 신약시대에는 예수 그리스도의 구속으로 말미암아 "교

회"가 성막이 된 것입니다. 그러므로 "교회"(敎會)란 기름을 발라 "거룩하게 구별"함을 받은 "거룩한 공회"입니다. "기름"은 성령을 상징합니다. "모든 기구와 단과 그 모든 기구에 기름을 발랐다"고 말씀합니다. 그러므로 교회의 모든 부서와 기관이 성령의 주관하심 하에 있어야 한다는 말씀입니다.

④ 그런데 결정적으로 중요한 것은 형제 위에도 기름을 바르셨다는 점입니다. 기름 발림을 받았기 때문에 그리스도인이라 하는 것입니다. 성경은 말씀합니다. "너희 몸은 너희가 하나님께로부터 받은 바 너희 가운데 계신 성령의 전인 줄을 알지 못하느냐"(고전 6:19). 교회가 "기름 발림을 받아 거룩하게 구별"되었다는 성별을 상실하게 되면 세속화(世俗化)가 되고, 성도들이 거룩히 구별하심을 받았다는 성별의식을 망각하게 되면 맛 잃은 소금이 되어 밟히게 되는 것입니다. 이 "구별"됨은 6장에서 말씀한 "나실인" 계시와 상통하는 것입니다. 구별됨이 얼마나 중요하면 이를 상실하면 "지나간 날은 무효니라"(6:12) 하시겠습니까? 우리는 이 "구별됨"을 지키기 위해서 얼마나 주의를 기울이고 있는지요?

⑤ 그런 연후에, 이스라엘의 족장들 곧 두령이요 감독된 자들이 "예물을 드렸으니"(2) 합니다. "드렸다"는 말이 무려 19번(2, 3, 3, 10, 11, 12, 18, 24, 30, 36, 42, 48, 54, 60, 66, 72, 78, 84, 88)이나 나옵니다. 이로 보아 7장의 중심점이 "드림"에 있음을 알게 됩니다. 그렇다고 "드림"이 먼저가 아닙니다. "기름을 발라 거룩히 구별"하셨다는 것이 사활적으로 먼저입니다.

⑥ "그들이 여호와께 드린 예물은 덮개 있는 수레 여섯과 소 열 둘이니"(3상) 합니다. 어찌하여 "수레와 소"를 드렸는가? 이를 12절 이하에서 드린 족장들의 예물과 비교한다면 감독된 자들의 예물은 빈약하다는 생각이 듭니다. 그러므로 이는 5절과 결부시켜서 해석되어야만 하는 것

입니다. 왜냐하면 "그것을 그들에게서 받아 레위인에게 주어 각기 직임대로 회막 봉사에 쓰게 할지니라"(5) 하고 말씀하시기 때문입니다. 하나님은 "회막 봉사"에 무엇이 필요한 것을 아셨습니다. 이를 감독된 자들을 통해서 예비케 하셨다는 말씀입니다. 이는 마치 주님께서 타시고 예루살렘에 입성하셔야 할 나귀새끼를 어는 촌부(村夫)를 통해서 예비하심과 같다 하겠습니다. 그러므로 3절을 통해서 깨달아야할 점은 "예물"에 있는 것이 아니라, 하나님의 예비하심입니다.

⑦ "모세가 수레와 소를 받아 레위인에게 주었으니"(6) 합니다. 똑같이 준 것이 아닙니다. "그 직임대로", 즉 천막 종류를 운반해야할 ㉠ "게르손 자손들에게는 그 직임대로 수레 둘과 소 넷을 주었고"(7), 기둥과 널판 등 무거운 것을 운반해야할 ㉡ "므라리 자손들에게는 그 직임대로 수레 넷과 소 여덟을 주고"(8) 합니다. 그런데 ㉢ "고핫 자손에게는 주지 아니하였으니 그들의 성소의 직임은 그 어깨로 메는 일을 하는 까닭이었더라"(9) 합니다. 이 말씀이 우리에게는, "은사는 여러 가지나 성령은 같고 직임은 여러 가지나 주는 같으며 또 역사는 여러 가지나 모든 것을 모든 사람 가운데서 역사하시는 하나님은 같으니, 이 모든 일은 같은 한 성령이 행하사 그 뜻대로 각 사람에게 나눠주시느니라"(고전 12:4-11)는 말씀으로 적용이 되는 것입니다.

⑧ 본 단원을 요약한다면, ㉠ "기름을 발라 거룩히 구별한"(1), 즉 "교회"로 시작하여, ㉡ "그것들을 장막 앞에 드린지라"(3)한 "예배"로 이어지고, ㉢ "레위인에게 주었으니"(6) 하는 은사로 주어지고 있는 것입니다. 하나님은 우리의 예배를 받으시고 그 뜻대로 각 사람에게 때를 따라 도우시는 은혜를 베푸시는 것입니다. 우리가 할 일은 "오직 하나님께서 각 사람에게 나눠주신 은사대로 봉사하는 일입니다. 이것이 오늘날 교회를 통해서 이루어지고 있는 영광스러움입니다.

둘째 단원(10-89) 순번으로 드린 단의 봉헌예물

"단에 기름을 바르던 날에 족장들이 단의 봉헌을 위하여 예물을 가져다가 그 예물을 단 앞에 드리니라"(10).

① "단의 봉헌을 위하여 예물을 가져다가" 합니다. 모세는 "장막 세우기를 필하고" 봉헌을 하는 중입니다. 그런데 이를 "성막 봉헌"이라 하지 않고, "단의 봉헌"(奉獻)이라 말씀함은 주목해야 할 점입니다. 그렇다면 이 단(壇)은 어느 단을 의미하는가? 성막에는 향단도 있고 번제단도 있습니다. 그런데 그냥 "단"이라 말할 때는 번제단을 가리킵니다. 성막의 중심이 지성소요, 언약궤에 있다 하여도 핵심은 번제단에 있음을 유념해야만 합니다. 어찌하여 우리에게 번제단이 핵심적인 포인트가 되는가? 예수 그리스도의 갈보리 십자가를 상징하기 때문입니다.

② "여호와께서 모세에게 이르시기를 족장들은 하루 한 사람씩 단의 봉헌 예물을 드릴지니라"(11) 명하십니다. 이 말씀은 세 마디로 되어 있는데, ㉠ 단의 봉헌이라는 것과, ㉡ 예물을 드리라는 것과, ㉢ 하루 한 사람씩 드리라는 말씀입니다. 이 대목에서 "예물"에 초점을 맞춰 "예물 드림"을 강조해서는 아니 됩니다. 그렇게 한다면 하나님을 "예물"을 좋아하시는 분으로 만들 염려가 있는 것입니다. 중요한 점은 이렇게 명하신 하나님의 의도는 무엇이며, 마음은 무엇인가 하는 점입니다.

③ 이점을 족장들이 드린 예물을 통해서 알 수가 있습니다. 족장들은 아무 것이나 좋은 것을 예물로 가져온 것이 아니라, "단의 봉헌"을 위한 예물, 즉 ㉠ 소제물(13), ㉡ 번제물(15), ㉢ 속죄제물(16), ㉣ 화목제물(17)에 사용할 "제물"(祭物)을 가져온 것입니다. 그렇다면 하나님의 마음은 분명해지는 것입니다. 하나님의 마음은 예물을 요구하시는 것이 아니라, "하나님이 우리를 사랑하사 우리 죄를 위하여 화목제로 그 아들"(요일 4:10)을 주실 것을 계시하시기 위해서였던 것입니다. 받으시

기 위해서가 아니라 "주시기 위해서" 라는 말씀입니다. 이는 제 생각이 아니라 성경이 "하나님이 제사와 예물을 원치 아니하시고 오직 나를 위하여 한 몸을 예비하셨도다"(히 10:5) 하고 말씀하시기 때문입니다.

④ 이런 하나님의 마음을 나타내심은 여기가 처음이 아닙니다. 아브라함에게 "네 아들 네 사랑하는 독자 이삭"을 번제로 드리라 하신 때도 "받으시기" 위해서가 아니라 "주실" 것을 계시하시기 위해서였으며, "유월절 어린양의 피"를 통해서도 나타났으며, 성막을 지으라 명하심도 이 성막이 예물을 받는 장소가 아니라 자기 아들을 성육신 하여 보내주실 것에 대한 그림자로 세우라 하신 것임을 명심해야만 합니다. "단의 봉헌 예물, 단 앞에 드리니라"(10)는 표현은 무엇을 말씀해주고 있느냐 하면 족장들이 드린 제물들이 번제단에서 피를 흘리며 죽임을 당하여 번제, 속죄제, 화목제물로 드려졌음을 나타냅니다. 그리고 이 제사는 "보라 세상 죄를 지고 가는 하나님의 어린양이로다"에 대한 명백한 예표인 것입니다.

⑤ 어찌하여 매일 "한 사람씩" 드리라 명하셨는가? ㉠ 대속제물이 되어 주실 메시아언약을 잊지 않게 하시기 위해서입니다. 또한 제물 중에 "화목제물"이 있음을 유념할 필요가 있는데 이는, ㉡ 자기 백성들과 매일 교제를 갖기를 원하셨음을 나타냅니다. "한 사람씩 드린 단의 봉헌 예물"은 12일로 끝마쳤단 말인가? 아닙니다. "또 그들에게 이르라 너희가 여호와께 드릴 화제는 이러하니 일 년 되고 흠 없는 수양을 매일 둘씩 상번제(常燔祭)로 드리되 한 어린양은 아침에 드리고 한 어린양은 해질 때에 드릴 것이요"(28:3-5) 하십니다. 이렇게 강조하셨음에도 불구하고 제사제도에 함의된 메시아언약을 망각하고 우상숭배에 빠졌으며, 실체 되시는 그리스도가 오셨을 때에는 배척하고 말았던 것입니다.

⑥ 그러므로 "은 바리에 소제물로 기름 섞은 고운 가루를 채웠고

(13), 금 숟가락에 향을 채웠다"(14)는 "채움"이 중요합니다. 하나님은 "은 바리, 금 숟가락"을 요구하신 것이 아닙니다. 그것은 단지 "그릇" 역할을 했을 뿐입니다. 소제는 유일하게 피 없는 제사로 삶을 통해서 드려지는 산 제사를 예표합니다. "고운 가루"는 그의 삶이 얼마나 정교한 삶을 살아야 할 것을 상징합니다. 금 숟가락에 채워드린 "향"은 설명이 필요치 않을 만큼 분명한 기도를 상징합니다. 하나님께서는 광야를 통과하는 동안 이를 행함으로, ㉠ 구속의 은총을 잊지 말고, ㉡ 날마다 하나님과 교제하며, ㉢ 어려움에 봉착하더라도 능히 극복할 힘을 공급받기를 원하셨던 것입니다.

⑦ 이를 얼마나 중요하게 여기시고 강조하셨으면, 족장의 이름만 다를 뿐 그 외에는 글자 하나 틀리지 않는 기사를 지루한 줄도 모르고 12번이나 반복하여 기록케 하셨겠는가? 우리를 구원하여 주실 때도 도매금으로 부르신 것이 아니라, 지루한 줄도 모른 체 한 사람 한 사람씩 택하시고 부르시고 거듭나게 해주신 것입니다. 우리의 기도나 예물 드림도 일괄해서 받으시는 것이 아니라, 한 사람 한 사람씩 받으시는 것입니다. 이 감격을 알았기에 바울은, "너희가" 하고 일반으로 말씀하다가도 결정적인 대목에서는 "그러므로 〈네가〉 이 후로는 종이 아니요 아들이니 아들이면 하나님으로 말미암아 유업을 이을 자니라"(갈 4:7, 롬 3:26) 하고 단수(單數)로 말씀했던 것입니다.

⑧ 이처럼 영광스러운 7장은 "모세가 회막에 들어가서 여호와께 말씀하려 할 때에 증거궤 위 속죄소 위의 두 그룹 사이에서 자기에게 말씀하시는 목소리를 들었으니 여호와께서 그에게 말씀하심이었더라"(89) 하고 끝맺고 있습니다. 이 마지막 절은 7장의 총 결론이라 할 수가 있습니다. 그러므로 이에 함의되어 있는 은총을 놓치지 마시기를 바랍니다. 하나님이 모세를 만나주시고 말씀하는 위치(位置)가 어디라고 하는가? "증거궤 위 속죄소 위의 두 그룹 사이" 라고 말씀합니다. 여기

는 법궤의 뚜껑에 해당하는 장소입니다. 그렇다면 왜 여기인가? 대제사장이 가지고 들어간 속죄 피가 바로 "증거궤 위 속죄소 위의 두 그룹 사이"에 뿌려지기 때문(레 17:15, 출 25:21-22)입니다. 그래서 만나주심이 가능해지는 것입니다. 얼마나 분명한 계시입니까? 자상하고 모자람이 없는 복음입니까?

⑨ 이제는 예수 그리스도의 구속으로 말미암아 휘장이 열려졌고, "그러므로 형제들아 우리가 예수의 피를 힘입어 성소(하나님 계신 곳)에 들어갈 담력을 얻었나니, 은혜의 보좌 앞에 담대히 나아갈 것이니라"(히 10:19, 4:16) 말씀합니다. 형제여, 보좌 앞까지만 나아갔다가 돌아서지 마시기 바랍니다. ㉠ 거기서 너를 만나주겠다고 말씀하셨습니다. ㉡ "네게 명할 모든 일을 네게 이르리라"(출 25:22) 하셨습니다. 만나시고, 명하시는 말씀을 듣고 나오십시오. 나온 후에는 나눠주신 은사대로 섬기십시다. ㉢ 신약교회에도 잊지 말아야 할 언약은 주어졌고, 기다림은 있습니다. 주님께서 우리들을 영접하러 오시는 그날까지 상번제를 드리는 심정으로 날마다 순간마다 "채워" 드리는 소제의 삶을 살아가십시다.

민수기 8장 개관도표
주제 : 레위인의 정결 의식과 봉사

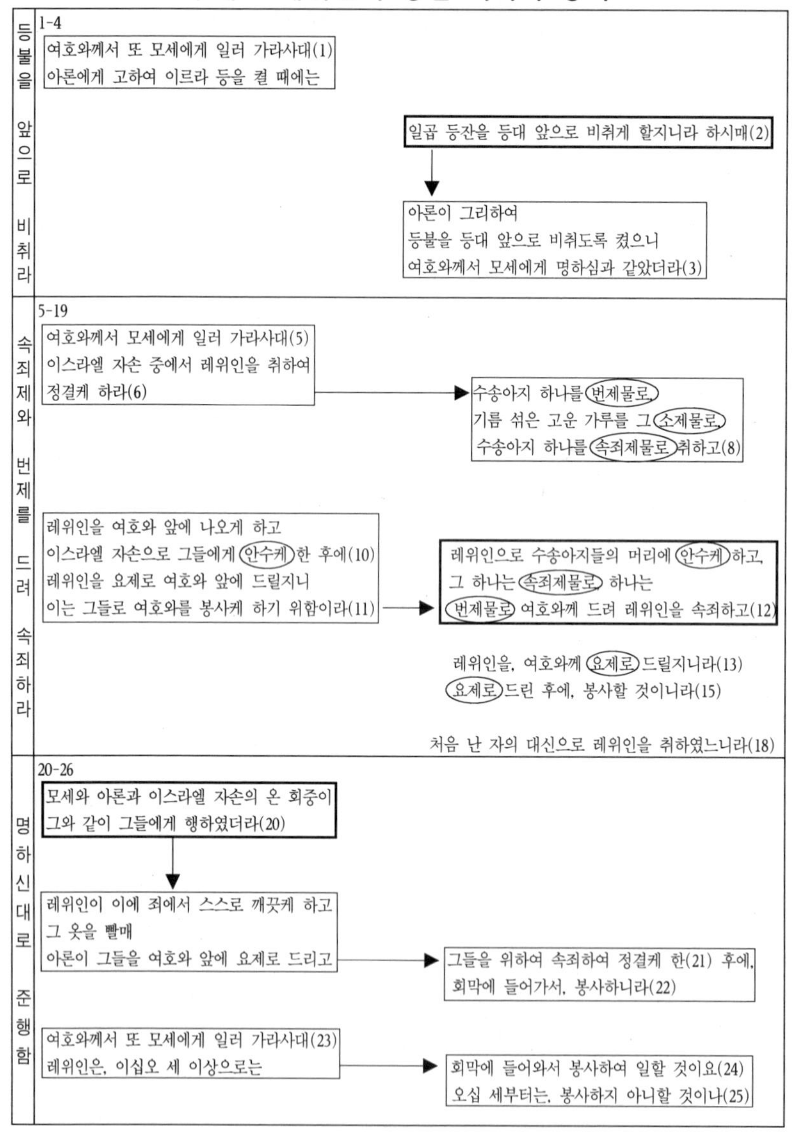
등불을 앞으로 비취라
1-4
여호와께서 또 모세에게 일러 가라사대(1)
아론에게 고하여 이르라 등을 켤 때에는
일곱 등잔을 등대 앞으로 비취게 할지니라 하시매(2)
아론이 그리하여
등불을 등대 앞으로 비취도록 켰으니
여호와께서 모세에게 명하심과 같았더라(3)
속죄제와 번제를 드려 속죄하라
5-19
여호와께서 모세에게 일러 가라사대(5)
이스라엘 자손 중에서 레위인을 취하여
정결케 하라(6)
수송아지 하나를 번제물로,
기름 섞은 고운 가루를 그 소제물로,
수송아지 하나를 속죄제물로 취하고(8)
레위인을 여호와 앞에 나오게 하고
이스라엘 자손으로 그들에게 안수케 한 후에(10)
레위인을 요제로 여호와 앞에 드릴지니
이는 그들로 여호와를 봉사케 하기 위함이라(11)
레위인으로 수송아지들의 머리에 안수케 하고,
그 하나는 속죄제물로 하나는
번제물로 여호와께 드려 레위인을 속죄하고(12)
레위인을, 여호와께 요제로 드릴지니라(13)
요제로 드린 후에, 봉사할 것이니라(15)
처음 난 자의 대신으로 레위인을 취하였느니라(18)
명하신대로 준행함
20-26
모세와 아론과 이스라엘 자손의 온 회중이
그와 같이 그들에게 행하였더라(20)
레위인이 이에 죄에서 스스로 깨끗케 하고
그 옷을 빨매
아론이 그들을 여호와 앞에 요제로 드리고
그들을 위하여 속죄하여 정결케 한(21) 후에,
회막에 들어가서, 봉사하니라(22)
여호와께서 또 모세에게 일러 가라사대(23)
레위인은, 이십오 세 이상으로는
회막에 들어와서 봉사하여 일할 것이요(24)
오십 세부터는, 봉사하지 아니할 것이나(25)

8장 레위인의 정결 의식과 봉사

[15]네가 그들을 정결케 하여 요제로 드린 후에 그들이 회막에 들어가서 봉사할 것이니라.

8장은, "등대의 제도"(1-4)와, "레위인을 정결케 한 후에 봉사하게 하라"(5-26)는, 두 부분으로 되어있습니다. 문맥적을 보면, 3장에서 레위인으로 하여금 이스라엘의 처음 난자를 대신하여 제사장을 시종하게 하라(3:6) 명하셨고, 4장에서 레위의 세 아들 족속에게 성막의 직임을 분담시키시고, 7장에서는 직임을 수행하는데 필요한 "소와 수레"들이 선물로 주어졌습니다. 이제 바로 직임을 수행하면 되는 것인가? 아닙니다. 본 장에서 "그들을 정결케 하여 요제로 드린 후에 그들이 회막에 들어가서 봉사할 것이니라"(15) 명하시는 문맥입니다. 이는 레위인들의 이야기가 아닙니다. 이를 예표로 하여, "너희 몸을 하나님이 기뻐하시는 거룩한 산 제사로 드리라"(롬 12:1) 하시는 신약교회 레위인들인 우리에게 하시는 말씀입니다. 그렇다면 "레위인의 정결 의식과 봉사"가, "등대의 제도"와 어떤 연관이 있는가? 여기에 본 장의 숨은 뜻이 있습니다. 이를 세 단원으로 나누어 상고하겠습니다.

첫째 단원(1-4) **등불을 앞으로 비취게 하라**
둘째 단원(5-19) **속죄제와 번제를 드려 속죄하라**
셋째 단원(20-26) **명하신 대로 준행함**

첫째 단원(1-4) 등불을 앞으로 비취게 하라

"아론에게 고하여 이르라 등을 켤 때에는 일곱 등잔을 등대 앞으로 비취게 할지니라 하시매"(2).

① 첫째 단원의 중심점은 "등대의 제도"(4)에 있습니다. "여호와께서 또 모세에게 일러 가라사대"(1) 하고 명하십니다. 육적 출애굽은 영적 출애굽의 "거울과 경계"(고전 10:11)로 기록된 것입니다. 그러므로 이 명령은 영적 출애굽 도상에 있는 신약의 성도들에게도 적실성이 있는 것입니다.

② "등을 켤 때에는 일곱 등잔을 등대 앞으로 비취게 할지니라"(2) 하고 명하십니다. 여기에 함의된 뜻이 무엇인가? 일곱 등잔은 하나님께서 명하신 식양(式樣) 대로 만들었고, 여기에 처음 등불을 점화(點火) 한 자는 대제사장인 아론입니다. 그리고 이 "등불"은 꺼지지 않도록 보존해야만 했습니다. "불똥"으로 인하여 불이 꺼지지 않게 하기 위해서 제사장은 불침번을 서야 했습니다. 성막에는 창이 없습니다. 그러므로 만일 등불이 꺼진다면 암흑(暗黑) 세상이 되고 맙니다. 언제까지 꺼지지 않도록 관리를 해야만 하는가? "참 빛 곧 세상에 와서 각 사람에게

비취는 빛이 있었나니"(요 1:9) 하신 그리스도가 오시기까지입니다. 하나님의 계시는 어린아이라도 알아들을 수 있을 만큼 자상하고 부족함이 없습니다.

③ 그렇다면, 등불을 켜는 것으로 족한 것이 아닌가? 어찌하여 하나님께서는 "일곱 등잔을 등대 앞으로 비취게 할지니라"(2) 명하시는가? 등대 식양을 말씀하시는 출애굽기 25장에서도 "등잔 일곱을 만들어 그 위에 두어 앞을 비취게 하라"(출 25:37)고 명하셨습니다. 그런데 이 말씀 앞 장(7장)에는 족장들의 예물 드림이 있고, 뒤(8장)에는 레위인의 봉사를 말씀하시는 문맥임을 유념하시기를 바랍니다.

④ 계시록 5장에 보면 "어린양"의 묘사가 나옵니다. ㉠ "일찍 죽임을 당한 것 같더라"(계 5:6상) 합니다. ㉡ "일곱 뿔과, 일곱 눈이 있으니" 합니다. "일곱"은 완전을 상징하는 하나님의 수이며, "뿔"은 능력을, "눈"은 감찰하심을 상징합니다. 그래서 "이 눈은 온 땅에 보내심을 입은 하나님의 일곱 영이더라"(계 5:6하) 합니다. 어찌하여 "앞으로 비취게 할지니라" 하시는지 이제 아시겠습니까? 레위인, 곧 우리의 봉사가 "일곱 등불, 일곱 눈, 일곱 영"이 보시는 앞에서 행해지고 있음을 계시하시기 위해서입니다. 이는 신전신앙을 의미합니다. 자신의 예배, 봉사, 기도, 헌금 드림이 "일곱 등불"이 비취고 있는, 즉 하나님이 보시는 앞에서 행하고 있다는 이 한가지만이라도 잊지 않는다면 큰 변화가 일어날 것입니다.

⑤ "아론이 그리하여 등불을 등대 앞으로 비취도록 켰으니 여호와께서 모세에게 명하심과 같았더라"(3) 합니다. 그렇다면 우리는 이렇게 고백하게 되는 것입니다.

여호와여 주께서 나를 감찰하시고 아셨나이다
주께서 나의 앉고 일어섬을 아시며

멀리서도 나의 생각을 통촉하시오며
나의 길과 눕는 것을 감찰하시며
나의 모든 행위를 익히 아시오니
여호와여 내 혀의 말을 알지 못하시는 것이
하나도 없으시니이다 (시 139:1-4).

⑥ 부언해야할 말씀이 있습니다. "일곱 등대"는 암흑과 같은 이 세상을 비취실 예수 그리스도의 상징임이 분명합니다. 그런데 이제는 그의 구속으로 말미암아 교회가 빛을 발해야할 "촛대"가 되었다는 사실입니다. 계시록에서는 "일곱 촛대는 일곱 교회니라"(계 1:20) 하고 말씀하십니다. 그리고 주님은 말씀하시기를, "너희는 세상의 빛이라", "이같이 너희 빛을 사람 앞에 비취게 하여 저희로 너희 착한 행실을 보고 하늘에 계신 너희 아버지께 영광을 돌리게 하라"(마 5:14-15) 하십니다. 이제는 형제가 빛을 비춰야 할 세상의 빛입니다.

둘째 단원(5-19) **속죄제와 번제를 드려 속죄하라**

"여호와께서 모세에게 일러 가라사대 이스라엘 자손 중에서 레위인을 취하여 정결케 하라"(5-6).

① 둘째 단원의 중심점은 "레위인을 정결케 하여 봉사하게 하라"는 데 있습니다. 이를 이해하기 위해서는 본문에 등장하는 몇 가지 핵심적인 낱말들을 주목해보아야만 합니다. ㉠ "정결케 하라"는 말씀입니다. 모두 5번(6, 7, 7, 15, 21) 나옵니다. 다음은, ㉡ "봉사하게 하며" 라는 말씀입니다. 모두 6번(11, 15, 19, 22, 24, 25) 나오는데, 왜 정결케 해야만 하는가? "여호와를 봉사케 하기 위함이라(11), 그들이 회막에 들어

가서 봉사할 것이니라"(15) 합니다. 회막에 들어가 여호와를 섬기기 위해서는 "정결"해야 한다는 말씀입니다.

② 그러면 어떻게 정결하게 하는가? ㉠ "레위인을 여호와 앞에 나오게 하고", "이스라엘 자손으로 그들에게 안수케"(10) 합니다. 안수하는 "이스라엘 자손"들은 장자들(16, 18)이었을 것입니다. 안수란 일체(一體)됨을 나타냅니다. "너는 내 대신 하나님께 바쳐지고 있다"는 뜻입니다. 다음으로, ㉡ "레위인으로 수송아지들의 머리에 안수케" 하여, "그 하나는 속죄제물로, 하나는 번제물로 여호와께 드려 레위인을 속죄하고"(12) 합니다. 이런 말씀을 "수건이 마음을 가리운"(고후 3:15) 상태에서 바라본다면 얼마나 괴이하게 여길 것인가? 그런데 이제 밝히 드러난 계시의 빛 앞에서 바라본다면, 레위인들이 정결케 되어 여호와를 봉사할 수 있게 된 것은 오직 그들을 위하여 대신 죽임을 당한 "속죄제물과 번제"(8, 12)로 말미암아 가능해진다는 것과, 이 제물이 명백한 그리스도의 그림자임을 깨닫게 되는 것입니다.

③ 레위인을 속죄한 후에, "레위인을 아론과 그 아들들 앞에 세워 여호와께 요제로 드릴지니라"(13) 합니다. "요제"란 말도 4번(11, 13, 15, 21) 등장하는데, 이는 흔들어 드리는 제사를 가리킵니다. 흔들어 드리는 행위가 무엇을 나타내고 있는가? 기쁨입니다. 감사입니다. 감격입니다. 이 장면을 영상으로 그려보십시오. 얼마나 엄숙하고도 감격스러운 장면인가? 레위기 23:10-11절에 보면, 추수할 때에 제사장이 "첫 이삭한 단"을 "여호와 앞에 열납되도록 흔들되(요제) 안식일 이튿날에 흔들 것이며" 합니다. 이는 주님의 부활에 대한 명백한 예표입니다. "이제 그리스도께서 죽은 자 가운데서 다시 살아 잠자는 자들의 〈첫 열매〉가 되셨도다"(고전 15:20) 합니다. 그리고 이 일은 정확하게 "안식일 이튿날"(마 28:1)에 성취되었습니다. 환희와 감사와 감격 속에 우리 주님은 요제로 드려진 것입니다.

④ "네가 그들을 정결케 하여 요제로 드린 후에 그들이 회막에 들어가서 봉사할 것이니라"(15). 명심하십시다. 이제는 예수 그리스도의 구속으로 말미암아 형제가 요제로 드려졌음을 기뻐하십시다. 감사하십시다.

셋째 단원(20-26) 명하신 대로 준행함

"모세와 아론과 이스라엘 자손의 온 회중이 여호와께서 레위인에게 대하여 모세에게 명하신 것을 다 좇아 레위인에게 행하였으되 곧 이스라엘 자손이 그와 같이 그들에게 행하였더라"(20).

① 셋째 단원의 중심점은 명하신 여호와의 말씀대로 준행 하였다는데 있습니다. 20절 한 절 속에 "모세에게 명하신 것을 다 좇아 행하였으되, 행하였더라" 하고 두 번이나 강조되어 있습니다. 22절에서도 "여호와께서 레위인의 일에 대하여 모세에게 명하신 것을 좇아 그와 같이 그들에게 행하였더라" 합니다. 입으로 "아멘"만 한 것이 아닙니다. "명하신 것을 좇아 그와 같이 그들에게 행하였다"고 말씀합니다. 왜 이 말씀을 강조하고 있느냐 하면, "그러므로 모든 들은 것을 우리가 더욱 간절히 삼갈지니 혹 흘러 떠내려갈까 염려하노라"(히 2:1) 하고 경계하고 있기 때문입니다. 한 귀로 듣고 다른 귀로 흘려버리는 타성이 오늘날 더욱 고질화되어 있기 때문입니다.

② "레위인이 이에 죄에서 스스로 깨끗케 하고 그 옷을 빨매"(21상) 합니다. "스스로"라는 말을 주목해야만 합니다. 레위인들을 정결케 하기 위해서 "속죄제와 번제" 제물이 대신 죽임을 당했습니다. 그렇다면 레위인은 제물 위에 안수만 하고 아무 일도 안 해도 된단 말인가? 아닙니다. "죄에서 스스로 깨끗케 하고 그 옷을 빨았다"고 말씀합니다. 하나님

께서도 "그 의복을 빨게 하여 몸을 정결케 하라"(7)고 명하십니다. "속죄제"는 주님이 대신 드려주셨습니다. 그러나 "옷을 빨아야" 하는 성별(聖別)은 "스스로" 해야하는 인간의 책임입니다. 하나님을 섬기는 영광스러운 직임을 수행하려 함에 있어서 어찌 죄에서 떠나지 않을 수가 있겠습니까? "아론이 그들을 여호와 앞에 요제로 드리고 그가 또 그들을 위하여 속죄하여 정결케 한 후에 레위인이 회막에 들어가서 아론과 그 아들들의 앞에서 봉사하니라"(22하) 합니다.

레위인의 봉사 기간

① "여호와께서 또 모세에게 일러 가라사대"(23), 23-26절은 레위인의 봉사 기간을 말씀하는 내용입니다. "25세 이상으로는 회막에 들어와서 봉사하여 일할 것이요"(24), "50세부터는 그 일을 쉬어 봉사하지 아니할 것이나"(24) 합니다.

② "그 형제와 함께 회막에서 모시는 직무를 지킬 것이요 일하지 아니할 것이라"(26) 하십니다. 50세 정년이 되어 퇴임을 한다고 해서 요제로 드려진 신분이 바뀌는 것은 아닙니다. 성막 봉사는 힘이 드는 일이기 때문에 육체적인 일은 쉬되 "모시는 직무"(26상), 즉 감독을 하면서 하나님을 섬기라는 뜻으로 여겨집니다. 성막 봉사를 담당할 레위인의 규례에는 변하지 않는 원리와, 시대에 따라 변하는 문화적인 면이 있습니다. 정결 의식은 변할 수가 없는 원리입니다. 그러나 봉사하는 적년(適年)은, 4장에서는 30세(4:30)로 규정하고, 본 장에서는 25세로(24), 역대기에서는 20세(대상 23:24)로 변하는 것을 봅니다.

③ "그러므로 형제들이여, 우리 몸을 하나님이 기뻐하시는 거룩한 산 제사로 드리십시다"(롬 12:1). 한가지 명심할 점은 우리의 섬김이 일곱 등불이 비취는 빛 앞에서 행해지고 있다는 사실입니다. 아멘.

민수가 9장 개관도표

주제 : 출발에 앞서 유월절을 지키라는 명령

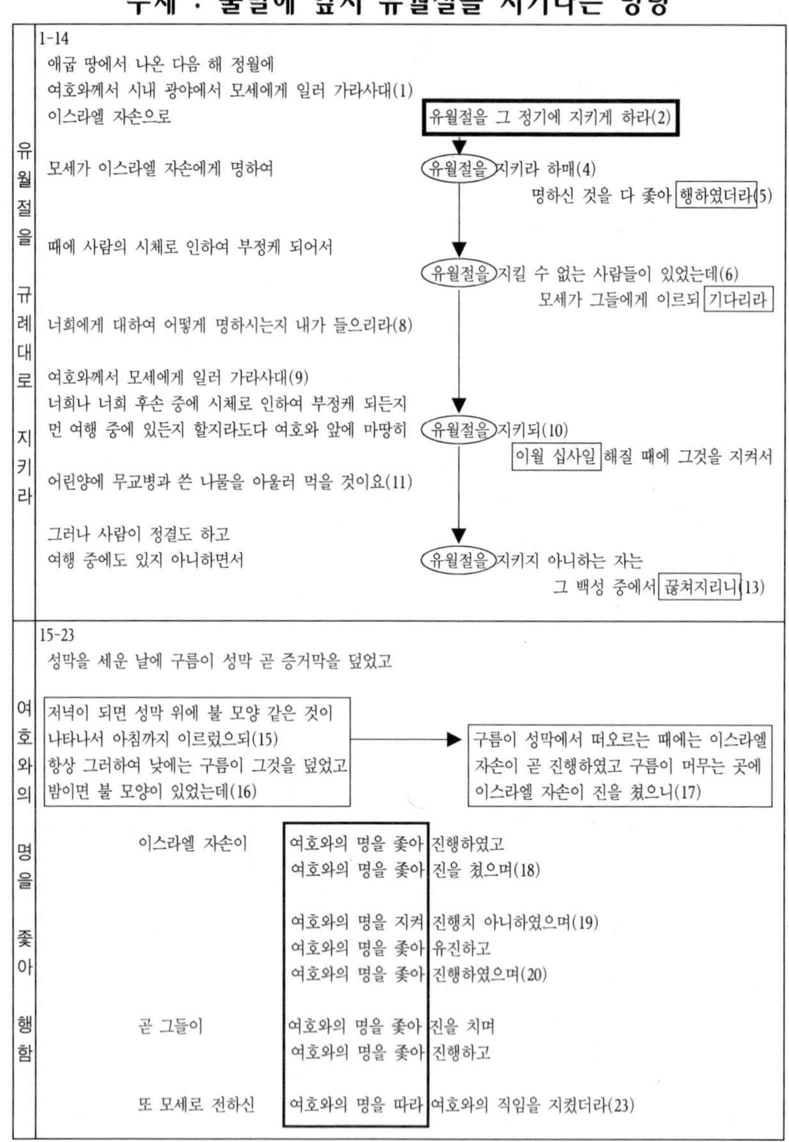

유월절을 규례대로 지키라
1-14
애굽 땅에서 나온 다음 해 정월에
여호와께서 시내 광야에서 모세에게 일러 가라사대(1)
이스라엘 자손으로
유월절을 그 정기에 지키게 하라(2)
모세가 이스라엘 자손에게 명하여
유월절을 지키라 하매(4)
명하신 것을 다 좇아 행하였더라(5)
때에 사람의 시체로 인하여 부정케 되어서
유월절을 지킬 수 없는 사람들이 있었는데(6)
모세가 그들에게 이르되 기다리라
너희에게 대하여 어떻게 명하시는지 내가 들으리라(8)
여호와께서 모세에게 일러 가라사대(9)
너희나 너희 후손 중에 시체로 인하여 부정케 되든지
먼 여행 중에 있든지 할지라도다 여호와 앞에 마땅히
유월절을 지키되(10)
이월 십사일 해질 때에 그것을 지켜서
어린양에 무교병과 쓴 나물을 아울러 먹을 것이요(11)
그러나 사람이 정결도 하고
여행 중에도 있지 아니하면서
유월절을 지키지 아니하는 자는
그 백성 중에서 끊쳐지리니(13)
여호와의 명을 좇아 행함
15-23
성막을 세운 날에 구름이 성막 곧 증거막을 덮었고
저녁이 되면 성막 위에 불 모양 같은 것이
나타나서 아침까지 이르렀으되(15)
항상 그러하여 낮에는 구름이 그것을 덮었고
밤이면 불 모양이 있었는데(16)
구름이 성막에서 떠오르는 때에는 이스라엘
자손이 곧 진행하였고 구름이 머무는 곳에
이스라엘 자손이 진을 쳤으니(17)
이스라엘 자손이
여호와의 명을 좇아 진행하였고
여호와의 명을 좇아 진을 쳤으며(18)
여호와의 명을 지켜 진행치 아니하였으며(19)
여호와의 명을 좇아 유진하고
여호와의 명을 좇아 진행하였으며(20)
곧 그들이
여호와의 명을 좇아 진을 치며
여호와의 명을 좇아 진행하고
또 모세로 전하신
여호와의 명을 따라 여호와의 직임을 지켰더라(23)

9장 출발에 앞서 유월절을 지키라는 명령

2-3이스라엘 자손으로 유월절을 그 정기에 지키게 하라 그 정기 곧 이 달 십 사일 해 질 때에 너희는 그것을 지키되 그 모든 율례와 그 모든 규례대로 지킬지니라.

9장의 중심점은 "유월절"에 있습니다. "정기에 지키게 하라"(2) 하십니다. "정기"(定期)란 "정월 14일 해질 때"(5)입니다. 그렇다면 인구조사를 한 "2월 1일"(1:1)보다 먼저 인 것이 됩니다. 그런데 어찌하여 이 기사가 출발 직전인 9장에 기록이 되었는가? 1차 때에 참여하지 못한 사람들을 위하여 "2월 14일"(11), 그러니까 출발 1주일 전(10:11)에 2차로 지켰기 때문입니다. 이렇게 하심으로 "유월절"을 출발을 위한 마지막 준비가 되게 하셨습니다. 1장에서 싸움에 나갈 자를 계수하라 명하신 하나님은, 2-8장까지를 통해 출발준비를 시키는 중 마지막으로, 첫째 단원(1-14)에서는, "유월절을 지키라" 명하십니다. 이는 애굽에서 지킨 첫 번 유월절(출 12:11) 이후 두 번째로 지키는 유월절입니다. 그리고 가나안 땅에 첫 발을 드려놓는 여리고 평지(수 5:10)에서 세 번째 유월절을 지켰다는 기록을 대하게 된다는 것은 감격스러운 일이 아닐 수가 없습니다. 둘째 단원(15-23)에서는 여호와의 군대가 "진행(進行)하는 것, 유진(留陣)하는 것, 직임"(職任) 등 모두를 "여호와의 명을 좇아 행했다"고 말씀합니다. 이로써 출발준비는 완료되었고, 여호와의 군대는 여호와의 명을 좇아 행하기만 하면 되는 것입니다. 이렇게 두 단원으로 나누어 상고하겠습니다.

첫째 단원(1-14) **유월절을 규례대로 지키라**
둘째 단원(15-23) **여호와의 명을 좇아 행함**

첫째 단원(1-14) 유월절을 규례대로 지키라

"애굽 땅에서 나온 다음 해 정월에 여호와께서 시내 광야에서 모세에게 일러 가라사대"(1),

① 첫째 단원의 핵심은 단연 "유월절"입니다. 유월절이란 말이 9번이나 등장합니다. ㉠ "이스라엘 자손으로 유월절을 그 정기(定期)에 지키게 하라"(2) 명하십니다. 다음 장에서 드디어 출발을 하게 되는데 이 시점에, "유월절을 지키라"는 명령을 기록케 하신 의중이 무엇인가? 유월절은 구속의 은총을 잊지 않게 하고, 정체성(正體性)을 일깨워주는, 이스라엘에게 있어서는 탯줄과 같은 절기이기 때문입니다. ㉡ "이 후에 너희 자녀가 묻기를 이 예식이 무슨 뜻이냐 하거든 너희는 이르기를 이는 여호와의 유월절 제사라 여호와께서 애굽 사람을 치실 때에 애굽에 있는 이스라엘 자손의 집을 넘으사 우리의 집을 구원하셨느니라 하라"(출 12:26-27)고 명하셨습니다.

② 이제 시내산을 출발하여 가나안 땅을 향해서 진군하는 앞길에는, ㉠ 먹고(11:4), 마시는 문제(20:5), 불신앙에 빠지는 문제(13:31), 가는 길을 가로막는 대적(22:3) 등 극복해야할 많은 난관들을 만나게 될 것입니다. 그때마다 명심하고 잊지 말아야할 점이 무엇인가? 그리고 무슨 힘으로 이를 극복할 수가 있단 말인가? ㉡ "구속의 은총"입니다. 신약적으로 말한다면, "자기 아들을 아끼지 아니 하시고 우리 모든 사람을 위하여 내어주신 이가 어찌 그 아들과 함께 모든 것을 우리에게 은사로 주지 아니하시겠느뇨"(롬 8:32) 한, 하나님의 사랑에 대한 전적인 신뢰입니다. 그러므로 출발하기에 앞서서 유월절을 지키라(민 9장) 명하시고, 가나안에 첫 발을 들여놓자 정복하는 싸움을 하기에 앞서서 우선적으로 유월절을 지켰던(수 5:10) 것입니다.

③ 사사시대 이후에 하나님의 백성들이 자신들의 정체성을 망각하고 곁길로 빠질 때마다 하나님께서 일깨워주신 말씀이, "너희를 애굽에서 인도하여 내실 때에"(예, 삿 2:1, 12), 하고 유월절의 밤을 상기시키셨습니다. 이는 사도 바울이 자신들의 정체성을 망각하고 제멋대로 행하고 있는 고린도교회를 향해서, "너희가 하나님의 성전인 것과 하나님의 성령이 너희 안에 거하시는 것을 알지 못하느뇨(고전 3:16), 너희 몸은 너희가 하나님께로부터 받은바 너희 가운데 계신 성령의 전인 줄을 알지 못하느냐"(고전 6:19) 하고 일깨워준 것과 같은 이치라 하겠습니다.

④ "그들이 정월 십 사일 해질 때에 시내 광야에서 유월절을 지켰으되 이스라엘 자손이 여호와께서 모세에게 명하신 것을 다 좇아 행하였더라"(5) 합니다. 그런데 예기치 못한 문제가 발생한 것입니다. 그것은 "시체로 인하여 부정케 되어서 유월절을 지킬 수 없는 사람들"(6)이 있었던 것입니다. 이럴 경우 어떻게 해야만 하는가? 모세는 자기 생각대로 하지 않았습니다.

기다리라

① "모세가 그들에게 이르되 기다리라 여호와께서 너희에게 대하여 어떻게 명하시는지 내가 들으리라"(8). 이를 통해서 깨닫게 되는 바가 무엇인가? ㉠ "유월절"에 함의(含意)된 막중한 의미입니다. 저들은 유월절에서 제외되고 참여할 수 없다는 것이 얼마나 불행한 일인가를 알고 있었던 것입니다. 그러므로 하나님께서도, ㉡ "이스라엘 자손에게 고하여 이르라 너희나 너희 후손 중에 시체로 인하여 부정케 되든지 먼 여행 중에 있든지 할지라도 다 여호와 앞에 마땅히 유월절을 지키되"(10) 하십니다. 그러면 어떻게 지키라 하시는가?

② "이월 십 사일 해질 때에 그것을 지키라"(11상) 하십니다. 즉 한 달 후에, 두 번째 기회를 주신 것입니다. 이는 한치의 오차도 허용되지 않는(예, 다른 불로 드리다가, 또는 법궤를 만졌다가 죽임을 당한 일 등) 하나님의 규례에 있어서 파격적인 일이라 하겠습니다. 만일 유월절이 단순한 절기에 지나지 않는다면 이렇게 말씀하시지 않으셨을 것입니다. 여기에 절묘함이 있습니다. 만일 2차 유월절(2월 14일)이 허용되지 않았다면 이 기사가 이 시점에 놓이지 않았을 것이요, "유월절"이 시내산의 출발점이 되지 못했을 것이기 때문입니다. 이점에서 유월절의 의미를 다시 한번 생각하게 합니다.

③ 핵심은, "어린양"(11중)에 있습니다. ㉠ 어린양이 죽임을 당하는 날입니다. 성경은 말씀합니다. "우리의 유월절 양 곧 그리스도께서 희생이 되셨느니라"(고전 5:7). 본문에 유월절 양의 "그 뼈를 하나도 꺾지 말라"(12중) 하셨는데, 신약성경은, "이 일이 이룬 것은 그 뼈가 하나도 꺾이우지 아니하리라 한 성경을 응하게 하려 함이라"(요 19:36) 하고, 이 말씀까지 성취되었음을 말씀합니다. ㉡ "무교병과 쓴 나물을 아울러 먹을 것이요"(11하) 하십니다. "무교병"은 누룩 없는 떡인데, 누룩은 죄

를, "쓴 나물"은 고난을 상징합니다. 유월절에 참여한다는 것은 이 은총에 참여하게 됨을 의미합니다. 한 달을 연기해주시면서 까지 유월절에 참여토록 하시는 하나님의 마음을 이해하셨습니까? 그리고 현대교회의 실정을 생각하게 합니다. 오늘날 성찬식을 이토록 귀중하게 여기고, 이에 빠졌다고 이토록 사모할 자가 있을 것인가?

④ "그러나 사람이 정결도 하고 여행 중에도 있지 아니하면서 유월절을 지키지 아니하는 자는"(13상) 하고 경고하십니다. 불가피한 사정이 없는 데도 고의로 지키지 아니하는 경우를 가리킵니다. 왜 지키지 않는가? 유월절의 의미를 모르거나, 무시하기 때문일 것입니다. 이들은, ㉠ "우리를 금지하여 이스라엘 자손과 함께 정기에 여호와께 예물을 드리지 못하게 하심은 어찜이니이까"(7) 하고, 유월절을 사모하는 자들과는 정반대의 사람들입니다. ㉡ 단호하게, "그 백성 중에서 끊쳐지리니"(13중) 하십니다. "끊쳐진다"는 말을 명심하시기 바랍니다. 유월절 양의 피로 말미암아 바로에게서 끊어지고 하나님에게 속하게 된 저들이 이를 무시한다면, "하물며 하나님 아들을 밟고 자기를 거룩케 한 언약의 피를 부정한 것으로 여기고 은혜의 성령을 욕되게 하는 자의 당연히 받을 형벌이 얼마나 더 중하겠느냐 너희는 생각하라"(히 10:29) 하십니다.

⑤ 한 가지 부언할 말씀이 남았습니다. 하나님께서 "유월절을 지키라" 명하신 장소가 어디인가 하는 점입니다. "시내산"입니다. 시내산 하면, 대번에 "십계명"을 주신 장소로 기억하고 있습니다. 그런데 하나님은 시내산에서 속죄제를 드릴 번제단을 계시하셨고, "유월절"을 지키라 명하셨다는 점입니다. 십계명이 "율법"이라면, 번제단(성막)과, 유월절은 구속의 은총을 상징하는 "복음"입니다. 그리고 바로의 노예였던 이스라엘이, 하나님의 백성이 된 것은 율법을 지킴으로 가능해진 것이 아니라 유월절 어린양의 피, 즉 죽음으로 말미암았다는 점입니다.

둘째 단원(15-23) 여호와의 명을 좇아 행함

"성막을 세운 날에 구름이 성막 곧 증거막을 덮었고 저녁이 되면 성막 위에 불 모양 같은 것이 나타나서 아침까지 이르렀으되"(15).

① 둘째 단원의 중심은 도표에 나타나 있는 대로, ㉠ "여호와의 명을 좇아"에 있습니다. 모두 7번(18, 18, 19, 20, 23, 23, 23) 등장합니다. 그렇다면 여호와의 명을 어떻게 분별했는가? 저들을 인도하기 위해서, ㉡ "구름과, 불"이 등장합니다. "구름"이라는 말이 11번, "불"이 2번(15, 16) 나타납니다. 구름은 성막을 덮었고, "불"은 성막 위에 나타났습니다. 이는 쉐키나, 곧 하나님의 임재를 상징합니다.

② "구름이 성막에서 떠오르는 때에는 이스라엘 자손이 곧 진행하였고 구름이 머무는 곳에 이스라엘 자손이 진을 쳤으니"(17) 합니다. 본 단원은 17절 한 절로 간단하게 요약할 수도 있는 내용입니다. 그런데 어찌하여 여러 가지 방면으로 반복적으로 말씀하고 있는가? 이는 중요한 의미가 있기 때문일 것입니다. 그것이 무엇인가? 신앙생활에 있어서 가장 중요하고도 어려운 점은 하나님의 뜻을 분별하여 그 인도하심을 좇아 행하는 일이라 하겠습니다.

③ 하나님은 자기 백성을 인도하시기 위해서, 그리고 저들이 분별할 수 있도록 하기 위해서 "구름과, 불"로 나타내신 것입니다. 그렇다면 신약의 성도들은 어떻게 인도하심을 분별할 수가 있단 말인가? 이점을 잘 설명해주고 있는 것이 갈라디아서 5장입니다. 우리 안에는 "육체의 소욕과, 성령의 소욕"이 공존하고 있고, 이 두 소욕 간에는 갈등이 있다는 것입니다. 여기에 하나님의 뜻대로 행하는 비결이 있는데, 18절에서는, "성령의 인도하시는 바가 되면" 이라고 말씀하고, 16절에서는, "너희는 성령을 좇아 행하라" 말씀합니다. 문제는 성령(하나님)께서 인도해주시지 않는데 있는 것이 아니라, 그 인도하심을 "좇아 행하지 않는" 데 있

다는 것입니다. 성령은 "소욕"(所欲)을 통해서 인도하십니다. "너희 안에서 행하시는 이는 하나님이시니 자기의 기쁘신 뜻을 위하여 너희로 소원을 두고 행하게 하시나니"(빌 2:13) 하십니다.

④ 이제 본문으로 돌아와서 구약의 성도들이 어떻게 인도하심을 좇아 행했는가를 살펴보도록 하겠습니다. ㉠ "구름이 장막 위에 머무는 날이 오랠 때도"(19상) 있었고, ㉡ "혹시 구름이 장막 위에 머무는 날이 적을 때도"(20상) 있었습니다. ㉢ "이틀이든지 한 달이든지 일년이든지 구름이 성막 위에 머물러 있을 동안에는 이스라엘 자손이 유진하고 진행치 아니하다가 떠오르면 진행하였으니"(22) 합니다. 여기에는 결코 조급함이란 없습니다. 전적인 신뢰만이 있을 뿐입니다. "다만 여호와의 명을 좇아"(20중).

⑤ 바로 이점입니다. 우리가 답답해함은, "너희가 돌이켜 안연(晏然)히 처하여야 구원을 얻을 것이요 잠잠하고 신뢰(信賴)하여야 힘을 얻을 것이어늘 너희가 원치 아니하고 이르기를 아니라 우리가 말 타고 도망하리라"(사 30:15-16) 하고 서두르고 조급해 하기 때문은 아닐까요? 본문에는 "진행"(進行)했다는 말만 있는 것이 아니라, "머물러"(17, 18, 19, 20, 22) 있었다고도 말씀합니다. 앞에는 홍해가 가로막고, 뒤에서는 바로의 군대가 추격해오는 진퇴양난에서 모세가 한 말은 "너희는 두려워 말고 가만히 서서 여호와께서 오늘날 너희를 위하여 행하시는 구원을 보라"(출 14:13) 한, "가만히 있으라"는 말이었습니다. 유월절을 지킬 수 없어서 안타까워하는 그들에게 한 말은 "기다리라"(8)는 말입니다. 우리는 나갈 진(進)만 알고, 물러갈 퇴(退), 머무를 유(留), 기다릴 대(待)를 모르고 있는 것입니다. 이는 적은 믿음으로 인한 신뢰의 부족에서 오는 초초함이라 할 수가 있습니다.

⑥ "곧 그들이 여호와의 명을 좇아 진을 치며 여호와의 명을 좇아 진행하고 또 모세로 전하신 여호와의 명을 따라 여호와의 직임을 지켰더

라”(23). ㉠ 진을 치는 것도 여호와의 명을 좇아, ㉡ 진행하는 것도 여호와의 명을 좇아, ㉢ 직임을 행하는 것도 여호와의 명을 좇아 행했다고 말씀합니다. 유월절, 곧 구속의 은총을 늘 묵상하면서 “여호와의 명을 좇아 행하는 것”, 이것이 출발준비의 마지막 마무리입니다.

민수기 10장 개관도표
주제 : 앞서 행하시는 하나님

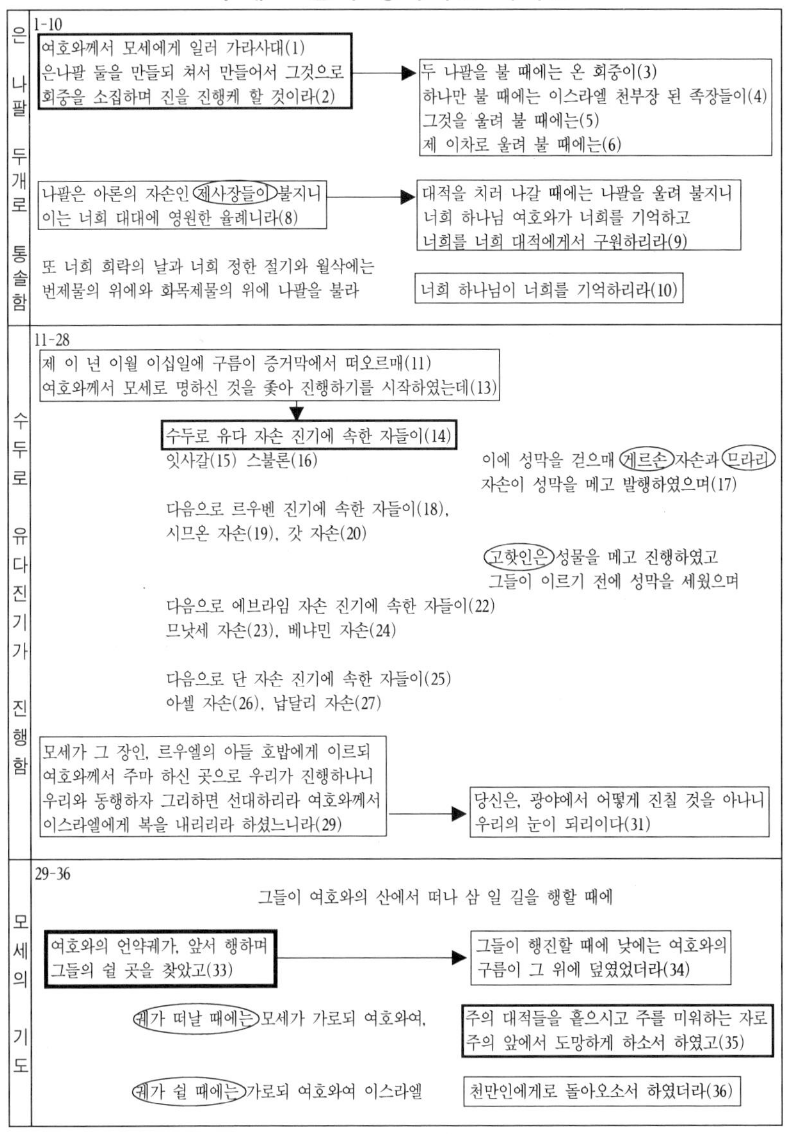
은 나팔 두개로 통솔함
1-10
여호와께서 모세에게 일러 가라사대(1)
은나팔 둘을 만들되 쳐서 만들어서 그것으로
회중을 소집하며 진을 진행케 할 것이라(2)
두 나팔을 불 때에는 온 회중이(3)
하나만 불 때에는 이스라엘 천부장 된 족장들이(4)
그것을 울려 불 때에는(5)
제 이차로 울려 불 때에는(6)
나팔은 아론의 자손인 제사장들이 불지니
이는 너희 대대에 영원한 율례니라(8)
대적을 치러 나갈 때에는 나팔을 울려 불지니
너희 하나님 여호와가 너희를 기억하고
너희를 너희 대적에게서 구원하리라(9)
또 너희 희락의 날과 너희 정한 절기와 월삭에는
번제물의 위에와 화목제물의 위에 나팔을 불라
너희 하나님이 너희를 기억하리라(10)
수두로 유다 진기가 진행함
11-28
제 이 년 이월 이십일에 구름이 증거막에서 떠오르매(11)
여호와께서 모세로 명하신 것을 좇아 진행하기를 시작하였는데(13)
수두로 유다 자손 진기에 속한 자들이(14)
잇사갈(15) 스불론(16)
이에 성막을 걷으매 게르손 자손과 므라리
자손이 성막을 메고 발행하였으며(17)
다음으로 르우벤 진기에 속한 자들이(18),
시므온 자손(19), 갓 자손(20)
고핫인은 성물을 메고 진행하였고
그들이 이르기 전에 성막을 세웠으며
다음으로 에브라임 자손 진기에 속한 자들이(22)
므낫세 자손(23), 베냐민 자손(24)
다음으로 단 자손 진기에 속한 자들이(25)
아셀 자손(26), 납달리 자손(27)
모세가 그 장인, 르우엘의 아들 호밥에게 이르되
여호와께서 주마 하신 곳으로 우리가 진행하나니
우리와 동행하자 그리하면 선대하리라 여호와께서
이스라엘에게 복을 내리리라 하셨느니라(29)
당신은, 광야에서 어떻게 진칠 것을 아나니
우리의 눈이 되리이다(31)
모세의 기도
29-36
그들이 여호와의 산에서 떠나 삼 일 길을 행할 때에
여호와의 언약궤가, 앞서 행하며
그들의 쉴 곳을 찾았고(33)
그들이 행진할 때에 낮에는 여호와의
구름이 그 위에 덮였었더라(34)
궤가 떠날 때에는 모세가 가로되 여호와여,
주의 대적들을 흩으시고 주를 미워하는 자로
주의 앞에서 도망하게 하소서 하였고(35)
궤가 쉴 때에는 가로되 여호와여 이스라엘
천만인에게로 돌아오소서 하였더라(36)

10장

앞서 행하시는 하나님

> [35]궤가 떠날 때에는 모세가 가로되 여호와여 일어나사 주의 대적들을 흩으시고 주를 미워하는 자로 주의 앞에서 도망하게 하소서 하였고.

10장은 드디어 가나안 땅을 향하여 시내산을 출발하는 장면입니다. 이 충족된 계시를 보십시오. 1장에서 "싸움에 나갈 만한 모든 자를 계수"케 하신 하나님은 바로 출발시키신 것이 아니라, 2-9장까지를 통해서 철저한 출발준비를 시키십니다. 그렇다면 하나님의 군대를 무엇으로 통솔하는가? "은 나팔 둘을 만들어, 회중을 소집하며 진을 진행케 하라"(첫째 단원) 하십니다. 나팔을 부는 것은 신호(信號)일 뿐만이 아니라, 대적을 치러 나갈 때에 부는(9) 병기(兵器)이기도 한 것입니다. 그러므로 나팔은 "말씀과 기도"(고전 14:8)로 적용이 됩니다. 2장에서 말씀하신 순서(2:9, 16, 24, 31)대로, "유다 진기가 선두에서 진행"(둘째 단원) 합니다. 출발할 때와 머물 때에 행한 "모세의 기도"(셋째 단원)

가 나오는 데, 떠날 때에는 "앞에서 인도"해 주시기를 구하고, 쉴 때에는 "진중에 계시기를" 구했습니다. 이를 예표로 한 구속사적 의미가 무엇인가? 이를 세 단원으로 나누어 상고하겠습니다.

첫째 단원(1-10) **은 나팔 두 개로 통솔케 하심**
둘째 단원(11-28) **선두로 유다 진기가 진행함**
셋째 단원(29-36) **출발과 쉴 때 행한 모세의 기도**

첫째 단원(1-10) 은 나팔 두 개로 통솔케 하심

"여호와께서 모세에게 일러 가라사대 은 나팔 둘을 만들되 쳐서 만들어서 그것으로 회중을 소집하며 진을 진행케 할 것이라"(1-2).

① 60만의 대군과 그 외 백성들을 통솔하기 위해서는 육성으로는 불가능했을 것입니다. 그리하여 나팔 소리로 통솔케 하십니다. 첫째로 소집하는 신호로 삼았습니다.

㉠ 두 나팔을 부는 것은 온 회중을 총집합 시키는 신호(3)입니다.

㉡ 하나만 불 때에는 천부장 된 족장들을 소집하는 신호(4)입니다.

② 둘째로 진행하라는 신호로 삼았습니다.

㉠ 나팔을 울려 불 때에는 동편 진이 진행하라는 신호(5)이고,

㉡ 제 2차로 울려 불 때에는 남편 진이 진행하라는 신호(6)입니다.

③ 셋째로 대적을 치러 나갈 때에도 불었습니다. "대적을 치러 나갈 때에는 나팔을 울려 불지니"(9상) 하십니다. 그런데 나팔소리는 백성들만 들으라고 분 것은 아닙니다. "그리하면 너희 하나님 여호와가 너희

를 기억하고 너희를 너희 대적에게서 구원하리라"(9하) 하십니다. "기억하리라"는 말씀이, 9절과 10절 두 번 강조되어 있습니다. 이처럼 나팔은 "소집하는 신호, 진행하라는 신호, 싸우러 나가는 신호"로 사용하였습니다. 나팔소리가 하나님으로 하여금 기억하시게 하는 데도 사용되었다는 것은 시사해주는 바가 있습니다.

④ 그렇다면 이 "나팔"이 신약의 성도들에게는 어떤 의미가 있는가? 첫째는, "만일 나팔이 분명치 못한 소리를 내면 누가 전쟁을 예비하리요"(고전 14:8) 하고, 선포하는 말씀(고전 14:6)으로 해석해주고 있습니다. "크게 외치라 아끼지 말라 네 목소리를 나팔같이 날려 내 백성에게 그 허물을, 야곱 집에 그 죄를 고하라"(사 58:1) 하십니다. 그러므로, "그 나팔은 아론의 자손인 제사장들이 불지니 이는 너희 대대에 영원한 율례니라"(8) 하십니다. 둘째는, "너희 여호와로 기억하시게 하는 자들아 너희는 쉬지 말며 또 여호와께서 예루살렘을 세워 세상에서 찬송을 받게 하시기까지 그로 쉬지 못하시게 하라"(사 62:6-7) 하고 하나님께 부르짖는 기도로 적용이 됩니다.

⑤ 하나님께서 "그 나팔은 아론의 자손인 제사장들이 불지니"(8) 하신 의도가 무엇인가? 제사장이란 하나님과 백성 사이의 중보자입니다. 백성을 대표해서 하나님께 간구하고, 하나님을 대리하여 백성들에게 말씀을 대언하는 자들입니다. 그러므로 나팔을 자기 마음대로 부는 것이 아닙니다. 하나님의 뜻을 분별하여, 즉 성막에 구름이 떠오르는가? 머무르는가? 등을 분별하여 그를 전달하는 역할을 했던 것입니다.

⑥ 특별히 명심할 점은, "또 너희 희락의 날과 너희 정한 절기와 월삭에는 번제물의 위에와 화목제물 위에 나팔을 불라 그로 말미암아 너희 하나님이 너희를 기억하리라"(10) 하신 말씀입니다. ㉠ "희락(喜樂)의 날, 정한 절기, 월삭" 등은 기쁜 소식이 있는 날입니다. 7월 1일은 "나팔절"(레 23:24)이요, "7월 10일은 속죄일이니 너는 나팔 소리를 내

되 전국에서 나팔을 크게 불지며"(레 25:9) 하십니다. ㉡ "번제물, 화목제물"을 드리면서도 나팔을 불라 하십니다. 이처럼 나팔에는 "말씀, 기도, 전파"의 의미가 있음을 깨닫게 됩니다. "모이라, 나가라" 하는 명하는 나팔만 불어서는 아니 됩니다. 찬양의 나팔, 기도의 나팔, 복음의 나팔을 크게 불어야만 하는 것입니다. ㉢ 이러한 나팔을 언제까지 불어야만 하는가? "주께서 호령과 천사장의 소리와 하나님의 나팔로 친히 하늘로 좇아 강림하시리니"(살전 4:16) 하신 주님의 재림을 알리는 나팔소리가 울려 퍼질 때까지입니다. 이 날은 "명절(초막절) 끝날 곧 큰 날"(요 7:37)인 것입니다. 모든 나팔은 이 날을 대망케 하는 신호인 것입니다.

둘째 단원(11-28) 선두로 유다 진기가 진행함

"제 2년 2월 20일에 구름이 증거막에서 떠오르매"(11).

① 드디어 증거막의 구름이 떠올랐습니다. 출발하라는 명령입니다. 제사장은 재빨리 나팔을 불었을 것입니다. 시내산에 도착한지 약 1년 후이었으며, 인구조사를 한지 20일(1:1)만이었습니다.

② "이와 같이 그들이 여호와께서 모세로 명하신 것을 좇아 진행하기를 시작하였는데 수두(首頭)로 유다 자손 진기에 속한 자들이 그 군대대로 진행하였으니"(13-14) 합니다. 이는 "여호와께서 모세로 명하신 것을 좇아" 행한 것임을 유념해야만 합니다. 진을 칠 때에도 유다진은 "동방 해 돋는 편에" 진을 치라 명하셨고, 진행할 때에도 "제일 대(第一隊)로 진행할지니라"(2:3, 9) 명하셨던 것입니다. 이는 결코 무심한 일이 아닙니다. 유다 지파에는, "홀이 유다를 떠나지 아니하며 치리자의 지팡이가 그 발 사이에서 떠나지 아니하시기를 실로가 오시기까지 마치

리니"(창 49:10) 한 메시아예언이 있었기 때문입니다. 그러므로 이를 열린 눈으로 바라보면 출애굽의 여정에 있어서도 그리스도께서 선두에서 인도하신 것(참고, 시 114편)이 됩니다.

③ 제2대로는 르우벤 진기에 속한 자들이 진행(18, 2:16)하였고,

④ 제3대로는 에브라임 진기에 속한 자들이 진행(22, 2:24)하였고,

⑤ 제4대로는 단 자손의 진기에 속한 자들이 진행(25, 2:31)했습니다.

⑥ "이에 성막을 걷으매 게르손 자손과 므라리 자손이 성막을 메고 발행"(17)했습니다.

⑦ "고핫인은 성물을 메고 진행"(21)했습니다. 여기 주목하게 되는 점은 "그들이 이르기 전에 성막을 세웠으며"(21하) 한 대목입니다. 그러니까 백성들이 다음 목적지에 도착했을 때에는 그곳에 이미 성막이 세워져 있었다는 것입니다. 이것이 앞서 행하시는 하나님의 인도하심입니다.

⑧ "이스라엘이 자손이 진행할 때에 이와 같이 그 군대를 따라 나아갔더라"(28).

셋째 단원(29-36) **출발할 때와 쉴 때에 행한 모세의 기도**

셋째 단원은 모세가 호밥에게 한 말(29-32)과, 하나님께 드린 기도(35-36)로 되어 있습니다.

① "모세가 그 장인 미디안 사람 르우엘의 아들 호밥에게 이르되"(29상), "호밥"은 모세의 처남으로, 장인이 시내산으로 모세를 찾아왔을 때 동행을 했다가 머물러 있었던(출 18:27) 것으로 여겨집니다.

② 이 호밥의 기사를 부정적인 측면으로 본다면, ㉠ "당신은 우리가

광야에서 어떻게 진 칠 것을 아나니 우리의 눈이 되리이다"(31) 한 것은 사람을 의지하는 말이 되지만, 이를 긍정적으로 본다면 ㉡ 광야의 지리에 능숙한 호밥에게 동행하기를 구한 것은 건전한 사고로도 볼 수가 있는 것입니다. 신비주의적인 신앙과 건전한 신앙의 차이라고 할 수도 있습니다. 이 기사를 전후 문맥으로 볼 때 긍정적으로 보아야 옳을 것입니다. 왜냐하면 모세는 하나님의 인도하심을 추호도 의심함이 없이, "여호와께서 주마 하신 곳으로 우리가 진행하나니"(29하) 하고 말하고 있고, 이어서 "궤가 떠날 때에는 모세가 가로되 여호와여 일어나사 주의 대적을 흩으시고" 하고 하나님을 의뢰하고 있는 것을 보기 때문입니다.

③ "그들이 여호와의 산에서 떠나"(33상) 합니다. ㉠ 시내 산을 "여호와의 산"이라고 말합니다. 여호와께서 그 산에 강림하셔서 만나주셨고, 율법을 주신 산이기 때문입니다. 그런데 ㉡ "떠났다"고 말씀합니다. "시내 산"은 떠나야할 산입니다. 떠나온 시내 산으로 다시 돌아가서는 아니 될 것입니다. 그들은 "시온 산"(참고, 히 12:18, 22)을 향해서 나아가고 있는 것입니다. 왜냐하면 "내가 나의 왕을 내 거룩한 산 시온에 세웠다 하시리로다"(시 2:6) 하고 말씀하고 있기 때문입니다. 시내 산은 하나님의 백성들을 시온 산으로 인도하기 위한 정거장(停車場)과 같은 역할을 할 뿐이지 목적지는 아니었던 것입니다.

④ "삼 일 길을 행할 때에 여호와의 언약궤가 그 삼 일 길에 앞서 행하며 그들의 쉴 곳을 찾았고"(33하) 합니다. 여기 중요한 차이를 발견하게 되는데, 2:17절에서는 "회막이 레위인의 진과 함께 모든 진의 중앙(中央)에 있어 진행하라"고 말씀했는데, 출발하는 마당에서는 "언약궤가 그 삼 일 길에 앞서 행하며" 하고 선두(先頭)에서 진행했다고 말씀하고 있기 때문입니다. 이는 하나님께서 선두에서 인도하셨다는 증표입니다. 이것이 하나님의 마음입니다. 논리적으로는 가장 중요한 법궤

가 중앙에 있어야 안전하지만, 하나님의 마음은 앞에서 백성들을 인도하시기를 원하셨던 것입니다. 위험의 선두(先頭)에 서심을 요단 도하 때에도, "제사장들은 언약궤를 메고 백성 앞에서 행하니라"(수 3:14) 합니다. 여리고를 정복할 때에도, 나팔 부는 제사장과 언약궤가 선두에서 행했던(수 6:8) 것입니다.

⑥ "궤가 떠날 때에는 모세가 가로되 여호와여 일어나사 주의 대적을 흩으시고 주를 미워하는 자로 주의 앞에서 도망하게 하소서"(35) 하고 간구합니다. 훗날 다윗은 법궤를 옮겨올 때에 이를 인용하여,

하나님이여 일어나사 원수를 흩으시며
주를 미워하는 자로 주의 앞에서 도망하게 하소서
연기가 몰려감같이 저희를 몰아내소서
불 앞에서 밀이 녹음같이 악인이
하나님 앞에서 망하게 하소서

하나님이여
주의 백성 앞에서 앞서 나가사
광야에 행진하셨을 때에(셀라, 시 68:1-2, 7) 하고 찬양을 합니다.

이는 기도라기보다는 신앙고백(信仰告白)이라 할 수가 있습니다. "궤가 떠나는 것"을 하나님의 행차하심으로 보고, 왕의 행차 앞에서 홍해가 물러가고 요단이 갈라져서 길을 내듯이 모든 장애와 대적이 흩어지리라는 고백이었던 것입니다.

⑦ "궤가 쉴 때에는 가로되 여호와여 이스라엘 천만인에게로 돌아오소서 하였더라"(36). 행진할 때에는 선두에서 대적을 흩으시며 앞서 나가시는 하나님으로, 쉴 때는 이스라엘의 중앙에 좌정(坐定)해 계시는

하나님으로 고백하고 있는 것입니다. 우리도 출근할 때는 앞에서 인도하시는 하나님으로, 퇴근해서는 가정에 돌아오셔서 좌정(坐定)해 계시는 하나님으로 고백할 수만 있다면 신앙생활이 얼마나 활기찰 것입니까!

민수기 11장 개관도표

주제 : 너희 중에 거하시는 여호와를 멸시하고

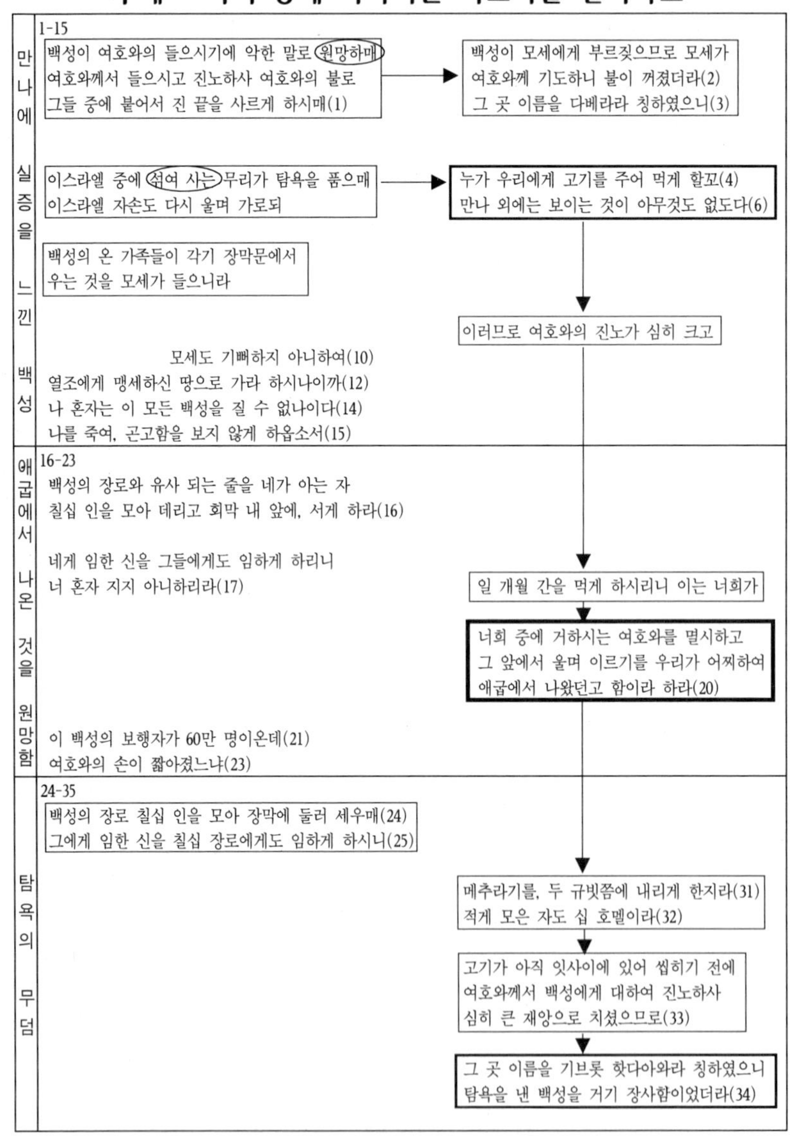

만나에 실증을 느낀 백성
1-15
백성이 여호와의 들으시기에 악한 말로 원망하매
여호와께서 들으시고 진노하사 여호와의 불로
그들 중에 붙어서 진 끝을 사르게 하시매(1)
백성이 모세에게 부르짖으므로 모세가
여호와께 기도하니 불이 꺼졌더라(2)
그 곳 이름을 다베라라 칭하였으니(3)
이스라엘 중에 섞여 사는 무리가 탐욕을 품으매
이스라엘 자손도 다시 울며 가로되
누가 우리에게 고기를 주어 먹게 할꼬(4)
만나 외에는 보이는 것이 아무것도 없도다(6)
백성의 온 가족들이 각기 장막문에서
우는 것을 모세가 들으니라
이러므로 여호와의 진노가 심히 크고
모세도 기뻐하지 아니하여(10)
열조에게 맹세하신 땅으로 가라 하시나이까(12)
나 혼자는 이 모든 백성을 질 수 없나이다(14)
나를 죽여, 곤고함을 보지 않게 하옵소서(15)
애굽에서 나온 것을 원망함
16-23
백성의 장로와 유사 되는 줄을 네가 아는 자
칠십 인을 모아 데리고 회막 내 앞에, 서게 하라(16)
네게 임한 신을 그들에게도 임하게 하리니
너 혼자 지지 아니하리라(17)
일 개월 간을 먹게 하시리니 이는 너희가
너희 중에 거하시는 여호와를 멸시하고
그 앞에서 울며 이르기를 우리가 어찌하여
애굽에서 나왔던고 함이라 하라(20)
이 백성의 보행자가 60만 명이온데(21)
여호와의 손이 짧아졌느냐(23)
탐욕의 무덤
24-35
백성의 장로 칠십 인을 모아 장막에 둘러 세우매(24)
그에게 임한 신을 칠십 장로에게도 임하게 하시니(25)
메추라기를, 두 규빗쯤에 내리게 한지라(31)
적게 모은 자도 십 호멜이라(32)
고기가 아직 잇사이에 있어 씹히기 전에
여호와께서 백성에게 대하여 진노하사
심히 큰 재앙으로 치셨으므로(33)
그 곳 이름을 기브롯 핫다아와라 칭하였으니
탐욕을 낸 백성을 거기 장사함이었더라(34)

11장

너희 중에 거하시는 여호와를 멸시하고

> [20]코에서 넘쳐서 싫어하기까지 일 개월 간을 먹게 하시리니 이는 너희가 너희 중에 거하시는 여호와를 멸시하고 그 앞에서 울며 이르기를 우리가 어찌하여 애굽에서 나왔던고 함이라 하라.

11장의 핵심은 "너희 중에 거하시는 여호와를 멸시하고"(20) 라는 말씀에 있습니다. 어떻게 멸시했는가? 첫째는, "어찌하여 애굽에서 나왔던고"(20중) 하고 유월절 양의 피로 구속하여 내신 것을 원망한 것입니다. 둘째는, "만나 외에는 보이는 것이 아무 것도 없도다"(6) 하고 만나를 불평한 일입니다. "유월절 양과, 만나"가 누구의 표상인가를 생각하시기를 바랍니다. 그러므로 "여호와의 진노가 심히 크고"(10) 합니다. 하나님은 그들에게 "코에서 넘쳐서 싫어하기까지"(20) 고기를 주시겠다고 말씀하십니다. 그런데 그 결과는 무엇인가? "기브롯 핫다아와", 즉 "탐욕의 무덤"(34)이 되고 마는 것입니다. 사람이란 이처럼 미련하고 사악하단 말인가? 그러므로 성경을 상고할 때에 사활적으로 중요한 요점은, ㉠ 하나님은 어떻게 해주셨는가? ㉡ 그런 하나님께 인간은 어떻게 보답했는가? ㉢ 그럼에도 불구하고 하나님은 또다시 어떻게 해주셨는가를 주목해보는 일입니다. 이를 요약하면, "사랑, 배반, 은혜"로 나타납니다. 창세기 1-2장은 전적으로 하나님이 해주신 〈사랑〉입니다. 그런데 3장에서 그 선하신 하나님을 〈배신〉합니다. 그럼에도 불구하고 "여자의 후손"으로 사탄을 정복케 하고 구원해주시겠다는 원복음, 즉 〈은혜언약〉을 선언하십니다. 이러한 구도는 신구약시대를 막론하고 구속사의 전 역사에 반복되고 있습니다.

하나님은 여자의 후손을 아브라함의 자손으로 보내주시겠다고 언약을 세워주시면서, "네 자손이 4대만에 이 땅으로 돌아오리니"(창 15:16) 하셨습니다. 그 "돌아옴"이 그냥 되는 것이 아니라, "유월절양의 구속"으로 말미암아 가능해진 것입니다. 이는 "세상 죄를 지고 가는 하나님의 아들"에 대한 예표였던 것입니다. 하나님께서는 지금 이 구속사역을 이루어 나가시는 중입니다. 그런데 저들은 "어찌하여 애굽에서 나왔던고" 하고 원망을 하고, 생명의 양식의 모형인 "만나"를 불평을 하다니, 이처럼 배은망덕할 수가 있단 말인가? 이를 세 단원으로 나누어 상고하겠습니다.

첫째 단원(1-15) **만나에 실증을 느낀 백성**
둘째 단원(16-23) **애굽에서 나온 것을 원망한 죄**
셋째 단원(24-35) **탐욕의 무덤**

첫째 단원(1-15) 만나에 실증을 느낀 백성

"백성이 여호와의 들으시기에 악한 말로 원망하매 여호와께서 들으시고 진노하사 여호와의 불로 그들 중에 붙어서 진 끝을 사르게 하시매"(1).

① 준비과정인 1-10장까지는, "곧 그들이 여호와의 명을 좇아 진을 치며 여호와의 명을 좇아 진행하고 또 모세로 전하신 여호와의 명을 따라 여호와의 직임을 지켰더라"(9:23) 했는데, "그들이 여호와의 산에서 떠나 삼일 길을 행할 때에"(10:33), "백성이 여호와의 들으시기에 악한 말로 원망하매"(1상) 합니다. 왜 원망했을까? 그들은 광야 길로 접어들었고, 광야길이란 평탄한 것이 아니라 어려움이 따랐기 때문일 것입니다. 신약성경은 말씀합니다. "제자들의 마음을 굳게 하여 이 믿음에 거하라 권하고 또 우리가 하나님 나라에 들어가려면 많은 환난을 겪어야 할 것이라"(행 14:22), 그들은 이에 대한 연단이 없었기 때문입니다.

② "여호와께서 들으시고 진노하사 여호와의 불로 그들 중에 붙어서 진 끝을 사르게 하시매"(1하) 합니다. "진 끝을 사르게 하셨다"는 것은 진노 중에서도 긍휼을 베푸셨음이 나타납니다. "진 끝"이 아니라 중앙에 붙었다면 어찌 되었겠습니까? 저들의 거처가 천막임을 감안한다면 소돔같이 되고 말았을 것입니다. 그들도 놀랐던 것 같습니다. "그곳 이름을 다베라, 즉 불사름이라 칭하였다"고 말씀합니다. 다시는 원망하지 않겠다는 다짐이란 말인가?

③ 11장에서 저들이 범한 치명적인 잘못 두 가지가 있는데 이를 놓쳐서는 아니 됩니다. 첫째 단원의 결정적인 죄는, "이 만나 외에는 보이는 것이 아무것도 없도다"(6) 하고 "만나"를 배척한 죄요, 둘째 단원의 결정적인 죄는, "우리가 어찌하여 애굽에서 나왔던고"(20)하고 출애굽을 원망한 죄입니다. 출애굽을 원망한다는 것은 "유월절"을 모독하는 것이

고, 만나를 배척한 것은 구속사의 맥락에서 본다면, "너희 조상들은 광야에서 만나를 먹었어도 죽었거니와, 나는 하늘로서 내려온 산 떡이니 사람이 이 떡을 먹으면 영생하리라"(요 6:49-51) 하신 신령한 만나를 배척한 것이 됩니다. 그렇다면 저들의 죄는 다름 아닌 "유월절 양이요, 신령한 만나"가 되시는 "그리스도"를 배척한 셈입니다.

④ 이 "만나"에 대해서 모세 자신도 해설하기를, "너도 알지 못하며 네 열조도 알지 못했던 만나를 네게 먹이신 것은 사람이 떡으로만 사는 것이 아니요 여호와의 입에서 나오는 모든 말씀으로 사는 줄을 너희로 알게 하려 하심이니라"(신 8:3) 하고, "말씀"으로 해석해주고 있습니다. 이런 대목을 대하게 될 때마다 부끄러움을 느끼게 됩니다. 왜냐하면 율법의 대명사인 모세까지도 이처럼 신령한 것을 알고 있었는데 신약의 사역자들인 우리가 그에 미치지 못하기 때문입니다.

그리스도를 배척함

① 그들의 요구가 무엇인가? "누가 우리에게 고기를 주어 먹게 할꼬 우리가 애굽에 있을 때에는 값없이 생선과 외와 수박과 부추와 파와 마늘들을 먹은 것이 생각나거늘"(4-5) 합니다. 그들이 요구하는 것은 주식(主食)이 아니라 부식(副食)들이요 조미료였던 것입니다. "만나"가 생명의 양식의 그림자라면 저들이 구하고 있는 "생선, 수박, 부추 파" 등은 무엇에 대한 그림자라 할 것인가? 현대교회가 선호하는 "축복"에다 비할 수가 있을 것입니다. 여기 기가 막힐 몇 가지 예를 들면, ㉠ 구속의 은총에 대해서는 일언반구 언급도 없이, "애굽에 있을 때에는" 하고, 그 때를 그리워하고 있다는 것과, ㉡ "값없이 생선과 외와 수박과 부추와 파와 마늘들을 먹은 것이 생각나거늘" 하고, 마치 귀빈 대접이라도 받은 듯이 말하고 있으며, 더욱 결정적인 대목은, ㉢ "만나 외에

는 보이는 것이 없도다"(6) 하고, 만나에 권태를 느껴 싫어하고 있다는 점입니다. 저들이 애굽에서 "고역으로 인하여 탄식하며 부르짖던"(출 2:23) 일은 기억도 안 하는 것입니다. 그 때는 값없이 먹었고, 지금은 값을 지불하고 만나를 먹고 있단 말인가? 그때는 자유(自由) 자이었으나 이제는 노예들이란 말인가?

② 이점에서 잠시 만나를 주신 시점(時點)을 생각해보아야만 합니다. "만나"를 처음 주신 지점이 어디인지 아십니까? "엘림과 시내산 사이 신 광야"(출 16:1)에 이르렀을 때라고 말씀합니다. 그러니까 하나님은, ㉠ "율법"을 주신 시내산에 이르기 전에 먼저 "만나"(복음)를 주셨던 것입니다. 또한 저들에게 그럴만한 가치가 있어서가 아니라, ㉡ "이 광야로 우리를 인도하여 내어 이 온 회중으로 주려 죽게 하는도다"(출 16:3) 하고 원망할 때였습니다. 이를 어찌 구약성도들의 이야기요 우리와는 무관한 일이라 하겠습니까? 자기 아들을 아끼지 아니하고 내어주신 망극하신 사랑에 대해서 감사하기는커녕, 부식이나 조미료와 같은 것을 주지 않는다고 불평하는 사람들은 오늘날도 많은 것입니다.

③ "백성의 온 가족들이 각기 장막 문에서 우는 것을 모세가 들으니라 이러므로 여호와의 진노가 심히 크고 모세도 기뻐하지 아니하여"(10) 합니다. 1절에서, "악한 말로 원망"했을 때는 그냥 "진노하사" 했으나, 애굽에서 나온 것과, 만나에 대해 불평하는 이 대목에서는 "진노가 심히 크다" 하고 말씀합니다. 이 차이를 아시겠습니까?

④ 11-15절은 모세의 기도입니다. 이처럼 기도하는 모세의 마음은 이해를 하면서도 이 기도에는 인간의 연약성이 나타납니다. ㉠ "이 모든 백성을 내게 맡기사 나로 그 짐을 지게 하시나이까"(11), ㉡ "책임이 심히 중하여 나 혼자는 이 모든 백성을 질 수 없나이다"(14) 하고, "모든 짐, 모든 책임"을 온통 자기가 짊어지고 있는 양, 말하고 있기 때문입니다. 그렇다면 저들을 애굽에서 나오게 한 것도 모세의 힘으로 한

것이며, 매일 나리는 만나도 자기가 주는 것이란 말인가? 이러한 우매무지함이 선을 행하다가 낙심하는 우리에게도 있는 것입니다.

⑤ 모세는, ㉠ 이 모든 백성을 내가 "잉태"하였나이까, ㉡ 내가 어찌 그들을 "생산"하였기에, ㉢ 나더러 "양육"하는 아비가 젖 먹는 아이를 품듯, ㉣ 그들의 열조에게 맹세하신 "땅으로 가라" 하시나이까(12) 하면서, ㉤ "즉시 나를 죽여" 나의 곤고함을 보지 않게 하옵소서(15)하고 불평하고 있는데 과연 그런가? 아닙니다. 이들은 "너희를 구속하여 너희로 내 백성을 삼고"(출 6:6-7) 하신 하나님의 소유된 백성입니다. 그러므로 하나님께서 끝까지 책임져 주시는 것입니다. 모세는 "하나님의 온 집에서 사환(使喚)으로 충성"(히 3:5)하고 있을 뿐입니다. 종은 시키는 대로 순종할 뿐, "모든 짐"은 주인이 지는 것입니다. 이점을 시편 기자는 이렇게 찬양합니다.

날마다 우리 짐을 지시는 주
곧 우리의 구원이신 하나님을 찬송할지로다(시 68:19).

"날마다" 무슨 짐을 져주셨는가? 60만이나 되는 대군을 먹이시는 짐입니다. 그보다도 "원망, 불평"이라는 죄 짐입니다. "우리의 구원이신 하나님"을 찬양하십시다.

둘째 단원(16-23) 애굽에서 나온 것을 원망한 죄

"여호와께서 모세에게 이르시되 이스라엘 노인 중 백성의 장로와 유사 되는 줄을 네가 아는 자 칠십 인을 모아 데리고 회막 내 앞에 이르러 거기서 너와 함께 서게 하라"(16).

① 본 단원은 모세의 기도에 대한 하나님의 응답입니다. 두 가지를 말씀하십니다. 첫째는, 70인 장로를 세우라 하십니다. 그리하여 "네게 임한 신을 그들에게도 임하게 하리니 그들이 너와 함께 백성의 짐을 담당하고 너 혼자지지 아니하리라"(17) 하십니다.

② 둘째는, "내일 고기 먹기를 기다리라"(18) 하십니다. "하루나 이틀이나 닷새나 열흘이나 이십 일만 먹을 뿐 아니라 코에서 넘쳐서 싫어하기까지 일개월 간을 먹게 하시리니"(19-20) 하십니다.

③ 믿을 수가 없어 하는 모세에게, "여호와의 손이 짧아졌느냐 네가 이제 내 말이 네게 응하는 여부를 보리라"(21-23) 하십니다. 이처럼 코에서 냄새가 나도록 고기를 주시겠다 하심은 축복인가? 징벌인가? 이것이 당장은 축복인 것 같으나 지내놓고 보면 징계임을 알게 될 것입니다.

④ 여기 저들의 결정적인 두 번째 잘못이 나옵니다. "이는 너희가 너희 중에 거하시는 여호와를 멸시하고 그 앞에서 울며 이르기를 우리가 어찌하여 애굽에서 나왔던고 함이라 하라"(20) 하십니다. 애굽에서 나오게 한 것을 원망한 죄, 이것이 저들의 결정적인 두 번째 잘못이었던 것입니다. 11장을 관찰해보면, "우리가 애굽에 있을 때에는"(5) 하고 애굽을 그리워하고 있습니다. 18절을 보십시오. "애굽에 있을 때가 우리에게 재미있었다 하는 말이 여호와께 들렸으므로" 하십니다.

⑤ "어찌하여 애굽에서 나왔던고"(20) 한 것이 결정적인 죄가 되는 것은 자신들을 구원하여 준 "유월절 양의 피"를 짓밟는 행위였기 때문입니다. 첫째 단원에서도, 내려주시는 "만나"를 감사히 받은 것이 아니라 실증을 느끼고 불평을 했습니다. 이는 모두가 하나님께서 그리스도를 통하여 이루어나가실 구속사역을 배척하는 행위였던 것입니다. 성경은 말씀합니다. "하물며 하나님의 아들을 밟고 자기를 거룩하게 한 언약의 피를 부정한 것으로 여기고 은혜의 성령을 욕되게 하는 자의 당연히 받을 형벌이 얼마나 더 중하겠느냐 너희는 생각하라"(히 10:29). 그

러므로 고기를 주시겠다 하심은 징벌이었던 것입니다. 그 점을 다음 단원에서 보게 될 것입니다.

셋째 단원(24-35) 탐욕의 무덤

"그곳 이름을 기브롯 핫다아와라 칭하였으니 탐욕을 낸 백성을 거기 장사함이었더라"(34).

① 본 단원은 하나님께서 모세에게 말씀하신 대로 응하여주신 내용입니다. 첫째는, "여호와께서 구름 가운데 강림하사, 그에게 임한 신을 칠십 장로에게도 임하게"(25) 하신 일입니다.

② 둘째는, "바람이 여호와에게로서 나와 바다에서부터 메추라기를 몰아 진 곁 이편, 저편 곧 진 사방으로 각기 하룻길 되는 지면 위에 두 규빗 쯤에 내리게 하신"(31) 일입니다. 하나님은 "보행자가 60만 명이온데"(21) 하고 불가능성을 말하는 모세에게, "여호와의 손이 짧아졌느냐 네가 이제 내 말이 네게 응하는 여부를 보리라"(23) 하셨는데, 그 많은 백성들에게 순식간에 고기 파티를 베풀어주시는 여호와의 위대하신 권능을 목격하게 된 것입니다. 모세만이 아니라, "울며 가로되 누가 우리에게 고기를 주어 먹게 할꼬 우리가 애굽에 있을 때에는"(4) 하고, 원망하던 백성들도 하나님의 권능을 본 것입니다. 그렇다면 마땅히 먼저 해야할 일이 있었던 것입니다.

③ 그것은, "슬프다 내 주여 우리가 우매한 일을 하여 죄를 얻었나이다"(12:11) 하고 "회개"를 했어야 마땅합니다. 그러나 저들은 고기에 눈이 멀어 하나님은 안중에도 없이, "백성들이 일어나 종일 종야와 그 이튿날 종일토록 메추라기를 모으니"(32) 합니다. 탐욕을 부리는 저들의 모습이 생생하게 그려져 있습니다. 저들이 "만나"를 그토록 사모하

고 갈망했단 말인가? "고기가 아직 이 사이에 있어 씹히기 전에 여호와께서 백성에게 진노하사 심히 큰 재앙으로 치셨다"(33) 하고 말씀합니다. 이를 문자대로 보면 고기를 넘기지도 못하고 죽었다는 뜻이 됩니다. 왜 이토록 진노하셨는가?

④ 하나님의 의도는 "코에서 넘쳐서 싫어하기까지 일 개월 간을 먹게 하리니"(20) 하신 것으로 보아, 고기에 실증을 느낀 저들이 자신들의 잘못을 깨닫고 다시 만나를 사모하게 하시려는 의도로 여겨집니다. 그런데 저들의 동물적인 "탐욕"을 보시게 되었을 때에 징벌이 불가피했을 것입니다. 시편에는 이에 대한 해설이 있습니다.

저희에게 고기를 티끌같이 내리시니
곧 바다 모래 같은 나는 새라
그 진중에 떨어지게 하사 그 거처에 둘리셨도다
저희가 먹고 배불렀나니 하나님이 저희 소욕대로 주셨도다
저희가 욕심에서 떠나지 아니하고 저희 식물이 아직 그 입에 있을 때에
하나님이 저희를 대하여 노를 발하사 저희 중 살진 자를 죽이시며
이스라엘의 청년을 쳐 엎드러뜨리셨도다(시 78:27-31).

⑤ 여기서 집고 넘어 가야할 점이 있습니다. ㉠ "만나"가 생명의 양식이라면 저들이 그토록 탐욕을 부르고 있는 "메추라기"는 무엇에 대한 그림자라 할 수가 있는가 하는 점입니다. 이에 빛을 비춰주는 말씀이 있습니다. "때가 이르리니 사람이 바른 교훈을 받지 아니하며 귀가 가려워서 자기의 사욕을 좇을 스승을 많이 두고 또 그 귀를 진리에서 돌이켜 허탄한 이야기를 좇으리라"(딤후 4:3-4), 즉 "사욕"(私慾)을 좇는 허탄한 이야기에 비할 수가 있습니다 . ㉡ "그곳 이름을 기브롯 핫다아

와라 칭하였으니"(34) 합니다. "탐욕의 무덤"! "저희의 마침은 멸망이요 저희의 신은 배요 그 영광은 저희의 부끄러움에 있고 땅의 일을 생각하는 자라"(빌 3:19), 그렇다면 이 지상은 거대한 "탐욕의 무덤"이 아닌가? 시편은 이점을 우리에게 이렇게 경고하고 있습니다.

광야에서 욕심을 크게 발하며
사막에서 하나님을 시험하였도다
여호와께서 저희의 요구한 것을 주셨을지라도
그 영혼을 파리하게 하셨도다(시 106:14-15).

주님은 말씀하십니다. "사람이 떡으로만 살 것이 아니요 하나님의 입으로 나오는 모든 말씀으로 살 것이라"(마 4:4). 오늘날도 만나는 말씀을 통해서 공급되고 있습니다. 메추라기가 보약이 아닙니다. 영혼을 살찌게 하는 양식은 오직 "만나" 뿐입니다.

민수기 12장 개관도표

주제 : 하나님의 온 집에서 충성한 모세를 비방함

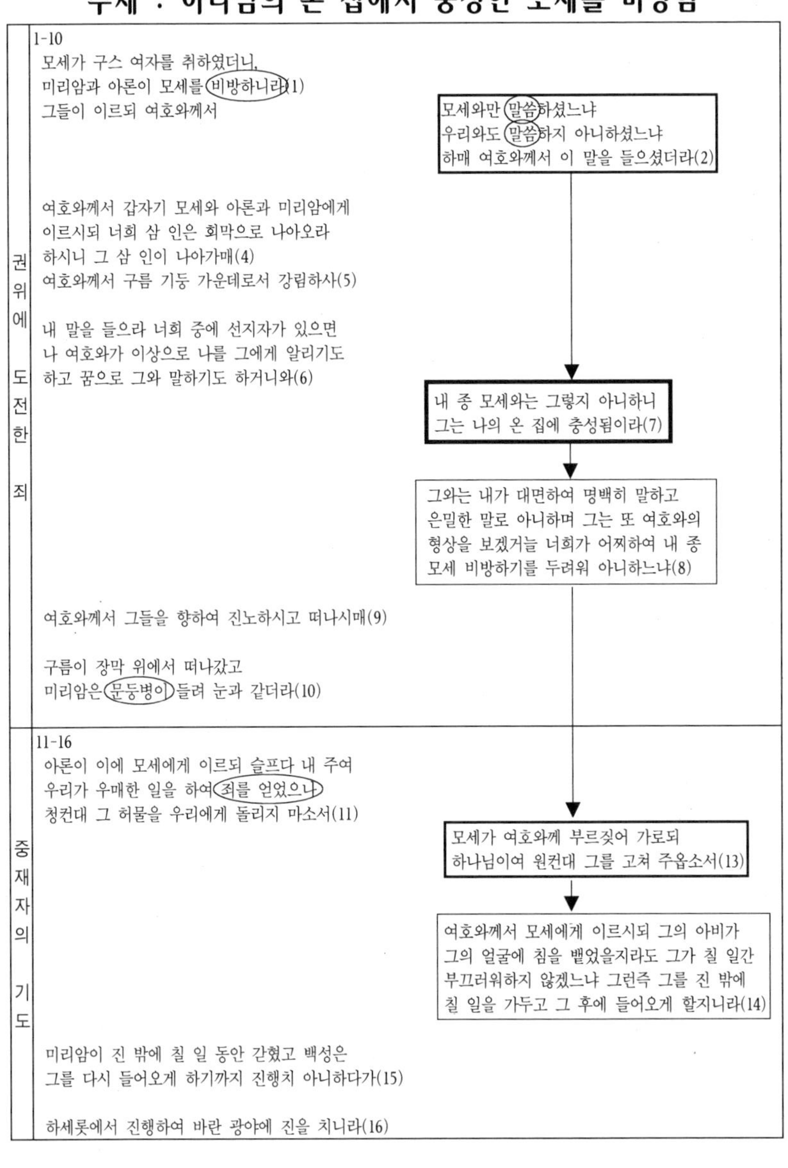
권위에 도전한 죄
1-10
모세가 구스 여자를 취하였더니,
미리암과 아론이 모세를 비방하니라(1)
그들이 이르되 여호와께서
모세와만 말씀하셨느냐
우리와도 말씀하지 아니하셨느냐
하매 여호와께서 이 말을 들으셨더라(2)
여호와께서 갑자기 모세와 아론과 미리암에게
이르시되 너희 삼 인은 회막으로 나아오라
하시니 그 삼 인이 나아가매(4)
여호와께서 구름 기둥 가운데로서 강림하사(5)
내 말을 들으라 너희 중에 선지자가 있으면
나 여호와가 이상으로 나를 그에게 알리기도
하고 꿈으로 그와 말하기도 하거니와(6)
내 종 모세와는 그렇지 아니하니
그는 나의 온 집에 충성됨이라(7)
그와는 내가 대면하여 명백히 말하고
은밀한 말로 아니하며 그는 또 여호와의
형상을 보겠거늘 너희가 어찌하여 내 종
모세 비방하기를 두려워 아니하느냐(8)
여호와께서 그들을 향하여 진노하시고 떠나시매(9)
구름이 장막 위에서 떠나갔고
미리암은 문둥병이 들려 눈과 같더라(10)
중재자의 기도
11-16
아론이 이에 모세에게 이르되 슬프다 내 주여
우리가 우매한 일을 하여 죄를 얻었으나
청컨대 그 허물을 우리에게 돌리지 마소서(11)
모세가 여호와께 부르짖어 가로되
하나님이여 원컨대 그를 고쳐 주옵소서(13)
여호와께서 모세에게 이르시되 그의 아비가
그의 얼굴에 침을 뱉었을지라도 그가 칠 일간
부끄러워하지 않겠느냐 그런즉 그를 진 밖에
칠 일을 가두고 그 후에 들어오게 할지니라(14)
미리암이 진 밖에 칠 일 동안 갇혔고 백성은
그를 다시 들어오게 하기까지 진행치 아니하다가(15)
하세롯에서 진행하여 바란 광야에 진을 치니라(16)

12장

하나님의 온 집에서 충성한 모세를 비방함

[7]내 종 모세와는 그렇지 아니하니 그는 나의 온 집에 충성됨이라.

본 장은 미리암과 아론이 모세를 비방함으로 징계를 받은 내용입니다. 그들이 모세를 비방한 표면적인 동기는 모세가 구스 여자를 취하였기 때문이지만 이는 구실일 뿐, "여호와께서 모세와만 말씀하셨느냐 우리와도 말씀하지 아니하셨느냐"(2) 한, 모세의 권위에 대한 도전이었던 것입니다. 그렇다면 모세의 권위가 어디에 있는가? 그것은 하나님과 백성 사이의 "중보자"라는 데 있습니다. 그리고 이 중보는 참 중보자 되시는 예수 그리스도의 예표였던 것입니다. 그렇다면 아론과 미리암이 모세를 비방했다는 것은 11장에서 야기된 "원망"의 연장선상에 있는 사건이라고 볼 수가 있습니다. 이로 인하여 미리암은 문둥병이 발하여 "진 밖에 칠 일"을 격리 당하게 되고, 백성들은 진행하지를 못했습니다. 이를 두 단원으로 나누어 상고하겠습니다.

첫째 단원(1-10) **권위에 도전한 죄**
둘째 단원(11-16) **중재자의 기도**

첫째 단원(1-10) **권위에 도전한 죄**

"모세가 구스 여자를 취하였더니 그 구스 여자를 취하였으므로 미리암과 아론이 모세를 비방하니라"(1).

① 모세가 취한 "구스 여자"에 대해서는 십보라(출 2:16-22)와 동일인물로 보는 설과, 십보라가 죽은 후에 취한 후처로 보는, 크게 두 가지 설이 있습니다. 그런데 본문이 말씀하려는 바는 이를 밝히려는데 있는 것이 아니라, 미리암과 아론이 모세에게 부여된 신적 권위에 도전한 것을 구속사의 맥락에서 보면 곧 그리스도에게 도전하는 잘못임을 말씀하려는데 있습니다.

② 그들은 "여호와께서 모세와만 말씀하셨느냐 우리와도 말씀하지 아니하셨느냐"(2상) 하고 도발을 했는데, 물론 아론은 대제사장이요, 미리암을 "선지자"(출 15:20)라 부르고 있습니다. 그러나 모세의 신적 권위는 하나님과 이스라엘 백성 사이의 중보자(仲保者)로 세움을 받았다는 데 있습니다. 그리고 중보는 신구약을 막론하고, "또 하나님과 사람 사이의 중보도 한 분이시니 곧 사람이신 그리스도 예수라"(디전 2:5) 하고, 둘이 될 수가 없다는 사실입니다. 그러므로 모세는 죽기 전에 행한 설교에서, "나와 같은 선지자 하나를 너를 위하여 일으키시리니"(신 18:15) 하고 말씀했던 것입니다. 그러므로 아론과 미리암이 자신들도 중보자인 양 자처한다면 그는 거짓 그리스도가 되고 마는 것입

니다.

③ 그래서 하나님은, "내 말을 들으라 너희 중에 선지자가 있으면 나 여호와가 이상으로 나를 그에게 알리기도 하고 꿈으로 그와 말하기도 하거니와 내 종 모세와는 그렇지 아니하니 그는 나의 온 집에 충성됨이라"(6-7) 하십니다. "나의 온 집에 충성됨이라" 하심은 모세가 유일한 중보임을 나타내는 말씀입니다. 이점을 히브리서 3장에서는 해설하기를, "저(예수)가 자기를 세우신 이에게 충성하기를 모세가 하나님의 온 집에서 한 것과 같으니" 하고, 모세와 그리스도의 "같은 점", 즉 중보임을 말씀하면서, "그리스도는 그의 집 맡은 아들로 충성하였고", 모세는 "하나님의 온 집에서 사환(使喚)으로 충성하였으니"(히 3:5-6) 하고 다른 점 즉 모세가 예표의 인물임을 말씀합니다.

④ 그렇다면 미리암과 아론의 잘못이 어디에 있는가는 분명해지는 것입니다. 그러므로 이를 대할 때에 윤리적인 문제로만 보아서는 아니 됩니다. 모든 문제는 궁극적으로 신학적인 문제임을 인식해야만 합니다. 하나님은 이 사건을 다름 아닌 그리스도를 대적한 것과 같은 사건으로 보시는 것입니다. 11장에서 백성들이 "만나"에 대해 불평을 하면서, "어찌하여 애굽에서 나왔던고" 하고, "유월절 양의 피"로 구속하여 내신 출애굽을 원망한 것이 궁극적으로는 그리스도를 배척한 것이라고 말씀드린 것도 같은 맥락에서입니다. 12장을 통해서 깨닫게 되는 바는, 인간은 죄로 말미암아 중보자를 필요로 하게 되었다는 것과, 그 중보자는 한 분뿐이라는 사실입니다.

⑤ "여호와께서 갑자기 모세와 아론과 미리암에게 이르시되 너희 삼인은 회막으로 나아 오라"(4) 하고, "갑자기" 개입하신 이유가 어디에 있는가? 모세 개인의 권위를 세워주시기 위해서가 아닙니다. "이제 가라 내가 네 입과 함께 있어서 할 말을 가르치리라, 너는 그(아론)에게 하나님 같이 되리라"(출 4:12) 하신 권위가 무너지게 되면, 모세의 입

에 두신 하나님의 말씀의 권위가 상실되기 때문입니다. 그렇게 되면 더 이상 여호와의 군대를 통솔할 수 없게 되고, 자중지란(自中之亂)이 일어나게 될 것이기 때문입니다.

그 입에 두신 말씀의 권위

① "이 사람 모세는 온유함이 지면의 모든 사람보다 승하더라"(3) 합니다. 여기 대조가 나타나고 있는데, 아론이 금송아지를 만들었을 때는, "대노하여 손에서 그 판들을 산 아래로 던져 깨뜨리니라"(출 32:19) 했는데, 이 장면에서는 "온유함이 지면의 모든 사람보다 승하더라" 합니다. 어떤 차이인가? 금송아지 사건에서는 의로운 분노가 폭발한 것입니다. 만일 그때도 "온유함이, 승하더라" 했다면 그것은 진정한 온유가 아니라 비겁함일 것입니다. 그러나 자신을 "비방"하는 이 처지에서는 하나님께 맡긴 채 일언반구 말이 없습니다. 그래서 하나님이 "갑자기" 개입하시는 것입니다.

② "여호와께서 그들을 향하여 진노하시고 떠나시매 구름이 장막 위에서 떠나갔고 미리암은 문둥병이 들려 눈과 같더라 아론이 미리암을 본즉 문둥병이 들었는지라"(9-10). "진노하시고 떠나시매, 구름이 장막 위에서 떠나갔고, 미리암은 문둥병이" 들렸다는 것은 예사로운 일이 아닙니다. 문둥병이 미리암에게 임했다는 것은 그가 주동적인 역할을 했음을 의미하고, "구름이 떠나갔다"는 것은 죄얼이 온 백성들에게까지 미쳤음을 나타냅니다.

둘째 단원(11-16) 중재자의 기도

"아론이 모세에게 이르되 슬프다 내 주여 우리가 우매한 일을 하여 죄를 얻었으나 청컨대 그 허물을 우리에게 돌리지 마소서"(11).

① "그로 살이 반이나 썩고 죽어서 모태에서 나온 자 같이 되게 마옵소서"(12). 여기에 11장과의 차이를 보게 됩니다. 11장에서는 "그곳 이름을 다베라(불사름)라 칭하였다(11:3), 그곳 이름을 기브롯 핫다아와(탐욕의 무덤)라 칭하였다"(11:34) 하고 말하면서도, "우리가 우매한 일을 하여 죄를 얻었다"는 회개가 없었습니다.

② "모세가 여호와께 부르짖어 가로되 하나님이여 원컨대 그를 고쳐 주옵소서"(13) 하고 중보기도를 드립니다. "그를 진밖에 칠 일을 가두고 그 후에 들어오게 할지니라"(14하) 하십니다. 하나님의 징계는 너무 길지도 너무 짧지도 않으십니다. 메시아예언으로 유명한 이사야 53장은 이렇게 마치고 있습니다. "그러나 실상은 그가 많은 사람의 죄를 지며 범죄자를 위하여 기도하였느니라"(사 53:12하). "이에 미리암이 진 밖에 칠 일 동안 갇혔고 백성은 그를 다시 들어오게 하기까지 진행치 아니하다가 그 후에 백성이 하세롯에서 진행하여 바란 광야에 진을 치니라" (1-165) 합니다.

③ 하나님은 이 악을 어떻게 선으로 바꾸셨는가? 첫째는 모든 백성들에게, ㉠ "내 종 모세 비방하기를 두려워 아니 하느냐"(8) 하신 경계가 되었을 것입니다. 모세가 죽기 전에 행한 설교에서 "너희가 애굽에서 나오는 길에서 네 하나님 여호와께서 미리암에게 행하신 일을 기억할지니라"(신 24:9) 하고 이를 상기시켜주고 있음을 대하게 됩니다. 둘째는, ㉡ 모세의 입에 두신 말씀의 권위를 더욱 견고하게 세워주셨습니다. 아론은 모세의 형이나 그 권위 앞에 복종하여 "내 주여"(11) 하고 말하면서, 그에게 중보기도를 부탁하고 있는 것을 봅니다. 이처럼 주의

종의 권위는 신적인 권위요, 그 입에 두신 말씀의 권위입니다. 그러므로, "누구든지 네 연소함을 업신여기지 못하게 하고 오직 말과 행실과 사랑과 믿음과 정절에 대하여 믿는 자에게 본이 되라"(딤전 4:12) 하십니다. 말씀의 사역자들은 그 입에 두신 "말씀의 권위"를 지키기 위해서, 윤리적인 면에 있어서도 본이 되어야할 책임이 있는 것입니다.

민수기 13장 개관도표

주제 : 파견한 정탐꾼의 상반된 보고

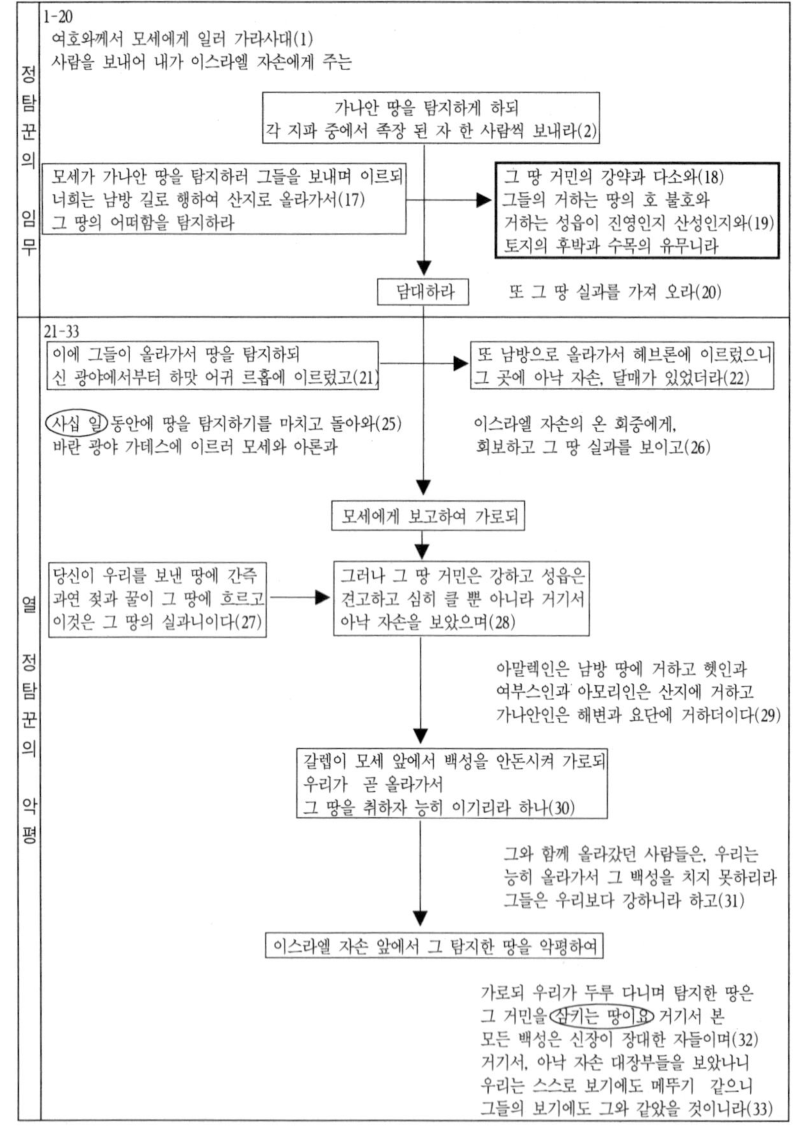
정탐꾼의 임무
1-20
여호와께서 모세에게 일러 가라사대(1)
사람을 보내어 내가 이스라엘 자손에게 주는
가나안 땅을 탐지하게 하되
각 지파 중에서 족장 된 자 한 사람씩 보내라(2)
모세가 가나안 땅을 탐지하러 그들을 보내며 이르되
너희는 남방 길로 행하여 산지로 올라가서(17)
그 땅의 어떠함을 탐지하라
그 땅 거민의 강약과 다소와(18)
그들의 거하는 땅의 호 불호와
거하는 성읍이 진영인지 산성인지와(19)
토지의 후박과 수목의 유무니라
담대하라
또 그 땅 실과를 가져 오라(20)
열 정탐꾼의 악평
21-33
이에 그들이 올라가서 땅을 탐지하되
신 광야에서부터 하맛 어귀 르홉에 이르렀고(21)
또 남방으로 올라가서 헤브론에 이르렀으니
그 곳에 아낙 자손, 달매가 있었더라(22)
사십 일 동안에 땅을 탐지하기를 마치고 돌아와(25)
바란 광야 가데스에 이르러 모세와 아론과
이스라엘 자손의 온 회중에게,
회보하고 그 땅 실과를 보이고(26)
모세에게 보고하여 가로되
당신이 우리를 보낸 땅에 간즉
과연 젖과 꿀이 그 땅에 흐르고
이것은 그 땅의 실과니이다(27)
그러나 그 땅 거민은 강하고 성읍은
견고하고 심히 클 뿐 아니라 거기서
아낙 자손을 보았으며(28)
아말렉인은 남방 땅에 거하고 헷인과
여부스인과 아모리인은 산지에 거하고
가나안인은 해변과 요단에 거하더이다(29)
갈렙이 모세 앞에서 백성을 안돈시켜 가로되
우리가 곧 올라가서
그 땅을 취하자 능히 이기리라 하나(30)
그와 함께 올라갔던 사람들은, 우리는
능히 올라가서 그 백성을 치지 못하리라
그들은 우리보다 강하니라 하고(31)
이스라엘 자손 앞에서 그 탐지한 땅을 악평하여
가로되 우리가 두루 다니며 탐지한 땅은
그 거민을 삼키는 땅이요 거기서 본
모든 백성은 신장이 장대한 자들이며(32)
거기서, 아낙 자손 대장부들을 보았나니
우리는 스스로 보기에도 메뚜기 같으니
그들의 보기에도 그와 같았을 것이니라(33)

13장

파견한 정탐꾼의 상반된 보고

> 30갈렙이 모세 앞에서 백성을 안돈시켜 가로되 우리가 곧 올라가서 그 땅을 취하자 능히 이기리라 하나.

13장은 출애굽 1세대들은 약속의 땅에 들어가지 못하고, 2세대들이 들어가게 되는 분기점(分岐點)이 되는 장입니다. 파견한 12명의 정탐꾼은 같은 것을 보았음에도 그 중 10명은 "우리는 능히 올라가서 그 백성을 치지 못하리라"(31) 하고 악평을 했고, 여호수아와 갈렙 2명만이 "우리가 곧 올라가서 그 땅을 취하자 능히 이기리라"(30) 하고 안심시키는 말을 했던 것입니다. 어떤 차이인가? 오직 "믿음"의 문제입니다. 믿음 없는 눈으로 본 자는 대적은 "대장부"같고, 자신들은 "메뚜기"(33) 같이 보였으며, 믿음의 눈으로 본 자는 "우리 밥"(14:9)으로 보였던 것입니다. 약속의 땅은 그 약속을 믿는 "믿음"으로만이 들어갈 수가 있는 것입니다. 이를 두 단원으로 나누어 상고하겠습니다.

첫째 단원(1-20) **12명의 정탐꾼과 그 임무**
둘째 단원(21-33) **열 명의 정탐꾼의 악평**

첫째 단원(1-20) 12명의 정탐꾼과 그 임무

"여호와께서 모세에게 일러 가라사대 사람을 보내어 내가 이스라엘 자손에게 주는 가나안 땅을 탐지하게 하되 그 종족의 각 지파 중에서 족장 된 자 한 사람씩 보내라"(1-2).

① 하나님의 군대는 바란 광야(12:16)를 지나 가나안의 접경인 가데스(26)에 이르렀습니다. 그렇다면 바로 진격해 들어갈 것이지 어찌하여 정탐꾼을 파송하게 되었는가? 모세가 죽기 전에 행한 세 편의 설교로 되어 있는 신명기에 의하면, "너희 하나님 여호와께서 이 땅을 너희 앞에 두셨은즉 너희 열조의 하나님 여호와께서 너희에게 이르신 대로 올라가서 〈얻으라〉 두려워 말라 주저하지 말라 한즉 너희가 다 내 앞으로 나아와 말하기를 우리가 사람을 우리 앞서 보내어 우리를 위하여 그 땅을 정탐하고 어느 길로 올라가야 할 것과 어느 성읍으로 들어가야 할 것을 우리에게 회보케 하자 하기에"(신 1:21-22), 그래서 정탐꾼을 파송했다는 것입니다.

② 그렇다면 본문에서, "모세가 여호와의 명을 좇아 바란 광야에서 그들(정탐꾼)을 보내었으니"(3상) 한 말씀은 무엇인가? 이는 저들의 요구를 하나님께서 허용을 하셨다는 뜻이 됩니다. 왜 허용하셔야만 했는가? 그것이 그들의 영적 수준이었기 때문입니다. 출애굽기에서는, "바로가 백성을 보낸 후에 블레셋 사람의 땅의 길은 가까울지라도 하나님이 그들을 그 길로 인도하지 아니하셨으니 이는, 백성이 전쟁을 보면

뉘우쳐 애굽으로 돌아갈까 하셨음이라"(출 13:17) 하고 말씀하는 것을 대하게 됩니다.

③ 사무엘 당시도 백성들이 "왕을 세워 우리를 다스리게 하소서"(삼상 8:5) 하고 "왕"을 요구했습니다. 지금까지 하나님께서 친히 다스리신 왕이셨는데도 말입니다. 하나님은 사무엘에게 말씀하십니다. "백성이 네게 한 말을 다 들으라 그들이 너를 버림이 아니요 나를 버려 자기들의 왕이 되지 못하게 함이라"(삼상 8:7). 이렇게 해서 세워진 왕이 사울 왕이었고 그 종말은, "함께 죽었더라"(삼상 31:6) 하고 끝맺고 있습니다. 11장에서도 백성들이 고기를 요구하자, "저희의 요구한 것을 주셨을지라도 그 영혼을 파리하게 하셨도다"(시 106:15), 즉 "기브롯 핫다아와"로 끝나고 만 것입니다. 그러므로 우리의 간구 중에도 구하지 않았어야 옳았고, 차라리 하락하시지 않음이 축복인 경우가 있는 것입니다. 그러면 실패로 끝날 것을 아시면서 허용하시는 의도가 어디에 있는가? "이는 우리로 자기를 의뢰하지 말고 오직 죽은 자를 다시 살리시는 하나님만 의뢰하게 하심이라"(고후 1:9), 즉 "믿음" 훈련이었던 것입니다. 낭패와 실망을 당한 후에야 깨닫는단 말인가?

④ 정탐꾼의 임무가 무엇인가? ㉠ 그 땅 거민의 강약(强弱)과, ㉡ 다소(多少)와, ㉢ 땅의 호(好) 불호(不好)와, ㉣ 거하는 성읍이 진영인지 산성인지와, ㉤ 토지의 후박(厚薄)과, ㉥ 수목의 유무(有無)니라(18-20) 합니다. 그리고 "담대 하라"(20중) 격려하면서, "그 땅 실과를 가져 오라" 하고 분부합니다. 과연 정탐꾼은 무엇이라 보고할 것인가?

둘째 단원(21-33) **열 명의 정탐꾼의 악평**

"이에 그들이 올라가서 땅을 탐지하되 신 광야에서부터 하맛 어귀 르홉에 이르고”(21).

① 21-24절에 그들이 40일 동안 정탐한 지역들이 나오는데 그 중에서 주목할 점은 “헤브론에 이르러 그 곳에서 아낙자손”(22)을 보았다는 대목입니다. “헤브론”은, 아브라함이 은 사백 세겔을 주고 산 가족묘지가 있는 곳이요, “아낙자손”은 정탐꾼을 공포에 떨게 한 거인 족입니다.

② “40일 동안에 땅을 탐지하기를 마치고 돌아와”(25) 보고를 합니다. 27-29절은 1차 적인 보고내용인데, ㉠ “당신이 우리를 보낸 땅에 간즉 과연 젖과 꿀이 그 땅에 흐르고 이것은 그 땅의 실과니이다”(27) 하고, 그 땅의 호(好) 불호(不好)를 말합니다. ㉡ “그러나 그 땅 거민은 강하고 성읍은 견고하고 심히 클 뿐 아니라 거기서 아낙자손을 보았으며” 하고, 강약(强弱)을 말합니다. ㉢ “아말렉인은 남방 땅에 거하고 헷인과 여부스인과 아모리인은 산지에 거하고 가나안 인은 해변과 요단가에 거하더이다”(29) 하고, 지형과 분포와 상황(狀況)을 보고합니다. 여기서 유념할 점은 저들 보고의 객관성을 인정할 만 하다는 점입니다. 즉 허위보고가 아니라는 말씀입니다. 갈렙도 그들의 보고가 거짓이라고는 말하고 있지 아니합니다. 그렇다면 무엇이 문제란 말인가?

③ 정탐꾼들의 보고에는 “보았다”는 말이 강조되어 있는데, ㉠ “아낙 자손을 보았으며”(28), ㉡ “거기서 본 모든 백성은 신장이 장대한 자들이며”(32), ㉢ “거기서 또 네피림 후손 아낙 자손 대장부들을 보았나니”, ㉣ “우리는 스스로 보기에도 메뚜기 같으니 그들의 보기에도 그와 같았을 것이니라”(33), 이것이 결론입니다.

④ 그들의 잘못은, 보는 것으로 행하고 믿음으로 하지 않았다는데 있습니다. 성경은, “우리가 믿음으로 행하고 보는 것으로 하지 아니함이로다”(고후 5:7) 하고 말씀합니다. 믿음이란 무엇인가? 보는 것이 아니라 언약을 믿는 믿음입니다. 하나님은 모세에게 나타나셔서, “나는 네 조상의 하나님이니 아브라함의 하나님, 이삭의 하나님, 야곱의 하나님이라,

너희를 애굽의 고난 중에서 인도하여 내어 젖과 꿀이 흐르는 땅 곧 가나안 땅으로 올라오게 하리라"(출 3:6, 17) 하고 약속하시지 않으셨던가? 하나님은 아브라함에게 세워주신 그 언약을 지키시기 위해서 유월절 양의 피로 구속하여, 낮에는 구름기둥으로, 밤에는 불기둥으로 인도해주셨건만, 저들의 보고에는 하나님도, 언약도, 언약을 믿는 믿음도, 구속의 은총도 찾아볼 수가 없는 것입니다.

⑤ 그러므로 모세나 여호수아, 갈렙의 담대함은 만용이나 배짱과는 다릅니다. "열조의 하나님 여호와께서 너희에게 이르신 대로 올라가서 얻으라, 두려워 말라, 주저하지 말라"(신 1:21) 한 주시겠다 약속하신 하나님의 언약을 굳게 믿은 "믿음의 담대함"이었던 것입니다. "갈렙이 모세 앞에서 백성을 안돈시켜 가로되"(30상), "안돈"(安頓)시켰다는 말은 백성들이 정탐꾼들의 보고를 듣고 동요하기 시작했음을 나타냅니다. "우리가 곧 올라가서 그 땅을 취하자 능히 이기리라"(30) 하고 말합니다. 갈렙은 "정복하자" 하고 말하는 것이 아니라, "취(取)하자" 하고 말합니다. 취한다는 것은 하나님이 주시는 것을 받자는 뜻입니다. 모세는 "여호와께서 너희에게 이르신 대로 올라가서 얻으라"(신 1:21) 하고 말했습니다. 여리고 성을 점령할 때도 여호수아는 "여호와께서 이 성을 주셨느니라"(수 6:16) 하고 말했습니다. 주신 것을 "취하고, 얻으면" 되는 것입니다. 무엇으로 말입니까? "믿음"입니다.

주셨으니, 얻으라

① 여호수아와 갈렙도 그들이 본 것을 보았을 터인데 어떻게 이렇게 다를 수가 있단 말인가? "여호와는 우리와 함께 하시느니라"(14:9) 하고, 육신의 눈으로 볼 수 없는 하나님의 언약을 믿었기 때문입니다. 여기서 10대 2의 믿음의 싸움이 벌어집니다. 믿음 편에서, "우리가 곧 올

라가서 그 땅을 취하자 능히 이기리라"(30) 하고 말하자 불신앙의 편은, ㉠ "우리는 능히 올라가서 그 백성을 치지 못하리라 그들은 우리 보다 강하니라"(31), ㉡ "우리가 두루 다니며 탐지한 땅은 그 거민을 삼키는 땅이요", ㉢ "우리는 스스로 보기에도 메뚜기 같으니 그들의 보기에도 그와 같았을 것이니라"(33) 합니다.

② 한 번 불신앙에 빠지게 되면 점점 깊이 빠져들어 가는 특성이 있습니다. 첫 보고 때는, "과연 젖과 꿀이 그 땅에 흐르고" 있더라고 말한 그들이 갈렙이, "능히 이기리라" 하고 말하자, "이스라엘 자손 앞에서 탐지한 땅을 악평"(惡評) 하여 "그 거민을 삼키는 땅"이라(32) 하고 말하는 것을 보게 됩니다.

③ 정탐꾼을 보내라 명하신 의도는 그들이 돌아와서 "과연 젖과 꿀이 흐르는 땅이라, 올라가서 취하자" 하고 연약한 백성들의 믿음을 북돋아주기를 기대하셨기 때문일 것입니다. 그래서 믿을만한 "족장 된 자 한 사람 씩 보내라"(2) 하셨을 것입니다. 그런데 그들이 도리어 백성들의 마음을 낙심케 하다니! 훗날 1세대들이 40년을 광야에서 방황하면서 자신들을 낙심케 했던 족장들을 원망하면서 죽어간 것은 아닐까? 이런 의미에서 족장들의 이름을 다시 한 번 확인하게 합니다.

④ 1-13장에는 족장들의 이름이 5번(1:5, 2:3, 7:12, 10:14, 13:4)이나 등장합니다. 그런데 앞의 네 번의 명단은 일치하고 있는데, 정탐을 한 족장은 다른 사람들임을 확인하게 됩니다. 어떻게 다른 것일까요? 앞의 족장들은 "너희와 함께 설 사람들의 이름은 이러하니"(1:5) 하고 하나님께서 임명하신 족장들인 반면, 정탐할 때는 "모세가 보냈다"(3) 고만 언급할 뿐 하나님의 임명하심이 없다는 점입니다. 여기에 문제가 있는 것은 아닐까요? 10대 2의 믿음 싸움! 성경역사를 볼 때 이런 비율은 어느 시대나 동일하였습니다. 그렇다면 백성들의 선택은 어느 편을 좇을 것인가?

민수기 14:1-19절 개관도표

주제 : 어느 때까지 나를 믿지 않겠느냐

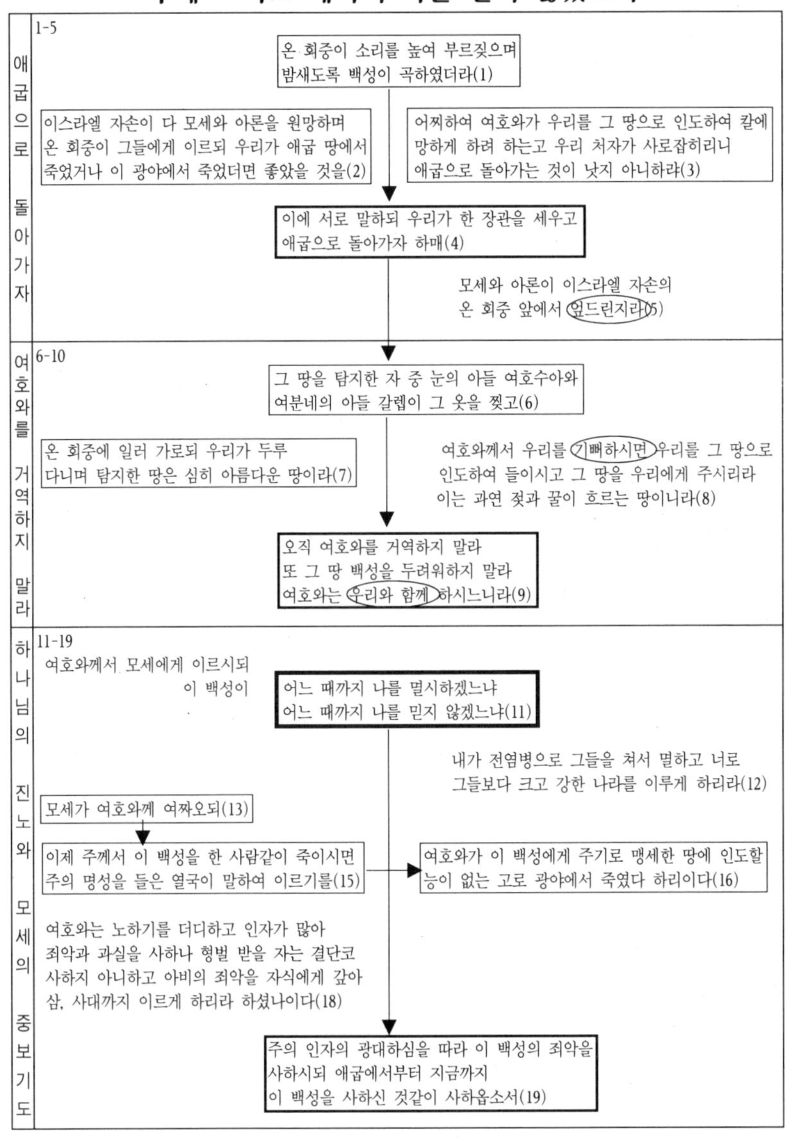

애굽으로 돌아가자
1-5
온 회중이 소리를 높여 부르짖으며 밤새도록 백성이 곡하였더라(1)
이스라엘 자손이 다 모세와 아론을 원망하며 온 회중이 그들에게 이르되 우리가 애굽 땅에서 죽었거나 이 광야에서 죽었더면 좋았을 것을(2)
어찌하여 여호와가 우리를 그 땅으로 인도하여 칼에 망하게 하려 하는고 우리 처자가 사로잡히리니 애굽으로 돌아가는 것이 낫지 아니하랴(3)
이에 서로 말하되 우리가 한 장관을 세우고 애굽으로 돌아가자 하매(4)
모세와 아론이 이스라엘 자손의 온 회중 앞에서 엎드린지라(5)
여호와를 거역하지 말라
6-10
그 땅을 탐지한 자 중 눈의 아들 여호수아와 여분네의 아들 갈렙이 그 옷을 찢고(6)
온 회중에 일러 가로되 우리가 두루 다니며 탐지한 땅은 심히 아름다운 땅이라(7)
여호와께서 우리를 기뻐하시면 우리를 그 땅으로 인도하여 들이시고 그 땅을 우리에게 주시리라 이는 과연 젖과 꿀이 흐르는 땅이니라(8)
오직 여호와를 거역하지 말라 또 그 땅 백성을 두려워하지 말라 여호와는 우리와 함께 하시느니라(9)
하나님의 진노와 모세의 중보기도
11-19
여호와께서 모세에게 이르시되 이 백성이
어느 때까지 나를 멸시하겠느냐 어느 때까지 나를 믿지 않겠느냐(11)
내가 전염병으로 그들을 쳐서 멸하고 너로 그들보다 크고 강한 나라를 이루게 하리라(12)
모세가 여호와께 여짜오되(13)
이제 주께서 이 백성을 한 사람같이 죽이시면 주의 명성을 들은 열국이 말하여 이르기를(15)
여호와가 이 백성에게 주기로 맹세한 땅에 인도할 능이 없는 고로 광야에서 죽였다 하리이다(16)
여호와는 노하기를 더디하고 인자가 많아 죄악과 과실을 사하나 형벌 받을 자는 결단코 사하지 아니하고 아비의 죄악을 자식에게 갚아 삼, 사대까지 이르게 하리라 하셨나이다(18)
주의 인자의 광대하심을 따라 이 백성의 죄악을 사하시되 애굽에서부터 지금까지 이 백성을 사하신 것같이 사하옵소서(19)

14:1-19절

어느 때까지 나를 믿지 않겠느냐

[11]여호와께서 모세에게 이르시되 이 백성이 어느 때까지 나를 멸시하겠느냐 내가 그들 중에 모든 이적을 행한 것도 생각지 아니하고 어느 때까지 나를 믿지 않겠느냐.

14장은 분량상 두 문단(1-19, 20-45)으로 나누어 관찰하겠습니다. 본 문단의 중심점은 "어느 때까지 나를 멸시하겠느냐, 어느 때까지 나를 믿지 않겠느냐"(11) 하신 "멸시와, 불신앙"에 있습니다. 10족장의 악평을 들은 백성들은 밤새도록 곡하면서 원망(1-2) 합니다. 급기야는 "한 장관을 세우고 애굽으로 돌아가자"(4) 하고 반역하기에 이릅니다. 이런 상황에서 여호수아와 갈렙이 일어나 "여호와를 거역하지 말라"(9) 하고 외치지만 도리어 돌로 치려합니다. 이에 대한 여호와의 진노와 모세의 중보기도를 봅니다. "어느 때까지 나를 멸시하겠느냐, 어느 때까지 나를 믿지 않겠느냐"는 말씀은 바로 우리를 향하여 하시는 말씀은 아닌지요? 성경은 말씀합니다. "저희에게 당한 이런 일이 거울이 되고 또한 말세를 만난 우리의 경계로 기록하였느니라"(고전 10:11). 이를 세 단원으로 나누어 상고하겠습니다.

첫째 단원(1-5) **애굽으로 돌아가자**
둘째 단원(6-10) **여호와를 거역하지 말라**
셋째 단원(11-19) **여호와의 진노와 모세의 중보기도**

첫째 단원(1-5) 애굽으로 돌아가자

"온 회중이 소리를 높여 부르짖으며 밤새도록 백성이 곡하였더라"(1).

① "온 회중이, 밤새도록 곡하였더라"(1) 한 광경을 하나님께서 보시듯 영상으로 그려보십시오. 이는 불신앙에서 오는 절망의 통곡입니다. 이 장면을 홍해를 건넌 후의 장면과 비교해 보십시오. "미리암이 손에 소고를 잡으매 모든 여인도 그를 따라 나오며 소고를 잡고 춤추니 미리암이 그들에게 화답하여 가로되 너희는 여호와를 찬송하라 그는 높고 영화로우심이요 말과 그 탄 자를 바다에 던지셨음이로다"(출 15:20-21), 이것이 신앙인의 환희(歡喜)입니다. 홍해를 육지같이 건넜던 "여호와의 군대"가 이처럼 주저앉을 수가 있단 말인가? 목회자가 선을 행하다가 피곤하여 지고 낙심하게 되는 때가 언제인지 아십니까? 믿었던 성도가 시련 앞에서 맥없이 무너질 때입니다.

② "이스라엘 자손이 다 모세와 아론을 원망하며 온 회중이 그들에게 이르되 우리가 애굽 땅에서 죽었거나 이 광야에서 죽었더면 좋았을 것을"(2) 하고 원망합니다. 이렇게 된 원인이 어디에 있다고 여겨지십니까? 출발 전에 지켰던(9:5) "유월절", 즉 구속의 은총을 망각했기 때

문입니다. 이처럼 배은망덕할 것을 아셨기에 이 유월절을 대대로 지킬 지니라 명하셨던 것입니다. 이를 지켜보는 모세의 심정이 얼마나 참담했을까요?

③ 그런데 저들은 이 선에서 멈춘 것이 아닙니다. "애굽으로 돌아가는 것이 낫지 아니하랴, 우리가 한 장관을 세우고 애굽으로 돌아가자"(3하-4)는 데까지 나아갔습니다. 이는 모세를 배신한 것이 아닙니다. 장로들이 사무엘에게, "우리에게 왕을 세워 우리를 다스리게 하소서" 했을 때도 하나님께서는 "그들이 너를 버림이 아니요 나를 버려 자기들의 왕이 되지 못하게 함이니라"(삼상 8:5-7) 하신 대로 하나님을 배신한 행위였던 것입니다. 이에 이르자 "모세와 아론이 이스라엘 자손의 온 회중 앞에서 엎드린지라"(5) 합니다. 원망하는 것까지는 참을 수가 있었을 것입니다. 그러나 "한 장관을 세우고 애굽으로 돌아가자" 하고 말하다니, 그것은 넘어서는 아니 될 선을 넘은 반역이었던 것입니다. 모세가 엎드렸다는 것은 절망에서가 아니라 하나님의 진노가 두려웠기 때문일 것입니다.

④ 하나님의 백성들은 출애굽 과정에서 두 번의 치명적인 죄를 범했는데, 한 번은 호렙에서이고, 또 한 번은 이곳 가데스에서입니다. 호렙에서는 금송아지 형상을 만들어 놓고 "이는 너희를 애굽에서 인도하여 낸 너희 신이로다"(출 32:4) 했고, 바란 광야 가데스에서는 "한 장관을 세우고 애굽으로 돌아가자"(4) 한 것입니다. 이는 "유다인과 예루살렘 거민 중에 반역이 있도다"(렘 11:9) 한 "반역"(叛逆) 행위였던 것입니다. 반역하는 말을 듣게 된 모세와 아론은 하나님 앞에 "엎드릴" 수밖에 없었을 것입니다. 모세는 어려운 시험을 당할 때마다 엎드리는 것(출 34:8, 16:4, 22, 45, 20:6)을 보게 됩니다.

⑤ 하나님을 잃어버린 자들의 심중(心中)은 공백(空白)으로 남아 있는 것이 아닙니다. 그 자리를 "금송아지나, 한 장관"이 차지하게 되고,

약속의 땅에 대한 소망을 잃어버린 그들이 돌아가자 할 곳은 애굽 밖에는 없었던 것입니다. 사악한 인간의 죄성은 예나 이제나 변함이 없습니다. 우리 심령에도 반역의 뿌리는 남아있고, 애굽에 대한 미련은 있는 것입니다. 금송아지는 탐심(골 3:5)이요, "한 장관"은 나 자신일 수도 있습니다. 그리고 애굽은 세상을 사랑하는 것(요일 2:15)입니다.

둘째 단원(6-10) 여호와를 거역하지 말라

"그 땅을 탐지한 자 중 눈의 아들 여호수아와 여분네의 아들 갈렙이 옷을 찢고"(6).

① 모세와 아론은 "엎드렸고", 여호수아와 갈렙은 "옷을 찢었습니다". 이는 극도의 비통(悲痛)을 나타냅니다. 그리고 이렇게 말합니다. ㉠ "우리가 두루 다니며 탐지한 땅은 심히 아름다운 땅이라"(7). ㉡ "여호와께서 우리를 기뻐하시면 우리를 그 땅으로 인도하여 들이시고 그 땅을 우리에게 주시리라"(8) 합니다. "여호와께서 우리를 기뻐하시면" 이라고 말합니다. 하나님께서 자신들에게 가나안 땅을 주셔야함을 당연시하고 있지 아니합니다. 자신들에게 받을 자격이나 공로라도 있는 양, 하나님이 빚이라도 지신 양, 말하고 있지 아니합니다. "여호와께서 우리를 기뻐하시면", "우리를 그 땅으로 인도하여 들이시고, 그 땅을 우리에게 주시리라" 합니다. 이것이 신앙인의 겸비입니다.

② 이들이 말한 핵심적인 믿음의 말이 무엇인가? 부정적으로는, "오직 여호와를 거역(拒逆)하지 말라"(9)는 것입니다. ㉠ "또 그 땅 백성을 두려워하지 말라 그들은 우리의 밥이라 그들의 보호자는 (하나님이 두려워서) 그들에게서 떠났다"고 말합니다. 그리고 긍정적으로는, "여호와는 우리와 함께 하시느니라"(9) 합니다. 이것이 핵심입니다. 여기

에 원동력이 있습니다. 이것이 믿음의 말입니다.

③ "여호와는 우리와 함께 하시느니라"는 말을 하자 "온 회중이 그들을 돌로 치려"(10상)고 했다는 것은 저들이 얼마나 불신앙에 빠졌는가를 말해줍니다. "동시에 여호와의 영광이 회막에서 이스라엘 모든 자손에게 나타나시니라"(10하) 합니다. 불신앙에 사로잡혀 성난 사자같이 된 저들은 엎드린 모세와 아론, 그리고 여호수아 갈렙을 돌로 치려고 했습니다. 이 절체절명의 순간에 여호와의 영광이 나타난 것입니다. 16장에 보면 고라 자손이 백성들을 회막문에 모아 놓고 대적하는 순간에도, "여호와의 영광이 온 회중에 나타나시니라"(16:19) 하고, 백성들이 모세와 아론을 칠 때에도, "여호와의 영광이 나타났더라"(16:42) 합니다. 만일 여호와께서 개입하시지 않으셨다면 어찌되었겠는가? 진정 "여호와는 우리와 함께" 계셨던 것입니다.

셋째 단원(11-19) 여호와의 진노와 모세의 중보기도

"여호와께서 모세에게 이르시되 이 백성이 어느 때까지 나를 멸시하겠느냐 내가 그들 중에 모든 이적을 행한 것도 생각하지 아니하고 어느 때까지 나를 믿지 않겠느냐"(11).

① 하나님의 말씀은 두 마디로 요약이 됩니다. ㉠ "어느 때까지 나를 멸시하겠느냐", ㉡ "어느 때까지 나를 믿지 않겠느냐" 하십니다. 한 장관을 세우고, "애굽으로 돌아가자" 하는 것은 이웃에게 살인이나 도적질을 했다는 불의가 아닙니다. 하나님을 멸시하고 믿지 아니한 "경건치 아니함"입니다. 중요한 것은 하나님과의 바른 관계성입니다. "좋은 교훈"은 다른 종교에도 있습니다. 그러나 하나님과의 관계를 회복시켜주시기 위해서 화목제물이 되어주신 분은 오직 "예수 그리스도" 뿐이십니

다. 그런데 저들은 이 근본을 부정하고 파괴하고 있는 것입니다.

② 하나님은 "어느 때까지, 어느 때까지, 나를 멸시하겠느냐, 나를 믿지 않겠느냐" 하십니다. 애굽을 탈출한 여호와의 군대는 목적지 가나안의 문턱까지 온 것입니다. 그런데도 아직까지 믿지 못하고 있다니. 이런 장면은 복음서에도 있습니다. 주님은 믿음이 없는 제자들을 행해서, "믿음이 없고 패역한 세대여 내가 얼마나 너희와 함께 있으며 얼마나 너희를 참으리요"(마 17:17) 하십니다. 하나님을 보여달라는 빌립에게 "내가 이렇게 오래 너희와 함께 있으되 네가 나를 알지 못하느냐 나를 본 자는 아버지를 보았거늘 어찌하여 아버지를 보이라 하느냐"(요 14:9) 하십니다. 이 때는 공생애 초기가 아니라 십자가를 앞에 둔 때였습니다. "때가 오래므로 너희가 마땅히 선생이 될 터인데, 젖이나 먹고 단단한 식물은 못 먹을 자가 되었도다"(히 5:12) 하십니다. 그러므로 "어느 때까지 나를 멸시하겠느냐? 어느 때까지 나를 믿지 않겠느냐" 하심은 바로 우리에게 하시는 말씀으로 다가옵니다.

③ "내가 전염병으로 그들을 쳐서 멸하고 너로 그들보다 크고 강한 나라를 이루게 하리라"(12) 하십니다. 이런 진노는 저들이 금송아지 우상을 만들어 놓고, "이는 너희를 애굽 땅에서 인도하여 낸 너희 신이라" 했을 때에도, "그런즉 나대로 하게 하라 내가 그들에게 진노하여 그들을 진멸하고 너로 큰 나라가 되게 하리라"(출 32:10) 하셨습니다. 이 말씀을 들은 모세는 어떻게 반응했는가?

모세의 중보기도

① 모세의 중보기도의 첫째 관심사는 이스라엘 백성이 아니라, "주의 명성"(15)입니다. "이제 주께서 이 백성을 한 사람 같이 죽이시면 주의 명성"(名聲)이 어떻게 되겠느냐는 것입니다. 만군의 여호와 하나님께

서 저들을 애굽에서 인도하여 내셔서(13), 구름 기둥 불기둥가운데서 그들 앞에서 행하셨음(14)을 애굽 사람들은 물론 이웃 나라가 다 아는 바인데, 이제 와서 저들을 한 사람 같이 죽이시면 열국이 말하기를(15), "여호와가 이 백성에게 주기로 맹세한 땅에 인도할 능이 없는 고로 광야에서 죽였다 하리이다"(16) 라는 논리입니다. 모세는 여호와 하나님의 거룩하신 이름을 최우선으로 생각하고 있습니다. 이것이 주님께서 가르쳐주신 "기도문"에서, "이름이 거룩히 여김을 받으시오며"(마 6:9) 하신 우선순위이기도 합니다. 그렇습니다. 하나님의 나라건설에는 하나님의 거룩하신 이름이 걸려있음을 명심해야만 합니다.

② 이처럼 하나님의 명성을 앞세운 후에 무슨 말씀을 붙잡고 간구하고 있는가? "나는 이러한 하나님이시다" 하고 친히 말씀하신 하나님의 자기계시입니다. "여호와로라 여호와로라 자비롭고 은혜롭고 노하기를 더디 하고 인자와 진실이 많은 하나님이라 인자를 천 대까지 베풀며 악과 과실과 죄를 용서하나 형벌 받을 자는 결단코 면죄하지 않고"(출 34:6-7) 라고 말씀하셨습니다. 이를 요약하면 "은혜와 인자", 즉 〈사랑〉의 하나님, "형벌 받을 자는 결단코 면죄하지 않는" 〈공의〉의 하나님이시라는 말씀입니다. "사랑과 공의"가 동시에 나타나 있습니다.

③ 그런데 모세가 붙들고 간구하는 것이 무엇인가? "구하옵나니 주의 인자의 광대하심을 따라 이 백성의 죄악을 사하시되 애굽에서부터 지금까지 이 백성을 사하신 것같이 사하옵소서"(19) 하고, "주의 인자", 즉 〈사랑〉만을 붙잡고 간구하고 있는 것입니다. 이는 모세만이 아니라 구약시대 내내(출 34:6-7, 민 14:18, 대하 30:9, 느 9:17, 시 86:15, 욜 2:13, 욘 4:2) 하나님의 인자만을 붙잡고 매달리고 있습니다.

④ 그렇다면, "형벌 받을 자는 결단코 사하지 아니하고" 하신 하나님의 공의는 누가 충족(充足)시킨단 말인가? 구약시대란 이를 보류하신 기간이었습니다. 이점을 성경은 "전에 지은 죄(구약시대 지은 죄)를 간

과(看過)하심"(롬 3:25), 즉 보시고도 못 보신 척 하셨다고 말씀합니다. 언제까지입니까? "곧 이 때에 자기의 의로우심을 나타내사"(롬 3:26) 한 의로움을 나타내실 때까지입니다. 하나님은 보류하셨던 진노를 자기 아들에게 쏟으심으로 자기의 의로우심(공의)을 나타내셨던 것입니다.

⑤ 성경은 말씀합니다. "이는 첫 언약(구약) 때에 범한 죄를 속하려고 죽으사"(히 9:15), 아시겠습니까? 양으로 속죄제를 드림으로 죄가 해결된 것은 아닙니다. 그것은 보류해놓는 장치에 불과했습니다. 그렇게 보류해놓으셨던 구약시대의 모든 죄까지도 그리스도의 대속으로 말미암아 비로소 완결(完決)이 될 수가 있었던 것입니다. 우리를 사랑하사 우리 죄를 사하심이 하나님의 공의에 손상을 입으시면서 하신 일이 절대로 아니라는 점을 명심해야만 합니다. 갈보리 십자가는 하나님의 사랑과 공의가 동시에 충족함을 얻으시게 한 사건입니다. 이는 무엇을 말씀해주고 있느냐하면 이렇게 나타난 사랑(복음)을 거역한다면 자신의 죄 값을 자신이 책임을 질 수밖에 없다는 하나님의 엄위를 말씀해줍니다.

⑥ 모세는 "애굽에서부터 지금까지 이 백성을 사하신 것같이 사하옵소서"(19하) 합니다. "애굽에서 가데스까지만"이 아닙니다. 구약시대 내내 그리하셨습니다. 구약시대만이 아닙니다. 창세기 3장에서부터 지금까지, "저희의 죄를 저희에게 돌리지 아니하시고, 하나님이 죄를 알지도 못하신 자로 우리를 대신하여 죄를 삼으심으로"(고후 5:19, 21) 우리 죄를 사하여주셨던 것입니다. 여기에 "여호와를 거역하고, 멸시하고, 믿지 아니하는" 인간의 배은망덕과, "하나님은 참되시다 할지어다"(롬 3:4) 한 하나님의 신실하심이 대조되어 나타납니다.

민수기 14:20-45절 개관도표

주제 : 사하노라, 그러나 들어가지 못하리라

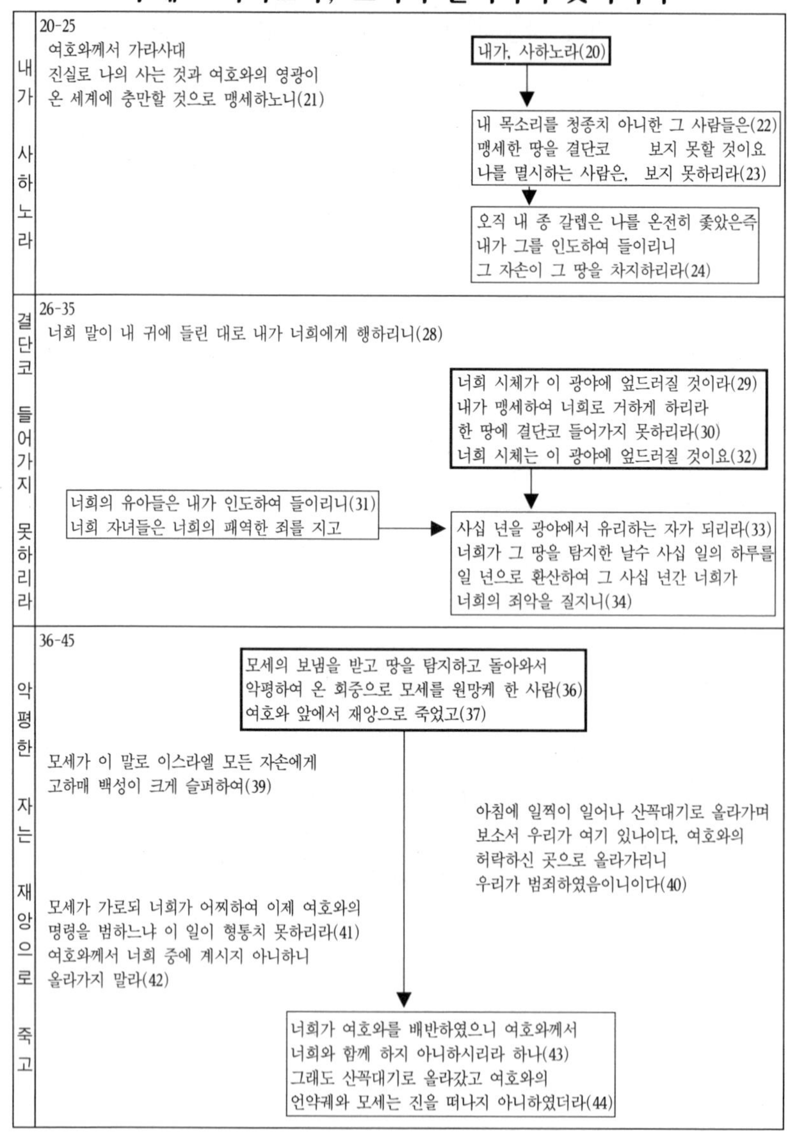
내가 사하노라
20-25
여호와께서 가라사대
진실로 나의 사는 것과 여호와의 영광이
온 세계에 충만할 것으로 맹세하노니(21)
내가, 사하노라(20)
내 목소리를 청종치 아니한 그 사람들은(22)
맹세한 땅을 결단코 보지 못할 것이요
나를 멸시하는 사람은, 보지 못하리라(23)
오직 내 종 갈렙은 나를 온전히 좇았은즉
내가 그를 인도하여 들이리니
그 자손이 그 땅을 차지하리라(24)
결단코 들어가지 못하리라
26-35
너희 말이 내 귀에 들린 대로 내가 너희에게 행하리니(28)
너희 시체가 이 광야에 엎드러질 것이라(29)
내가 맹세하여 너희로 거하게 하리라
한 땅에 결단코 들어가지 못하리라(30)
너희 시체는 이 광야에 엎드러질 것이요(32)
너희의 유아들은 내가 인도하여 들이리니(31)
너희 자녀들은 너희의 패역한 죄를 지고
사십 년을 광야에서 유리하는 자가 되리라(33)
너희가 그 땅을 탐지한 날수 사십 일의 하루를
일 년으로 환산하여 그 사십 년간 너희가
너희의 죄악을 질지니(34)
악평한 자는 재앙으로 죽고
36-45
모세의 보냄을 받고 땅을 탐지하고 돌아와서
악평하여 온 회중으로 모세를 원망케 한 사람(36)
여호와 앞에서 재앙으로 죽었고(37)
모세가 이 말로 이스라엘 모든 자손에게
고하매 백성이 크게 슬퍼하여(39)
아침에 일찍이 일어나 산꼭대기로 올라가며
보소서 우리가 여기 있나이다, 여호와의
허락하신 곳으로 올라가리니
우리가 범죄하였음이니이다(40)
모세가 가로되 너희가 어찌하여 이제 여호와의
명령을 범하느냐 이 일이 형통치 못하리라(41)
여호와께서 너희 중에 계시지 아니하니
올라가지 말라(42)
너희가 여호와를 배반하였으니 여호와께서
너희와 함께 하지 아니하시리라 하나(43)
그래도 산꼭대기로 올라갔고 여호와의
언약궤와 모세는 진을 떠나지 아니하였더라(44)

14:20-45절

사하노라, 그러나 들어가지 못하리라

[30]여분네의 아들 갈렙과 눈의 아들 여호수아 외에는 내가 맹세하여 너희로 거하게 하리라 한 땅에 결단코 들어가지 못하리라.

본 문단의 주요내용은 모세의 기도에 대한 하나님의 응답입니다. 첫째는 “네 말대로 사하노라”(20) 하십니다. 그런데 여기에는 질문이 제기될 수가 있습니다. 왜냐하면 “나를 시험하고 내 목소리를 청종치 아니한 그 사람들은 내가 그 조상들에게 맹세한 땅을 결단코 보지 못할 것이요”(23), 즉 “너희 시체는 이 광야에 엎드러질 것이라”(32) 하고 말씀하시기 때문입니다. 이것이 사하노라 하심이란 말인가? 둘째는 “오직 내 종 갈렙은, 그의 갔던 땅으로 인도하여 들이리니 그 자손이 그 땅을 차지하리라”(24) 하신 말씀인데, 하나님을 온전히 좇은 것은 갈렙만이 아니라 여호수아도 아니었던가? 어찌하여 여호수아에 대한 언급은 없는가? 이를 깨닫는 것이 본 문단에 있어서의 핵심작인 과제입니다. 이를 세 단원으로 나누어 상고하겠습니다.

첫째 단원(20-25) **네 말대로 사하노라**
둘째 단원(26-35) **결단코 들어가지 못하리라**
셋째 단원(36-45) **악평한 자는 재앙으로 죽음**

첫째 단원(20-25) 네 말대로 사하노라

"여호와께서 가라사대 내가 네 말대로 사하노라"(20).

① "네 말대로 사하노라" 하십니다. 금송아지 사건 때에도 모세의 간구를 들으시고, "여호와께서 뜻을 돌이키사 말씀하신 화를 그 백성에게 내리지 아니하시니라"(출 32:14) 합니다. 앞 문단에서도 말씀했습니다만 "사하노라" 하신 말씀만으로 범한 죄가 종결이 된 것은 아니라는 점입니다. "사하노라" 하심은, "인자(仁慈)가 많아 죄악과 과실을 사하시는", 〈사랑〉의 발로입니다. 만일 이 때에 하나님의 공의를 나타내셨다면 이들은 진멸을 당했을 것입니다.

② 그런데 "사하노라" 하시고는, "나의 영광과 애굽과 광야에서 행한 나의 이적을 보고도 이같이 열 번이나 나를 시험하고 내 목소리를 청종치 아니한 그 사람들은 내가 그 조상에게 맹세한 땅을 결단코 보지 못할 것이요 또 나를 멸시하는 사람은 하나라도 그것을 보지 못하리라"(22-23) 하시는 것이 아닌가? 즉 그들의 "시체는 이 광야에 엎드러질 것"(32)이라는 말씀입니다. 말씀하신 대로 제2차 계수한 수 가운데는 갈렙과 여호수아 외에는 "한 사람도 남지 아니하였더라"(26:65) 합니다.

③ 그렇다면 이것이 사하노라 하신 뜻이란 말인가? 이에 대한 해답

은 다음 단원에서 살펴보게 될 것입니다. 본 단원에서는, "오직 내 종 갈렙은 그 마음이 그들과 달라서 나를 온전히 좇았은즉 그의 갔던 땅으로 내가 그를 인도하여 들이리니 그 자손이 그 땅을 차지하리라"(24) 하신 말씀에 함의(含意)되어 있는 숨은 뜻을 생각해보기로 하겠습니다. "그의 갔던 땅"이란 아낙 자손을 본 "헤브론"(13:22)을 가리킵니다. 땅을 분배할 때에 갈렙은 여호수아에게, "그 날에 여호와께서 말씀하신 이 산지를 내게 주소서" 합니다. 그리하여 "헤브론을 그에게 주어 기업을 삼게"(수 14:12-13) 하였다고 말씀합니다. 어찌하여 갈렙에게 주신다고 하시는가? "나를 온전히 좇았은즉"(24) 하셨는데, 그렇다면 갈렙만이 아니라 여호수아도 온전히 좇은 것이 아닌가? 여기에는 모든 것을 합력하여 선을 이루시는 놀라운 하나님의 섭리가 숨어 있는 것입니다.

④ 갈렙은 유다 지파의 족장입니다. 그에게 "헤브론"의 약속이 주어짐으로 말미암아 땅을 분배할 때에 유다 지파가 헤브론의 일경, 즉 가나안의 남부지역을 분배받게 되는 것입니다. 그런데 우리가 망각하지 말아야할 점은, 그리스도가 유다 지파를 통해서 나실 것이 예언되어 있다는 점입니다. 이를 기억하는 분이라면, 하나님께서 유다 지파 족장인 갈렙에게 "그 자손이 그 땅을 차지하리라"(24) 하심은 바로 그곳이 그리스도가 탄생하실 땅이라는 말씀임을 깨닫게 되는 것입니다. 이스라엘 백성은 언약의 백성입니다. 그들에게 가나안을 주시겠다 약속하심은 단순한 삶의 터전을 마련해주시겠다는 의미가 아니라, 언약의 사자(메시아)가 탄생할 땅을 준비하심이었던 것입니다. 그리하여 메시아가 탄생하실 베들레헴, 죽으시고 다시 살아나셔서 승천하실 예루살렘 등이 유대 지파에 분배가 되었던 것입니다. 하나님은 10족장의 "불순종"이라는 악을 선으로 바꾸사 그리스도가 탄생하실 지역이 어디인가를 계시하셨던 것입니다. 이것이 여호수아의 이름이 빠지게 된 이유입니다. 이는 노아가 축복하는 중에, "셈의 하나님 여호와를 찬송하리로다"(창 9:26)

하고 "야벳"의 이름을 뺀 것과 맥을 같이 합니다. 그리스도는 셈의 줄기에서 오실 것이 계획되어 있기 때문입니다. 이처럼 성경은 그리스도에게 집중이 되어 있는 것입니다.

둘째 단원(26-35) **결단코 들어가지 못하리라**

"여호와께서 모세와 아론에게 일러 가라사대"(26),

① 둘째 단원의 중심점은, "여분네의 아들 갈렙과 눈의 아들 여호수아 외에는 내가 맹세하여 너희로 거하게 하리라 한 땅에 결단코 들어가지 못하리라"(30) 하심에 있습니다. 1세대들이 어찌하여 들어가지 못하리라 하시는가? ㉠ "내 목소리를 청종치 아니한"(22), 즉 순종하지 않았기 때문입니다. ㉡ "또 나를 멸시하는 사람"(23), 즉 믿지 않았기 때문입니다. 이런 자들은 "결단코 들어가지 못하리라"(30하) 하십니다. 이는 출애굽 당시만이 아니라 만고불변의 진리입니다. 성경은 말씀합니다. "또 하나님이 누구에게 맹세하사 그의 안식에 들어오지 못하리라 하셨느뇨 곧 순종치 아니하던 자에게가 아니냐 이로 보건대 저희가 믿지 아니하므로 능히 들어가지 못한 것이라"(히 3:18-19). 주목해야할 점은 "순종치 아니함과 믿지 아니함"을 동의어로 말씀하고 있다는 점입니다. "믿음과, 순종"은 동전 앞뒤와 같아서 둘이 아니라 하나입니다. 순종치 아니함은 결국 믿어지지 않기 때문인 것입니다.

② "너희 시체는 이 광야에 엎드러질 것이요"(32) 하십니다. 그렇다면 첫 단원에서 제기했던 의문, 이것이 "네 말대로 사하노라" 하신 뜻이란 말인가? 그렇습니다. 하나님은 사하셨습니다. 그리고 "그 조상들(아브라함, 이삭, 야곱)에게 맹세한"(23) 대로 그 땅을 주셨습니다. 누구에게 말입니까? 약속하신 대로 "이스라엘 민족"에게 주셨습니다. 그러나

이스라엘 백성들 중에서 믿지 아니하는 개인들, 즉 "그 사람들"(22하)은 결단코 들어가지 못하리라 하시는 것입니다.

③ 이점에서 "개인과, 민족"을 혼동하지 말아야만 합니다. 하나님은 "내가 전염병으로 그들을 쳐서 멸하고 너로 그들보다 크고 강한 나라(이스라엘이 아닌)를 이루게 하리라"(12) 하셨습니다. 이 말씀을 들은 모세의 기도는 "애굽인 중에서 주의 능력으로 이 백성(이스라엘)을 인도하여 내셨거늘 그리하시면"(13), 즉 이 민족을 버리시고 다른 민족을 세우신다면 어찌되겠습니까 하는 것이었습니다. 이점은 금송아지 사건 때 더욱 분명히 나타납니다. 모세는 "주의 종 아브라함과 이삭과 이스라엘을 기억하소서 주께서 주를 가리켜 그들에게 맹세하여 이르시기를 내가 너희 자손을 하늘의 별처럼 많게 하고 나의 허락한 이 온 땅을 너희 자손에게 주어 영영한 기업이 되게 하리라 하셨나이다"(출 32:13) 하고 간구했습니다. "여호와께서 뜻을 돌이키사 말씀하신 화를 그 백성에게 내리지 아니하시니라" 합니다. 하나님은 그들의 조상들에게 하신 약속을 폐하신 것이 아닙니다. 그들의 죄를 사하시고 그 약속을 지켜주셨던 것입니다.

④ 이 문제로 인하여 고심한 사람이 바울입니다. "저희는 이스라엘 사람이라 저희에게는 양자 됨과 영광과 언약들과 율법을 세우신 것과 예배와 약속들이 있고" 합니다. 그런데 그들이 버림을 당하다니, 이것이 바울이 풀 수 없는 신학적인 갈등이었습니다. 그러다가 깨달은 것이, "또한 하나님의 말씀이 폐하여 진 것 같지 않도다 이스라엘에게서 난 그들이 다 이스라엘이 아니요 또한 아브라함의 씨가 다 그 자녀가 아니라 오직 이삭으로부터 난 자라야 네 씨라 칭하리라 하셨으니"(롬 9:4-7) 하고 육신의 자녀와 약속의 자녀를 분별함으로 해결함을 받았던 것입니다.

⑤ 본 단원의 중심점이 여기에 있습니다. 하나님은 약속하신 대로 이

스라엘 민족을 가나안 땅으로 인도하여 들이셨습니다. 그리고 약속하신 대로 유대인을 통해서 그리스도가 나게 하셨습니다. 그러나 믿지 아니한 자들은 들어가지 못하고, "너희가 사로잡히겠다고 말하던 너희의 유아들은 내가 인도하여 들이리니 그들은 너희가 싫어하던 땅을 보려니와"(31) 하고 제2세들에게 주어진 것이 다를 뿐입니다.

⑥ 그런데 또 한 가지 명심해야할 점이 있는데, "너희 자녀들은 너희의 패역한 죄를 지고 너희의 시체가 광야에서 소멸되기까지 40년을 광야에서 유리하는 자가 되리라"(33) 하신, 40년의 지연(遲延)입니다. 약속하신 대로 들어갔으나, 40년이 지난 후에야 들어갈 수가 있었던 것입니다. 그러나 하나님은 계획하신 바를 기어코 이루시고야 말았습니다. 이를 알았기에 사도 바울은, "어떤 자들이 믿지 아니하였으면 어찌하리요 그 믿지 아니함이 하나님의 미쁘심을 폐하겠느뇨 그럴 수 없느니라 사람은 다 거짓되되 오직 하나님은 참되시다 할지어다"(롬 3:3-4) 하고 선언했던 것입니다.

⑦ "그러므로 우리는 두려워할지니 그의 안식에 들어갈 약속이 남아 있을지라도 너희 중에 혹 미치지 못할 자가 있을까 함이라 저희와 같이 우리도 복음 전함을 받은 자이나 그러나 그 들은바 말씀이 저희에게 유익 되지 못한 것은 듣는 자가 믿음을 화합(和合)지 아니함이라"(히 4:1-2) 하십니다.

셋째 단원(36-45) **악평한 자는 재앙으로 죽음**

"모세의 보냄을 받고 땅을 탐지하고 돌아와서 그 땅을 악평하여 온 회중으로 모세를 원망케 한 사람"(36),

① "곧 그 땅에 대하여 악평한 자들은 여호와 앞에서 재앙으로 죽었

고"(37) 합니다. 여기 세 단계의 징벌이 있습니다. ㉠ 악평한 자는 직결처분(直結處分)을 받았습니다. ㉡ 이에 동조한 자들은 40년 동안 점차적으로 죽어갔습니다. ㉢ 제2세들은 조상의 죄를 지고(34) 40년을 방황해야만 했습니다. 그러나 한 가지 분명한 것은 하나님은 계획하신 바를 포기하시거나 중단함이 없이 이루어 나가셨다는 사실입니다.

② "모세가 이 말로 이스라엘 모든 자손에게 고하매 백성이 크게 슬퍼"(39)했다고 말씀합니다. 모세가 전해준 말은 여호수아와 갈렙 외에는 "결단코 들어가지 못하리라"(30)는 것과, "너희 시체는 이 광야에 엎드러질 것이요"(32) 한 말씀입니다. 이 말을 듣고 "크게 슬퍼"했다는 이 슬픔은 죄에 대한 슬픔인가? 아니면 죽음에 대한 슬픔인가?

③ "아침에 일찍이 일어나 산꼭대기로 올라가며 가로되 보소서 우리가 여기 있나이다 우리가 여호와의 허락하신 곳으로 올라가리니 우리가 범죄하였음이니이다"(40) 하고 산지로 올라갔다는 것입니다. 갈렙이 "우리가 곧 올라가서 그 땅을 취하자 능히 이기리라"(13:30) 할 때는 돌로 치려한 자들이, "너희는 내일 돌이켜 홍해 길로 하여 광야로 들어갈지니라"(25) 하시니까, "우리가 여호와의 허락하신 곳으로 올라가리니"(40) 하고 거꾸로 행하고 있는 것입니다.

④ 올라가라는 명령을 거역했던 저들은, 이제 올라가지 말고 홍해 길로 돌아가라 하시는 명령을 또한 거역하고 있는 것입니다. 그리하여 "모세가 가로되 너희가 어찌하여 이제 여호와의 명령을 범하느냐"(41) 하고 책망을 합니다.

⑤ "여호와는 우리와 함께 하시느니라 그들을 두려워 말라"(9하) 했을 때는 돌로 치려한 자들이, "여호와께서 너희 중에 계시지 아니하니 올라가지 말라(42), 너희가 여호와를 배반하였으니 여호와께서 너희와 함께 하지 아니하시리라"(43하) 하고 말하는 대도, "그들이 그래도 산꼭대기로 올라갔다"(44)는 것은, 회개도, 믿음도 아닙니다. 자기중심적

인 고집이라고 말할 수밖에는 없는 것입니다. 그러다가 아말렉인과 가나안인에게 패하여 "호르마까지 이르렀더라"(45) 합니다. 이와 같이 자기 멋대로, 거꾸로 행하는 청개구리 같은 자들은 어느 때나 있기 마련입니다.

그러나 저희가 입으로 그에게 아첨하며
자기 혀로 그에게 거짓을 말하였으니
이는 하나님께 향하는 저희 마음이 정함이 없으며
그의 언약에 성실치 아니하였음이로다(시 78:36-37).

민수기 15장 개관도표

주제 : 여호와의 명한 것을 지키지 못하였을 때

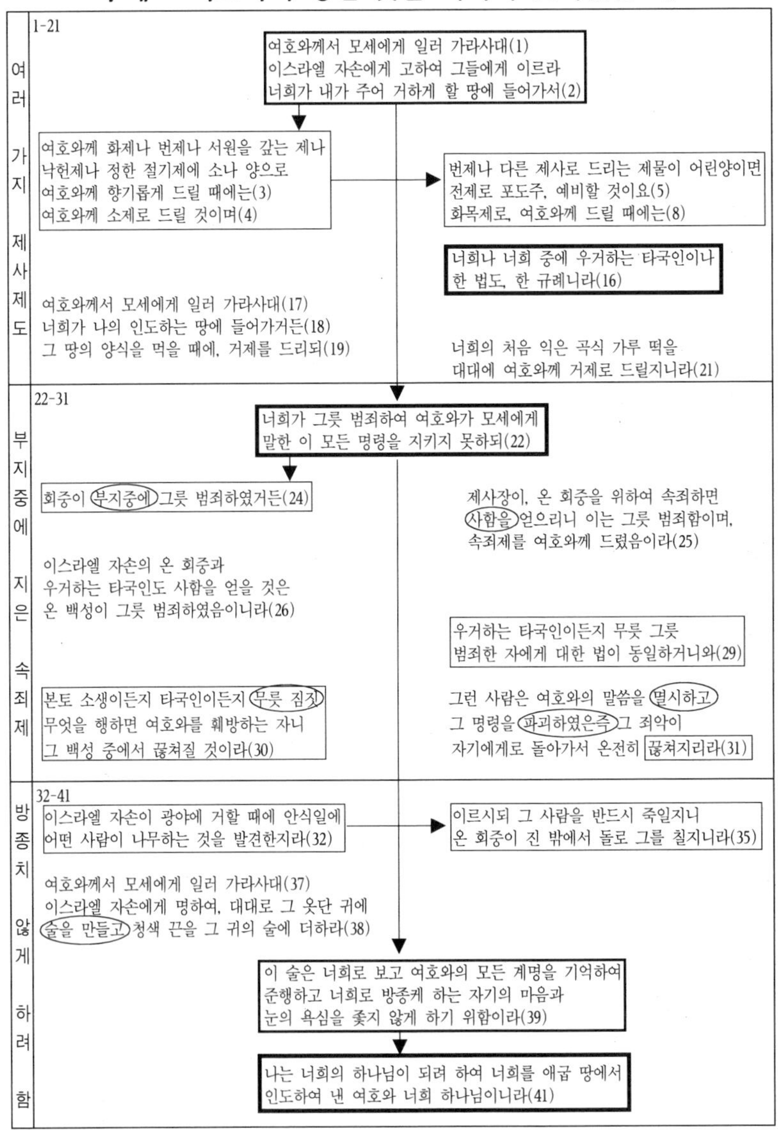
여러 가지 제사제도
1-21
여호와께서 모세에게 일러 가라사대(1)
이스라엘 자손에게 고하여 그들에게 이르라
너희가 내가 주어 거하게 할 땅에 들어가서(2)
여호와께 화제나 번제나 서원을 갚는 제나
낙헌제나 정한 절기제에 소나 양으로
여호와께 향기롭게 드릴 때에는(3)
여호와께 소제로 드릴 것이며(4)
번제나 다른 제사로 드리는 제물이 어린양이면
전제로 포도주, 예비할 것이요(5)
화목제로, 여호와께 드릴 때에는(8)
너희나 너희 중에 우거하는 타국인이나
한 법도, 한 규례니라(16)
여호와께서 모세에게 일러 가라사대(17)
너희가 나의 인도하는 땅에 들어가거든(18)
그 땅의 양식을 먹을 때에, 거제를 드리되(19)
너희의 처음 익은 곡식 가루 떡을
대대에 여호와께 거제로 드릴지니라(21)
부지중에 지은 속죄제
22-31
너희가 그릇 범죄하여 여호와가 모세에게
말한 이 모든 명령을 지키지 못하되(22)
회중이 부지중에 그릇 범죄하였거든(24)
제사장이, 온 회중을 위하여 속죄하면
사함을 얻으리니 이는 그릇 범죄함이며,
속죄제를 여호와께 드렸음이라(25)
이스라엘 자손의 온 회중과
우거하는 타국인도 사함을 얻을 것은
온 백성이 그릇 범죄하였음이니라(26)
우거하는 타국인이든지 무릇 그릇
범죄한 자에게 대한 법이 동일하거니와(29)
본토 소생이든지 타국인이든지 무릇 짐짓
무엇을 행하면 여호와를 훼방하는 자니
그 백성 중에서 끊쳐질 것이라(30)
그런 사람은 여호와의 말씀을 멸시하고
그 명령을 파괴하였은즉 그 죄악이
자기에게로 돌아가서 온전히 끊쳐지리라(31)
방종치 않게 하려 함
32-41
이스라엘 자손이 광야에 거할 때에 안식일에
어떤 사람이 나무하는 것을 발견한지라(32)
이르시되 그 사람을 반드시 죽일지니
온 회중이 진 밖에서 돌로 그를 칠지니라(35)
여호와께서 모세에게 일러 가라사대(37)
이스라엘 자손에게 명하여, 대대로 그 옷단 귀에
술을 만들고 청색 끈을 그 귀의 술에 더하라(38)
이 술은 너희로 보고 여호와의 모든 계명을 기억하여
준행하고 너희로 방종케 하는 자기의 마음과
눈의 욕심을 좇지 않게 하기 위함이라(39)
나는 너희의 하나님이 되려 하여 너희를 애굽 땅에서
인도하여 낸 여호와 너희 하나님이니라(41)

15장

여호와의 명한 것을 지키지 못하였을 때

[23]곧 여호와가 모세로 너희에게 명한 모든 것을 여호와가 명한 날부터 이후 대대에 지키지 못하여.

15장의 내용은 약속의 땅에 들어가서(2) 행할 여러 가지 제사제도입니다. 이를 말씀하시는 의도가 22-23절에 나타나 있습니다. "이 모든 명령을 지키지 못하여, 대대에 지키지 못하여", 그럴 경우 어떻게 해야 하는가? 이를 위해서 제사제도가 주어진 것입니다. 하나님은 인간의 행위로 의롭다함을 받을 수 없음을 아십니다. 그리하여 "이후 너희 대대에 지키지 못하여"(23하) 하시는 것입니다. 이는 신약의 성도들에게도 적실성이 있는 것입니다.

어떤 분들은 15장의 내용이 14장과 연관이 안 되는 것으로 여기나, 그렇지가 않습니다. 본 장은 꼭 있어야 할 자리에 놓여 있는 것입니다. 왜냐하면 두 반역사건(14장은 10족장, 16장은 고라 일당) 사이에 놓여있기 때문입니다. 반역은 인간이 행한 일입니다. 그 결과는 절망이요, 멸망입니다. 그런데 15장은 하나님이 해주실 일입니다. 번제, 속죄제 등 제사를 드리라 하심이 1차 적으로는 사람이 해야할 일이지만, 궁극적으로는 하나님께서 행해주실, 세상 죄를 지고 가는 하나님의 어린양에 대한 그림자이기 때문입니다. 하나님은 모세의 간구에 "사하노라"(14:20) 하셨습니다. 그런데 "죄 사함"이 말씀만으로 되어지는 것이 아닙니다. 첫 창조는 말씀만으로 가능하였으나 재창조의 역사는 저질러놓은 죄에 대한 책임이 따르기 때문입니다. 그러므로 제사제도란 인간이 저지른 범죄에 대한 해결방안이었던 것입니다. 왜 이렇게 해주시는가? 본 장의 핵심은 "나는 너희의 하나님이 되려하여 너희를 애굽 땅에서 인도하여 낸 여호와 너희 하나님이니라"(41) 하신 결론 말씀에 있습니다. 이는 본 장의 핵심만이 아니라 신구약성경 전체의 핵심주제이기도 합니다. 완성의 책인 계시록은, "저희는 하나님의 백성이 되고 하나님은 친히 저희와 함께 거하시리니"(계21:3) 하고 말씀합니다. 하나님은 지금 이를 이루어나가고 계시는 중입니다. 이를 세 단원으로 나누어 상고하겠습니다.

첫째 단원(1-21) **여러 가지 제사제도**
둘째 단원(22-31) **부지중에 지은 속죄제**
셋째 단원(32-41) **방종치 않게 하려 함**

첫째 단원(1-21) **여러 가지 제사제도**

"여호와께서 모세에게 일러 가라사대"(1)
① "이스라엘 자손에게 고하여 그들에게 이르라 너희가 내가 주어

거하게 할 땅에 들어가서"(2) 하십니다. 최우선적으로 생각해야할 점은 "들어가서" 라는 말씀입니다. 14장에서는 "결단코 들어가지 못하리라"(14:30) 하셨는데, 15장에서는 "내가 주어 거하게 할 땅에 들어가서"(2), 이렇게 시작이 됩니다. 인간의 행위로는 결단코 들어갈 수가 없다는 것입니다. 그것을, "하나님은 하시나니"(롬 8:3, 마 19:26), 즉 하나님이 들어가게 해주시겠다는 말씀입니다. 하나님은 구원계획을 중단하시거나 결코 포기하시지 않으십니다. 그러므로 "들어가서" 하심은, 전적인 은혜인 것입니다. 그러면 어떻게 "들어감"이 가능하여 지는가?

② 그 방도가 제사제도에 계시되어 있는 것입니다. 그 핵심은 죄 값을 대신 지불하는 "대속"(代贖)적인 죽음에 있습니다. "여호와께 화제나 번제나 서원을 갚는 제나 낙헌제나 정한 절기제에 소나 양으로 여호와께 향기롭게 드릴 때에는"(3) 합니다. 소나 양을 산채로 드리는 것이 아닙니다. 죽여 불에 태우는 화제(火祭)로 드리는 것입니다. 이는 그리스도께서 당하실 고난을 상징합니다.

③ 이러한 제사는 약속의 땅, 곧 하나님이 주어 거하게 할 땅에 들어가서(2) 행할 제도입니다. 언제까지 행해야 하는가? "염소와 송아지의 피로 아니하고 오직 자기 피로 영원한 속죄를"(히 9:12) 단 번에 이루어 주실 그리스도가 오실 때까지입니다. 이를 좀 더 넓은 문맥을 통해서 말씀드린다면 ㉠ 하나님은 아브라함을 부르셔서 메시아언약을 세워주십니다. 그리고 그 절정에 "네 아들 사랑하는 독자 이삭을 번제로 드리라" 하심으로 "대신하여 번제로 드렸더라" 하는 대속교리를 계시하십니다. 이 대속교리가 출애굽기에서는, ㉡ "유월절 양"이 대신 죽는 것으로 나타나고, ㉢ 레위기에서는 각종 제사제도로 나타나고 있는 것입니다. 그러므로 표면만을 본다면 "드리라" 하셨으니까 하나님이 "받으시는 것" 같이 보이지만 실상은 "주실 것"을 말씀함입니다. 왜냐하면 이 모든 제사제도가 예수 그리스도께서 단 번에 드려주실 대속제물(代贖祭物)

에 대한 예표이기 때문입니다.

④ 15장에서 언급하는 제사는 종류가 많고 복잡한 것 같으나 기본적인 제사는 "번제와 속죄제"입니다. ㉠ "번제"는 남김없이 태워드리는 헌신을 상징하는데 이는 주님께서 아버지의 뜻대로 하옵소서 하고 "죽기까지 복종" 하신 것을 나타냅니다. ㉡ "속죄제"는 우리의 죄 값을 대신 담당하심을 나타냅니다. 이처럼 주님의 십자가에는 번제와 속죄제의 의미가 있는 것입니다. 그 외에 소제(4), 전제(5), 화제(10), 거제(19) 등은 번제와 함께 드리는 제사의 방법입니다. 즉 화제(火祭)는 불에 태워드리는 것, 전제(奠祭)는 포도주를 부어드리는 것, 거제(擧祭)는 들어서 드리는 것입니다.

⑤ 여기서 주목하게 되는 것은 "향기롭게" 라는 말씀입니다. 모두 5번(3, 7, 10, 13, 14)이나 언급되어 있습니다. "번제(헌신), 낙헌제(감사)" 등은 하나님을 기쁘시게 하는 예배임을 나타냅니다. 그래서 "향기"가 있습니다만, 다음 단원에서 말씀하는 "속죄제"에는 향기롭게 라는 언급이 없는 것입니다. 왜냐하면 아버지 뜻대로 하옵소서 한 헌신에는 향기가 있으나, 범죄로 인한 속죄제에는 죄 타는 냄새만이 나는 셈입니다.

⑥ 또 주목해야할 점은 "타국인"(他國人)이라는 말씀입니다. 모두 7번(14, 15, 15, 16, 26, 29, 30)이나 언급합니다. "너희나 너희 중에 우거하는 타국인이나 한 법도, 한 규례니라"(16) 하십니다. 이 말씀은 이스라엘 사람들이 싫어했을 법합니다. 왜냐하면 개 취급을 하는 이방인들을 자신들과 같이 대우하고 있기 때문입니다. "한 법도, 한 규례"란 무슨 뜻인가? 바울은 이점을, "하나님은 홀로 유대인의 하나님 뿐이시뇨 또 이방인의 하나님은 아니시뇨 진실로 이방인의 하나님도 되시느니라 할례자도 믿음으로 말미암아, 또는 무할례자도 믿음으로 말미암아 의롭다 하실 하나님은 한 분이시니라"(롬 3:29-30) 하고 말씀합니다. 즉 속

죄제는 주님이 드려주실 일이고, 이를 믿음으로 구원을 얻는다는 것은 유대인이나 이방인이나 차별이 없이 "한 법도, 한 규례"(16)라는 말씀입니다.

⑦ 17-21절 내용은 "여호와께서 모세에게 일러 가라사대"(17) 하고, 우리의 주의를 환기시킨 다음에 주어진 말씀인데, 이는 앞의 말씀과 구분이 됨을 뜻할 뿐만이 아니라, 중요함을 나타냅니다. 그것이 무엇인가? "너희의 처음 익은 곡식 가루 떡을 거제로 타작 마당의 거제같이 들어 드리라"(20) 하십니다. "처음 익은 곡식"이란 묘사를 구속사의 맥락에서 보면 "죽은 자 가운데서 다시 살아 잠자는 자들의 첫 열매가 되셨도다"(고전 15:20) 한 그리스도에 대한 예표가 됩니다. 이를 "타작 마당의 거제"와 같이 드리라 하십니다. 그 규례가 레위기 23:9-14절에 자세히 설명되어 있는데, "첫 이삭 한 단을, 안식일 이튿날에 흔들어"(레 23:10-11) 드리라는 것입니다. 이는 우리 죄를 위하여 속죄 제물로 죽으신 주님이 안식일 이튿날에 부활하심으로 성취가 되었던 것입니다.

둘째 단원(22-31) **부지중에 지은 속죄제**

"너희가 그릇 범죄하여 여호와가 모세에게 말한 이 모든 명령을 지키지 못하되"(22).

① 본 단원의 중심점은 "속죄제"(24, 25, 27)에 있습니다. 속죄제는 왜 필요한가? "여호와가 모세에게 말한 이 모든 명령을 지키지 못하기" 때문에 주신 것이라고 말씀합니다. 하나님은 율법을 주시면서 이를 온전히 지키지 못할 것을 아셨던 것입니다. 그리하여 속죄제를 마련해주신 것입니다. 그렇다면 속죄제는 어디서 드려야 하는가?

② 성막 뜰에 있는 번제단에서 드리는 것입니다. 하나님은 시내산에

서 모세에게 십계명만이 아니라 성막의 식양(式樣)도 주셨음을 명심해야만 합니다. 왜냐하면 "십계명"은 법인데 이를 범했을 때는 어떻게 해야 하는가? 성막의 번제단에서 속죄제를 드림으로 해결함을 받을 수 있도록 마련해주셨던 것입니다. 그렇다면 십계명은 "율법"이요, 성막 계시는 "복음"이라고 말할 수가 있는 것입니다. 성막의 식양, 즉 번제단, 물두멍, 떡상, 촛대, 향단, 속죄소는 모두가 복음의 일면을 계시하기 위한 식양이었던 것입니다. 만일 성막 식양을 주심이 없었다면, "곧 여호와가 모세로 너희에게 명한 모든 것을 여호와가 명한 날부터 이후 너희의 대대에 지키지 못했을"(23) 경우 어찌 된단 말인가? "이 모든 저주가 네게 임하고 네게 미칠 것이니"(신 28:15) 합니다.

③ 그런데 이점에서도 주목해야할 점이 있습니다. 그것은, "부지중"(24)이라는 말씀입니다. "부지중에 그릇 범죄하였거든, 속죄제를 드릴 것이라"(24) 합니다. "제사장은 그 그릇 범죄한 사람이 그릇하여 여호와 앞에 얻은 죄를 위하여 속죄하여 그 죄를 속할지니 그리하면 사함을 얻으리라"(28) 하십니다. 이는 무엇을 말씀해주느냐 하면, 복음이란 "죄를 지어도 괜찮다" 하고 죄를 옹호(擁護)하는 것이 아님을 나타내기 위해서입니다. 그래서 "부지중"이라는 단서를 붙이신 것입니다.

④ 그렇다면 생축으로 속죄제를 드리면 죄가 완결(完決)이 된단 말인가? 성경은, "율법은 장차 오는 좋은 일의 그림자요 참 형상이 아니므로 해마다 늘 드리는 바 같은 제사로는 나아오는 자들을 언제든지 온전케 할 수 없느니라, 이는 황소와 염소의 피가 능히 죄를 없이 하지 못함이라"(히 10:1, 4) 하고 답변합니다. 그렇다면 구약시대 범한 죄는 어떻게 해결이 되는가? "이를 인하여 그는 새 언약의 중보니 이는 첫 언약 때(구약시대)에 범한 죄를 속하려고 죽으사"(히 9:15), 즉 구약시대에 범한 죄까지도 오직 예수 그리스도의 대속을 통해서만이 해결이 된다는 말씀입니다. 하나님은 구약시대 성도들로 하여금 제사제도를 통하여 장

차 오실 그리스도를 바라봄으로 죄 사함을 얻고 구원에 이르도록 마련해주셨던 것입니다.

고범죄

① "본토 소생이든지 타국인이든지 무릇 짐짓 무엇을 행하면 여호와를 훼방하는 자니 그 백성 중에서 끊쳐질 것이라"(30) 합니다. "짐짓 무엇을 행하면" 이라는 뜻은 고의적으로 죄를 범하는 것을 가리킵니다. "그런 사람은 여호와의 말씀을 멸시하고 그 명령을 파괴하였은즉 그 죄악이 자기에게로 돌아가서 온전히 끊쳐지리라"(31) 합니다. 이것이 다윗이 "또 주의 종으로 고범죄(故犯罪)를 짓지 말게 하사"(시 19:13) 한 "고범죄"입니다.

② 죄에는 부지중에, 연약(軟弱)으로 인하여 넘어지는 것이 있는가 하면, 여호와를 "훼방(30), 멸시, 파괴"(31)하기 위한, 즉 대적하는 죄가 있다는 것입니다. 대적하는 죄는 "온전히 끊쳐지리라", 즉 멸망을 당하게 된다는 것입니다. 그렇다면 고범죄와, 부지중에 지은 죄의 차이가 무엇인가 하는 점입니다. 대표적인 예를 바울에게서 보는 바입니다. "내가 전에는 훼방자요 핍박자요 포행자이었으나 도리어 긍휼을 입은 것은 내가 믿지 아니할 때에 알지 못하고 행하였음이라"(딤전 1:13) 합니다. 고범죄의 경우는 어떤 것인가? "하물며 하나님의 아들을 밟고 자기를 거룩하게 한 언약의 피를 부정한 것으로 여기고 은혜의 성령을 욕되게 하는 자의 당연히 받을 형벌이 얼마나 더 중하겠느냐 너희는 생각하라"(히 10:29) 하십니다. 한마디로 실수하고 넘어진 후에 애통하는 회개가 있는가 여부로 나타난다 하겠습니다.

③ 본 단원을 마치기 전에 두 가지 점을 유념해야하겠습니다. 첫째는, 이스라엘 백성이나 이방인이 "한 법도 한 규례"(16)라고 말씀하고

있다는 점입니다. 그러니까 "할례자도 믿음으로 말미암아, 무할례자도 믿음으로 말미암아"(롬 3:30) 동일하게 의롭다함을 얻게 될 것이 벌써 구약성경에 계시되어 있었던 것입니다. 그러므로 이방인에게 할례를 행해야 하느냐 하는 문제로 모인 예루살렘 회의에서 베드로는, "저희나 우리나 분간치 아니하셨느니라, 우리가 저희와 동일하게 주 예수의 은혜로 구원받는 줄을 믿노라"(행 15:9, 11) 하고 논증했던 것입니다. 둘째는, "속죄제", 즉 복음을 순전함으로 전하노라면 "죄를 지어도 괜찮다는 말이냐, 당신은 죄를 옹호하고 있는 것이 아니냐"(롬 6:1) 하는 오해를 받을 수가 있는데, 아닙니다. 복음이 어떻게 해서 주어지는 것이 가능하게 되었는가를 "알고, 믿는" 사람들은 죄를 미워하는 자들입니다. 주님 닮기를 소망하는 자들입니다. 연약으로 인하여 넘어지게 되면, 나로 인하여 주님의 이름이 모독을 받으시게 한 것을 생각하며 애통해 하는 사람들입니다. 그러므로 성화의 원동력도 복음에서 나오는 것입니다.

셋째 단원(32-41) **방종치 않게 하려 함이라**

"이스라엘 자손이 광야에 거할 때에 안식일에 어떤 사람이 나무하는 것을 발견한지라"(32).

① "그 나무하는 자를 발견한 자들이 그를 모세와 아론과 온 회중의 앞으로 끌어 왔으나 어떻게 처치할는지 지시하심을 받지 못한 고로 가두었더니"(33-34) 합니다. 형제에게 묻습니다. 이 사람을 어떻게 처리하면 되겠습니까? 그것은 분명합니다. 그의 범죄가 고범죄인가, 아니면 부지중에 범한 것인가를 보면 됩니다. "여호와께서 모세에게 이르시되 그 사람을 반드시 죽일지니 온 회중이 진 밖에서 돌로 그를 칠지니

라"(35) 하시는 것을 보면 그 사람의 죄가 고범죄임이 드러납니다. 그 사람은 안식일 계명을 알면서도 "여호와의 말씀을 멸시하고 그 명령을 파괴"(31)한 자입니다. 달리 표현하면 "안식일의 주인"되시는 그리스도를 멸시하고 대적한 것이 된다는 말씀입니다.

② 이 사건 기사 다음에 "여호와께서 모세에게 일러 가라사대 이스라엘 자손에게 명하여 그들의 대대로 그 옷단 귀에 술을 만들고 청색 끈을 그 귀의 술에 더하라"(37-38) 명하십니다. 모세는 죽기 전에 행한 설교에서 "입는 겉옷 네 귀에 술을 만들지니라"(신 22:12) 하고 이 명령을 상기시키면서, 이대로 준행할 것을 당부합니다.

③ 그러면 어찌하여 겉옷 네 귀에 술을 만들어 달라 하시는가? "이 술은 너희로 보고 여호와의 모든 계명을 기억하여 준행하고 너희로 방종케 하는 자기의 마음과 눈의 욕심을 좇지 않게 하기 위함이라"(39) 하십니다. 참으로 얼마나 자상하시고 극진한 배려인가? 이 말씀 속에는, "보고, 기억하여, 준행하고" 라는 말씀이 있습니다. 한마디로 "방종(放縱)케 하는 자기의 마음과 눈의 욕심을 좇지 않게" 하려는 장치였던 것입니다. 안식일에 나무하던 사람의 겉옷에 술이 있었다면 나무하러 가려다가 그 술을 보고 하나님의 계명을 기억하고 방종하려던 마음을 제어할 수가 있었을 것이 아닌가? 그런데 외식하는 바리새인들은 자신의 마음은 제어하지를 않고 이를 남에게 보이기 위하여 "옷술을 크게"(마 23:5) 하여 거룩한 척 과시했던 것입니다.

④ 15장의 결론의 말씀은, "나는 너희의 하나님이 되려하여 너희를 애굽 땅에서 인도하여 낸 여호와 너희 하나님이니라"(41) 하심으로 마치고 있습니다. 그러니까, ㉠ 저들을 애굽 땅에서 인도하여 낸 목적도, "너희 하나님이 되시기 위해서요", ㉡ 15장의 말씀을 명하심도, "너희 하나님"이시기 때문이라는 말씀입니다. 이 말씀은 신구약성경의 총 주제라 할 수 있는 그토록 중요한 주제입니다. 출애굽기 29장 마지막 절에

보면, “그들은 내가 그들의 하나님 여호와로서 그들 중에 거하려고 그들을 애굽 땅에서 인도하여 낸 줄을 알리라 나는 그들의 하나님 여호와니라”(출 29:46) 하십니다. 그들의 하나님만 되시려는 것이 아닙니다. 그들 중에 거하시려는 것입니다.

⑤ 성경역사에 하나님과 함께 거하던 때가 있었습니다. 그것은 창세기 1-2장의 짧은 기간뿐입니다. 3장에서 하나님은 자기 백성을 잃어버리신 것입니다. “잃어버린 백성을 찾아서, 함께 거하시려는”, 이것이 하나님의 나라를 회복하는 운동입니다. 그것은 말씀으로만 되는 것이 아닙니다. 죄 값에 팔린 자들을 찾으시기 위해서는 “구속”이 필요했던 것입니다. 구약시대에도, “너희를 구속하여 너희로 내 백성을 삼고”(출 6:6-7) 하십니다. 신약시대에도, “그가 우리를 대신하여 자신을 주심은 모든 불법에서 우리를 구속하시고 우리를 깨끗하게 하사 선한 일에 열심 하는 친 백성이 되게 하려 하심이니라”(딛 2:14) 하고 말씀합니다. 그런데 구약시대의 함께 거하심의 상징인 성막의 중간은 휘장으로 막혀 있었습니다.

⑥ 이 휘장이 예수 그리스도의 구속으로 말미암아 열렸고, 이제는 교회를 통해서 함께 거하시게 된 것입니다. 그러나 이 함께 거하심의 완성은, “보라 하나님의 장막이 사람들과 함께 있으매 하나님이 저희와 함께 거하시리니 저희는 하나님의 백성이 되고 하나님은 친히 저희와 함께 계셔서 모든 눈물을 그 눈에서 씻기시매 다시 사망이 없고 애통하는 것이나 곡하는 것이나 아픈 것이 다시 있지 아니하리니 처음 것들이 다 지나갔음이러라”(계 21:2-4)에서 완성이 되는 것입니다. 하나님은 지금 이를 이루어 나가시는 중입니다.

⑦ 이제 15장에서 제사제도와 규례들을 말씀하시는 의도는 분명해졌습니다. “너희가 내가 주어 거하게 할 땅에 들어가서”(2) 첫째로, ㉠ 조상 아브라함에게 세워주신 메시아언약을 망각하지 않게 하기 위해서입

니다. 둘째는, ㉡ 실수하고 넘어졌을 때 해결함을 받을 수 있는 방도를 마련해주신 것입니다. 셋째는, ㉢ 안식일 준수와, 옷단에 술을 달라하심도 죄 많은 세상을 살아가는 자기 백성들을 방종(放縱)치 않게 하시려는 장치였던 것입니다. 신약의 성도들은 몸에 할례의 표나, 옷에 술을 달거나 하지 않습니다. 왜냐하면 하나님의 말씀이 마음에 기록이 되어 있고, 내주(內住)하시는 성령으로 말미암아 그 말씀을 주야로 묵상할 수가 있기 때문입니다.

민수기 16장 개관도표

주제 : 고라 일당의 반역과 대제사장의 속죄

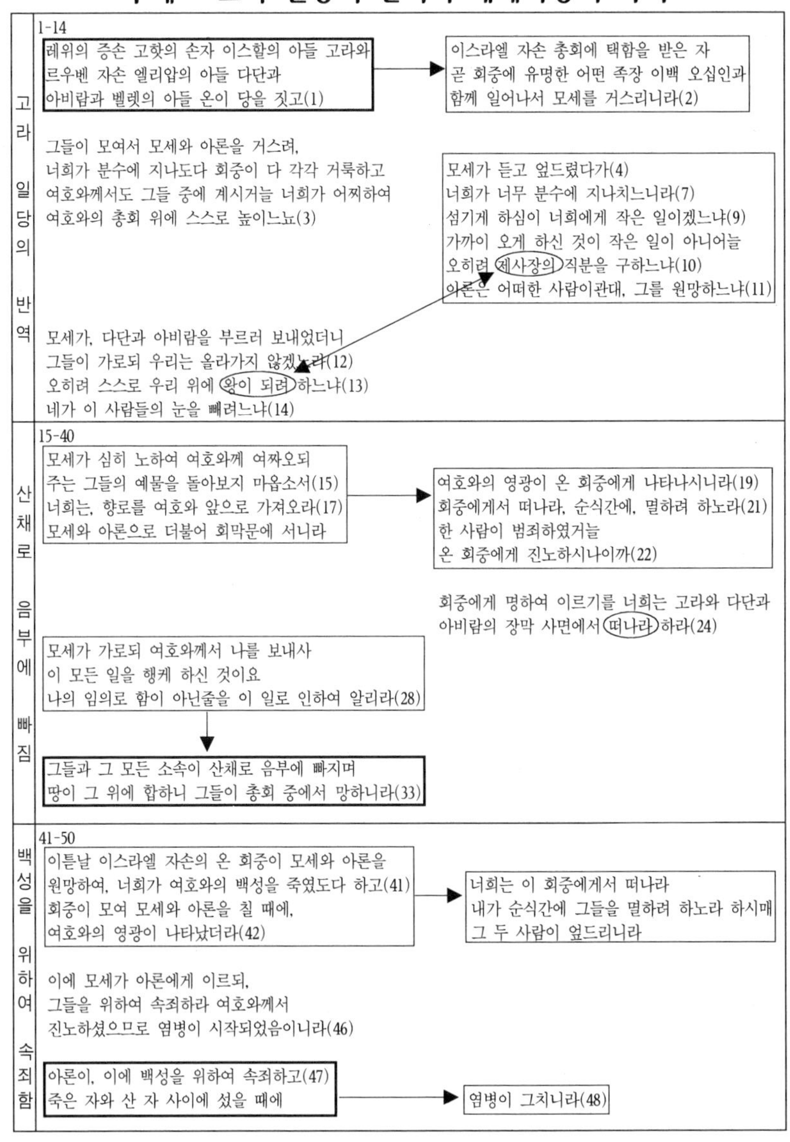

고라 일당의 반역
1-14
레위의 증손 고핫의 손자 이스할의 아들 고라와
르우벤 자손 엘리압의 아들 다단과
아비람과 벨렛의 아들 온이 당을 짓고(1)
이스라엘 자손 총회에 택함을 받은 자
곧 회중에 유명한 어떤 족장 이백 오십인과
함께 일어나서 모세를 거스리니라(2)
그들이 모여서 모세와 아론을 거스려,
너희가 분수에 지나도다 회중이 다 각각 거룩하고
여호와께서도 그들 중에 계시거늘 너희가 어찌하여
여호와의 총회 위에 스스로 높이느뇨(3)
모세가 듣고 엎드렸다가(4)
너희가 너무 분수에 지나치느니라(7)
섬기게 하심이 너희에게 작은 일이겠느냐(9)
가까이 오게 하신 것이 작은 일이 아니어늘
오히려 제사장의 직분을 구하느냐(10)
아론은 어떠한 사람이관대, 그를 원망하느냐(11)
모세가, 다단과 아비람을 부르러 보내었더니
그들이 가로되 우리는 올라가지 않겠노라(12)
오히려 스스로 우리 위에 왕이 되려 하느냐(13)
네가 이 사람들의 눈을 빼려느냐(14)
산채로 음부에 빠짐
15-40
모세가 심히 노하여 여호와께 여짜오되
주는 그들의 예물을 돌아보지 마옵소서(15)
너희는, 향로를 여호와 앞으로 가져오라(17)
모세와 아론으로 더불어 회막문에 서니라
여호와의 영광이 온 회중에게 나타나시니라(19)
회중에게서 떠나라, 순식간에, 멸하려 하노라(21)
한 사람이 범죄하였거늘
온 회중에게 진노하시나이까(22)
회중에게 명하여 이르기를 너희는 고라와 다단과
아비람의 장막 사면에서 떠나라 하라(24)
모세가 가로되 여호와께서 나를 보내사
이 모든 일을 행케 하신 것이요
나의 임의로 함이 아닌줄을 이 일로 인하여 알리라(28)
그들과 그 모든 소속이 산채로 음부에 빠지며
땅이 그 위에 합하니 그들이 총회 중에서 망하니라(33)
백성을 위하여 속죄함
41-50
이튿날 이스라엘 자손의 온 회중이 모세와 아론을
원망하여, 너희가 여호와의 백성을 죽였도다 하고(41)
회중이 모여 모세와 아론을 칠 때에,
여호와의 영광이 나타났더라(42)
너희는 이 회중에게서 떠나라
내가 순식간에 그들을 멸하려 하노라 하시매
그 두 사람이 엎드리니라
이에 모세가 아론에게 이르되,
그들을 위하여 속죄하라 여호와께서
진노하셨으므로 염병이 시작되었음이니라(46)
아론이, 이에 백성을 위하여 속죄하고(47)
죽은 자와 산 자 사이에 섰을 때에
염병이 그치니라(48)

16장

고라 일당의 반역과 대제사장의 속죄

16장의 내용은 고라 일당의 반역사건입니다. 주모자는 고라요, 엘리압과 다단이 작당하여(1) 250명의 족장들과 함께 모세와 아론을 대적하였다가 심판을 당한 내용입니다. 60만이나 되는 하나님의 군대가 시내산을 출발한 것은 10장에서입니다. 나팔소리와 함께 위풍도 당당하게 출발했습니다. 그런데 11-16장까지 "원망"(11:1), "비방"(12:1), "악평"(13:32), "거역"(14:9), "반역"(16:2)의 연속임을 보게 됩니다. 이것이 "만물보다 거짓되고 심히 부패"(렘 17:9)한 인간의 사악함입니다. 이는 한마디로 자력구원의 불가능성을 나타냅니다. 고라 일당이 모세와 아론을 향해서 "어찌하여 여호와의 총회 위에 스스로 높이느냐"(16:3) 한 것은 "교만"이라 할 수가 있습니다. 성경 상으로 볼 때 교만은 치명적인 죄입니다. 그러므로 그에 대한 심판도 "산 채로" 멸망을 당하는 것을 보게 됩니다. 본 장의 구도(構圖)는 "대적, 심판, 속죄"로 되어 있습니다.

이처럼 대적하다 심판을 당하는 어두운 장(章)에서도 대제사장 아론이, "백성을 위하여 속죄하고 죽은 자와 산 자 사이에 섰을 때에 염병이 그치니라"(47-48) 하고, 치료책이 마련되어 있다는 것은, 15장에서 말씀하신 바 제사제도 때문입니다. 이는 진노 중에도 긍휼과 은혜를 베푸심입니다. 이를 세 단원으로 나누어 상고하겠습니다.

첫째 단원(1-14) **고라 일당의 반역**
둘째 단원(15-40) **산 채로 음부에 빠짐**
셋째 단원(41-50) **백성을 위하여 속죄함**

첫째 단원(1-14) 고라 일당의 반역

"레위의 증손 고핫의 손자 이스할의 아들 고라와 르우벤 자손 엘리압의 아들 다단과 아비람과 벨렛의 아들 온이 당을 짓고"(1),

① "이스라엘 자손 총회에 택함을 받은 자 곧 회중에 유명한 어떤 족장 이백 오십 인과 함께 일어나서 모세를 거스리니라"(2) 합니다. 이는 출애굽 이후로 직면하게 된 가장 심각한 도발이라 할 수가 있습니다. 그들은 사전에 치밀하게 모의를 하고 거사(擧事) 계획을 세웠을 것입니다. 그리고 "일어나서"(2), 즉 들고일어났다는 것입니다.

② 그렇다면 그들이 누구를 대적하고 있는가? ㉠ "모세를 거스리니라(2하), 그들이 모여서 모세와 아론을 거스려"(3상) 합니다. ㉡ 대적하는 이유가 무엇인가? "너희가 분수에 지나도다, 어찌하여 여호와의 총회 위에 스스로 높이느냐"(3)는 것입니다. 본문을 관찰해보면 저들이 대적하는 이유가 두 가지로 나타납니다. 모세를 대하여는 "스스로 우리 위에 왕이 되려 하느냐"(13) 했고, 아론과 결부해서는, "제사장의 직분

을 구하느냐"(10) 한데서 드러납니다. 저들은 모세의 통치권(統治權)과, 아론의 대제사장(大祭司長) 직을 찬탈하기 위한 일종의 쿠데타라 할 수가 있습니다.

③ 주동자 "고라"는 레위 지파로 모세와 아론과 같은 고핫의 손자(1, 출 6:16-21)입니다. 그러니까 모세, 아론과는 사촌(四寸)간이 됩니다. 이들의 불만은 아론과 그의 자손은 제사장이 되고, 자신들은 제사장의 보조역할만을 해야하느냐는 것입니다. 이점이 모세가 그들을 향해, "하나님이 너와 네 모든 형제 레위 자손으로 너와 함께 가까이 오게 하신 것이 작은 일이 아니어늘 너희가 오히려 제사장의 직분을 구하느냐"(10) 한 데서 드러납니다.

④ "모세가 듣고 엎드렸다가"(4상) 합니다. 본 장에는 "엎드렸다"는 말이 세 번(4, 22, 45)이나 나옵니다. 이는 그냥 엎드렸다는 뜻이 아니라, "그 두 사람이 엎드려 가로되 하나님이여 모든 육체의 생명의 하나님이여"(22) 하고, 하나님께 향하여 이럴 경우 어떻게 해야하는가 하고 묻는 자세입니다. 이런 모습을 여호사밧 왕에게서 보는 바입니다. 그는 간구하기를, "우리 하나님이여 저희를 징벌하지 아니하시나이까 우리를 치러 오는 이 큰 무리를 우리가 대적할 능력이 없고 어떻게 할 줄도 알지 못하옵고 오직 주만 바라보나이다"(대하 20:12) 하고 기도합니다. 이럴 경우 사람을 바라본다는 것은 도움이 되지 못합니다. 하나님 앞에 엎드려야 하는 것입니다.

⑤ 모세는 엎드려 어떻게 할 것을 심중에 확정한 후에, "레위 자손들아 너희가 너무 분수에 지나치느니라"(7하) 합니다. ㉠ "하나님이 너희를 구별하여", ㉡ "자기에게 가까이 하게 하사", ㉢ "여호와의 성막에서 봉사하게 하시며", ㉣ "회중 앞에 서서 그들을 대신하여 섬기게 하심이", ㉤ "너희에게 작은 일이겠느냐"(9). ㉥ "가까이 오게 하신 것이 작은 일이 아니어늘 너희가 오히려 제사장의 직분을 구하느냐"(10) 합

니다. 엎드렸다가 행한 모세의 말은 조목조목 하나님의 뜻을 그대로 대변하고 있는 것입니다. 레위인의 직무가 성막 봉사였기에 핵심적인 특권을 "가까이 하게 하사(9), 가까이 오게 하신 것"(10)이라고 말씀하는 것입니다. 죄로 말미암아 하나님께 접근할 수 없게 된 죄인들이, 하나님 "가까이"서 섬길 수 있다는 것은 무엇에 비할 수 없는 은총인 것입니다. "그러므로 우리가 긍휼하심을 받고 때를 따라 돕는 은혜를 얻기 위하여 은혜의 보좌 앞에 담대히 나아갈"(히 4:16) 수 있다는 것은 무엇하고도 바꿀 수 없는 특권임을 인식해야만 합니다.

⑥ 물론 레위 지파는 제사장을 시종(侍從 3:6)하는 자들입니다. 그런데 "다 사도겠느냐 다 선지자겠느냐 다 교사겠느냐 다 능력을 행하는 자겠느냐"(고전 12:29) 함과 같이, "다 제사장이겠느냐", "아론은 어떠한 사람이 관대 너희가 그를 원망하느냐"(11하) 합니다. 형제는 아론이 어떠한 사람인지 알고 있습니까? 그는 온 백성을 대신하여 제물을 가지고 지성소에 들어가서 죄를 속하는 직무를 맡은 자입니다. 곧 "장래 좋은 일의 대제사장으로 오사, 염소와 송아지의 피로 아니하고 오직 자기 피로 영원한 속죄를 이루사 단번에 성소에 들어갈" 그리스도를 예표하는 인물이었던 것입니다. 그러므로 아론을 대적한 것은 구속사라는 맥락에서 보면, "여호와를 거스리는"(11상) 것이요, 곧 그리스도를 배척하는 일이었던 것입니다.

⑦ 모세는 다단과 아비람을 불러 권면하려고 했으나, "우리는 올라가지 않겠노라"(12) 하고 거부하면서, ㉠ "네가 우리를 젖과 꿀이 흐르는 땅에서 이끌어 내어 광야에서 죽이려 한다"(13)고 말합니다. 심령이 잘못되니까 어처구니없게도 애굽을 "젖과 꿀이 흐르는 땅"이라고 말합니다. 유월절 어린양의 피로 구속하여 내신 일을 "죽이려" 한다고 말합니다. ㉡ "네가 이 사람들의 눈을 빼려느냐 우리는 올라가지 아니하겠노라"(14) 하고 악의적인 말을 서슴지 않는 것입니다. 이는 넘어서는

아니 되는 선을 넘는 말입니다. 모세가 그들을 불렀다는 것은 회개할 기회를 준 것인데, 그러나 저들은 이 기회마저 발로 차버리고 말았던 것입니다.

둘째 단원(15-40) 산 채로 음부에 빠짐

"모세가 심히 노하여 여호와께 여짜오되 주는 그들의 예물을 돌아보지 마옵소서 나는 그들의 한 나귀도 취하지 아니하였고 그들의 한 사람도 해하지 아니하였나이다 하고"(15).

① 모세가 "심히 노한" 까닭이 무엇인가? 자신들을 대적했다는 감정에서가 아닙니다. ㉠ 하나님께서 베풀어주신 구속의 은총을 악평했기 때문이요, ㉡ "한 사람의 범죄"(22)의 결과가 온 백성에게 미치게 될 것을 우려했기 때문입니다. 즉 교회에 미칠 악영향 때문입니다. 이점을 히브리서 기자는, "또 쓴 뿌리가 나서 괴롭게 하고, 많은 사람이 이로 말미암아 더러움을 입을까 두려워하라"(히 12:15)고 말씀합니다.

② 그러므로 모세의 기도에는 분별이 있음을 주목해야만 합니다. "저들"을 위해서는 간구하지 않고 있습니다. 그러나 백성을 위해서는, "한 사람이 범죄하였거늘 온 회중에게 진노하시나이까"(22하) 하고 간구하고 있는 것입니다. "그들의 예물을 돌아보지 마옵소서"(15중) 합니다. 가인의 예물처럼 열납하시지 말라는 것입니다. 즉 저들의 기도를 듣지 마시라는 뜻입니다. 이는 영적으로 하면 사형언도나 다름이 없는 것입니다. 생각해 보십시오. 나의 예배를, 기도를, 예물 드림을 돌아보시지 않는다는 것은 나를 버리셨다는 뜻입니다.

③ 그리고, "이에 고라에게 이르되 너와 온 무리는 아론과 함께 내일 여호와 앞으로 나아 오라"(16)고 말합니다. 하나님 앞에서 재판을 받자

는 뜻입니다. 나아오되, 모든 사람이 각기 향로에 향을 담아 가지고 "여호와 앞으로 가져 오라"(17) 합니다. "그들이 각기 향로를 취하여 불을 담고 향을 그 위에 두고 모세와 아론으로 더불어 회막문에 서니라"(18) 합니다. 이는 하나님께서 누구의 "향"을 열납 하시는가를 보기 위해서인 것입니다.

④ "고라가 온 회중을 회막문에 모아 놓았다"(19상)고 말씀하는 것을 보면, "온 회중"이 고라 편에 섰음을 말해줍니다. 그리고 "그 두 사람(모세와 아론)을 대적하려하매 여호와의 영광이 온 회중에게 나타나시니라"(19하) 합니다. 이 위급한 상황에서 하나님은 모세와 아론 편에 서셨음을 나타내신 것입니다. 이런 광경을 42절에서도 보게 되고, 14:10절에서도 보게 됩니다. 생각나는 말씀이 있습니다. 바울이 순교를 당할 무렵에는 "내가 처음 변명할 때에 나와 함께 한 자가 하나도 없고 다 나를 버렸으나" 한, 그처럼 외롭고 쓸쓸한 처지였습니다. 그러나 바울은, "주께서 내 곁에 서서 나를 강건케 하심은"(딤후 4:16-17) 하고, 주님만은 떠나시지 않으시고 끝까지 함께 해주셨다고 말씀합니다. 이것으로 족한 것입니다.

⑤ 하나님은 고라 일당과 함께 전 회중을 멸하려 하셨습니다. 그래서 모세와 아론에게 "너희는 이 회중에서 떠나라 내가 순식간에 그들을 진멸하려 하노라"(21) 하십니다. 그런데 모세의 중보로 이를 돌이키신 하나님은, "여호와께서 모세에게 일러 가라사대 회중에게 명하여 이르기를 너희는 고라와 다단과 아비람의 장막 사면에서 떠나라 하라"(23-24) 하십니다. 고라에게 미혹되었던 회중들이 과연 저들을 떠날 것인가? 이 대목에는 "이 악인들의 장막에서 떠나고(26), 무리가 고라와 다단과 아비람의 장막 사면을 떠나고"(27) 한 "떠났다"는 말이 강조되어 있습니다. 회중들이 저들을 떠나야 하는 것은 몸만이 아니라 "마음"까지 떠나야만 하는 것입니다.

⑥ "모세가 가로되 여호와께서 나를 보내사 이 모든 일을 행케 하신 것이요 나의 임의로 함이 아닌 줄을 이 일로 인하여 알리라"(28) 합니다. 그 표징이 무엇인가? ㉠ "이 모든 말을 마치는 동시에 그들의 밑의 땅이 갈라지니라(31), 그들과 그 모든 소속이 산 채로 음부에 빠지며 땅이 그 위에 합하니 그들이 총회 중에서 망하니라"(31-33) 한 표징입니다. 그리고, ㉡ "여호와의 불이 나와서 분향하는 250인을 소멸하였더라"(35)한 이것이, 모세가 하나님이 보내신 사람이요, 임의로 한 것이 아니라 하나님의 명을 좇아 행했다는 표(38하)였던 것입니다. 이점에서 주목해야할 점은 "그들과 그 모든 소속"(33상)이라 한 "소속"이라는 말씀입니다. 이스라엘 백성들은 전에는 바로에게 소속이 되어 있던 자들인데 이제는, "모세에게 속(屬)하여 다 구름과 바다에서 세례를 받은"(고전 10:2) 자들입니다. 그런데 지금 반역자들 편에 "소속"되려 하고 있는 것입니다. 만일 그들이 고라를 떠나지 않고 그들에게 소속되어 있었다면 어찌되었겠는가?

셋째 단원(41-50) **백성을 위하여 속죄함**

"이튿날 이스라엘 자손의 온 회중이 모세와 아론을 원망하여 가로되 너희가 여호와의 백성을 죽였도다 하고"(41).

① 백성의 우매무지(愚昧無知)함을 보십시오. 이러한 표징을 보고서도 징벌을 받아 죽은 저들을 동정하면서 모세와 아론을 원망하는 것입니다.

② 그들은 원망만을 한 것이 아닙니다. "회중이 모여 모세와 아론을 칠 때에"(42상) 합니다. 이 때 모세와 아론의 마음은 어떠했을까? 이런 경우는 주님 당시에도 재연이 되었습니다. 주님에게 병 고침을 받고, 떡

을 얻어먹은 무리들이 "십자가에 못 박게 하소서" 하고 주님을 쳤던 것입니다. 성경은 말씀합니다.

대저 저희가 악한 입과 궤사한 입을 열어
나를 치며 거짓된 혀로 내게 말하며
또 미워하는 말로 나를 두르고 무고히 나를 공격하였나이다
나는 사랑하나 저희는 도리어 나를 대적하니
나는 기도할 뿐이라(시 109:2-4).

"회막을 바라본즉 구름이 회막을 덮었고 여호와의 영광이 나타났더라"(42하) 합니다.

③ "여호와께서 모세에게 일러 가라사대 너희는 이 회중에게서 떠나라 내가 순식간에 그들을 멸하려 하노라 하시매 그 두 사람이 엎드리니라"(44-45) 합니다. 이런 진노는 21절에 이어 두 번째입니다. 이제는 이 진노를 돌이킬 방도가 없단 말인가? 엎드렸던 모세는 아론에게 말합니다. "너는 향로를 취하고 단의 불을 그것에 담고 그 위에 향을 두어 가지고 급히 회중에게로 가서 그들을 위하여 속죄하라 여호와께서 진노하셨으므로 염병이 시작되었음이니라"(46) 합니다. "급히", 라고 말한 것을 보면 염병이 급속히 번지고 있었음을 알 수가 있습니다. "염병으로 죽은 자가 14,700명이었더라"(49) 합니다. 지체할 겨를이 없는 급한 상황이었던 것입니다.

④ 아론이 모세의 명대로 "이에 백성을 위하여 속죄하고 죽은 자와 산 자 사이에 섰을 때에 염병이 그치니라"(48하) 합니다. 아론은 향만 드린 것이 아니었을 것입니다. "속죄제"도 드렸을 것입니다. 그런데 이를 생략하고 있는 것은 이미 15장에서, "제사장이 이스라엘 자손의 온 회중을 위하여 속죄하면 그들이 사함을 얻으리니, 예물 곧 화제와 속죄

제를 여호와께 드렸음이라"(15:25) 하고 깨달을 만큼 말씀하셨기 때문일 것입니다.

⑤ 16장을 마치기 전에 유념해야할 중요한 요점이 있습니다. 그것은 16장에서 증거의 "초점"이 누구에게 맞춰져 있는가 하는 점입니다. 고라 일당이 아닙니다. 무지한 백성들도 아닙니다. 심지어 하나님에게 맞춰져 있지도 아니합니다. 그렇다면 누구에게 맞춰져있는가? 모세와 아론입니다. 왜 이렇게 하고 있습니까? "모세와 아론"이 그리스도의 예표의 인물이기 때문입니다. 인류의 속죄와, 구원과, 소망이 오직 여기에 달려있기 때문입니다. 이를 놓치게 되면 혼란을 일으키게 됩니다. 왜냐하면 진노하셔서 멸하려 하시는 하나님보다, 이를 만류하는 모세가 선해 보일 수가 있기 때문입니다. 저 패역한 족속들은 모세의 중보로 멸망을 면했습니다. 염병으로 죽어가던 회중들은 자신들이 배척했던 대제사장 아론이 드린 속죄로 인하여 죽음을 면했습니다. 이를 통해서 무엇을 말씀하시려는 것인가? 우리의 중보자 되시는 그리스도입니다. 오직 그리스도의 중보 사역을 통해서만이 심판을 면할 수 있음을 증거하고 드러내려는데 초점이 맞춰져 있음을 간과해서는 아니 됩니다.

⑥ 그러므로, "죽은 자와 산 자 사이에 섰을 때에 염병이 그치니라"(48) 한 말씀은 중요한 의미를 내포하고 있는 것입니다. 아론은 "죽음"을 막아 선 것입니다. 애굽을 심판하실 때에도 유월절 양이 대신 죽음으로 이스라엘 백성들 앞에서 죽음을 막아섰습니다. 그런데 이는 그림자에 불과했던 것입니다. 이를 구속사의 맥락에서 보면 어떤 의미가 있는가?

⑦ "이 땅을 위하여 성을 쌓으며 성 무너진 데를 막아서서 나로 멸하지 못하게 할 사람을 내가 그 가운데서 찾다가 얻지 못한 고로"(겔 22:30), 어떻게 하셨는가? "사람이 없음을 보시며 중재자 없음을 이상히 여기셨으므로 자기 팔로 스스로 구원을 베푸시며"(사 59:16), 즉 자

신이 친히 중재자가 되어주셨다는 것입니다. 바로 그 분이 대제사장 예수 그리스도이십니다. 그러므로 성경은 말씀합니다. "이제 한 말에 중요한 것은 이러한 대제사장이 우리에게 있는 것이라"(히 8:1). 우리에게 임하는 죽음을 대신 받으심으로 "막아 선" 예수 그리스도의 중보 사역으로 말미암아 우리는 삶을 얻게 된 것입니다. 그러므로 본 장의 중심점은 고라의 반역에 있는 것이 아닙니다. 이 악을 선으로 변케 하사 사활적으로 중요한 것은 그리스도의 중보 사역을 증거하는데 맞춰져 있는 것입니다. 대제사장이 "죽은 자와 산 자 사이에 섰을 때에 염병이 그치니라"(48) 한 말씀보다 중요한 말씀이 무엇이 있겠습니까? 이보다 더 기쁜 소식이 무엇입니까? 이것이 십자가 복음입니다. 오직 여기에 인류의 소망이 있는 것입니다.

민수기 17장 개관도표

주제 : 아론의 지팡이에 싹이 나게 하신 표징

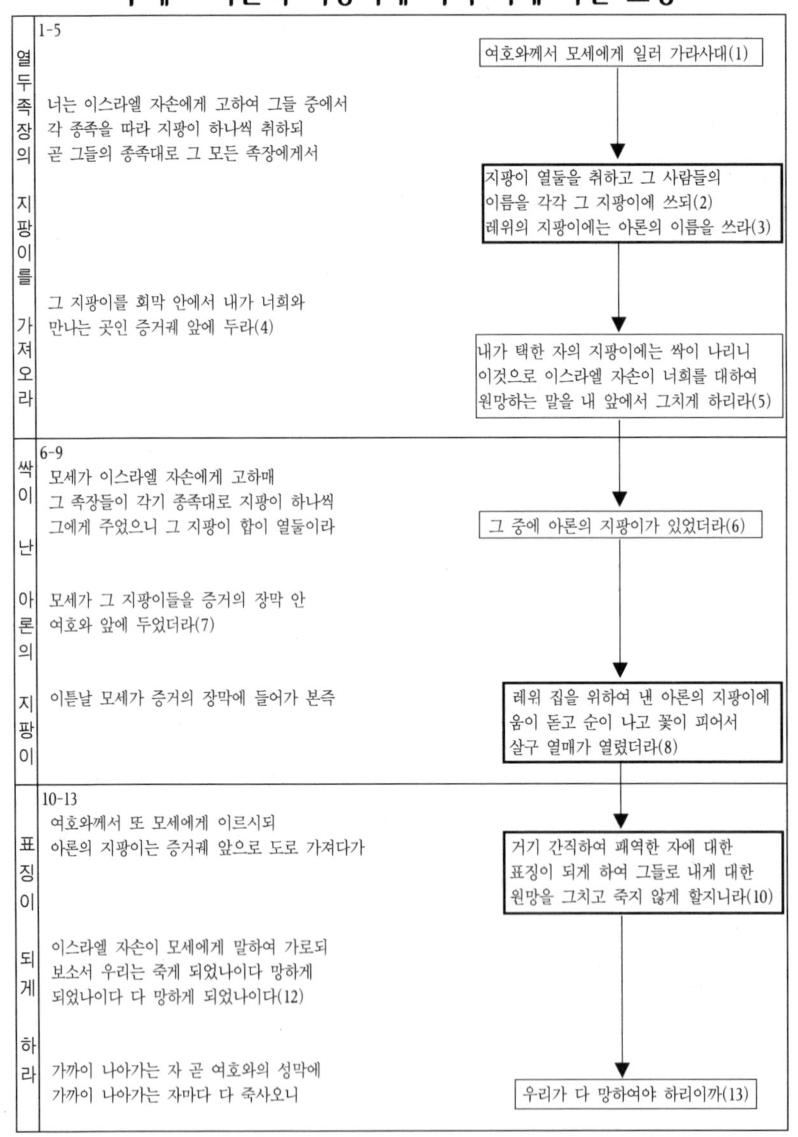
열두 족장의 지팡이를 가져오라
1-5
여호와께서 모세에게 일러 가라사대(1)
너는 이스라엘 자손에게 고하여 그들 중에서
각 종족을 따라 지팡이 하나씩 취하되
곧 그들의 종족대로 그 모든 족장에게서
지팡이 열둘을 취하고 그 사람들의
이름을 각각 그 지팡이에 쓰되(2)
레위의 지팡이에는 아론의 이름을 쓰라(3)
그 지팡이를 회막 안에서 내가 너희와
만나는 곳인 증거궤 앞에 두라(4)
내가 택한 자의 지팡이에는 싹이 나리니
이것으로 이스라엘 자손이 너희를 대하여
원망하는 말을 내 앞에서 그치게 하리라(5)
싹이 난 아론의 지팡이
6-9
모세가 이스라엘 자손에게 고하매
그 족장들이 각기 종족대로 지팡이 하나씩
그에게 주었으니 그 지팡이 합이 열둘이라
그 중에 아론의 지팡이가 있었더라(6)
모세가 그 지팡이들을 증거의 장막 안
여호와 앞에 두었더라(7)
이튿날 모세가 증거의 장막에 들어가 본즉
레위 집을 위하여 낸 아론의 지팡이에
움이 돋고 순이 나고 꽃이 피어서
살구 열매가 열렸더라(8)
표징이 되게 하라
10-13
여호와께서 또 모세에게 이르시되
아론의 지팡이는 증거궤 앞으로 도로 가져다가
거기 간직하여 패역한 자에 대한
표징이 되게 하여 그들로 내게 대한
원망을 그치고 죽지 않게 할지니라(10)
이스라엘 자손이 모세에게 말하여 가로되
보소서 우리는 죽게 되었나이다 망하게
되었나이다 다 망하게 되었나이다(12)
가까이 나아가는 자 곧 여호와의 성막에
가까이 나아가는 자마다 다 죽사오니
우리가 다 망하여야 하리이까(13)

17장

아론의 지팡이에 싹이 나게 하신 표징

10여호와께서 또 모세에게 이르시되 아론의 지팡이는 증거궤 앞으로 도로 가져다가 거기 간직하여 패역한 자에 대한 표징이 되게 하여 그들로 내게 대한 원망을 그치고 죽지 않게 할지니라.

16장이 고라 일당의 대적에 대한 징벌이라면, 17장은 재발방지를 위한 표징이라 할 수가 있습니다. 하나님께서 모세에게 명하시기를 12족장의 지팡이를 여호와 앞으로 가져 오라 하십니다. "내가 택한 자의 지팡이에는 싹이 나리니 이것으로 이스라엘 자손이 너희를 대하여 원망하는 말을 내 앞에서 그치게 하리라"(5) 하십니다. 그렇게 한 결과 "아론의 지팡이에는 움이 돋고 순이 나고 꽃이 피어서 살구 열매가 열렸더라"(8) 합니다. 이는 1차 적으로는 아론의 권위를 세워주신 것이지만, 하나님께서는 고라 일당의 대적사건을 "선으로 바꾸사 만민의 생명을 구원하시려는"(창 50:20) 구원계획, 즉 신령한 뜻을 계시하여 주셨던 것입니다. 그것이 무엇인가? 이를 세 단원으로 나누어 상고하겠습니다.

첫째 단원(1-5) **열두 족장의 지팡이를 가져 오라**
둘째 단원(6-9) **싹이 난 아론의 지팡이**
셋째 단원(10-13) **표징이 되게 하여 죽지 않게 하라**

첫째 단원(1-5) 열두 족장의 지팡이를 가져 오라

"여호와께서 모세에게 일러 가라사대"(1),

① "너는 이스라엘 자손에게 고하여 그들 중에서 각 종족을 따라 지팡이 하나씩 취하되 곧 그들의 종족대로 그 모든 족장에게서 지팡이 열둘을 취하고 그 사람들의 이름을 각각 그 지팡이에 쓰되 레위의 지팡이에는 아론의 이름을 쓰라"(2-3상) 하십니다. 이렇게 명하시는 의도가 무엇인가?

② 그 답이 5절이라 할 수가 있습니다. "내가 택한 자의 지팡이에는 싹이 나리니 이것으로 이스라엘 자손이 너희를 대하여 원망하는 말을 내 앞에서 그치게 하리라" 하십니다. 의아한 생각이 들지 않으십니까? 왜냐하면 고라 일당의 대적사건이 16장에서 일단락이 된 줄로 알고 있었기 때문입니다. 고라 일당이 일반적인 방법이 아니라(16:29) 아주 유별난 방법, 즉 그들이 서 있는 땅이 갈라져 산채로 삼키는(16:31-33) 징벌을 당했고, 분향하던 250명도 불이 나와 소멸함으로 아론의 제사장 직분에 대한 신적 권위가 충분하리 만치 입증이 된 것이 아닌가? 그런데 무슨 표징이 더 필요하단 말인가?

③ 그러므로 12족장의 지팡이를 가져 오라 명하심은, 더욱 진전(進展)된 계시를 보여주시려는 의도가 내포되어 있다고 보아야만 하는 것

입니다. 그 점이 "레위의 지팡이에는 아론의 이름을 쓰라"(3상) 하심에 나타납니다. "족장들의 지팡이 열 둘을 취하라, 이름을 각각 지팡이에 쓰라"(2) 하시니까, 12 지파의 이름을 쓰라 하시는 것으로 지레 짐작할 것입니다만 아닙니다. "그 사람들의 이름"(2하)을 쓰라 하십니다. 그리고 레위의 지팡이에는 "아론의 이름을 쓰라" 하십니다. 이는 무엇을 말씀해주느냐 하면 하나님의 의도가 "택한 지파"가 아니라, "택한 한 사람"이 누구인가를 보여주시려는데 있음을 나타냅니다. 즉 "아론이 택한 자"(5상)임을 보여주시려는 것입니다.

④ "그 지팡이를 회막 안에서 내가 너희와 만나는 곳인 증거궤 앞에 두라"(4) 하십니다. "증거궤 앞"이란 지성소를 가리킵니다. 열 두 사람의 이름이 기록된 12개의 지팡이는 사람의 손이 접근할 수도, 간섭할 수도 없는, 전적으로 하나님의 손에 맡기라는 뜻입니다. 그렇게 하였을 때 결과가 어떻게 나타날 것인가?

둘째 단원(6-9) 싹이 난 아론의 지팡이

"모세가 이스라엘 자손에게 고하매 그 족장들이 각기 종족대로 지팡이 하나씩 그에게 주었으니 그 지팡이 합이 열 둘이라 그 중에 아론의 지팡이가 있었더라"(6).

① "모세가 그 지팡이들을 증거의 장막 안 여호와 앞에 두었더라"(7) 합니다. "이튿날 모세가 증거의 장막에 들어가 본즉 레위 집을 위하여 낸 아론의 지팡이에 움이 돋고 순이 나고 꽃이 피어서 살구 열매가 열렸더라"(8) 합니다.

② 이로 인하여 무엇이 입증이 되었는가? "아론"이 하나님께서 택하여 세우신 대제사장임이 명명백백하게 입증이 된 것입니다. 그런데 이

것이 전부가 아닙니다. 이것만을 입증하기 위해서라면 16장으로도 충분한 것입니다. 이를 통찰력을 가지고 바라보노라면 그 이상의 계시임을 깨닫게 됩니다. 왜냐하면, 지팡이가 싹이 났다는 것은 에스겔 골짜기의 마른 뼈들이 살아남과 같이, 죽었다가 다시 살아났음을 보여주기 때문입니다. 그렇다면 아론이 죽었다가 다시 살아난다는 말씀인가? 여기에 신령한 의미가 있다 하겠습니다.

③ 이 계시는 "아론" 개인에 국한 된 것이 아닙니다. 왜냐하면 다음 단원에서 보게 될 것입니다만, "아론의 지팡이는 증거궤 앞으로 도로 가져다가 거기 간직하여, 표징이 되게 하라"(10) 명하시기 때문입니다. 만일 아론 개인을 위한 것이었다면 "움이 돋고 열매가 열린" 그런 표징으로 나타내지도 않으셨을 터이요, 더욱이나 그 지팡이를 법궤 안에 넣어(히 9:4) 간직해 두라 명하시지는 않았을 것입니다. 대제사장이라는 직분이 그러하듯이, 이는 그가 예표하는 실체(實體)에 대한 "표징"이었던 것입니다.

셋째 단원(10-13) **표징이 되게 하여 죽지 않게 하라**

"여호와께서 또 모세에게 이르시되 아론의 지팡이는 증거궤 앞으로 도로 가져다가 거기 간직하여 패역한 자에 대한 표징이 되게 하여 그들로 내게 대한 원망을 그치고 죽지 않게 할지니라"(10).

① "모세가 그 지팡이 전부를 여호와 앞에서 이스라엘 모든 자손에게로 취하여 내매 그들이 보고"(9) 합니다. 아론의 대제사장 직이 신적 권위로 말미암음임이 명명백백하게 입증된 것입니다. 이것으로 족한 것이 아닌가? 그런데 어찌하여 아론의 지팡이는 "도로 가져다가 간직하여 표징이 되게" 하라 명하시는가? 아론은 머지 않아 죽을 사람이 아닌가?

여기에 훗날 성취될 더 큰 계시에 대한 "표징"임이 나타납니다.

② 그러므로 "표징이 되게 하여" 라는 말씀을 주목해야만 합니다. "표징"(表徵)이란, 숨은 뜻을 겉으로 드러내 보여주는 상징을 뜻합니다. 즉 "싹이 난 지팡이" 속에는 깊은 뜻이 숨어 있다는 말씀입니다. 출애굽기 10:1절에서도, "나의 표징을 그들 중에 보이기 위함이며" 하십니다. 그 표징이 "유월절 어린양"입니다. 이는 유월절 어린양이라는 표징을 통해서 예수 그리스도의 대속적인 죽으심을 상징하였던 것입니다. 그리하여 이 "표징을 네 아들과 네 자손의 귀에 전하게 하려 함이라 너희가 나를 여호와인줄 알리라"(출 10:2) 하시는 것입니다. 그러므로 아론의 싹이 난 지팡이를 "간직"해 두라 명하심은 후대에 전하여 알게 하시려는 메시지가 들어 있기 때문임이 분명해지는 것입니다.

③ 지팡이에 "싹"만 난 것이 아니라, "움이 돋고 순이 나고 꽃이 피어서 살구 열매가 열렸더라"(8) 한 아주 특별난 묘사는, 그리스도의 전 생애를 묘사해주고 있다고 여겨집니다. 이사야 선지자는 그리스도가 나실 것을, "이새의 줄기에서 한 싹이 난다"고 표현하고, "결실(結實) 할 것이요"(사 11:1) 하고 열매를 맺을 것이라고 예언하고 있기 때문입니다. 스가랴 선지자는 "이들은 예표의 사람이라 내가 내 종 순(싹)을 나게 하리라"(슥 3:8) 하고 예언합니다. 그리스도의 일생은 "움이 돋고 순이 나고 꽃이 피어서", "죽은 자 가운데서 다시 살아 잠자는 자들의 첫 열매가 되신"(고전 15:20) 생애였던 것입니다.

④ 저들은 주님을 대적하기를, "저가 참람한 말을 한다"고 했고, 조롱하기를, 네가 하나님의 아들이면 십자가에서 내려 오라 그리하면 믿겠노라"(마 26:65, 27:42) 했습니다. 그런데 성경은 말씀합니다. "성결의 영으로는 죽은 가운데서 부활하여 능력으로 하나님의 아들로 인정되셨으니 곧 우리 주 예수 그리스도시니라(롬 1:4), 저를 죽은 자 가운데서 다시 살리신 것으로 모든 사람에게 믿을만한 증거를 주셨음이니라"

(행 17:31), 즉 죽으셨던 주님이 부활의 열매를 맺음으로 하나님의 아들이심이 입증이 되었고, 믿을만한 표징이 되었다는 것입니다.

⑤ 이점을 영감 된 히브리서 기자는 해설하기를, "이 존귀는 아무나 스스로 취하지 못하고 오직 아론과 같이 하나님의 부르심을 입은 자라야 할 것이니라" 하고 설명하면서, "또한 이와 같이 그리스도께서 대제사장 되심도 스스로 영광을 취하심이 아니요"(히 5:4-5) 하고, 아론을 예표로 하여 그리스도의 존귀를 설명해주고 있습니다. 그러므로 17장의 표징이 아론에 국한 된 것이 아니라, 참 대제사장 되시는 그리스도에게서 성취될 것을 증거하기 위한 표징임을 깨닫게 됩니다.

⑥ 이렇게 하면 알레고리라는 비난을 받을까보아 주저하는 경향이 있습니다. 물론 소위 말하는 영해(靈解)는 조심해야만 마땅합니다. 그런데 밝히 드러난 계시의 빛까지 의문의 수건으로 덮어버려야 한단 말인가? 그러면 묻습니다. 성경에서 신령한 의미를 배제하고 난다면 무엇만이 남게 될 것입니까? 차디찬 문자만이 남게 될 것입니다. 그러므로 17장을 통해서 그리스도에게서 성취될 신령한 의미를 증거한다는 것은 합당한 일인 것입니다.

도로 가져다가 간직하여 두라

① "모세가 곧 그같이 하되 여호와께서 자기에게 명하신 대로하였더라"(11) 합니다. 그런데 백성들의 반응은 어떠했는가? "이스라엘 자손이 모세에게 말하여 가로되 보소서 우리는 죽게 되었나이다 망하게 되었나이다 다 망하게 되었나이다"(12) 하고 탄식하고 있지 아니한가? 어찌하여 이처럼 공포에 떨고 있는가? "가까이 나아가는 자 곧 여호와의 성막에 가까이 나아가는 자마다 다 죽사오니 우리가 다 망하여야 하리이까"(13) 합니다. 두 마디로 요약할 수가 있는데, ㉠ 가까이 나아가는

자마다, ㉡ 죽는다는 것입니다. 그래서 공포에 떨고 있는 것입니다.

② "가까이 접근하면 죽는다"(출 19:12-13, 21, 레 16:2, 민 17:13, 18:3)는 문제는 인간이 해결할 길이 없는 숙제입니다. 율법도 해결해주지를 못합니다. 그런데 "표징"이 되게 하라는 목적이 어디에 있는가를 보십시오. 아론의 권위만을 세워주려는데 있는 것이 아닙니다. 궁극적인 목적은 "죽지 않게 할지니라"(10하)에 있는 것입니다. 즉 하나님만이 해결해주실 수가 있으시다 는 것입니다. 이것이 복음입니다. 하나님은, "아담 안에서 모든 사람이 죽은 것같이 그리스도 안에서 모든 사람이 삶을 얻으리라"(고전 15:22) 한 죽지 않게 하시려는 일을 "여러 부분과 여러 모양"(히 1:1)의 표징으로 보여주시면서 이루어 오셨던 것입니다.

③ 그냥 열매라 하시지 않고 "살구 열매"라 하심도 의미심장(意味深長) 합니다. 예레미야 선지자에게도 "살구나무"(렘 1:11)를 보여주셨습니다. 또 성소에 있는 등대를 살구꽃 모양으로 만들라 명(출 25:33)하셨는데, 살구꽃이란 봄에 일찍 피는 꽃으로 잠자지 않고 깨어 있음을 상징합니다. 주님은 이제도 하늘에 있는 지성소에 계시면서 주무시거나 졸지도 아니하시며 우리를 위하여 간구하시는 것입니다.

④ 이점에서 "모세의 지팡이와, 아론의 지팡이"의 차이가 무엇인가를 생각해본다는 것은 17장을 이해하는데 도움이 됩니다. 모세와 아론은 다 같이 그리스도에 대한 예표의 인물이나, 예표하는 면에는 구별이 있습니다. 모세는 그리스도의 왕 적인 면을 예표합니다. 그리하여 모세의 지팡이는 애굽 천지에 재앙을 내리게 하고, 애굽 술사들의 뱀을 삼키고, 홍해를 가르는 권세로 나타납니다. 그런데 아론은 그리스도의 대제사장 직을 예표합니다. 그리하여 속죄를 하고, 염병을 그치게 하고(16:46-48), 죽지 않게(10) 하는 역할을 합니다. 하나님은 그리스도의 대제사장 적인 사역을 통해서 "가까이 해도 죽지 않게, 망하지 않게" 해주시

려는 것입니다. 만일 하나님께서 우리에게 유월절 어린양의 표징, 아론의 싹이 난 지팡이의 "표징"을 주시지 않으셨다면 "우리는 죽게 되었나이다, 망하게 되었나이다"(12)가 되고 말았을 것입니다.

⑤ 그러므로 본 장은 우리들에게도 격려와 소망을 주는 말씀입니다. 왜냐하면 우리를 왕 같은 제사장으로 삼아주셨기 때문입니다. 하나님의 제사장들이 지금은 조롱과 멸시를 당할 수 있으나 우리의 낮은 몸도 "꽃이 피고 열매를 맺는" 영화의 날이 오게 될 것입니다. 그때까지 우리도 깨어 있어야 할 것입니다.

민수기 18장 개관도표

주제 : 제사장과 레위인의 특권과 책임

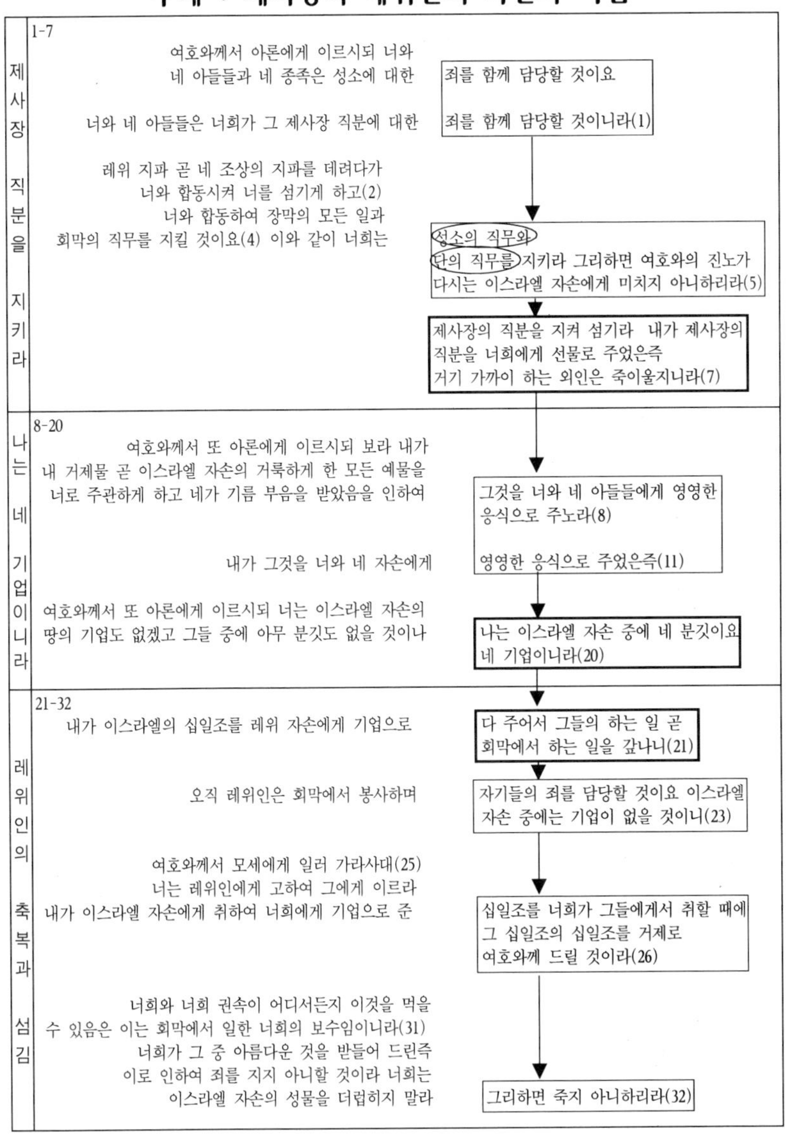
제사장 직분을 지키라
1-7
여호와께서 아론에게 이르시되 너와
네 아들들과 네 종족은 성소에 대한
죄를 함께 담당할 것이요
너와 네 아들들은 너희가 그 제사장 직분에 대한
죄를 함께 담당할 것이니라(1)
레위 지파 곧 네 조상의 지파를 데려다가
너와 합동시켜 너를 섬기게 하고(2)
너와 합동하여 장막의 모든 일과
회막의 직무를 지킬 것이요(4) 이와 같이 너희는
성소의 직무와
단의 직무를 지키라 그리하면 여호와의 진노가
다시는 이스라엘 자손에게 미치지 아니하리라(5)
제사장의 직분을 지켜 섬기라 내가 제사장의
직분을 너희에게 선물로 주었은즉
거기 가까이 하는 외인은 죽이울지니라(7)
나는 네 기업이니라
8-20
여호와께서 또 아론에게 이르시되 보라 내가
내 거제물 곧 이스라엘 자손의 거룩하게 한 모든 예물을
너로 주관하게 하고 네가 기름 부음을 받았음을 인하여
그것을 너와 네 아들들에게 영영한
응식으로 주노라(8)
내가 그것을 너와 네 자손에게
영영한 응식으로 주었은즉(11)
여호와께서 또 아론에게 이르시되 너는 이스라엘 자손의
땅의 기업도 없겠고 그들 중에 아무 분깃도 없을 것이나
나는 이스라엘 자손 중에 네 분깃이요
네 기업이니라(20)
레위인의 축복과 섬김
21-32
내가 이스라엘의 십일조를 레위 자손에게 기업으로
다 주어서 그들의 하는 일 곧
회막에서 하는 일을 갚나니(21)
오직 레위인은 회막에서 봉사하며
자기들의 죄를 담당할 것이요 이스라엘
자손 중에는 기업이 없을 것이니(23)
여호와께서 모세에게 일러 가라사대(25)
너는 레위인에게 고하여 그에게 이르라
내가 이스라엘 자손에게 취하여 너희에게 기업으로 준
십일조를 너희가 그들에게서 취할 때에
그 십일조의 십일조를 거제로
여호와께 드릴 것이라(26)
너희와 너희 권속이 어디서든지 이것을 먹을
수 있음은 이는 회막에서 일한 너희의 보수임이니라(31)
너희가 그 중 아름다운 것을 받들어 드린즉
이로 인하여 죄를 지지 아니할 것이라 너희는
이스라엘 자손의 성물을 더럽히지 말라
그리하면 죽지 아니하리라(32)

18장

제사장과 레위인의 특권과 책임

[20]여호와께서 또 아론에게 이르시되 너는 이스라엘 자손의 땅의 기업도 없겠고 그들 중에 아무 분깃도 없을 것이나 나는 이스라엘 자손 중에 네 분깃이요 네 기업이니라.

간략하게 나마 문맥(文脈)을 살펴볼 필요가 있습니다. 애굽을 탈출한 이스라엘 백성들은 바란 광야 가데스(13:26)에 이르러 가나안 땅을 정탐하게 하였으나, 10족장들의 불신앙으로 인하여 진군(進軍)하는 기사대신에 15장의 규례가 주어졌으며, 16장에서 고라 일당의 반역사건으로 인하여 또다시 17-19장의 말씀이 주어진 문맥입니다. 17장에서 아론의 지팡이에 "움이 돋고 순이 나고 꽃이 피어서 살구 열매가 열렸다"는 것은 무엇에 비할 수 없는 영예였던 것입니다. 그런 후에 18장을 말씀하시는 의도는, 제사장과 그를 보필하는 레위인의 직분이 영광스러운 만큼 책임도 크다는 점을 말씀하시기 위해서입니다. 그 책임이 무엇인가? 한마디로 백성들을 죽지 않게 하는 책임입니다. 17장 마지막에서 백성들이 "우리는 죽게 되었나이다"(12-13) 하고 부르짖었습니다. 그런데 본 장에서는 "이와 같이 너희는 성소의 직무와 단의 직무를 지키라 그리하면 여호와의 진노가 다시는 이스라엘 자손에게 미치지 아니하리라"(5), 즉 죽지 않게 되리라는 말씀입니다. 얼마나 중대한 책임인가! 이를 세 단원으로 나누어 상고하겠습니다.

첫째 단원(1-7) **제사장 직분을 지키라**
둘째 단원(8-20) **나는 네 기업이니라**
셋째 단원(21-32) **레위인의 축복과 섬김**

첫째 단원(1-7) **제사장 직분을 지키라**

"여호와께서 아론에게 이르시되 너와 네 아들들과 네 종족은 성소에 대한 죄를 함께 담당할 것이요 너와 네 아들들은 너희가 그 제사장 직분에 대한 죄를 함께 담당할 것이니라"(1).

① 첫 절은 본 장 전체를 해석하는 열쇠와 같은 말씀입니다. "성소에 대한 죄, 제사장 직분에 대한 죄를 함께 담당할 것이니라" 하고 말씀합니다. 이는 책임을 묻는 말씀인데 엄중(嚴重)함을 나타내기 위해서 "성소에 대한 죄, 제사장 직분의 죄" 라고 말씀하는 것입니다. 제사장 직분이란 영광스러운 직분입니다. 그러나 이에 상응하는 책임이 따른다는 말씀입니다. 5절에서는, "이와 같이 너희는 성소의 직무와 단의 직무를 지키라 그리하면 여호와의 진노가 다시는 이스라엘 자손에게 미치지 아니하리라" 말씀하고 있는데 이로 보아 제사장의 책임이 얼마나 중차대(重且大)한가를 깨닫게 됩니다.

② 제사장의 책임을 첫째, "성소에 대한 죄"(1상)라고 말씀합니다.

"성소의 죄"란, ㉠ 성소의 거룩이 훼손되지 않도록 보존해야할 책임이 제사장에게 있다는 말씀입니다. "성소"는 하나님이 거하시는 집이요, 이스라엘 진영의 중심(中心)입니다. 그러므로 이 점이 현대교회에는 교회의 신성을 보존하는 것으로 적용이 됩니다. ㉡ 둘째는 "제사장 직분에 대한 죄를 함께 담당할 것이니라"(1하) 하신 뜻입니다. 이는 제사장 직무를 바르게 수행해야 한다는 말씀입니다. 제사장 직분이란 백성들의 죄를 속죄하는 직분입니다. 이는 현대교회에 복음을 보수하는 것으로 적용이 됩니다. 주님은 말씀합니다. "너희가 뉘 죄든지 사하면 사하여질 것이요 뉘 죄든지 그대로 두면 그대로 있으리라"(요 20:23) 하십니다. 이는 바른 복음을 통해서만 이루어질 일인 것입니다.

③ 이 점을 5절에서는 "단의 직무"라고 말씀합니다. "단"은 번제단을 가리킵니다. 죄인 편에서 보면 성소의 핵심이 여기에 있는 것입니다. 왜냐하면 죄인이 죽임을 당하지 아니하고 하나님 앞에 나아감을 가능케 하는 것은, 번제단을 통해서만이 가능해지기 때문입니다. 그러므로 제사장에게는 "단"에서 제물이 바르게 드려지도록 지켜야할 책임이 있다는 것입니다. 이점을, "아론의 아들 나답과 아비후가 각기 향로를 가져다가 여호와의 명하시지 않은 다른 불을 담아 여호와 앞에 분향"하다가 죽임을 당한(레 10:1-2) 사례가 증거해줍니다. 이점을 사도 바울은 "우리나 혹 하늘로부터 온 천사라도 우리가 너희에게 전한 복음 외에 다른 복음을 전하면 저주를 받을지어다"(갈 1:8) 하고 말씀합니다.

④ 그러므로 본 단원을 관찰해보면 마치 목회서신을 대하는 것 같은 인상을 받게 됩니다. 왜냐하면 "지키라"(3, 4, 5, 7)는 말씀이, 목회서신처럼 강조되어 있기 때문입니다. 바울은 목회서신에서 디모데에게, "우리 주 예수 그리스도 나타나실 때까지 점도 없고 책망 받을 것도 없이 이 명령을 지키라, 디모데야 네게 부탁한 것을 지키고 거짓되이 일컫는 지식의 망령되고 허한 말과 변론을 피하라"(딤전 6:14, 20) 합니다. "너

는 그리스도 예수 안에 있는 믿음과 사랑으로써 내게 들은 바 바른 말을 본받아 지키고, 우리 안에 거하시는 성령으로 말미암아 네게 부탁한 아름다운 것을 지키라"(딤후 1:13-14) 하고 거듭 명합니다. 그리고 자신의 사역을 한마디로 "믿음을 지켰다" 하고 말씀합니다. 목회자의 사명도 교회의 신성을 지키며, 번제단의 책임, 즉 복음을 보수하여 강단에서 말씀을 바르게 선포해야할 책임이 있는 것입니다. 이를 지키면 자신은 물론 성도들이 살 것이요, 이를 어기면 자신도 들어가지 않고 들어가고자 하는 자도 못 들어가게 하는 결과를 가져오게 되는 것입니다. 이것이 "성소에 대한 죄, 제사장 직분에 대한 죄(1), 성소의 직무, 단의 직무"(5)입니다.

둘째 단원(8-20) **나는 네 기업이니라**

"여호와께서 또 아론에게 이르시되 보라 내가 내 거제물 곧 이스라엘 자손의 거룩하게 한 모든 예물을 너로 주관하게 하고 네가 기름부음을 받았음을 인하여 그것을 너와 네 아들들에게 영영한 응식으로 주노라"(8).

① 본 단원의 중심점은 제사장 직무에 대한 보상(報償)입니다. 첫째 단원에서 제사장 직무의 책임이 얼마나 중차대(重且大) 한가를 말씀했습니다. 그러므로 본 단원에서는 그들에게 어떤 보상이 주어지는가를 말씀하십니다. "응식"이라는 말씀이 세 번(8, 11, 19 나오는데 이는 직무를 수행한 데 대한 보상을 가리키는 말입니다.

② 그러므로 본 단원에는 "주노라"는 말씀이 자주 등장합니다. "응식으로 주노라(8), 너와 네 아들에게 돌리리니(9), 제일 좋은 기름과 제일 좋은 포도주와 곡식을 네게 주었은즉(12), 처음 익은 모든 열매는 네

것이니(13), 특별히 드린 모든 것은 네 것이 되리라(14), 이는 여호와 앞에 너와 네 후손에게 변하지 않는 소금 언약이니라"(19) 하십니다.

③ 그리하여 "먹으라"는 말씀이 자주 등장합니다. "지극히 거룩하게 여김으로 먹으라(10), 네 집의 정결한 자마다 먹을 것이니라(11, 13) 하십니다. 이를 신약적으로 표현하면 "잘 다스리는 장로들을 배나 존경할 자로 알되 말씀과 가르침에 수고하는 이들을 더할 것이니라 성경에 일렀으되 곡식을 밟아 떠는 소의 입에 망을 씌우지 말라 하였고 또 일군이 그 삯을 받는 것이 마땅하다 하였느니라"(딤전 5:17-18)는 말씀이 될 것입니다.

④ 그런 중에서도 제사장의 상급 가운데 가장 영광스러운 것은 20절 말씀입니다. "여호와께서 또 아론에게 이르시되 너는 이스라엘 자손의 땅의 기업도 없겠고 그들 중에 아무 분깃도 없을 것이나"(20상) 하십니다. 땅을 분배할 때에 그들 몫은 주어지지 않았습니다. 그러나, "나는 이스라엘 자손 중에 네 분깃이요 네 기업이니라"(20하) 하십니다. 하나님 자신을 기업으로 주시겠다는 말씀입니다. 땅을 분배받는 것과, 하나님 자신을 소유하는 것 중 어느 것을 더 원하느냐 하고 물으신다면, 입으로는 하나님이라고 말하면서 마음으로는 땅이라 여길 것은 아닌가? 이점을 목회서신에서는, "그러나 지족하는 마음이 있으면 경건이 큰 이익이 되느니라 우리가 세상에 아무것도 가지고 온 것이 없으매 또한 아무것도 가지고 가지 못하리니 우리가 먹을 것과 입을 것이 있은즉 족한 줄로 알 것이니라"(딤전 6:6-8) 하십니다.

여호와는 나의 산업과 나의 잔의 소득이니
나의 분깃을 지키시나이다
내게 줄로 재어 준 구역은 아름다운 곳에 있음이여
나의 기업이 실로 아름답도다(시 16:5-6).

주께서 내 마음에 두신 기쁨은
저희의 곡식과 새포도주의 풍성할 때보다 더하니이다
내가 평안히 눕고 자기도 하리니
나를 안전히 거하게 하시는 이는
오직 여호와시니이다(시 4:7-8).

셋째 단원(21-32) 레위인의 축복과 섬김

"내가 이스라엘의 십일조를 레위 자손에게 기업으로 다 주어서 그들의 하는 일 곧 회막에서 하는 일을 갚나니"(21).

① 본 단원의 중심점은 "레위인"에 대한 보상(報償)에 있습니다. 2-4절에서는 레위 지파의 임무가 제사장을 보필하는 것임을 말씀했습니다. 그러므로 본 단원에서는 그들에게도 "회막에서 하는 일을 갚나니" 하고, 보상이 따르게 될 것을 말씀하시는 것입니다.

② 땅을 분배받을 때에 제사장에게만이 아니라, 레위 지파 전체에게 기업이 주어지지 않았습니다. 그러므로 "이스라엘 자손이 여호와께 거제로 드리는 십일조를 레위인에게 기업으로 준 고로 내가 그들에 대하여 말하기를 이스라엘 자손 중에 기업이 없을 것이라"(24) 하셨다는 것입니다. 본래 레위인들은 죽임을 당했어야할 장자들을 대신하여 하나님께 드려진 자들입니다. 그러하기 때문에 백성들은 십일조를 레위 자손에게 줄 의무가 있었던 것입니다.

③ 그런데 보상만 있는 것은 아닙니다. "오직 레위인은 회막에서 봉사하며 자기들의 죄를 담당할 것이요"(23) 하고, 역시 책임도 따르게 됨을 말씀하십니다. 17:13절에서 "여호와의 성막에 가까이 나아가는 자마다 다 죽사오니" 한 대로, 하나님 측근에서 섬긴다는 것은 영예이면

서도 잠시도 긴장을 늦출 수 없는 경건이 요구되었던 것입니다.

④ 여기 주목할 점은 "너와 합동(合同)시켜 너를 섬기게 하고(2), 너와 합동하여 장막의 모든 일과 회막의 직무를 지킬 것이요"(4) 하신 "합동"(合同)이라는 말씀입니다. 이는 제사장과 레위인은 직무에는 차이가 있지만, 하나님을 섬긴다는 면에서는 동역의 관계임을 나타냄입니다. 같은 레위인이면서도 고핫 자손들은 법궤를 운반하는 직무가 주어졌고, 므라리 자손들에게는 널판과 말뚝(4:32)을 운반하는 임무가 주어졌습니다. 그런데 이는 직무를 분담하는 것이지 결코 계급적인 차별을 뜻하는 것이 아니라는 점입니다. 이들은 모두가 "합동" 하여 하나님을 섬기고 있는 것입니다.

레위인의 십일조의 십일조

① "여호와께서 모세에게 일러 가라사대 너는 레위인에게 고하여 그에게 이르라 내가 이스라엘 자손에게 취하여 너희에게 기업으로 준 십일조를 너희가 그들에게서 취할 때에 그 십일조의 십일조를 거제로 여호와께 드릴 것이라"(25-26) 하십니다. 25-32절에는 "드리라"는 말씀이 5번(26, 28, 29, 30, 32)이나 나옵니다. ㉠ "십일조의 십일조를 거제로 여호와께 드릴 것이요(26), ㉡ 너희의 받은 모든 예물 중에서 너희는 그 아름다운 것 곧 거룩하게 한 부분을 취하여 여호와께 거제로 드릴지니라"(29) 하십니다.

② 레위인들이, "여호와께 드린 그 거제물(십일조의 십일조)은 제사장 아론에게로 돌리되"(28), 이것이 제사장의 응식이었던 것입니다. 여기에서도 "합동"하는 것을 보게 됩니다.

③ 이렇게 말씀한 18장의 결론은, "죽지 아니하리라"(32하)는 말씀입니다. "너희가 그 중 아름다운 것을 받들어 드린즉 이로 인하여 죄를

지지 아니할 것이라 너희는 이스라엘 자손의 성물을 더럽히지 말라 그리하면 죽지 아니하리라"(32) 하십니다. 17장에서도 표징을 보이신 목적이 어디에 있는가? "그들로 내게 대한 원망을 그치고 죽지 않게 할지니라"(17:10)에 있었던 것입니다. 결론은 이것입니다. 제사장이 직무를 올바로 지키고, 레위인이 직무를 바르게 감당하기만 한다면 첫째는, 자신들도 "죽지 아니할 것이요, 그리하면 여호와의 진노가 다시는 이스라엘 자손에게 미치지 아니하리라"(5), 즉 "죽지 않게 되리라"는 것입니다. 하나님은 저들을 살리시려는 것입니다. 그런데 백성들은 계속적으로 "우리를 죽이려 하는도다" 하고 원망을 하고 있는 것입니다. 18장 말씀은 현대교회에도 적실성이 있는 목회학이라 할 수가 있습니다.

민수기 19장 개관도표

주제 : 부정을 정결케 하는 예법

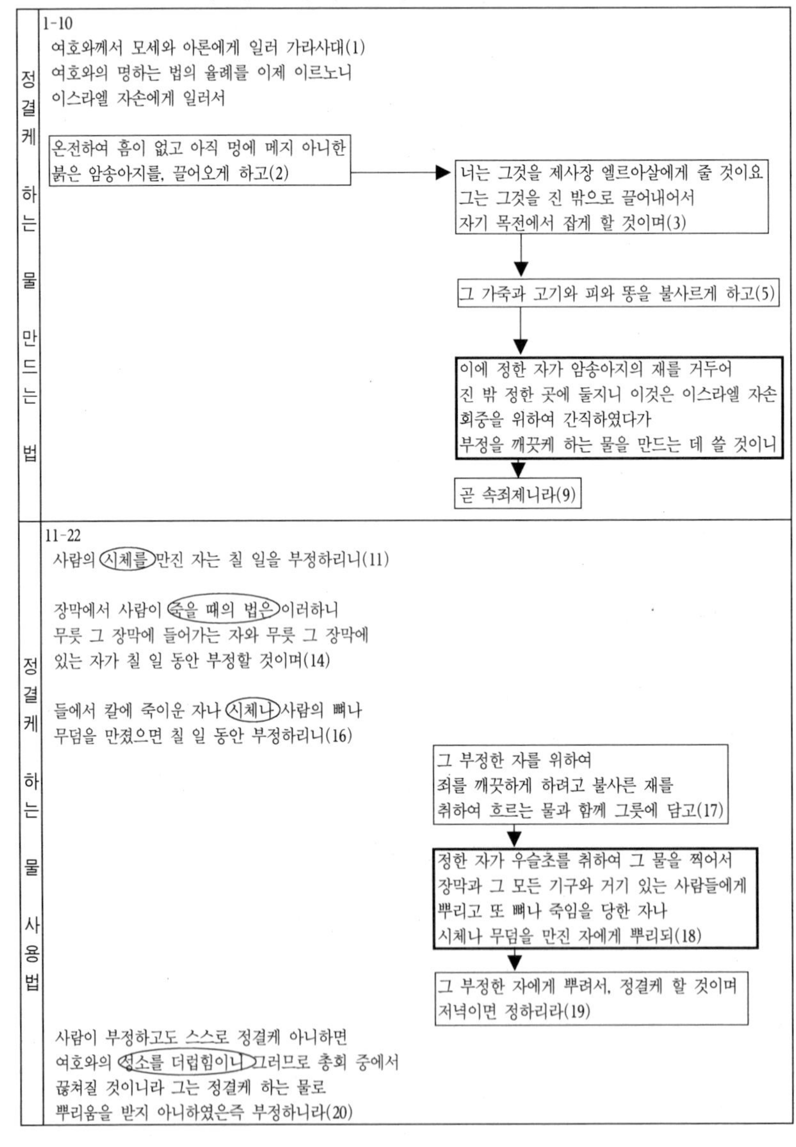
정결케 하는 물 만드는 법
1-10
여호와께서 모세와 아론에게 일러 가라사대(1)
여호와의 명하는 법의 율례를 이제 이르노니
이스라엘 자손에게 일러서
온전하여 흠이 없고 아직 멍에 메지 아니한
붉은 암송아지를, 끌어오게 하고(2)
너는 그것을 제사장 엘르아살에게 줄 것이요
그는 그것을 진 밖으로 끌어내어서
자기 목전에서 잡게 할 것이며(3)
그 가죽과 고기와 피와 똥을 불사르게 하고(5)
이에 정한 자가 암송아지의 재를 거두어
진 밖 정한 곳에 둘지니 이것은 이스라엘 자손
회중을 위하여 간직하였다가
부정을 깨끗케 하는 물을 만드는 데 쓸 것이니
곧 속죄제니라(9)
정결케 하는 물 사용법
11-22
사람의 시체를 만진 자는 칠 일을 부정하리니(11)
장막에서 사람이 죽을 때의 법은 이러하니
무릇 그 장막에 들어가는 자와 무릇 그 장막에
있는 자가 칠 일 동안 부정할 것이며(14)
들에서 칼에 죽이운 자나 시체나 사람의 뼈나
무덤을 만졌으면 칠 일 동안 부정하리니(16)
그 부정한 자를 위하여
죄를 깨끗하게 하려고 불사른 재를
취하여 흐르는 물과 함께 그릇에 담고(17)
정한 자가 우슬초를 취하여 그 물을 찍어서
장막과 그 모든 기구와 거기 있는 사람들에게
뿌리고 또 뼈나 죽임을 당한 자나
시체나 무덤을 만진 자에게 뿌리되(18)
그 부정한 자에게 뿌려서, 정결케 할 것이며
저녁이면 정하리라(19)
사람이 부정하고도 스스로 정결케 아니하면
여호와의 성소를 더럽힘이니 그러므로 총회 중에서
끊쳐질 것이니라 그는 정결케 하는 물로
뿌리움을 받지 아니하였은즉 부정하니라(20)

19장 부정을 정결케 하는 예법

9 이에 정한 자가 암송아지의 재를 거두어 진 밖 정한 곳에 둘지니 이것은 이스라엘 자손 회중을 위하여 간직하였다가 부정을 깨끗케 하는 물을 만드는 데 쓸 것이니 곧 속죄제니라.

19장은 "부정을 깨끗케 하는 물을 만드는"(9) 예법입니다. 그 방법은 흠 없는 붉은 송아지를 잡아 태워서 재를 만들어두었다가 필요할 때마다 물에 타서 사용하라 하십니다. 이를 한마디로 요약한 것이 "곧 속죄제니라"(9하)는 말씀에 나타납니다. 그러니까 이 예법이 별개의 것이 아니라, "속죄제"의 편법(便法)이라 할 수가 있습니다. 이런 편법이 필요한 것은 하나님의 백성들이 광야를 행군하고 있는 중이기 때문입니다. 그러므로 이 특이한 예법이 레위기에는 전연 언급이 없는 것입니다. 왜냐하면 레위기는 정착해서의 제사법을 말씀하심이고, 민수기는 야영(野營)을 하는 군사들에게 주어진 예법이기 때문입니다. 그들에게는 식량도 "만나"라는 야영 식이 주어진 것입니다. 하나님께서는 백성들이 처한 여건을 고려하셔서 부정케 되었을 때에 "깨끗케 하는 물을 만드는" 법을 제정해주셨던 것입니다. 이 예법이 신약교회에는 어떻게 적용이 되는가? 이를 "만드는 방법"(첫째 단원)과, "사용하는 방법"(둘째 단원)으로 나누어 상고하겠습니다.

첫째 단원(1-10) **정결케 하는 물 만드는 법**
둘째 단원(11-22) **정결케 하는 물 사용법**

첫째 단원(1-10) 정결케 하는 물 만드는 법

"여호와께서 모세와 아론에게 일러 가라사대"(1),

① "여호와의 명하는 법의 율례를 이제 이르노니 이스라엘 자손에게 일러서",

㉠ "온전하여 흠이 없는",

㉡ "아직 멍에 메지 아니한",

㉢ "붉은 암송아지를 네게로 끌어오게 하고"(2),

② "너는 그것을 제사장 엘르아살에게 줄 것이요 그는 그것을",

㉠ "진 밖으로 끌어내어서 자기 목전에서",

㉡ "잡게 할 것이며"(3) 하십니다. 이는 "그러므로 예수도 자기 피로써 백성을 거룩케 하려고 성문 밖에서 고난을 받으셨느니라 그런즉 우리는 그 능욕을 지고 영문 밖으로 그에게 나아가자"(히 13:12-13)에 대한 그림자인 것입니다.

③ "제사장 엘르아살은 손가락에 그 피를 찍고 그 피를 회막 앞을 향하여 일곱 번 뿌리고"(4) 합니다. 여기 중요한 요점이 나타납니다. 첫째

는, ㉠ "그 피"입니다. 이는 제물이 "흘린 피"를 가리킵니다. "피 흘림이 없은즉 사함이 없느니라"(히 9:22) 하십니다. 둘째는, ㉡ "뿌리라"는 말씀입니다. 다섯 번 정도 등장하는데, 흘린 피는 "뿌린 피"가 됨으로써만이 효험(效驗)이 있게 되는 것입니다. 베드로는 성도들을 가리켜 "예수 그리스도의 피 뿌림을 얻기 위하여 택하심을 입은 자들"(벧전 1:2)이라고 말씀합니다. ㉢ "일곱 번 뿌리고" 한 의미입니다. 이는 완전을 의미합니다. "저가 한 제물로 거룩하게 된 자들을 영원히 온전케 하셨느니라"(히 10:14) 합니다. ㉣ "회막 앞을 향하여" 라는 의미입니다. 제물이 피를 흘리는 궁극적인 목적은 우리를 회막 앞으로, 즉 하나님 앞으로 나아가게 하기 위해서입니다. 성경은 말씀합니다. "그리스도께서도 한 번 죄를 위하여 죽으사 의인으로서 불의한 자를 대신하셨으니 이는 우리를 하나님 앞으로 인도하려 하심이라"(벧전 3:18). 여기까지는 속죄제나 다를 바가 없습니다.

④ "그 암소를 자기 목전에서",

㉠ "불사르게 하고"(5),

㉡ "이에 정한 자가 암송아지의 재를 거두어 진 밖 정한 곳에 둘지니",

㉢ "이것은 이스라엘 자손 회중을 위하여 간직하였다가 부정을 깨끗케 하는 물을 만드는 데 쓸 것이니 곧 속죄제니라"(9) 하십니다. 이것이 "부정한 자를 정결케 하는 물 만드는 방법"입니다. 불변의 진리는 부정한 자를 깨끗케 하기 위하여 흠 없는 소가 대신 죽임을 당하여 불사름을 당했다는 것과, 이것이 우리 주님께서 우리를 깨끗케 하시려고 대신 죽으심에 대한 그림자라는 사실입니다.

둘째 단원(11-22) **정결케 하는 물 사용법**

"사람의 시체를 만진 자는 칠 일을 부정하리니"(11),

① 본 단원은 "정결케 하는 물 사용법"입니다. 먼저 부정케 되는 세 가지 경우를 예로 듭니다.

㉠ "시체를 만진 자는 칠 일을 부정하리니"(11),

㉡ "장막에서 사람이 죽을 때의 법은 이러하니 무릇 그 장막에 들어가는 자와 무릇 그 장막에 있는 자가 칠 일 동안 부정할 것이며(14),

㉢ "누구든지 들에서 칼에 죽이 운자나 시체나 사람의 뼈나 무덤을 만졌으면 칠 일 동안 부정하리니"(16) 하십니다.

② 세 경우 모두가 죽은 사람과 관련된 부정(不淨)입니다. 이는 사망이 죄의 결과로 왔기 때문이고, 이렇게 하심으로 죄에 대한 경각심을 갖게 하기 위함으로 여겨집니다. 다시 상기시켜드립니다만 이는 계시의 빛이 희미했던 구약교회에 주어진 규례라는 사실입니다. 확고한 진리는, "나는 여호와 너희 하나님이라 내가 거룩하니 너희도 몸을 구별하여 거룩하게 하고 땅에 기는 바 기어다니는 것으로 인하여 스스로 더럽히지 말라 나는 너희의 하나님이 되려고 너희를 애굽 땅에서 인도하여 낸 여호와라 내가 거룩하니 너희도 거룩할지어다"(레 11:44-45) 하신 성별(聖別)입니다.

③ 그러면 부정해진 사람을 정결케 하는 방법이 무엇인가? "그 부정한 자를 위하여 죄를 깨끗하게 하려고 불사른 재를 취하여 흐르는 물과 함께 그릇에 담고 정한 자가 우슬초를 취하여 그 물을 찍어서 장막과 그 모든 기구와 거기 있는 사람들에게 뿌리라"(17-18) 하십니다. 다시 강조합니다만 "뿌려야" 하는 것입니다. "새 언약의 중보이신 예수와 및 아벨의 피보다 더 낫게 말하는 뿌린 피니라"(히 12:24) 하십니다. "그 부정한 자에게 뿌려서 제 칠 일에 그를 정결케 할 것이며 그는 자기 옷

을 빨고 물로 몸을 씻을 것이라 저녁이면 정하리라"(19) 하십니다.

④ "사람이 부정하고도 스스로 정결케 아니하면"(20상) 어찌 되는가? ㉠ "여호와의 성소를 더럽힘이니 그러므로 총회 중에서 끊쳐 질 것이니라", ㉡ "그는 정결케 하는 물로 뿌리 움을 받지 아니하였은즉 부정하니라"(20하) 합니다. 뒤에 가서 "정결케 하는 물"(31:23)이 사용되고 있는 것을 보게 됩니다.

⑤ 19장의 예법이 현대교회에는 어떻게 적용이 되는가? "이 장막은 현재까지의 비유니 이에 의지하여 드리는 예물과 제사가 섬기는 자로 그 양심상으로 온전케 할 수 없나니 이런 것은 먹고 마시는 것과 여러 가지 씻는 것과 함께 육체의 예법만 되어 개혁할 때까지 맡겨 둔 것이니라"(히 9:9-10), 개혁(改革)할 때까지의 예법입니다. ㉠ 우리는 이미 죄에서 구속함을 얻었습니다. 이는 영 단 번에 되어진 과거(過去)에 완료된 일입니다. 그럼에도 불구하고 우리는 실수하고 자주 넘어집니다. 그러므로 ㉡ 계속적으로 정결케 함을 받아야만 하는 것입니다. 이는 현재적(現在的)인 성화입니다. 19장은 바로 이를 말씀해주고 있는 것입니다. 성경은 말씀합니다. "만일 우리가 우리 죄를 자백하면 저는 미쁘고 의로우사 우리 죄를 사하시며 모든 불의에서 우리를 깨끗케 하실 것이요"(요일 1:9). 그런데 죄를 범하고도 "자백"(회개)하는 일을 하지 않는다면, 본인 자신만이 아니라 교회라는 공동체를 더럽히는 결과를 가져오게 되는 것입니다. 이것이 "여호와의 성소를 더럽힘이니"(20)의 뜻입니다.

⑥ 그리고 이 정결 의식은, "이는 곧 물로 씻어 말씀으로 깨끗하게 하사 거룩하게 하시고 자기 앞에 영광스러운 교회로 세우사 티나 주름 잡힌 것이나 이런 것들이 없이 거룩하고 흠이 없게 하려 하심이니라"(엡 5:26-27)에서 완성이 될 것입니다. 이는 미래(未來)에 되어질 영화입니다.

어떻게 죄를 씻는가?

① 본 장을 마치기 전에 확실히 해두어야 할 점이 있습니다. 본 장에는 "부정과, 정결"이 강조되어 있습니다. 그리하여 "옷을 빨고, 물로 몸을 씻으라(7, 8, 19) 합니다. 그렇다면 어떻게 하는 것이 예수님의 피로 뿌림을 받는 것이며, 죄를 깨끗이 씻는 것인가 하는 문제가 대두됩니다. 찬송가 가사 중에는, "모든 죄에 더러워진 예복을 주 앞에 지금 다 벗어서 샘물같이 솟아나는 보혈로 눈보다 더 희게 씻으라, 샘물과 같은 보혈은 임마누엘 피로다" 하는데, 주님의 보혈이 어디에 있으며, 어떻게 씻음을 받을 수가 있는가 하는 점에 확고해야만 합니다. 왜냐하면 이를 물리적으로 여겨서 "생명수" 운운하는 자들이 있기 때문입니다.

② 주님은 잡히시던 날 밤에 제자들의 발을 씻어주셨습니다. 이를 사양하는 베드로에게 "내가 너를 씻기지 아니하면 네가 나와 상관이 없느니라" 하십니다. 그렇다면 우리는 어떤 방도로 씻음을 받아야만 주님과 상관이 없는 자가 되지 않을 수가 있단 말인가? 주님은 답변하십니다. "이미 목욕한 자에게는 발밖에 씻을 필요가 없느니라 온 몸이 깨끗하니라"(요 13:8-10). "목욕한 자"란 거듭난 자를 가리킵니다. 사도 베드로는 "너희가 거듭난 것이 썩어질 씨로 된 것이 아니요 썩지 아니할 씨로 된 것이니 하나님의 살아 있고 항상 있는 말씀으로 되었느니라"(벧전 1:23) 합니다. 그렇습니다. "너희도 진리의 말씀 곧 너희의 구원의 복음을 듣고 그 안에서 또한 믿어 약속의 성령으로 인치심"(엡 1:13), 즉 거듭난 것입니다. "진리의 말씀 곧 구원의 복음"을 듣고 믿음으로 씻음을 받고, 거듭나게 되는 것입니다. 그러므로 복음의 말씀을 전하기를 열망해야만 하는 것입니다. 만일 복음을 듣지 못한다면 거듭나지도 못하고, 씻음 받을 길도 없음을 설교자는 명심해야만 합니다. 이는 성도들의 사활이 달려있는 문제인 것입니다.

③ 성경은 말씀합니다. "염소와 황소의 피와 및 암송아지의 재로 부정한 자에게 뿌려 그 육체를 정결케 하여 거룩케 하거든 하물며 영원하신 성령으로 말미암아 흠 없는 자기를 하나님께 드린 그리스도의 피가 어찌 너희 양심으로 죽은 행실에서 깨끗하게 하고 살아 계신 하나님을 섬기게 못하겠느뇨"(히 9:13-14). 19장의 말씀은 "육체의 예법만 되어 개혁(改革)할 때까지 맡겨둔 것"이요, 이것이 예수 그리스도의 대속의 죽으심을 통해서 성취되었음을 잊지 마시기 바랍니다.

민수기 20장 개관도표

주제 : 약속의 땅으로 인도하여 들이지 못하리라

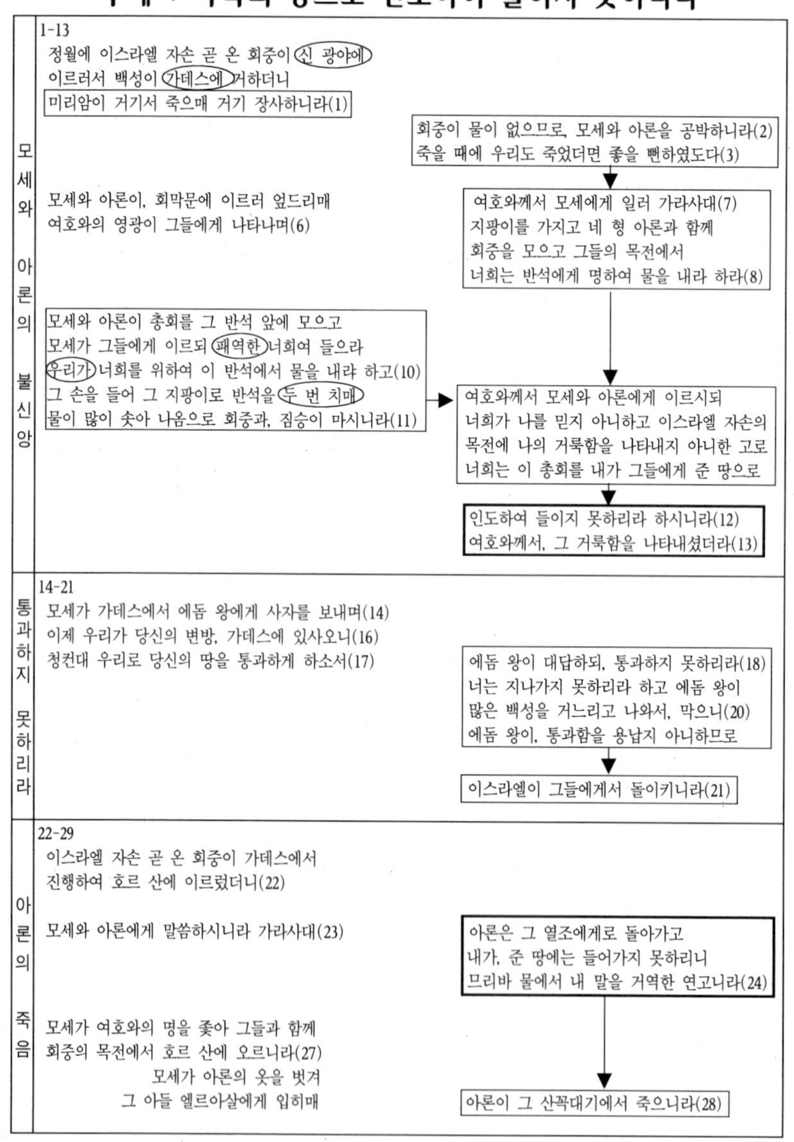
모세와 아론의 불신앙
1-13
정월에 이스라엘 자손 곧 온 회중이 신 광야에
이르러서 백성이 가데스에 거하더니
미리암이 거기서 죽으매 거기 장사하니라(1)
회중이 물이 없으므로, 모세와 아론을 공박하니라(2)
죽을 때에 우리도 죽었더면 좋을 뻔하였도다(3)
모세와 아론이, 회막문에 이르러 엎드리매
여호와의 영광이 그들에게 나타나며(6)
여호와께서 모세에게 일러 가라사대(7)
지팡이를 가지고 네 형 아론과 함께
회중을 모으고 그들의 목전에서
너희는 반석에게 명하여 물을 내라 하라(8)
모세와 아론이 총회를 그 반석 앞에 모으고
모세가 그들에게 이르되 패역한 너희여 들으라
우리가 너희를 위하여 이 반석에서 물을 내랴 하고(10)
그 손을 들어 그 지팡이로 반석을 두 번 치매
물이 많이 솟아 나옴으로 회중과, 짐승이 마시니라(11)
여호와께서 모세와 아론에게 이르시되
너희가 나를 믿지 아니하고 이스라엘 자손의
목전에 나의 거룩함을 나타내지 아니한 고로
너희는 이 총회를 내가 그들에게 준 땅으로
인도하여 들이지 못하리라 하시니라(12)
여호와께서, 그 거룩함을 나타내셨더라(13)
통과하지 못하리라
14-21
모세가 가데스에서 에돔 왕에게 사자를 보내며(14)
이제 우리가 당신의 변방, 가데스에 있사오니(16)
청컨대 우리로 당신의 땅을 통과하게 하소서(17)
에돔 왕이 대답하되, 통과하지 못하리라(18)
너는 지나가지 못하리라 하고 에돔 왕이
많은 백성을 거느리고 나와서, 막으니(20)
에돔 왕이, 통과함을 용납지 아니하므로
이스라엘이 그들에게서 돌이키니라(21)
아론의 죽음
22-29
이스라엘 자손 곧 온 회중이 가데스에서
진행하여 호르 산에 이르렀더니(22)
모세와 아론에게 말씀하시니라 가라사대(23)
아론은 그 열조에게로 돌아가고
내가, 준 땅에는 들어가지 못하리니
므리바 물에서 내 말을 거역한 연고니라(24)
모세가 여호와의 명을 좇아 그들과 함께
회중의 목전에서 호르 산에 오르니라(27)
모세가 아론의 옷을 벗겨
그 아들 엘르아살에게 입히매
아론이 그 산꼭대기에서 죽으니라(28)

20장

약속의 땅으로 인도하여 들이지 못하리라

[12]여호와께서 모세와 아론에게 이르시되 너희가 나를 믿지
아니하고 이스라엘 자손의 목전에 나의 거룩함을 나타내
지 아니한 고로 너희는 이 총회를 내가 그들에게 준 땅으
로 인도하여 들이지 못하리라 하시니라.

20장은 또 하나의 분기점(分岐點)이 되는 장입니다. 왜냐하면 모세와 아론도 약속의 땅에 들어가지 못하리라는 선고를 받기 때문입니다. 10족장의 불신앙으로 인하여, "갈렙과 여호수아 외에는 내가 맹세하여 너희로 거하게 하리라 한 땅에 결단코 들어가지 못하리라"(14:30) 하셨는데, 이제 모세와 아론까지 들어가지 못하리라 하시는 것입니다. 이는 반석에서 물을 내게 하는 과정에서 빚어진 일인데, 반석에서 물을 솟게 하신 일은 출애굽기(17:1-7)와, 민수기(20:1-13), 이렇게 두 번 등장합니다. 이를 같은 사건으로 여기는 학자들이 있으나 이는 구속사(救贖史)라는 역사적인 좌표(座標)로 볼 때 의미가 전연 다른 별개의 사건인 것입니다. 그러므로 본 장의 중심점은 모세가 왜 들어가지 못하게 되었는가를 드러내는데 맞춰져 있습니다. 이를 세 단원으로 나누어 상고하겠습니다.

첫째 단원(1-13) **모세와 아론의 불신앙**
둘째 단원(14-21) **통과하지 못하리라**
셋째 단원(22-29) **아론의 죽음**

첫째 단원(1-13) **모세와 아론의 불신앙**

"정월에 이스라엘 자손 곧 온 회중이 신 광야에 이르러서 백성이 가데스에 거하더니 미리암이 거기서 죽으매 거기 장사하니라"(1).

① 첫 절의 중심점은 미리암의 죽음에 있는 것이 아니라, "신 광야에 이르러서 백성이 가데스에 거하더니"(1) 한 "가데스"라는 지점(地點)에 있습니다. "신 광야와, 가데스"는 이스라엘 백성들에게 있어서는 참으로 감개가 무량한 장소입니다. 왜냐하면 "신 광야와 가데스"는, 약 40년 전에 출애굽한 1세대들이 물이 없어서 원망하던 곳(출 17:1)이요, 정탐한 10족장들의 불신앙으로 말미암아 40년을 방황하게 된 곳(13:26)이기 때문입니다. 학자들 중에는 장소의 같음만을 보고 출애굽기 17장의 기사와, 민수기 20장의 기사를 동일한 사건으로 여기나 다른 사건임을 밝혀주기 위해서, 본문에는 "미리암이 거기서 죽으매" 하는 기사가 등장하는 것입니다.

② 그렇다면 구속사에 있어서 40년은 어떤 의미가 있는가? 40년 동안 그들은 전진(前進)을 했는가? 아니면 후퇴를 했는가? 그것은 방황이었던 것입니다. "정월에 이스라엘 자손 곧 온 회중이 신 광야에 이르러서

백성이 가데스에 거하더니"(1) 한 말씀은, 이스라엘 백성들이 40년 동안을 광야에서 개미 쳇바퀴 돌 듯 방황하다가 이제 제자리로 돌아왔음을 보여주고 있는 것입니다. 성경은 말씀합니다. "하나님이 저희 날을 헛되이 보내게 하시며 저희 해를 두렵게 지내게 하셨도다"(시 78:33).

③ 그러면 광야를 방황한 40년 동안은 무엇을 위한 기간(期間)인가? ㉠ 1세대들에게는, "너희 시체는 이 광야에 엎드러질 것이요" 하신 죽기를 기다린 기간이요, ㉡ 2세대들에게는, "너희 자녀들은 너희의 패역한 죄를 지고 너희의 시체가 광야에서 소멸되기까지 사십 년을 광야에서 유리하는 자가 되리라"(14:32-33) 하신, "부모의 패역한 죄를 지고 방황"하는 기간이었던 것입니다. 그리하여 이제 거의 40년의 마지막에 이르러 미리암도 죽고, 아론과 모세도 들어가지 못하리라는 선고를 받는 문맥인 것입니다.

④ 하나님께서 이를 통해서 무엇을 보여주시려는 것인가? 자력구원의 불가능성입니다. 인간은 40년이 아니라, 4백년, 4천년이 지나도 자기 행위로 구원을 얻는다는 것은 절망적임을 보여주고 있는 것입니다. 하나님은 노아 홍수심판 후에 "내가 다시는 사람으로 인하여 땅을 저주하지 아니하리니 이는 사람의 마음의 계획하는 바가 어려서부터 악함이라"(창 8:21) 하십니다. 이는 홍수심판을 열 번 백 번을 내려도 인간의 행위로는 구원 얻을 가망이 없음을 나타내는 말씀입니다. 보십시오. 이스라엘의 역사는 바벨론에 의해서 예루살렘이 멸망하고 백성들이 포로로 끌려가는 것으로 끝을 맺고 있습니다. 이들을 돌아오게 하시는 분은 하나님이십니다. 이를 통해서 무엇을 보여주시려는 것인가? 율법의 행위로 구원 얻을 가망이 없음을 드러내기 위해서입니다.

⑤ 이것은 "절망"을 주기 위해서가 아닙니다. 오직 하나님께서 아브라함과 이삭과 야곱에게 언약하신 메시아언약으로 인도하시기 위해서입니다. 이점이 모세가 이스라엘 백성들을 가나안으로 인도하지를 못하

고 여호수아에게 인계하는 것으로 나타납니다. 40년을 헛되이 보내고, 출애굽한 1세대들이 엎드러지고, 모세도 아론도 죽게 되는 이 마당에 하나님은 구원계획을 포기하셨단 말인가? 아닙니다. "일을 행하는 여호와, 그것을 지어 성취하는 여호와"(렘 33:2)를 찬양하십시다.

자력 구원의 불가능성

① "회중이 물이 없으므로 모여서 모세와 아론을 공박하니라"(2) 합니다. 성경은 원점으로 돌아온 백성들이 똑같은 장소에서 똑같은 범죄를 반복하고 있는 것을 보여주고 있습니다. 이 공박한 사람들은 대부분이 2세대들이었을 것임을 유념할 필요가 있습니다. 인간의 죄성(罪性)은 변하지가 않기 때문입니다. 저들의 공통적인 잘못은, "우리도 (1세대들처럼) 죽었더면, 여기서 죽게 하느냐"(3-4) 하고, 하나님께서 죽이려 하고, 망하게 하려는 듯이 말하고 있다는 점입니다. 하나님은 "네게 복을 주려 하심이라(신 8:16), 나 여호와가 말하노라 너희를 향한 나의 생각은 내가 아나니 재앙이 아니라 곧 평안이요 너희 장래에 소망을 주려 하는 생각이라"(렘 29:11) 하시는데도 말입니다.

② "여호와께서 모세에게 일러 가라사대 지팡이를 가지고 네 형 아론과 함께 회중을 모으고 그들의 목전에서 너희는 반석에게 명하여 물을 내라 하라 네가 그 반석으로 물을 내게 하여 회중과 그들의 짐승에게 마시울지니라"(7-8) 하십니다. ㉠ "모세와 아론이 총회를 그 반석 앞에 모으고 모세가 그들에게 이르되 패역한 너희여 들으라 우리가 너희를 위하여 이 반석에서 물을 내랴 하고", ㉡ "그 손을 들어 그 지팡이로 반석을 두 번 치매 물이 많이 솟아 나오므로 회중과 그들의 짐승이 마시니라"(10-11) 합니다. 이것으로 족한 것이 아니가? 무엇이 잘못되었단 말인가?

③ "여호와께서 모세와 아론에게 이르시되 너희가 나를 믿지 아니하고 이스라엘 자손의 목전에 나의 거룩함을 나타내지 아니한 고로 너희는 이 총회를 내가 그들에게 준 땅으로 인도하여 들이지 못하리라"(12) 하십니다. 이에 대한 많은 논의가 있습니다. 그런데 여기에는 윤리적인 면과 신학적인 면이 있음을 인식해야만 합니다.

④ 먼저 윤리적인 면입니다.

㉠ 시편 기자는 이렇게 된 동기를, "저희가 또 므리바 물에서 여호와를 노하시게 하였으므로 저희로 인하여 얼이 모세에게 미쳤나니"(시 106:32) 하고 설명해줍니다. 모세는 "선을 행하다가 피곤해 진" 셈입니다. 왜냐하면 장정만 60만이나 되는 백성들이 계속적으로 사사건건 불순종하며 거역했기 때문입니다. 이것이 "저희로 인하여 얼이 모세에게 미쳤다"는 뜻입니다.

㉡ 다시 시편 기자는 해설하기를, "이는 저희가 그 심령을 거역함을 인하여 모세가 입술로 망령되이 말하였음이로다"(시 106:33) 합니다. 이는 모세의 심령이 상하여 입술로 범죄했다는 말입니다. "패역한 너희여 들으라"(10중) 하고 말한 것은, 혈기를 부리는 말이었던 것입니다. 12:3절에서는 "이 사람 모세는 온유함이 지면의 모든 사람보다 승하더라" 했는데 이 때의 모습은 그렇지 않은 인상을 줍니다.

㉢ 모세는 혈기만 부린 것이 아니라, "우리가 너희를 위하여 물을 내랴"(10하) 했습니다. 이것은 "망령된" 말이었던 것입니다. 왜냐하면 하나님의 거룩하심을 나타내지 아니하고 마치 "우리"가 물을 낼 수 있는 양, 자신들을 드러냈기 때문입니다. 이것이 윤리적인 면입니다. 그런데 이것이 전부가 아닙니다. 이렇게만 보는 것은 성경을 교훈적으로만 접근하기 때문입니다.

윤리적인 면과 신학적인 면

① 다음은 구속사적인 면입니다. 어떤 경우에서도 놓치지 말아야 할 점은 하나님은 지금 아브라함에게, "네 씨로 말미암아 천하만민이 복을 얻으리라" 하고 언약하신 구원계획을 이루어 나가시는 중이라는 점입니다. 그러므로 이 사건도 마땅히 구속사라는 관점에서 바라보아야만 바로 볼 수가 있는 것입니다. 모세는 율법의 대명사입니다. 그렇다면 모세는 백성들을 가나안으로 인도해드릴 수가 없는 것입니다. 엄밀히 말한다면 인도해 드려서도 안 되는 것입니다. 여호수아(예수)에게 인도하는 데까지가 그의 사명인 것입니다. 밝히 드러난 신약의 계시는 무엇이라 말씀하는가? "이같이 율법이 우리를 그리스도에게로 인도하는 몽학선생"(갈 3:24)이라고 말씀합니다. "여호와께서 모세에게 이르시되 눈의 아들 여호수아는 신에 감동된 자니 너는 데려다가 그에게 안수하고, 그에게 위탁"(27:18-19)하라고 명하십니다. 모세는 바통을 여호수아에게 넘겨주어야만 했던 것입니다. 이 장면은 이를 계시해주고 있는 것입니다.

② 그러므로 본문은, "너는 못 들어간다" 하시는 것이 아니라, "너희는 이 총회를 내가 그들에게 준 땅으로 인도하여 들이지 못하리라"(12) 하고 말씀하시는 것입니다. 그렇다고 하나님은 무조건 "너는 안 된다" 하시는 것이 아닙니다. 하나님은 공의로우신 하나님이십니다. 그러므로 이에 합당한 이유가 있어야만 하는 것입니다.

③ 하나님께서는 그 이유를 "너희가 내 명을 거역했기"(27:14) 때문이라고 말씀하십니다. 어떻게 명을 거역했는가? 하나님께서는 "반석에게 명하여 물을 내라 하라"(8) 하셨는데, 모세는 "반석을 두 번이나 쳤던"(11) 것입니다. "두 번 치매"(11상) 한 것은, 반석을 친 것이 잘못되어도 많이 잘못되었음을 강조하기 위한 표현으로 여겨집니다. 그렇다면

첫 번 물을 낼 때는 "치라" 명하신 하나님께서, 두 번째는 어찌하여 "물을 내라 하라"(8) 하셨으며, 반석을 친 것이 어떤 의미에서 잘못인가?

④ 이는 "반석이 침을 당했다"는 것이 누구의 무엇에 대한 예표인가를 인식하는 자라면 깨달을 수가 있는 것입니다. "그 반석은 곧 예수 그리스도시라"(고전 10:4) 하고 말씀합니다. 그리고 "치심을 당했다"는 것은 "내 목자, 내 짝된 자를 치라 목자를 치면 양이 흩어지려니와"(슥 13:7) 하신 주님의 고난을 상징합니다. 왜 치심을 당해야만 했는가? "그 날에 죄와 더러움을 씻는 샘이 다윗의 족속과 예루살렘 거민을 위하여 열리리라"(슥 13:1) 하고, 구원의 샘물을 공급해주시기 위해서라고 말씀하십니다. 어떤 분들은 논리적인 비약이라고 생각할 것입니다. 그렇다면 영감 된 히브리서 기자가 "믿음으로 모세는, 그리스도를 위하여 받는 능욕을 애굽의 모든 보화보다 더 큰 재물로 여겼다"(히 11:26) 하고 말씀함을 어떻게 설명할 것인가? 모든 성경은 그리스도를 증거하는데 집중되어 있는 것입니다.

⑤ 그렇다면 주님은 한 번 치심을 당한(출 17:6) 것으로 족한 것이 아닌가? 그렇습니다. 영 단 번으로 족한 것입니다. 이점을 히브리서에서는 "이는 저가 단 번에 자기를 드려 이루셨음이니라" 하고, 6번(히 7:27, 9:12, 26, 28, 10:2, 10)이나 강조하고 있는 것입니다. 그러므로 본문은 "그 반석"(8, 10), 즉 "the rock"이라 말씀하시는 것입니다. 아무 돌이 아니라, 하나님이 정해주신 "그 돌"에게 명하라는 것입니다. 혹 40년 전에 쳤던 "그 돌"일는지도 모릅니다. 이제 후로는 "물을 내라" 하고 말하기만 하면, 즉 믿기만 하면 되는 것입니다. 그런데 모세는 "그 반석"을 또 친 것만이 아니라 두 번이나 쳤던 것입니다. 한마디로 모세의 잘못은 "너희가 나를 믿지 아니하고"(12상) 하신 불신앙이었던 것입니다.

⑥ 이제 결론적으로 사람이 한 일은 무엇이고, 하나님이 해주신 일은 무엇인가 하는 점입니다. 사람이 한 일은 불신앙과, 불복종과, 자기과시

입니다. 그렇다면 당연히 물이 솟아나지 않았어야 하지 않는가? 그럼에도 불구하고 "물이 많이 솟아 나오므로 회중과 그들의 짐승이 마시니라"(11) 한 것은 하나님이 해주신 일입니다. 쳤기 때문에 솟아난 것도 아니요, 그렇다고 모세가 한 일도 아닙니다. 이는 "죄가 더한 곳에 은혜가 더욱 넘쳤나니"(롬 5:20) 한, 은혜와 긍휼이었던 것입니다.

둘째 단원(14-21) 통과하지 못하리라

"모세가 가데스에서 에돔 왕에게 사자를 보내며 이르되 당신의 형제 이스라엘의 말에 우리의 당한 모든 고난을 당신도 아시거니와"(14),

① 모세가 에돔 왕에게 사자를 보낸 것입니다. 왜냐하면 그 땅을 통과해야만 했기 때문입니다. "에돔"은 에서의 별명입니다. 그래서 모세는 "당신의 형제"라 말한 것입니다. 그러나 에서와 야곱은 모태에서부터 싸운 사이입니다. 그러니까 "에서와 야곱"이 가데스에서 다시 만난 셈입니다. "우리의 당한 모든 고난"이라고 말합니다. 야곱과 그의 자손들은 "험악한 세월을 보내었던"(창 47:9) 것입니다. 그 고난은 야곱이 장자의 축복을 받고 하란으로 피난 갈 때부터 시작된 고난임을 유념해야만 합니다. 만일 장자의 축복을 사모하지 않았다면 이런 고난은 없었을 것입니다. 그 후에 애굽에 내려가서 4백년 동안 노예생활을 하는 동안 에돔 자손들은 왕국을 이루고 떵떵거리며 살았던 것입니다. 이런 양상은 이제도 마찬가지임을 그리스도인들은 각오해야만 하는 것입니다. 다윗은 이렇게 노래합니다.

여호와여
금생(今生)에서 저희 분깃을 받은 세상 사람에게서

나를 주의 손으로 구하소서
그는 주의 재물로 배를 채우심을 입고
자녀로 만족하고
그 남은 산업을 그 어린 아이에게 유전하는 자니이다
나는 의로운 중에 주의 얼굴을 보리니
깰 때에 주의 형상으로 만족하리이다(시 17:14-15).

② 간곡한 말로 통과하도록 허락해주기를 청하였지만, "너는 우리 가운데로 통과하지 못하리라 내가 나가서 칼로 너를 맞을까 염려하라"(18) 하고 고자세로 거절합니다. 재차, "우리가 대로로만 통과하겠고 우리나 우리 짐승이 당신의 물을 마시면 그 값을 줄 것이라 우리가 도보로 통과할 뿐 아무 일도 없으리이다 하나, 에돔 왕이 많은 백성을 거느리고 나와서 강한 손으로 막으니"(19-20) 합니다. 이는 단순히 형제의 통과를 거절한 것만이 아니라 하나님의 구원계획을 대적한 일이었던 것입니다. 이런 대적은 이전에도 있었고, 이후에도 계속됩니다.

③ "에돔 왕이 이같이 이스라엘의 그 경내로 통과함을 용납지 아니하므로 이스라엘이 그들에게서 돌이키니라"(21) 합니다. 만일 첫째 단원의 사건, 즉 백성들의 원망과, 모세의 불순종이 아니었다면 순적(順適)히 해결되지 않았겠는가 하는 생각을 해봅니다. 왜냐하면 야곱이 하란에서 돌아올 때, 에서를 두려워하여 전전긍긍하였으나 순히 해결해주셨기(창 33:4) 때문입니다. "돌이키니라"는 말은 방황이 아직 끝나지 않았음을 뜻합니다. 언제까지인가? 아론도, 모세도 죽기까지가 아닐까요?

셋째 단원(22-29) **아론의 죽음**

"이스라엘 자손 곧 온 회중이 가데스에서 진행하여 호르산에 이르렀더니"(22),

① "여호와께서 에돔 땅 변경 호르산에서 모세와 아론에게 말씀하시니라 가라사대 아론은 그 열조에게로 돌아가고 내가 이스라엘 자손에게 준 땅에는 들어가지 못하리니 이는 너희가 므리바 물에서 내 말을 거역한 연고니라"(23-24) 하십니다. 이때 아론의 마음이 어떠했을까? 바울은 "그러므로 하나님의 인자(仁慈)와 엄위(嚴威)를 보라 넘어지는 자들에게는 엄위가 있으니 너희가 만일 하나님의 인자에 거하면 그 인자가 너희에게 있으리라 그렇지 않으면 너도 찍히는 바 되리라"(롬 11:22) 하고 경고합니다. 오늘날은 하나님의 인자(사랑)만을 강조한 나머지 하나님의 엄위를 모르는 버릇없는 자식같이 된 것은 아닌가?

② "너는 아론과 그 아들 엘르아살을 데리고 호르산에 올라 아론의 옷을 벗겨 그 아들 엘르아살에게 입히라 아론은 거기서 죽어 그 열조에게로 돌아가리라"(25-26) 하십니다. 해임(解任) 당하는 것을 "옷을 벗긴다"고 말하게 된 것이 여기서 유래된 것은 아닌지? 바로 아론이 이 장면에서 "옷을 벗김"을 당하고 있는 것입니다.

③ "모세가 아론의 옷을 벗겨 그 아들 엘르아살에게 입히매 아론은 그 산꼭대기에서 죽으니라 모세와 엘르아살이 산에서 내려오니"(28), 그러나 함께 올라갔던 아론은 내려오지 않았습니다. 그렇다면 어찌하여 아론과 함께 모세의 옷도 벗기시지 않으셨는가? 모세에게는 아직 사명이 남아있기 때문일 것입니다. 그것은 백성들을 약속의 땅이 바라다 보이는 요단강 가까지 인도해야할 사명입니다. 모세는 그곳에 이르러 느보산에 올라 요단강 너머로 가나안 땅을 바라보고 죽게 될 것입니다. 미리암도 죽었고, 아론도 죽었고, 에돔 왕은 대적할지라도, 하나님은 반석

으로 상징이 된 자기 아들을 치심으로 목마른 영혼들에게 생수를 공급해주시려는 구원계획을 중단하심이 없이 묵묵히 이루어 나가시는 것입니다.

민수기 21장 개관도표

주제 : 놋뱀을 쳐다본즉 살더라

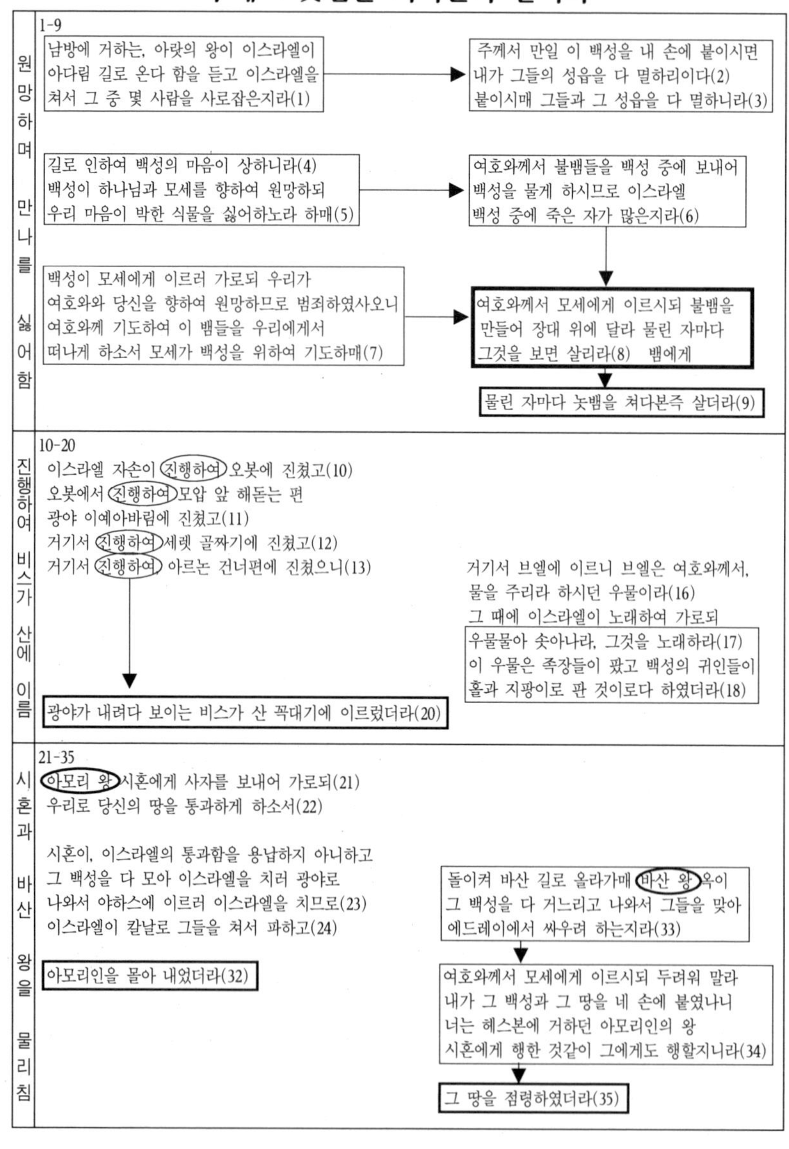
원망하며 만나를 싫어함
1-9
남방에 거하는, 아랏의 왕이 이스라엘이 아다림 길로 온다 함을 듣고 이스라엘을 쳐서 그 중 몇 사람을 사로잡은지라(1)
주께서 만일 이 백성을 내 손에 붙이시면 내가 그들의 성읍을 다 멸하리이다(2) 붙이시매 그들과 그 성읍을 다 멸하니라(3)
길로 인하여 백성의 마음이 상하니라(4) 백성이 하나님과 모세를 향하여 원망하되 우리 마음이 박한 식물을 싫어하노라 하매(5)
여호와께서 불뱀들을 백성 중에 보내어 백성을 물게 하시므로 이스라엘 백성 중에 죽은 자가 많은지라(6)
백성이 모세에게 이르러 가로되 우리가 여호와와 당신을 향하여 원망하므로 범죄하였사오니 여호와께 기도하여 이 뱀들을 우리에게서 떠나게 하소서 모세가 백성을 위하여 기도하매(7)
여호와께서 모세에게 이르시되 불뱀을 만들어 장대 위에 달라 물린 자마다 그것을 보면 살리라(8) 뱀에게
물린 자마다 놋뱀을 쳐다본즉 살더라(9)
진행하여 비스가 산에 이름
10-20
이스라엘 자손이 진행하여 오봇에 진쳤고(10)
오봇에서 진행하여 모압 앞 해돋는 편 광야 이예아바림에 진쳤고(11)
거기서 진행하여 세렛 골짜기에 진쳤고(12)
거기서 진행하여 아르논 건너편에 진쳤으니(13)
거기서 브엘에 이르니 브엘은 여호와께서, 물을 주리라 하시던 우물이라(16) 그 때에 이스라엘이 노래하여 가로되
우물물아 솟아나라, 그것을 노래하라(17) 이 우물은 족장들이 팠고 백성의 귀인들이 홀과 지팡이로 판 것이로다 하였더라(18)
광야가 내려다 보이는 비스가 산 꼭대기에 이르렀더라(20)
시혼과 바산 왕을 물리침
21-35
아모리 왕 시혼에게 사자를 보내어 가로되(21) 우리로 당신의 땅을 통과하게 하소서(22)
시혼이, 이스라엘의 통과함을 용납하지 아니하고 그 백성을 다 모아 이스라엘을 치러 광야로 나와서 야하스에 이르러 이스라엘을 치므로(23) 이스라엘이 칼날로 그들을 쳐서 파하고(24)
아모리인을 몰아 내었더라(32)
돌이켜 바산 길로 올라가매 바산 왕 옥이 그 백성을 다 거느리고 나와서 그들을 맞아 에드레이에서 싸우려 하는지라(33)
여호와께서 모세에게 이르시되 두려워 말라 내가 그 백성과 그 땅을 네 손에 붙였나니 너는 헤스본에 거하던 아모리인의 왕 시혼에게 행한 것같이 그에게도 행할지니라(34)
그 땅을 점령하였더라(35)

21장 놋 뱀을 쳐다본즉 살더라

[8]여호와께서 모세에게 이르시되 불 뱀을 만들어 장대 위에 달라 물린 자마다 그것을 보면 사리라.

21장에서는 두 가지를 볼 수 있어야 하는데 그것은, 인간이 한 일과 하나님이 해주신 일입니다. 인간이 한 일이란 "만나"에 실증을 느낀 나머지 또다시, "어찌하여 우리를 애굽에서 인도하여 올려서 이 광야에서 죽게 하는고" 하고 "원망"(5)한 일입니다. 그리하여 불 뱀에 물려 죽게 된 것입니다. 이들을 위해서 하나님이 해주신 일은, "불 뱀을 만들어 장대 위에 달라 물린 자마다 그것을 보면 사리라", 즉 구원해주신 일입니다. 어찌하여 이처럼 기이한 치료책을 마련해주셨는가? 그것은 복음계시였던 것입니다. 그 후로는 "진행하여(10), 진행하여(11), 이르렀고, 이르러(19) 광야가 내려다보이는 비스가산 꼭대기에 이르렀더라"(20) 합니다. 그리고 아모리 왕 시혼과, 바산 왕 옥을 물리치고, "그 땅을 점령하였더라"(35) 하고 마치고 있는 것입니다. 이를 세 단원으로 나누어 상고하겠습니다.

첫째 단원(1-9) **원망하며 만나를 싫어함**
둘째 단원(10-20) **진행하여 비스가산에 이름**
셋째 단원(21-35) **시혼과 바산 왕을 물리침**

첫째 단원(1-9) 원망하며 만나를 싫어함

"백성이 호르산에서 진행하여 홍해 길로 좇아 에돔 땅을 둘러 행하려 하였다가 길로 인하여 백성의 마음이 상하니라"(4).

① 이스라엘은 당초 에돔 땅 "왕의 대로"(20:17)를 통과하려던 계획이 에돔 왕의 거부로 좌절되자 "에돔 땅을 둘러"(4중), 즉 우회하게 된 것입니다. 그러다가 "남방에 거하는 아랏 왕"(1)과도 충돌을 하게 된 것으로 여겨집니다. "아랏 왕이 이스라엘이 아다림 길로 온다 함을 듣고 이스라엘을 쳐서 그 중 몇 사람을 사로잡은지라"(1하) 합니다.

② "이스라엘이 여호와께 서원하여 가로되 주께서 만일 이 백성을 내 손에 붙이시면 내가 그들의 성읍을 다 멸하리이다"(2) 합니다. 1-3절에서 중요한 요점은 "주께서 만일 이 백성을 내 손에 붙이시면"이라는 말씀입니다. "붙이시면, 붙이시매" 이는 하나님의 주권적인 역사요, "그들과 그 성읍을 다 멸하니라"(3)는 인간의 믿음 행위입니다.

③ 그 후에 "백성이, 에돔 땅을 둘러 행하려하다가 길로 인하여 백성의 마음이 상하니라"(4) 합니다. 우회하다보니 길은 멀고 험하여 지치고 피곤할 수밖에 없었을 것입니다. 그리하여 "백성이 하나님과 모세를 향하여 원망하되"(5상) 합니다. 원망을 해도 넘어서는 아니 될 선이 있

는 것입니다. 그런데 이들은 그 도를 벗어나고 있었던 것입니다. ㉠ "어찌하여 우리를 애굽에서 인도하여 올려서 이 광야에서 죽게 하는고" 하고, "출애굽" 자체를 원망한다는 것은 근본을 부정하는 일입니다. 즉 유월절 양의 피로 해방시켜주신 구속의 은총을 부정하는 것이 됩니다. 이 점은, ㉡ "우리 마음이 이 박한 식물을 싫어하노라"(5하) 한 말에도 나타납니다. "길"이 험하면 길 문제만 불평할 일이지 어찌하여 바로의 노예에서 해방시켜주신 것을 원망하며, 한결같이 내려주시는 "식물" 즉 만나를 싫어한다고 불평한단 말인가? 저들이 원망한 두 가지 모두가 그리스도의 상징임을 유념해야만 합니다. 이를 신약적으로 말하면 "하물며 하나님의 아들을 밟고 자기를 거룩하게 한 언약의 피를 부정한 것으로 여기고 은혜의 성령을 욕되게 하는 자의 당연히 받을 형벌"(히 10:29)에 해당하는 죄였던 것입니다.

④ "여호와께서 불 뱀들을 백성 중에 보내어 백성을 물게 하시므로 이스라엘 백성 중에 죽은 자가 많은지라"(6) 합니다. 어찌하여 "불뱀"으로 물게 하셨는가? 이는 창세기 3장을 연상하기에 족한 것입니다. 인류의 시조는 다름 아닌 만나(생명나무)를 싫어하다가 불뱀에 물린 것과 같기 때문입니다. "백성이 모세에게 이르러 가로되 우리가 여호와와 당신을 향하여 원망하므로 범죄하였사오니"(7상) 합니다. 얼마 만에 듣게된 깨어지고 부서지는 회개인가? 10족장이 악평하여 징벌 받을 때도 듣지 못한 회개입니다. 고라 일당이 반역하여 징벌 당할 때도 들을 수 없었던, "범죄하였사오니 여호와께 기도하여 이 뱀들을 우리에게서 떠나게 하소서"(7하) 한 회개입니다. 저들의 회개가 진정에서 나온 것이란 말인가? 이 점이 이어지는 말씀을 통해서 드러나게 될 것입니다.

⑤ "여호와께서 모세에게 이르시되 불 뱀을 만들어 장대 위에 달라 물린 자마다 그것을 보면 살리라"(8) 하십니다. 어찌하여 이처럼 기이한 방법을 말씀하시는가? 하나님의 의중에는 벌써부터, "모세가 광야에

서 뱀을 든 것같이 인자도 들려야 하리니 이는 저를 믿는 자마다 영생을 얻게 하려 하심이니라" 하신, 자기 아들을 "장대 위에 다실" 계획을 갖고 계셨기 때문이라고 밖에는 달리는 설명할 길이 없는 것입니다. 주님은 이를 아셨으며, 그리하여 "들려야" 할 것을 말씀하시면서 성경 전체의 요절이라 할 수 있는, "하나님이 세상을 이처럼 사랑하사 독생자를 주셨으니 이는 저를 믿는 자마다 멸망치 않고 영생을 얻게 하려 하심이니라"(요 3:14-16) 하는 말씀이 주어진 것입니다. 얼마나 명백한 복음인가?

⑥ 거짓된 인간이 원망하다가 불 뱀에 물렸다는 것은 분명한 "악"이었던 것입니다. 그런데 하나님께서는 이 악을 선으로 바꾸시어 만민을 구원하시려는 복음을 계시하셨던 것입니다. 뱀의 유혹에 넘어가 하나님의 사랑을 의심하고 금단의 실과를 먹었다는 것은 다름 아닌 뱀에 물린 것과 다를 바가 없는 것입니다. 아담의 후예들은 그 독(원죄)이 온 몸에 퍼져가고 있는, 그리하여 죽어가고 있는 상태인 것입니다. "놋 뱀을 쳐다본즉 살더라"(9) 합니다. 이것이 믿음인 것입니다. "믿음"은 눈과 같습니다. "어리석도다 갈라디아 사람들아 예수 그리스도께서 십자가에 못 박히신 것이 너희 눈앞에 밝히 보이거늘"(갈 3:1) 한, 십자가를 바라보기만 하면 살수가 있다는 것입니다. 또한 "믿음"은 손과도 같습니다. "하나님이 세상을 이처럼 사랑하사 독생자를 주셨으니" 한 선물을, "감사합니다" 하고 받으면 되는 것입니다.

⑦ "장대 위에 달라" 하심은 "저주받음"을 의미합니다. 성경은, "그리스도께서 우리를 위하여 저주를 받은 바 되사 율법의 저주에서 속량하셨으니 기록된바 나무에 달린 자마다 저주 아래 있는 자라 하였음이라"(갈 3:13) 하고 말씀합니다. "물린 자마다 그것을 보면 살리라" 하셨는데 물린 자가 다 쳐다보고 살았겠는가? 진정으로 회개한 자는 쳐다보고 고침을 받았을 것입니다. 그런데 성경은, "다만 네 고집과 회개치 아니

한 마음을 따라 진노의 날 곧 하나님의 의로우신 판단이 나타나는 그 날에 임할 진노를 네게 쌓는도다"(롬 2:5) 하고 고집을 부리며 쳐다보지 않을 자들이 있을 것을 경고하고 있는 것입니다.

둘째 단원(10-20) 진행하여 비스가산에 이름

"이스라엘 자손이 진행하여 오봇에 진쳤고"(10).

① 둘째 단원의 중심점은 "진행하여, 이르렀고, 진쳤다"는 데 있습니다. 이것은 하나님의 군대가 목적지를 향하여 전진(前進)을 하고 있음을 나타냅니다. 이와는 대조적으로 13-19장까지에는 "진행하여, 이르렀고, 진쳤다"는 기록이 전연 나타나지 않고 있다는 점입니다. 그 기간이 무려 40년 간이었습니다. 그렇다고 40년 간 그들은 한 곳에 가만히 머물러 있었던 것도 아닙니다. 그러나 그것은 "진행"이 아니라 방황이었던 것입니다. 창세기 16장 마지막 절과, 17장 첫 절 사이에 나타난 아브라함의 생애에는 무려 13년의 공백(空白)이 있습니다. 왜냐하면 그 기간은 하갈을 첩으로 얻고 이스마엘을 낳은 거역으로 인한 방황의 기간이었기 때문입니다. 이러한 공백과 방황은 교회역사와 개인에게도 있게 마련입니다.

② 호르산(4)→ 오봇(10)→ 이예아바림(11)→ 세렛 골짜기(12)→ 아르논 건너편(13)→ "거기서 브엘에 이르니 브엘은 여호와께서 모세에게 명하시기를 백성을 모으라 내가 그들에게 물을 주리라 하시던 우물이라"(16) 합니다. 이 차이를 아시겠습니까? 이제까지 이스라엘은 어떤 상태에 있었는가? 하나님께서 필요를 아시고 "물을 주리라" 할 때까지 기다리지를 못하고 불평하고 원망하다가 물을 얻었습니다. 그런데 이제는 하나님께서 먼저 "명하시기를 백성을 모으라 내가 그들에게 물

을 주리라" 하십니다. 여기에는 "원망, 패역, 불신, 진노, 불뱀"도 없습니다. 오직 "그 때에 이스라엘이 노래하여 가로되"(17사) 하고 찬양만이 울려 퍼지고 있는 것을 볼 수가 있습니다.

우물물아 솟아나라
너희는 그것을 노래하라
이 우물은 족장들이 팠고
백성의 귀인들이 홀과 지팡이로 판 것이로다 하였더라(17-18).

③ 성경에서 "우물물"은 의미가 심장(深長)합니다. 이사야 선지자는 이렇게 노래합니다.

보라 하나님은 나의 구원이시라
내가 의뢰하고 두려움이 없으리니
주 여호와는 나의 힘이시며 나의 노래시며 나의 구원이심이라
그러므로 너희가 기쁨으로 구원의 우물들에서 물을 길으리로다
그 날에 너희가 또 말하기를 여호와께 감사하라
그 이름을 부르며 그 행하심을 만국 중에 선포하며 그 이름이 높다 하라
여호와를 찬송할 것은 극히 아름다운 일을 하셨음이니
온 세계에 알게 할지어다(사 12:2-5).

④ "바못에서 모압 들에 있는 골짜기에 이르러 광야가 내려다보이는 비스가산 꼭대기에 이르렀더라"(20) 합니다. 여기 등장하는 지명들을 다 알 길이 없습니다. 다만 주목하게 되는 것은 "골짜기"를 지나, "비스가산 꼭대기"에 이르렀다는 말씀입니다. 이 "비스가산"은 모세가 이 산

에 올라 멀리 약속의 땅을 바라보고 달려갈 길을 마칠 산입니다. 그렇다면 드디어 하나님의 백성들은 "사망의 음침한 골짜기"를 통과하여 약속의 땅이 내려다보이는 전망대(展望臺)까지 이르렀다고 말할 수가 있는 것입니다.

셋째 단원(21-35) 시혼과 바산 왕을 물리침

"이스라엘이 아모리 왕 시혼에게 사자를 보내어 가로되"(21),

① 출애굽의 마지막 여정(旅程)에서 중요한 의미를 갖는 두 왕을 만나게 됩니다. 그들은 "아모리 왕 시혼(21)과, 바산 왕 옥"(33)입니다. 이들이 중요한 의미를 갖는 이유는 천신만고 끝에 여기까지 이르러 이제 요단강을 건너 그리던 약속의 땅에 들어가게 된 하나님의 백성들을 최후로 가로막은 왕들이기 때문입니다. 이들을 격퇴하지 못한다면 이제까지의 모든 수고가 수포로 돌아가게 되는 절체절명의 순간을 맞게 된 것입니다.

② 모세는 아모리 왕 시혼에게 사자를 보내어 "우리로 당신의 땅을 통과하게 하소서"(22) 하고 요청합니다. 여기 중요한 요점이 있습니다. 하나님의 군대는 무조건 정복한 호전주의자들이 아닙니다. "우리가 밭에든지 포도원에든지 들어가지 아니하며 우물물도 공히 마시지 아니하고 우리가 당신의 지경에서 다 나가기까지 왕의 대로로만 통행하리이다"(22) 하고 정중히 요청했습니다. 이럴 경우 세 가지 반응을 상정할 수가 있습니다. ㉠ 적극적으로 물과 떡으로 공급해주면서 환대하는 일입니다. ㉡ 소극적으로 승낙을 하는 일입니다. ㉢ 최악의 경우는 용납을 안하고 대적하는 일입니다.

③ "시혼이 자기 지경으로 이스라엘의 통과함을 용납하지 아니하고

그 백성을 다 모아 이스라엘을 치러 광야"(23)로 나왔다는 것입니다. 시혼은 최악의 경우를 택한 것입니다. "바산 왕 옥이 그 백성을 다 거느리고 나와서 그들을 맞아 에드레이에서 싸우려 하는지라"(33), 그렇다면, "이스라엘이 칼날로 그들을 쳐서 파하고(24), 그 땅을 점령하였더라"(35)는 불가피한 것입니다. 주님은 말씀합니다. "나와 함께 아니하는 자는 나를 반대하는 자요 나와 함께 모으지 아니하는 자는 헤치는 자니라"(눅 11:23).

④ "아모리 왕 시혼과 바산 왕 옥"을 물리친 일이 얼마나 중요한 의미가 있는가를 여리고 성의 기생 라합의 진술을 통해서도 알 수가 있습니다. 라합은 애굽에서 나올 때에 홍해를 가르신 일과, "아모리 사람의 두 왕 시혼과 옥에게 행한 일 곧 그들을 진멸시킨 일을 우리가 들었음이라 우리가 듣자 곧 마음이 녹았고 너희의 연고로 사람이 정신을 잃었나니 너희 하나님 여호와는 상천하지에 하나님이시니라"(수 2:10-11) 하고 말합니다.

⑤ 이점을 시편 기자의 노래를 통해서도 절실하게 느낄 수가 있습니다.

그 백성을 인도하여 광야로 통과케 하신 이에게 감사하라
그 인자하심이 영원함이로다
큰 왕들을 치신 이에게 감사하라
그 인자하심이 영원함이로다
유명한 왕들을 죽이신 이에게 감사하라
그 인자하심이 영원함이로다

아모리 왕 시혼을 죽이신 이에게 감사하라
그 인자하심이 영원함이로다

바산 왕 옥을 죽이신 이에게 감사하라
그 인자하심이 영원함이로다
저희의 땅을 기업으로 주신 이에게 감사하라
그 인자하심이 영원함이로다(시 136:17-21).

민수기 22장 개관도표

주제 : 사탄의 궤계를 막아주신 하나님

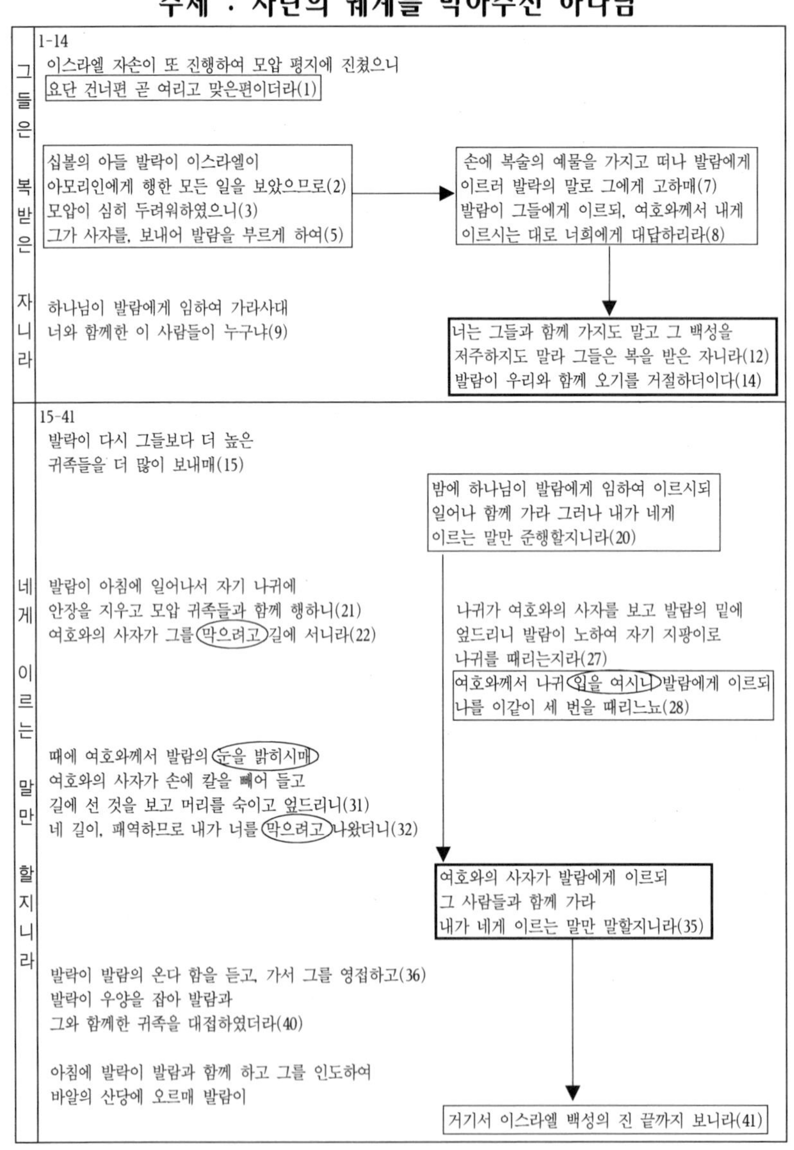
그들은 복받은 자니라
1-14
이스라엘 자손이 또 진행하여 모압 평지에 진쳤으니
요단 건너편 곧 여리고 맞은편이더라(1)
십볼의 아들 발락이 이스라엘이
아모리인에게 행한 모든 일을 보았으므로(2)
모압이 심히 두려워하였으니(3)
그가 사자를, 보내어 발람을 부르게 하여(5)
손에 복술의 예물을 가지고 떠나 발람에게
이르러 발락의 말로 그에게 고하매(7)
발람이 그들에게 이르되, 여호와께서 내게
이르시는 대로 너희에게 대답하리라(8)
하나님이 발람에게 임하여 가라사대
너와 함께한 이 사람들이 누구냐(9)
너는 그들과 함께 가지도 말고 그 백성을
저주하지도 말라 그들은 복을 받은 자니라(12)
발람이 우리와 함께 오기를 거절하더이다(14)
네게 이르는 말만 할지니라
15-41
발락이 다시 그들보다 더 높은
귀족들을 더 많이 보내매(15)
밤에 하나님이 발람에게 임하여 이르시되
일어나 함께 가라 그러나 내가 네게
이르는 말만 준행할지니라(20)
발람이 아침에 일어나서 자기 나귀에
안장을 지우고 모압 귀족들과 함께 행하니(21)
여호와의 사자가 그를 막으려고 길에 서니라(22)
나귀가 여호와의 사자를 보고 발람의 밑에
엎드리니 발람이 노하여 자기 지팡이로
나귀를 때리는지라(27)
여호와께서 나귀 입을 여시니 발람에게 이르되
나를 이같이 세 번을 때리느뇨(28)
때에 여호와께서 발람의 눈을 밝히시매
여호와의 사자가 손에 칼을 빼어 들고
길에 선 것을 보고 머리를 숙이고 엎드리니(31)
네 길이, 패역하므로 내가 너를 막으려고 나왔더니(32)
여호와의 사자가 발람에게 이르되
그 사람들과 함께 가라
내가 네게 이르는 말만 말할지니라(35)
발락이 발람의 온다 함을 듣고, 가서 그를 영접하고(36)
발락이 우양을 잡아 발람과
그와 함께한 귀족을 대접하였더라(40)
아침에 발락이 발람과 함께 하고 그를 인도하여
바알의 산당에 오르매 발람이
거기서 이스라엘 백성의 진 끝까지 보니라(41)

22장

사탄의 궤계를 막아주신 하나님

> [32]여호와의 사자가 그에게 이르되 너는 어찌하여 네 나귀를 이같이 세 번 때렸느냐 보라 네 길이 내 앞에 패역하므로 내가 너를 막으려고 나왔더니.

22-24장까지는 거짓 선지자 발람이 등장하는 내용입니다. 이것이 무엇이 중요하기에 장장 세 장이나 할애하여 말씀하고 있는가? 아모리 왕 시혼과 바산 왕 옥이 마지막 대적(對敵)이라면, 발람의 기사는 사탄의 마지막 유혹이라 할 수가 있습니다. "박해와, 미혹", 이 둘은 교회를 대적하는 사탄의 두 가지 계략입니다. 하나님은 이 두 가지를 다 막아주신 것입니다. 핵심은 우리를 향하신 하나님의 사랑입니다. 모세는 죽기 전에 행한 설교에서, "그들(암몬과 모압 사람)은 너희가 애굽에서 나올 때에 떡과 물로 너희를 길에서 영접하지 아니하고 메소보다미아의 브돌 사람 브올의 아들 발람에게 뇌물을 주어 너희를 저주케 하려 하였으나 네 하나님 여호와께서 너를 사랑하시므로 발람의 말을 듣지 아니하시고

그 저주를 변하여 복이 되게 하셨나니"(신 23:4-5) 하고 설명을 해줍니다. 본문에는 "막으려고"라는 말이 세 번(22, 32, 34)이나 등장합니다. 또한 "네게 이르는 말만할지니라"(20, 35, 38) 하십니다. 막으신 것만이 아니라 저주를 도리어 복으로 변하게 하신 것입니다. 거짓 선지자(발람)란 이중간첩(二重間諜)과 같은 인물입니다. 그러므로 이 부분의 해석은 난해(難解)하다기보다는, 통찰력(洞察力)이 필요합니다. "그들은 복 받은 자니라"(첫째 단원) 하십니다. "내가 네게 이르는 말만할지니라"(둘째 단원) 하십니다. 그렇다면 하나님께서 "이르는 말씀"이 무엇인가? 이렇게 두 단원으로 나누어 상고하겠습니다.

첫째 단원(1-14) **그들은 복 받은 자니라**
둘째 단원(15-41) **네게 이르는 말만할지니라**

첫째 단원(1-14) **그들은 복 받은 자니라**

"이스라엘 자손이 또 진행하여 모압 평지에 진쳤으니 요단 건너편 곧 여리고 맞은 편이라"(1).

① 첫 절은 이스라엘 백성들에게 시험이 닥친 시점을 말씀해줍니다. "요단 건너편 곧 여리고 맞은 편"이라고 말씀합니다. 그러니까 요단강 건너로 약속의 땅이 바라보이는 입구까지 온 것입니다. 그러므로 아모리 왕 시혼과, 바산 왕 옥의 대적이 약속의 땅에 들어가지 못하게 하려는 최후발악이라면, 발람의 등장은 마지막 미혹이었던 것입니다.

② "십볼의 아들 발락이 이스라엘이 아모리인에게 행한 모든 일을 보았으므로"(2) 합니다. 이스라엘이 막강한 아모리 왕 시혼을 진멸한 일을 보고는 다음은 자기 차례임을 알게 된 발락은 "심히 두려워하고,

번민"(3)했다는 것입니다. 그런데 발락은 이스라엘의 힘이 창이나 말과 같은 군사력에서 나오는 것이 아니라고 판단한 것 같습니다. 그 점이 사자를 보내어 "발람"(5)을 초청한 데서 나타납니다. 발람은 "사술(邪術)과, 복술(卜術)을 행하는 자"(23:23) 이기 때문에 그가 "복을 비는 자는 복을 받고 저주하는 자는 저주를 받을 줄 내가 앎이라"(6) 하고 믿었던 것입니다.

③ "모압 장로들과 미디안 장로들이 손에 복술의 예물을 가지고 떠나 발람에게 이르러 발락의 말로 그에게 고하매"(7) 합니다. "모압과, 미디안"이 연합한데서도 저들의 다급함을 짐작할 수가 있습니다. 발람의 대답이 걸작입니다. "이 밤에 여기서 유숙하라 여호와께서 내게 이르시는 대로 너희에게 대답하리라"(8) 합니다. "발람"의 언행(言行)을 보면서 생각나는 말씀이 있습니다. 하나님께서 거짓 지도자들을 책망하시기를, "그 두령은 뇌물을 위하여 재판하며 그 제사장은 삯을 위하여 교훈하며 그 선지자는 돈을 위하여 점치면서 오히려 여호와를 의뢰하여 이르기를 여호와께서 우리 중에 계시지 아니하냐"(미 3:11) 하고 하나님을 빙자하고 있다는 책망의 말씀입니다. 이들의 모습이 여기 등장하는 발람의 모습과 꼭 같기 때문입니다.

④ "하나님이 발람에게 이르시되 너는 그들과 함께 가지도 말고 그 백성을 저주하지도 말라 그들은 복을 받은 자니라"(12) 하십니다. 첫째 단원의 중심점은 하나님이 개입하셔서 대적의 궤계를 "막아주심"(22, 32, 34)에 있습니다. 그리하여 이를 기록케 하심으로 후대에 하나님께서 자기 백성을 얼마나 사랑하셨는가를 보이시려는 것입니다. 이점을 미가 선지자는 증거하기를, "내 백성아 내가 무엇을 네게 행하였으며 무엇에 너를 괴롭게 하였느냐 너는 내게 증거하라" 하면서, "내 백성아 너는 모압 왕 발락의 꾀한 것과 브올의 아들 발람이 그에게 대답한 것을 추억"(미 6:3-5)해 보라 하십니다. 즉 하나님께서 발람의 저주를 막으시고

복이 되게 하셨음을 상기시키고 있는 것입니다. 이 사건은 그만큼 의미가 있었던 것입니다.

⑤ "발람이 아침에 일어나서 발락의 귀족들에게 이르되 너희는 너희의 땅으로 돌아가라 내가 너희와 함께 가기를 여호와께서 허락지 아니하시느니라"(13) 하고 거절합니다. 하나님께서 허락하시지 않은 것이 아니라, "막으신" 것입니다.

둘째 단원(15-41) 네게 이르는 말만할지니라

"발락이 다시 그들보다 더 높은 귀족들을 더 많이 보내매"(15).

① 그리고 한 말이, "내가 그대를 높여 크게 존귀케 하고 그대가 내게 말하는 것은 무엇이든지 시행하리니 청컨대 와서 나를 위하여 이 백성을 저주하라"(17) 합니다. 18-19절 말씀을 표면만 본다면 이처럼 경건한 선지자가 달리는 없을 것이란 생각이 들 정도입니다. 이것이 발람의 진정이라면 "또 브올의 아들 발람을 칼로 죽였더라"(31:8) 했겠습니까? 성경은 말씀합니다. "이것이 이상한 일이 아니라 사단도 자기를 광명의 천사로 가장하나니 그러므로 사단의 일군들도 자기를 의의 일군으로 가장하는 것이 또한 큰 일이 아니라"(고후 11:14-15). 그래서 거짓 선지자의 해독이 치명적인 것입니다.

② "밤에 하나님이 발람에게 임하여 이르시되 그 사람들이 너를 부르러 왔거든 일어나 함께 가라"(20) 하십니다. 왜 가라 하시는가? 둘째 단원의 중심점은 소극적으로 "막으시는" 것만이 아니라, 적극적으로 악을 선으로 바꾸시려는데 있습니다. 그리하여 "내가 네게 이르는 말만 준행할지니라"(20, 35, 38) 하십니다. 그러므로 발람 자신은 거짓 선지자이나 그의 입에 둔 하나님의 말씀은 주목해야만 하는 것입니다.

③ "여호와께서 나귀(발람이 타고 가는)의 입을 여시니 발람에게 이르되 내가 네게 무엇을 하였기에 나를 이같이 세 번 때리느뇨"(28) 하고 책망을 합니다. 나귀는 여호와의 사자가 길을 막고 서 있는 것을 보고 이리 저리 세 번이나 피하다가 결국에는 엎드리고 말았는데, 선지자로 자처하는 발람은 보지를 못하고 오히려 나귀를 때렸던 것입니다. 여기서 발람이 나귀만도 못한 자로 나타납니다. 성경은 말씀합니다. "그는 불의의 삯을 사랑하다가 자기의 불법을 인하여 책망을 받되 말 못하는 나귀가 사람의 소리로 말하여 이 선지자의 미친 것을 금지하였느니라"(벧후 2:15-16). 한가지 유념해야할 점은 지금 벌어지고 있는 상황, 즉 발락이 발람을 초청하여 저주케 하려는 것을 하나님이 막으시고 계시다는 것을 이스라엘은 전연 알지 못하고 있다는 사실입니다.

말 못하는 나귀에게 책망 받은 발람

① "때에 여호와께서 발람의 눈을 밝히시매 여호와의 사자가 손에 칼을 빼어들고 길에 선 것을 보고 머리를 숙이고 엎드리니"(31), "네 길이 내 앞에 패역하므로 내가 너를 막으려고 나왔더니"(32) 하십니다. 그리고 가기는 가되 "내가 네게 이르는 말만 말할지니라"(35) 하십니다. 나귀의 입을 들어 발람을 책망하신 하나님은, 발람의 입을 통해서 앞으로 하실 일을 보이시려는 것입니다.

② "발락이 발람의 온다 함을 듣고 모압 변경의 끝 아르논 가에 있는 성읍까지 가서 그를 영접하고"(36), 그를 대접하는 장면(36-40)을 대하면서 주님이 경계하신 말씀, "모든 사람이 너희를 칭찬하면 화가 있도다 저희 조상들이 거짓 선지자들에게 이와 같이 하였느니라"(눅 6:26) 하신 말씀을 연상하게 됩니다.

③ "아침에 발락이 발람과 함께 하고 그를 인도하여 바알의 산당에

오르매"(41상), 모압에 이른 발람이 "바알의 산당"에 올랐다는 것은 그의 정체를 말해줍니다. "거기서 이스라엘 진 끝까지 보니라"(41하) 합니다.

④ 여기 발람과 결부된 핵심적인 말씀 중 하나가 등장하는데 그것은 "눈을 밝히시매"(31) 라는 말씀입니다. 하나님께서 발람의 눈을 밝히시매, "눈을 뜬 자"(24:4, 16)가 되어, 보게 되었다는 것입니다. 이점이 지도자에게는 사활적으로 중요한 요점입니다. "만일 소경이 소경을 인도하면 둘이 다 구덩이에 빠지리라"(마 15:14)는 결과를 낳게 되기 때문입니다. 불교사상은 인간의 명상을 통해서 진리에 도달하려 시도하나, 기독교는 하나님께서 열어서 보여주시는 계시(啓示)의 종교입니다. 그러므로 우리가 사모해야할 점은 계시(성경)를 깨달을 수 있도록 "눈을 열어 보게" 해달라고 간구해야 하는 것입니다. 예루살렘이 바벨론에 멸망당한 원인도, 고대하던 그리스도를 십자가에 못 박음으로 재차 멸망당한 원인도 여기에 있음을 인정한다면, 발람의 기사를 통해서 우리가 심각하게 고민해야할 점은, "내 눈을 열어서 주의 법의 기이한 것을 보게 하소서"(시 119:18) 하는 간구일 것입니다. 그렇다면 발람이 육신의 눈으로 본 것은 무엇이며, 눈을 밝히심으로 보게 된 것은 무엇인가?

민수기 23장 개관도표

주제 : 자기 백성을 축복케 하시는 하나님

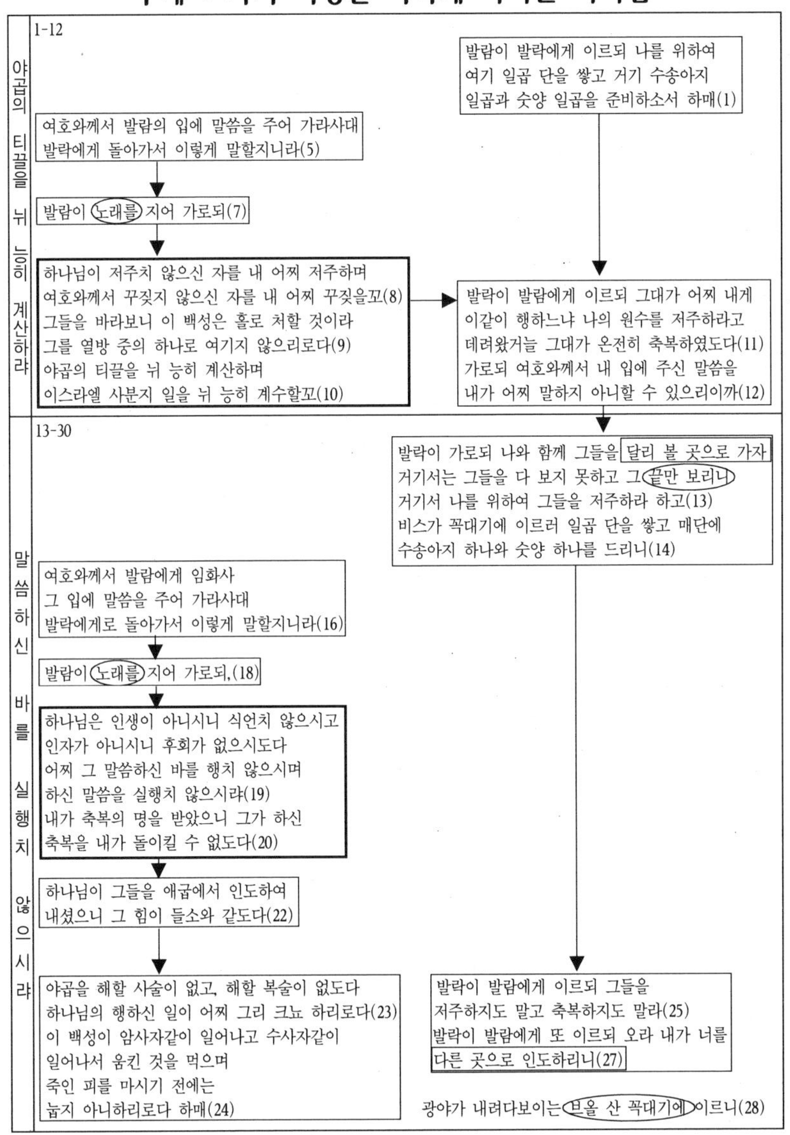
야곱의 티끌을 뉘 능히 계산하랴
1-12
발람이 발락에게 이르되 나를 위하여 여기 일곱 단을 쌓고 거기 수송아지 일곱과 숫양 일곱을 준비하소서 하매(1)
여호와께서 발람의 입에 말씀을 주어 가라사대 발락에게 돌아가서 이렇게 말할지니라(5)
발람이 노래를 지어 가로되(7)
하나님이 저주치 않으신 자를 내 어찌 저주하며 여호와께서 꾸짖지 않으신 자를 내 어찌 꾸짖을꼬(8) 그들을 바라보니 이 백성은 홀로 처할 것이라 그를 열방 중의 하나로 여기지 않으리로다(9) 야곱의 티끌을 뉘 능히 계산하며 이스라엘 사분지 일을 뉘 능히 계수할꼬(10)
발락이 발람에게 이르되 그대가 어찌 내게 이같이 행하느냐 나의 원수를 저주하라고 데려왔거늘 그대가 온전히 축복하였도다(11) 가로되 여호와께서 내 입에 주신 말씀을 내가 어찌 말하지 아니할 수 있으리이까(12)
말씀하신 바를 실행치 않으시랴
13-30
발락이 가로되 나와 함께 그들을 달리 볼 곳으로 가자 거기서는 그들을 다 보지 못하고 그 끝만 보리니 거기서 나를 위하여 그들을 저주하라 하고(13) 비스가 꼭대기에 이르러 일곱 단을 쌓고 매단에 수송아지 하나와 숫양 하나를 드리니(14)
여호와께서 발람에게 임하사 그 입에 말씀을 주어 가라사대 발락에게로 돌아가서 이렇게 말할지니라(16)
발람이 노래를 지어 가로되,(18)
하나님은 인생이 아니시니 식언치 않으시고 인자가 아니시니 후회가 없으시도다 어찌 그 말씀하신 바를 행치 않으시며 하신 말씀을 실행치 않으시랴(19) 내가 축복의 명을 받았으니 그가 하신 축복을 내가 돌이킬 수 없도다(20)
하나님이 그들을 애굽에서 인도하여 내셨으니 그 힘이 들소와 같도다(22)
야곱을 해할 사술이 없고, 해할 복술이 없도다 하나님의 행하신 일이 어찌 그리 크뇨 하리로다(23) 이 백성이 암사자같이 일어나고 수사자같이 일어나서 움킨 것을 먹으며 죽인 피를 마시기 전에는 눕지 아니하리로다 하매(24)
발락이 발람에게 이르되 그들을 저주하지도 말고 축복하지도 말라(25) 발락이 발람에게 또 이르되 오라 내가 너를 다른 곳으로 인도하리니(27)
광야가 내려다보이는 브올 산 꼭대기에 이르니(28)

23장

자기 백성을 축복케 하시는 하나님

[19]하나님은 인생이 아니시니 식언치 않으시고 인자가 아니시니 후회가 없으시도다 어찌 그 말씀하신 바를 행치 않으시며 하신 말씀을 실행치 않으시랴.

23장은 하나님께서 발람의 입에 말씀을 주시어 이스라엘을 축복케 하신 두 편의 축복(노래) 문(7, 18)으로 되어 있습니다. 발락은 발람을 먼저 "바알의 산당"(22:41)으로 데리고 올라갑니다. 모압은 바알 우상을 섬기고 있었기 때문에 그들에게는 당연한 일입니다. 그런데 발람이 저주를 하는 것이 아니라, 축복(7-10)을 하는 것이 아닌가? 그리하여 이번에는, "비스가(산) 꼭대기"(14)로 데리고 갑니다. 그런데 그곳에서도 축복(18-24)을 합니다. 이는 하나님께서 자기 백성을 축복하도록 그의 입을 사용하셨기 때문입니다. 그러므로 발람은 "내가 축복의 명을 받았으니 그가 하신 축복을 내가 돌이킬 수 없도다"(20) 합니다. 그러자 발락은 "브올산 꼭대기"(28)로 데리고 올라갑니다. 그렇다면 이런 질문이

가능해집니다. 발람이 축복한 내용은 무엇이며, 발락은 어찌하여 발람을 이곳, 저곳으로 인도하였는가? 이를 두 단원으로 나누어 상고하겠습니다.

첫째 단원(1-12) **야곱의 티끌을 뉘 능히 계산하랴**
둘째 단원(13-30) **말씀하신 바를 실행치 않으시랴**

첫째 단원(1-12) 야곱의 티끌을 뉘 능히 계산하랴

"여호와께서 발람의 입에 말씀을 주어 가라사대 발락에게 돌아가서 이렇게 말할지니라"(5).

① 발락은 모셔온 발람을 우양을 잡아 극진히 대접한 후에, "바알의 산당"(22:41)으로 인도합니다. 먼저 유념할 점은 이들의 행위가 혼합종교 적이라는 점입니다. 우상숭배의 행위를 하면서 "여호와 하나님"의 이름도 빙자하고 있는 것입니다. 그리하여 그곳에 일곱 단을 쌓고 수송아지 일곱과 수양 일곱을 제물로 드립니다(1-2). 하나님이 이 단을 기뻐하시며 이 제물을 열랍하시겠는가? "단"(壇)은 오직 하나가 있을 뿐입니다. "오직 우리 하나님 여호와의 단 외에 다른 단"(수 22:19)을 쌓는다는 것은 여호와께 패역(반역)을 하는 일입니다. 그러므로 메시아언약에 근거하여 드려지는 제물이 아닌 것은, "우상을 찬송함과 다름이 없는"(사 66:3) 것입니다.

② 그런데 "하나님이 발람에게 임하시는 지라"(4) 합니다. 그리고 "여호와께서 발람의 입에 말씀을 주어 가라사대 발락에게 돌아가서 이렇게 말할지니라"(5) 하시는 것이 아닌가? 하나님께서는 첫 번째는 발람을 가지 못하도록 막으셨습니다. 그런데 두 번째는 그를 보내시면서

"내가 네게 이르는 말만 말할지니라"(22:20, 35) 하십니다. 이를 통해서 우리가 각성하게 되는 것은 첫째는, "보냄을 받은 자"라는 점입니다. 여기서는 "사술과 복술"(23:23)을 행하는 발람까지를 들어서 보내십니다. 하나님은 말씀하십니다. "내가 누구를 보내며 누가 우리를 위하여 갈꼬". 둘째는, "네게 이르는 말만 하라" 하신 대언(代言)자입니다. 타락한 세상은 하나님의 보내심을 받은 대언자를 필요로 합니다. 하나님께서 발람을 가라하심은 그를 통해서 하시고자 하는 말씀이 있기 때문입니다. 우리를 보내심도 우리를 통해서 하시고자 하는 말씀이 있기 때문입니다. 그리고 우리의 각성은 "내가 네게 이르는 말만 준행할지니라"(20) 하신 말씀입니다. 대언자는 이에 가감을 해서는 아니 되는 것입니다.

③ 그러므로 "하나님이 발람에게 임하시고, 발람에 입에 말씀을 주셨다"는 이 대목은 세움 받은 말씀의 사역자들에게 경종이 됩니다. 나는 설교할 때에, ㉠ 내게도 임하셨다는 임재를 맛보며, ㉡ 하나님의 말씀만을 대언코자 명심하고 있는가? 바울은 "우리는 수다한 사람과 같이 하나님의 말씀을 혼잡하게 하지 아니하고 곧 순전함으로 하나님께 받은 것같이 하나님 앞에서와 그리스도 안에서 말하노라"(고후 2:17) 합니다. 우리도, "보냄을 받은 자라는 것과, 입에 말씀을 주셨다"는 이 두 가지를 명심해야만 하겠습니다.

④ 그러므로 발람과 결부된 기사를 상고하면서, "내가 네게 이르는 말만 말할지니라"(22:20, 35) 하신 말씀을 명심한다는 것은 사활적으로 중요한 요점이 됩니다. 이를 위해서가 아니라면 발람은 가서는 안 되는 사람이요, 가는 것을 허용하지도 않으셨을 것입니다. 또한 이를 기록케 하셔서 후대에 전하게 하지도 않으셨을 것입니다. 그러므로 "내가 네게 이르는 말씀"을 위해서가 아니라면 강단에 서서도 안 되고, 설교를 해서도 안 되는 것입니다. 구약의 선지자들이 이를 어겼기 때문에 예루살

렘이 멸망을 당했고, 주님 당시의 지도자들이 이를 어겼기 때문에 그리스도를 십자가에 못을 박았던 것입니다.

⑤ 거짓 선지자 발람까지도 "은금을 가득히 채워서 내게 줄지라도 내가 능히 여호와 내 하나님의 말씀을 어기어 덜하거나 더하지 못하겠노라(22:18), 내 입에 주시는 말씀 그것을 말할 뿐이니이다"(22:38) 하고 말하는 것을 대하면서 설교자는 큰 충격을 받아야 할 것입니다. 발람의 정체가 무엇이든 22-24장에서 그는 실제로 말씀에 매임을 받아 하나님의 말씀만을 대언하고 있는 것을 보게 됩니다. 우리는 강단에서 하나님께서 "내게 이르신 말씀만을" 대언하고 있는가? 과연 나는 삼가 이렇게 하기를 사모하고 있는가를 생각할 때 오늘의 실정은 참담한 마음이 들기까지 하는 것입니다.

네게 이르는 말만 말할지니라

① 하나님께서 발람의 입에 주신 말씀이 무엇인가? 7절은 "발람이 노래를 지어 가로되", 이렇게 시작이 됩니다. 이것이 바알의 산당에서 부른 첫 노래입니다. "발락이 나를 아람에서, 모압 왕이 동편 산에서 데려다가 이르기를 와서 나를 위하여 야곱을 저주하라, 와서 이스라엘을 꾸짖으라 하도다 하나님이 저주치 않으신 자를 내 어찌 저주하며 여호와께서 꾸짖지 않으신 자를 내 어찌 꾸짖을꼬"(7-8) 합니다. 이는 발람 자신의 마음대로, 발락의 원하는 대로 할 수 없음을 고백하는 말입니다.

② "내가 바위 위에서 그들을 보며 작은 산에서 그들을 바라보니" 하고, 산아래 성막을 중심으로 동서남북으로 진을 치고 있는 이스라엘을 바라보면서 말을 합니다.

이 백성은 홀로 처할 것이라

그 열방 중의 하나로 여기지 않으리로다"(9) 합니다.

"홀로 처한다"는 묘사는 택함 받은 특별한 민족이라는 뜻입니다. 그렇습니다. 하나님은 야곱의 자손을 열국 중에서 "선민"(選民)으로 택하셔서 "제사장 나라"로 삼으신 것입니다. 이점을 아모스 선지자를 통해서는 "내가 땅의 모든 족속 중에 너희만 알았나니"(암 3:2) 하십니다. 신약성경에서는 "특별한 백성"(딛 2:14)이라고 말씀합니다.

③ "야곱의 티끌을 뉘 능히 계산하며 이스라엘의 사분지 일을 뉘 능히 계수할꼬"(10) 합니다. 이는 하나님께서 아브라함에게 "내가 네게 큰 복을 주고 네 씨로 크게 성하여 하늘의 별과 같고 바닷가의 모래와 같게 하리니"(창 22:17) 하신 축복입니다. 애굽으로 내려간 70명이, 장정만 60만이 되어서 올라오고 있는 것입니다. 누가 이처럼 번성케 해주셨단 말인가? 하나님은 발람의 입을 통하여 이를 증거케 하십니다. 결론에 이르러, "나는 의인의 죽음같이 죽기를 원하며 나의 종말이 그와 같기를 바라도다"(10하) 하고 말하는 것이 아닌가? 이는 놀라운 뜻을 담고 있습니다. 하나님의 백성들을 저주함으로 발락이 주는 부귀영화를 누리며 살기보다는, 저주하지 않는다고 차라리 "의인의 죽음같이", 즉 순교 당하는 길을 택하겠다는 뜻이기 때문입니다. 그러나 발람의 종말은 의로운 죽음이 아니라 비느하스의 정의의 칼에 죽임을 당하고(31:8) 맙니다. 그러므로 이 축복 문은 발람 자신의 말이 아니라 하나님께서 그의 입을 통해서 독자들인 우리에게 주시는 말씀으로 받아야 할 것입니다.

④ 이 말을 듣는 발락의 마음이 어떠했을까? "그대가 어찌 내게 이같이 행하느냐 나의 원수를 저주하라고 그대를 데려왔거늘 그대가 온전히 축복하였도다"(11) 합니다. 발람은 "여호와께서 내 입에 주신 말씀을 내가 어찌 말하지 아니할 수 있으리이까"(12) 하고 대답합니다. 우리의

대답도 그러합니까?

둘째 단원(13-30) **말씀하신 바를 실행치 않으시랴**

"발락이 가로되 나와 함께 그들을 달리 볼 곳으로 가자 거기서는 그들을 다 보지 못하고 그 끝만 보리니 거기서 나를 위하여 그들을 저주하라 하고"(13),

① "비스가 꼭대기"(14)로 데리고 갑니다. 어찌하여 "달리 볼 곳으로"인도했을까? 이는 발람이 "야곱의 티끌을 뉘 능히 계산하며"(10) 한 것과 관련이 있는 것으로 여겨집니다. 즉 발람이 야곱 자손들의 티끌같이 많은 수에 위압을 당하여 저주를 하지 못하고 축복한 것으로 생각했다는 말입니다. 그래서 "거기서는 그들을 다 보지 못하고 그 끝만 보리니 거기서 나를 위하여 그들을 저주하라"(13하) 하고 말했던 것입니다.

② 발락의 말을 통해서 사탄의 궤계를 깨닫게 됩니다. 왜냐하면 발락은 이스라엘을 대적하고 저주하려는 사탄의 하수인이기 때문입니다. 사탄은 "다 보지 못하게 하고 그 끝만 보게 하려는 자"라고 말할 수가 있습니다. 모든 불신앙의 원망은 전체를 보지 못하는 데서 생기는 것이라 해도 과언이 아닙니다. 가로막은 홍해만을 보고, 그 홍해에 바로의 군사가 몰살당하게 될 것은 보지 못했습니다. "마라" 너머에 물 샘 열 둘과, 종려 70주가 있는 "엘림"(출 15:22-27)을 보지 못함으로 원망했습니다.

③ 어찌하여 발람을 이곳 저곳으로 데리고 갔는가? 모든 사물을 볼 때 어떤 관점(觀點)에서 보느냐에 따라 평가가 달라지기 때문입니다. 그래서 "달리 볼 곳으로 가자" 하고 말했던 것입니다. 같은 성경을 사용하고 있다하여도 어떤 관점(觀點)으로 보느냐가 중요합니다. 성경을 전체적으로 보지 못하고 "끝만" 보기 때문에 어떤 사람 눈에는 축복만

이, 어떤 사람 눈에는 교훈만이, 어떤 사람 눈에는 사회참여만이 보일 수가 있습니다. 사도 바울은 성경을, "영원부터 만물을 창조하신 하나님 속에 감취었던 비밀의 경륜"(엡 3:9)이라는 관점으로 보았습니다. 다시 말하면 창세기에서 시작하여 계시록에서 완성되는 구속사의 관점에서 보았다는 말씀입니다. 어느 한 부분만 보면 군맹무상(群盲撫象) 격이 되어 의미가 왜곡될 수가 있습니다.

④ "여호와께서 발람에게 임하사 그 입에 말씀을 주어 가라사대 발락에게로 돌아가서 이렇게 말할지니라"(16) 하십니다. 모세에게도 "이제 가라 내가 네 입과 함께 있어서 할 말을 가르치리라"(출 4:12) 하셨습니다. 예레미야 선지자에게도 "보라 내가 내 말을 네 입에 두었노라"(렘 1:9) 하십니다. 이제 하나님은 형제의 입에 말씀을 주셨습니다.

관점의 차이

① 18절은 "발람이 노래를 지어 가로되", 이렇게 시작이 됩니다. 이는 비스가산에서 부른 발람의 두 번째 노래입니다. "발락이여 일어나 들을지어다 십볼의 아들이여 나를 자세히 들으라"(18) 합니다.

하나님은 인생이 아니시니 식언치 않으시고
인자가 아니시니 후회가 없으시도다
어찌 그 말씀하신 바를 행치 않으시며
하신 말씀을 실행치 않으시랴"(19) 합니다.

② "식언"(食言)이란, 직역하면 자신이 한 말을 먹어버린다는, 즉 거짓말을 뜻합니다. 하나님은 아브라함에게 "내가 나를 가리켜 맹세하노니"(창 22:16) 하고 언약하신 바를 맹세로 보증하여주셨습니다. 이점을

히브리서에서는, "이는 하나님이 거짓말을 하실 수 없는 이 두 가지(언약과, 맹세) 변치 못할 사실"(히 6:18)이라고 말씀합니다. 시편 기자를 통해서도 "내 언약을 파하지 아니하며 내 입술에서 낸 것도 변치 아니하리로다 내가 나의 거룩함으로 한 번 맹세하였은즉 다윗에게 거짓을 아니할 것이라"(시 89:34-35) 하십니다.

③ "우리가 믿는 하나님은 "일을 행하는 여호와, 그것을 지어 성취하는 여호와"(렘 33:2)라고 말씀합니다. "내가 말하였으니 이루리라"(겔 36:36) 하십니다. 이를 믿었기에 바울은 옥중에서도 "너희 속에 착한 일을 시작하신 이가 그리스도 예수의 날까지 이루실 줄을 우리가 확신하노라"(빌 1:6) 하고 담대히 증거했던 것입니다. 그러므로 이는 발람의 노래가 아니라, "그 입"을 통하여 선포하시는 하나님의 말씀임이 확연해집니다. 발락(사탄)은 "끝만 보리니" 했는데, 발람은 놀랍게도 "나는 알파와 오메가요 처음과 나중이요 시작과 끝이라"(계 22:13) 하신 전체를 보고 있는 것이 아닌가!

④ "내가 축복의 명을 받았으니 그가 하신 축복을 내가 돌이킬 수 없도다"(20) 합니다. 발락이 발람을 초청한 것은, "축복을 돌이켜 저주가 되게 하라"고 부른 것입니다. 그런데 발람은 "야곱을 해할 사술(邪術)이 없고 이스라엘을 해할 복술이 없도다"(23) 하고, 하나님이 복 주시려고 작정하신 것을 돌이킬 방도가 없음을 실토합니다. 이는 완전히 항복하는 말입니다. 주님은 말씀하십니다. "음부의 권세가 이기지 못하리라"(마 16:18). 사도 바울은 선언합니다. "그런즉 이 일에 대하여 우리가 무슨 말하리요 만일 하나님이 우리를 위하시면 누가 우리를 대적하리요, 높음이나 깊음이나 다른 아무 피조물이라도 우리를 우리 주 그리스도 예수 안에 있는 하나님의 사랑에서 끊을 수 없으리라"(롬 8:31, 39).

⑤ 이처럼 하나님의 신실(信實)하심과, 하나님 언약의 불변함을 거

짓 선지자 발람의 입을 통하여 듣게 된다는 것은 우리를 한없이 부끄럽게 합니다. 왜냐하면 하나님의 선하심과 신실하심을 주의 종들이 얼마나 증거하지 않았으면 거짓 선지자의 입을 통해서 증거하시랴 하는 자책(自責) 때문입니다. 반성해 보십시다. 형제가 "하나님은 인생이 아니시니 식언치 않으시고 인자가 아니시니 후회가 없으시도다 어찌 그 말씀하신 바를 행치 않으시며 하신 말씀을 실행치 않으시랴" 하고, 하나님의 신실하심을 증거한 적이 언제입니까? 천지는 변하여도 하나님의 언약은 변하지 않는다는 설교를 들은 기억이 언제입니까?

하나님의 신실하심

① "여호와는 야곱의 허물을 보지 아니하시며 이스라엘의 패역을 보지 아니하시도다"(21상)한 것은 무슨 뜻인가? 이는, "그 말씀하신 바를 행치 않으시며, 하신 말씀을 실행치 않으시랴" 한 19절과 결부하여 해석되어야만 합니다. "야곱의 허물로도, 이스라엘의 패역으로도" 언약하신 바, 즉 아브라함의 자손으로 그리스도를 보내셔서 천하만민을 구원하시려는 하나님의 계획을 중단시킬 수는 없다는 뜻입니다. "어떤 자들이 믿지 아니하였으면 어찌하리요 그 믿지 아니함이 하나님의 미쁘심을 폐하겠느뇨 그럴 수 없느니라 사람은 다 거짓되되 하나님은 참되시다 할지어다"(롬 3:3-4).

② "여호와 그의 하나님이 그와 함께 계시니 왕을 부르는 소리가 그 중에 있도다"(21하) 합니다. "왕을 부르는 소리"라는 말씀을 24:17절의 "한 홀"과 결부시켜 생각한다면 메시아를 대망하는 것으로 볼 수가 있을 것입니다.

하나님이 그 성중에 거하시매 성이 요동치 아니할 것이라

새벽에 하나님이 도우시리로다
이방이 훤화하며 왕국이 동하였더니
저가 소리를 발하시매 땅이 녹았도다
만군의 여호와께서 우리와 함께 계시니
야곱의 하나님은 우리의 피난처시로다(시 46:5-7).

③ "하나님이 그들을 애굽에서 인도하여 내셨으니 그 힘이 들소와 같도다"(22) 합니다. 이는 막을 길이 없음을 나타내는 표현입니다. 애굽에서 인도하여 내신, 즉 시작하신 하나님의 행사를 누가 막을 수가 있단 말인가? 중단함이 없이 목적지 가나안까지 인도하여 들이실 것을 가리킵니다. 그러므로 "야곱과 이스라엘에 대하여 논할진대 하나님의 행하신 일이 어찌 그리 크뇨 하리로다"(23하) 하는 것입니다. 여기 주목할 말씀이 있는데, "하나님의 행하신 일"입니다. 성경은 크게 "하나님이 행하신 일과, 사람이 행한 일"로 되어 있습니다. 사람이 한 일이란 인류의 시조가 하나님을 배신한 일로부터 시작하여 배은망덕밖에는 없습니다. 인간이 한 일을 바라보면 절망입니다. "하나님의 행하신 일"은 한마디로 "어찌 그리 크뇨"한 대사(大事)를 행하신 것입니다. "하나님이여 주께서 대사를 행하셨사오니 누가 주와 같으리이까, 여호와께서 우리를 위하여 대사(大事)를 행하셨으니 우리는 기쁘도다"(시 71:19, 126:3). "여호와를 찬송할 것은 극히 아름다운 일을 하셨음이니 온 세계에 알게 할지어다"(사 12:5) 합니다. "자기 아들을 아끼지 아니 하시고 우리 모든 사람을 위하여 내어주신"(롬 8:32) "하나님의 행하신 일"은 얼마나 크고도 놀랍습니까?

④ "이 백성이 암사자같이 일어나고 수사자같이 일어나서 움킨 것을 먹으며 죽인 피를 마시기 전에는 눕지 아니하리로다"(24)는 말은, 사탄을 발등상 되게 할 구약적인 표현인 것입니다. 이 말은 발락을 전율케

하고야 말았을 것입니다. 바람의 말이 이에 이르자 "발락이 발람에게 이르되 그들을 저주하지도 말고 축복하지도 말라"(25) 하는 것입니다. 저주를 퍼부으라고 초청을 했는데 입만 열면 축복이 부어지고 있으니 차라리 입을 다무는 것이 낫겠다고 여겼기 때문입니다. "당신들은 나를 해하려 하였으나 하나님은 그것을 선으로 바꾸사 오늘과 같이 만민의 생명을 구원하게 하시려 하셨나니"(창 50:20), 악을 선으로 바꾸심은 성경 전 역사에 걸친 "하나님의 행하신 일이 어찌 그리 크뇨" 한 구원행사입니다. 이제 생각해봅니다. 산아래 진을 치고 있는 이스라엘, 왜 우리를 애굽에서 인도하여 내었느냐 하고 불평, 원망, 반역을 일삼던 저들이 하나님께서 자신들을 이처럼 사랑하고 계시다는 사실을 알고 있단 말인가? 그렇다면 우리는 어떠한가?

⑤ 발락도 이 일이 하나님의 주권적인 역사임을 알았습니다. 그리하여 "내가 너를 다른 곳으로 인도하리니 네가 거기서 나를 위하여 그들을 저주하기를 하나님이 혹시 기뻐하시리라" 말하면서 발람을 "브올산 꼭대기"(27-28)로 인도합니다. 과연 그곳에서는 "저주와 축복" 중에서 무엇이 발하여질 것인가?

민수기 24장 개관도표

주제 : 후일에 한 별, 한 홀이 일어나리라

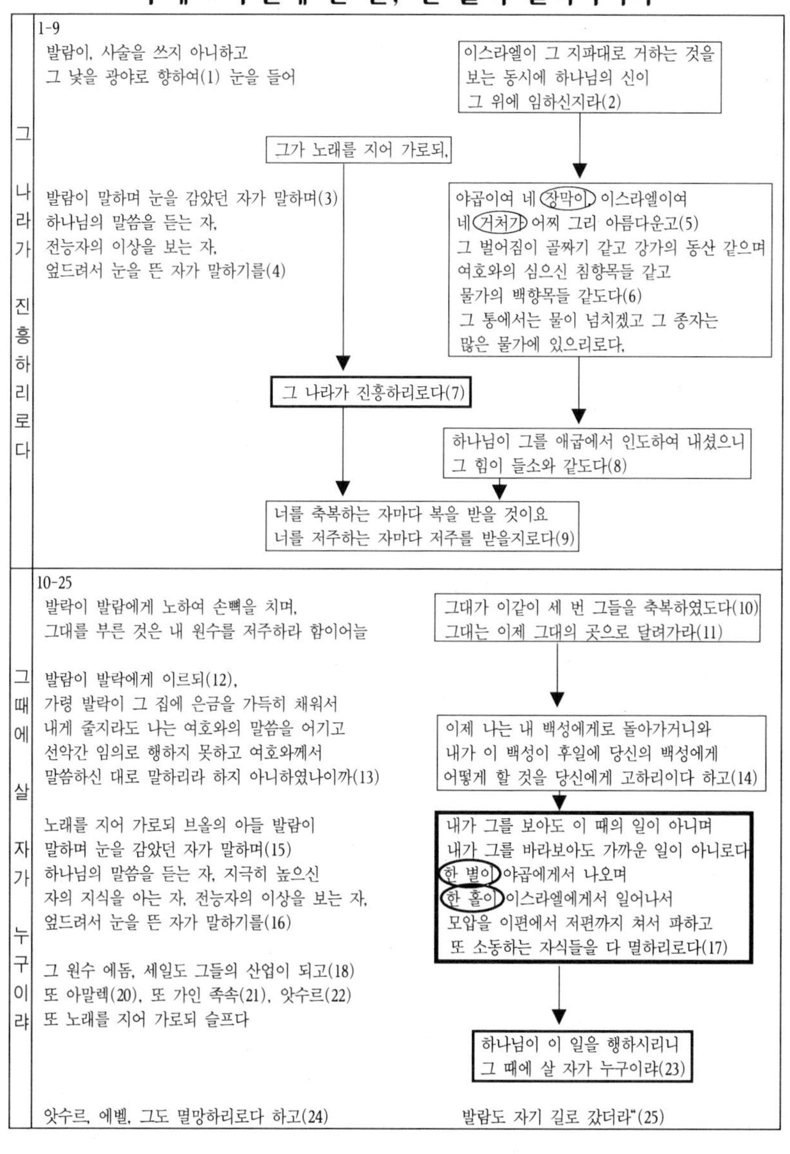
그 나라가 진흥하리로다
1-9
발람이, 사술을 쓰지 아니하고
그 낯을 광야로 향하여(1) 눈을 들어
이스라엘이 그 지파대로 거하는 것을 보는 동시에 하나님의 신이 그 위에 임하신지라(2)
그가 노래를 지어 가로되,
발람이 말하며 눈을 감았던 자가 말하며(3)
하나님의 말씀을 듣는 자,
전능자의 이상을 보는 자,
엎드려서 눈을 뜬 자가 말하기를(4)
야곱이여 네 장막이, 이스라엘이여 네 거처가 어찌 그리 아름다운고(5)
그 벌어짐이 골짜기 같고 강가의 동산 같으며 여호와의 심으신 침향목들 같고 물가의 백향목들 같도다(6)
그 통에서는 물이 넘치겠고 그 종자는 많은 물가에 있으리로다,
그 나라가 진흥하리로다(7)
하나님이 그를 애굽에서 인도하여 내셨으니 그 힘이 들소와 같도다(8)
너를 축복하는 자마다 복을 받을 것이요
너를 저주하는 자마다 저주를 받을지로다(9)
그 때에 살 자가 누구이랴
10-25
발락이 발람에게 노하여 손뼉을 치며,
그대를 부른 것은 내 원수를 저주하라 함이어늘
그대가 이같이 세 번 그들을 축복하였도다(10)
그대는 이제 그대의 곳으로 달려가라(11)
발람이 발락에게 이르되(12),
가령 발락이 그 집에 은금을 가득히 채워서
내게 줄지라도 나는 여호와의 말씀을 어기고
선악간 임의로 행하지 못하고 여호와께서
말씀하신 대로 말하리라 하지 아니하였나이까(13)
이제 나는 내 백성에게로 돌아가거니와
내가 이 백성이 후일에 당신의 백성에게
어떻게 할 것을 당신에게 고하리이다 하고(14)
노래를 지어 가로되 브올의 아들 발람이
말하며 눈을 감았던 자가 말하며(15)
하나님의 말씀을 듣는 자, 지극히 높으신
자의 지식을 아는 자, 전능자의 이상을 보는 자,
엎드려서 눈을 뜬 자가 말하기를(16)
내가 그를 보아도 이 때의 일이 아니며
내가 그를 바라보아도 가까운 일이 아니로다
한 별이 야곱에게서 나오며
한 홀이 이스라엘에게서 일어나서
모압을 이편에서 저편까지 쳐서 파하고
또 소동하는 자식들을 다 멸하리로다(17)
그 원수 에돔, 세일도 그들의 산업이 되고(18)
또 아말렉(20), 또 가인 족속(21), 앗수르(22)
또 노래를 지어 가로되 슬프다
하나님이 이 일을 행하시리니
그 때에 살 자가 누구이랴(23)
앗수르, 에벨, 그도 멸망하리로다 하고(24)
발람도 자기 길로 갔더라"(25)

24장

후일에 한 별, 한 홀이 일어나리라

17내가 그를 보아도 이 때의 일이 아니며 내가 그를 바라보아도 가까운 일이 아니로다 한 별이 야곱에게서 나오며 한 홀이 이스라엘에게서 일어나서 모압을 이 편에서 저 편까지 쳐서 파하고 또 소동하는 자식들을 다 멸하리로다.

24장에는, "노래를 지어 가로되"라는 대목이 네 번(3, 15, 21, 23) 등장합니다. 이는 이스라엘에 대한 축복이면서, 하나님께서 발람의 입을 통하여 말씀하시는 예언이기도 합니다. 본 장은 9절에 나오는, "너를 축복하는 자마다 복을 받을 것이요 너를 저주하는 자마다 저주를 받을지로다"는 말씀을 열쇠로 삼아 해석함이 도움이 됩니다. 이를 구속사라는 맥락에서 보면 중요한 의미가 있음을 깨닫게 됩니다. 왜냐하면 하나님께서 아브라함에게, "너를 축복하는 자에게는 내가 복을 내리고 너를 저주하는 자에게는 내가 저주하리니 땅의 모든 족속이 너를 인하여 복을 얻을 것이니라"(창 12:3) 하고 세워주신 언약과 상통하기 때문입니다. 이는 궁극적으로 아브라함의 자손으로 오실 그리스도에게서 성취될 언약인데, 그리스도를 축복(믿는 자)하는 자는 복을 받고, 저주(배척)하는 자는 멸망을 당하게 되리라는 말씀인 것입니다. 그러므로 본 장에는 놀랍게도 그리스도를 상징하는 "한 별, 한 홀"이 등장합니다. 그리고 "그 나라가 진흥(振興)하리로다"(7) 하고 "그 나라"와, 이를 대적하는 "모압, 에돔, 아말렉" 등 열방은 "멸망하리로다"(24), 즉 심판을 받게 된다고 말씀합니다. 그리고 결론은 "하나님이 이 일을 행하셨으니 그 때에 살 자가 누구이랴"(23), 즉 구원 얻을 자가 누구인가로 모아지고 있는 것입니다. 이를 두 단원으로 나누어 상고하겠습니다.

첫째 단원(1-9) **그 나라가 진흥하리로다**

둘째 단원(10-25) **그 때에 살 자가 누구이랴**

첫째 단원(1-9) **그 나라가 진흥하리라**

"눈을 들어 이스라엘이 그 지파 대로 거하는 것을 보는 동시에 하나님의 신이 그 위에 임하신지라"(2).

① 발락은 발람을 "브올산 꼭대기"(23:28)로 데리고 올라갔습니다. 거기서 "눈을 들어 이스라엘이 그 지파 대로 거하는 것"을 보았다는 것입니다. 그들이 어떤 대형(隊形)으로 진을 치고 있었을까? 이점을 이미 2장에서 살펴본 바입니다. 성막을 중심으로 12 지파가 동서남북에 세 지파 씩 진을 치는 중에, "동방 해 돋는 편"에는 유다 진기에 속하는 자들이 진을 치고 있었을 것입니다. 발람은 이를 바라본 것입니다. 그런데 첫 절에서 "전과 같이 사술을 쓰지 아니하고" 라는 말을 대하게 됩니다. 그렇다면 바람은 이제까지 사술(邪術)을 쓰려고 애를 썼으나 하나님께

서 이를 막으셨다는 것이 됩니다.

② "보는 동시에 하나님의 신이 임하신지라"(2하), "그가 노래를 지어 가로되", 이것이 세 번째 노래입니다.

㉠ 눈을 감았던 자가 말하며(3),

㉡ 하나님의 말씀을 듣는 자, 전능자의 이상을 보는 자,

㉢ 엎드려서 눈을 뜬 자가 말하기를(4) 합니다. 자신이 전에는 눈을 감은 자 곧 소경이었음을 인정합니다. 그런데 이제 "눈을 뜨게" 해주셨고, 그래서 "보게 되어" 말한다는 것입니다. 이를 대하면서 형제는 어떤 마음이 드십니까? 다시 강조하거니와 이는 하나님의 말씀을 맡은 자들이 "헐떡일"(시 119:131) 정도로 사모해야 마땅할 점입니다. 왜냐하면 "소경이 소경을 인도하면 둘이 다 구덩이에 빠지리라"(마 15:14) 경고하시기 때문입니다. "그러나 저희 마음이 완고하여 오늘까지라도 구약을 읽을 때에 그 수건이 오히려 벗어지지 아니하고 있으니 그 수건은 그리스도 안에서 없어질 것이라"(고후 3:14) 하십니다. 자신이 소경인가 여부를 알아보려면 그것은 간단합니다. 구약성경을 설교할 때에 그 중심에 그리스도가 와 있는가를 보면 됩니다. 만일 중심에 "축복이나, 만사형통"이 와 있다면 당신은 눈을 감은 자입니다. 왜냐하면 주님께서 "이 성경이 곧 내게 대하여 증거하는 것이로다"(요 5:39) 하신 그리스도를 보지 못하기 때문입니다. 보았는데도 옆으로 비켜놓고 증거하지 않는다면 당신은 "그리스도의 종이 아닌"(갈 1:10) 것이 됩니다. 발람은 눈을 떠서 무엇을 보았단 말인가?

③ "야곱이여 네 장막이, 이스라엘이여 네 거처(居處)가 어찌 그리 아름다운고"(5) 합니다. "야곱의 장막, 이스라엘의 거처"는 구약교회를 가리키는 표현입니다. 지금 발람은 "눈을 들어 이스라엘이 그 지파 대로 거하는 것"을 열어주신 눈으로, 표면적인 아름다움이 아니라 신령한 아름다움을 바라보면서 찬양하고 있는 것입니다. 이들의 장막과 거처가

"그리도 아름다운" 것은 그 중심에 그리스도를 상징하는 성막이 있기 때문입니다. 이를 신약적으로 말한다면, "너희가 하나님의 성전인 것과 하나님의 성령이 너희 안에 거하시는 것을 알지 못하느뇨"(고전 3:16)가 되는 것입니다. 다윗은 교회의 아름다움과 영광스러움을 이렇게 찬양합니다.

형제가 연합하여 동거함이
어찌 그리 선하고 아름다운고
머리에 있는 보배로운 기름이 수염
곧 아론의 수염에 흘러서
그 옷깃까지 내림 같고
헐몬의 이슬이 시온의 산들에 내림 같도다
거기서 여호와께서 복을 명하셨나니
곧 영생이로다 (시 133편, 구속사의 관점에서 본 시편 참고).

④ 한마디만 해설을 가한다면, 대제사장 아론의 머리에 관유를 붓습니다. 그러면 그 기름이 수염에 흘러서 그 옷깃까지 내린다는 것입니다. 이를 통해서 교회의 머리되시는 그리스도의 기름 부으심이 모든 지체까지 흘러내리는, 이것이 교회라는 것입니다. 이를 헐몬산과 시온의 산들에 비해서 다시 강조하고 있는 것입니다. 거기서 베푸실 궁극적인 복은 "영생"이라고 말씀합니다. 본문에서도 5-9절은 구약교회의 영광스러움을 "노래"하는 내용입니다. "그 벌어짐이 골짜기 같고, 강가의 동산 같으며, 여호와의 심으신 침향목들 같고, 물가의 백향목들 같도다. 그 통에서는 물이 넘치겠고, 그 종자는 많은 물가에 있으리로다. 그 왕이 아각보다 높으니, 그 나라가 진흥하리로다" 합니다. 노래 중에, "그 왕과, 그 나라"가 있음을 주목하시기를 바랍니다. 핵심이 여기에 있기 때문입

니다. 이는 궁극적으로는 하나님의 나라 곧 메시아왕국을 전망(展望)하는 표현인 것입니다.

⑤ "하나님이 그를 애굽에서 인도하여 내셨으니"(8상) 합니다. 이점을 23:22절에서도 언급하였습니다. 왜냐하면 여기에 이스라엘의 근본(根本)이 있기 때문입니다. 바로의 노예였던 저들이 하나님의 백성이 될 수 있었던 것은 오직 유월절 양의 피로 가능해진 것입니다. 이 말씀이 우리들에게는 어떻게 적용이 되는가? 구약성경과 신약성경 사이에는 그리스도의 십자가가 세워져 있습니다. 그러므로 구약의 말씀들이 십자가라는 프리즘을 통해서 다가오게 될 때 찬란한 빛을 발하게 되는 것입니다. "애굽에서 인도하여 내셨다"는 말씀이 1차 적으로는 출애굽을 의미하지만, 궁극적으로는 사탄의 속박에서 해방 받게 될 영적 출애굽에서 성취될 말씀입니다. 왜냐하면 본문의 내용이 "이 때의 일이 아니라, 후일"(17, 14)에 되어질 일이기 때문입니다. "그 힘이 들소와 같도다. 그 적국을 삼키고, 그들의 뼈를 꺾으며, 화살로 쏘아 꿰뚫으리로다. 꿇어앉고 누움이 수사자와 같고, 암사자와도 같으니, 일으킬 자 누구이랴"(8하-9상) 합니다. 이는 승리하는 교회에 대한 구약적인 묘사입니다.

⑥ 어찌하여 교회는 "아름다움"(5, 영광스러움)만이 아니라, "그 힘이 들소와 같고, 수사자"(8-9)와 같은 능력이 필요한가? "저주하는 자"(9), 즉 교회를 파괴하려는 발락과 같은 대적자가 있기 때문입니다. 미가 선지자도 "남은 자"(성도들)를 "풀 위에 내리는 단비"와, "짐승 중의 사자"(미 5:7-8)에 비유하고 있습니다.

⑦ 서론에서 9절이 열쇠와 같은 말씀이라고 했는데, 지구상에 많은 나라, 많은 민족이 있다하여도 영적 논리로 하면 "축복하는 자와, 저주하는 자", 즉 메시아왕국에 속하는 자와, 사탄의 왕국에 속하는 자로 갈라지게 될 것이기 때문입니다. 그리하여 "그 나라", 즉 메시아왕국은 흥

왕하게 되고, 사탄을 추종하는 왕국의 "종말은 멸망에 이르리로다"(20하) 하는 것이 24장 전체의 논리입니다. 이를 듣는 발락이 어떻게 반응했는가?

둘째 단원(10-25) 그 때에 살 자가 누구이랴

"발락이 발람에게 노하여 손뼉을 치며 발람에게 말하되 내가 그대를 부른 것은 내 원수를 저주하라 함이어늘 그대가 이같이 세 번 그들을 축복하였도다"(10).

① 발락의 우선적인 반응은, "노하여 손뼉을 친" 것입니다. 이는 심히 노한 모습을 나타냅니다. 제가 증거한 첫째 단원을 불신자가 읽는다면 그들은 틀림없이 "노하여 손뼉을 치며" 거부감을 나타낼 것입니다. 그리고 발락이 "이제 그대의 곳으로 달려가라"(11중) 함과 같이, 즉 꺼져버려라 할 것입니다. 이는 불가피한 일입니다. 신분과 소속과 영이 다르기 때문입니다. 보십시오. 발락이 하나님의 백성들을 무엇이라 부르고 있는가? "내 원수를 저주하라 함이어늘"(10) 하고, "원수"라 부르고 있습니다.

② 그러므로 이점에서 분명해야만 합니다. 오늘날은 "두 왕국"을 다 소유하려는 사람, "두 사이에서 머뭇머뭇하는"(왕상 18:21) 사람들이 점점 늘어나는 추세에 있기 때문입니다. 왜냐하면, 편협하다는 말을 들을까보아 두려워하기 때문입니다. "불법이 성하므로" 복음에 대한 많은 사람의 사랑이 식어져가고(마 24:12) 있습니다. 그리하여 강단에서는 복음이 점점 사라지고 있습니다. 그리하여 신본주의(神本主義)는 물러가고 인본주의(人本主義)가 자리를 차지하게 되어 급기야는 종교다원주의가 득세를 하고 있습니다. 엘리야가 촉구한 대로 이제 결단을 해

야만 합니다. "아브라함의 하나님, 이삭의 하나님, 야곱의 하나님", 곧 "우리 주 예수 그리스도의 하나님"(엡 1:17)을 언약의 말씀인 성경대로 믿든지, 아니면 교회에서 떠나 기독교를 대적해오든지 분명한 입장을 밝혀야할 것입니다. 그런데 저들은 주님 당시처럼 "모세의 자리"(마 23:2), 즉 지도자의 자리에 앉아서 이것도 저것도 아닌 "다른 복음"을 유포하고 있는 것입니다.

③ 발람은 말합니다. "가령 발락이 그 집에 은 금을 가득히 채워서 내게 줄지라도 나는 여호와의 말씀을 어기고 선악간 임의로 행하지 못하고 여호와께서 말씀하신 대로 말하리라 하지 아니하였나이까"(13) 합니다. 당나귀의 입을 통해서 "선지자의 미친 것"(벧후 2:16)을 책망하신 하나님은, 발람의 입을 통해서 희미한 주의 종들을 꾸짖고 계신다는 깨달음이 들지 않으십니까?

후일에 될 일을 계시하심

① "이제 나는 백성에게로 돌아가거니와 들으소서 내가 이 백성이 후일에 당신의 백성에게 어떻게 할 것을 당신에게 고하리이다"(14) 합니다. 15-24절 속에는 "노래를 지어 가로되"라는 말이 세 번(15, 21, 23) 등장하는데, 하나님께서 발람의 입을 통하여 하시는 예언적인 말씀입니다. 우선적으로 주목해야할 점은, "이 백성(이스라엘)과, 당신(발락)의 백성"(14중)이 적대관계(14)에 있다는 점입니다. 이처럼 두 부류로 갈라지게 되었고, 적대감을 갖게 된 것은 아담 하와가 범죄하였을 때, "너의 후손도 여자의 후손과 원수가 되게 하리니 여자의 후손은 네 머리를 상하게 할 것이요"(창 3:15) 하고 선언하실 때부터 시작된 것입니다.

② "노래를 지어" 말하기를, 발람은 다시 한번 자신이 전에는 눈을 감았던 자였으나, 이제는 엎드려서 눈을 뜬 자라고 말합니다.

내가 그를 보아도 이 때의 일이 아니며
내가 그를 바라보아도 가까운 일이 아니로다
한 별이 야곱에게서 나오며
한 홀이 이스라엘에게 일어나서"(17상) 합니다.

하나님은 발람의 눈을 뜨게 하셔서 누구를 보게 하셨는가? 발람은 이스라엘 진영을 내려다보면서 그 중에서 "한 별이 나오고, 한 홀이 일어날 것"을 보고 있는 것이 아닌가? "홀"이란 왕권을 상징하는 지팡이를 가리키는데, 이미 야곱을 통해서 "홀이 유다를 떠나지 아니하며 치리자의 지팡이가 그 발 사이에서 떠나지 아니하시기를 실로가 오시기까지 미치리니"(창 49:10) 하고, 왕이 유다 지파를 통해서 나실 것을 예언한 바입니다.

③ 이 "별과, 홀"이 1차 적으로는 "다윗"을 가리킨다 하겠습니다. "모압과, 에돔"(17-18) 등을 파할 것을 말씀하고 있는데, 이 예언이 다윗에게서 성취(삼하 8:2, 14)되었던 것입니다. 그런데 구속사의 넓은 문맥에서 보면 "한 별과 한 홀"이란 그리스도를 가리킴이 명백한 것입니다. 놀랍지 않습니까? 성경의 통일성이 놀랍고, 눈을 뜨게 하시니 거짓 선지자도 약 1,500년 후에 나타날 "별과 왕"을 보고 있다는 것이 더욱 놀랍습니다.

④ 여기서 시편 한 편을 인용하지 않을 수가 없습니다.

"이스라엘이 애굽에서 나오며
야곱의 집이 방언 다른 민족에게서 나올 때에
유다는 여호와의 성소가 되고
이스라엘은 그의 영토가 되었도다" 합니다.

어찌하여 "유다는 여호와의 성소가 되고" 라고 말하는가? 성막이 성소가 아니던가? 이는 그리스도가 유다를 통해서 나실 것이기 때문입니다.

"바다는 이를 보고 도망하며
요단은 물러갔으며
산들은 수양같이 뛰놀며
작은 산들은 어린양같이 뛰었도다"(시 115:1-4) 합니다.

선두에서 인도하는 유다 지파(민 10:14)를 통하여 왕의 행차(行次)를 보았기 때문입니다. 발람도 이를 보고 "한 별, 한 홀"이 일어날 것을 예언하고 있는 것입니다.

⑤ 7절에서는 "그 나라는 진흥하리로다" 했는데, 17하-24절에는 "모압, 에돔, 아말렉, 가인 족속, 에벨, 앗수르" 등 열방이 등장합니다. 이 열방들의 종말은, "멸망에 이르리로다(19), 그도 멸망하리로다"(24) 합니다. 왜 멸망을 하게 되는가? "세상의 군왕들이 나서며 관원들이 서로 꾀하여 여호와와 그 기름 받은 자를 대적"(시 2:2)하기 때문입니다. 모압 왕 발락에게 이를 분명히 선고하시는 것입니다.

⑥ 발람의 마지막 노래는, "또 노래를 지어 가로되 슬프다 하나님이 이 일을 행하시리니 그 때에 살 자가 누구이랴"(23) 하고 탄식하는 것으로 마치고 있습니다. ㉠ 하나님이 행하실 "이 일"이 무엇인가? "한 별, 한 홀"을 일으키시어 "축복하는 자는 복을 받고 저주하는 자는 저주를 받게"(9) 하시려는 일입니다. ㉡ "그 때에 살 자가 누구이랴" 합니다. 다시 말하면 구원 얻을 자가 누구냐 하고 묻고 있는 것입니다. 형제가 대답해보시기 바랍니다. 시편에서는 "그 아들에게 입맞추라 그렇지 아니하면 진노하심으로 너희가 길에서 망하리니 그 진노가 급하심이라

여호와를 의지하는 자는 다 복이 있도다"(시 2:12) 합니다. 신약성경은 "하나님이 세상을 이처럼 사랑하사 독생자를 주셨으니 이는 저를 믿는 자마다 멸망치 않고 영생을 얻게 하려 하심이니라"(요 3:16) 하고 말씀합니다.

⑥ "발람이 일어나 자기 곳으로 돌아갔고"(25상) 합니다. "사술과 복술"을 행하는 옛날로 돌아가고 만 것입니다. 발람은 당나귀처럼 대언은 하였으나, 구원에 참여하지는 못할 것입니다. 그렇다면 거짓 선지자 발람은 곱게 물러갔단 말인가? 그 점을 다음 장에서 보게 될 것입니다.

민수기 25장 개관도표

주제 : 발람의 궤계와 영원한 제사장 직분

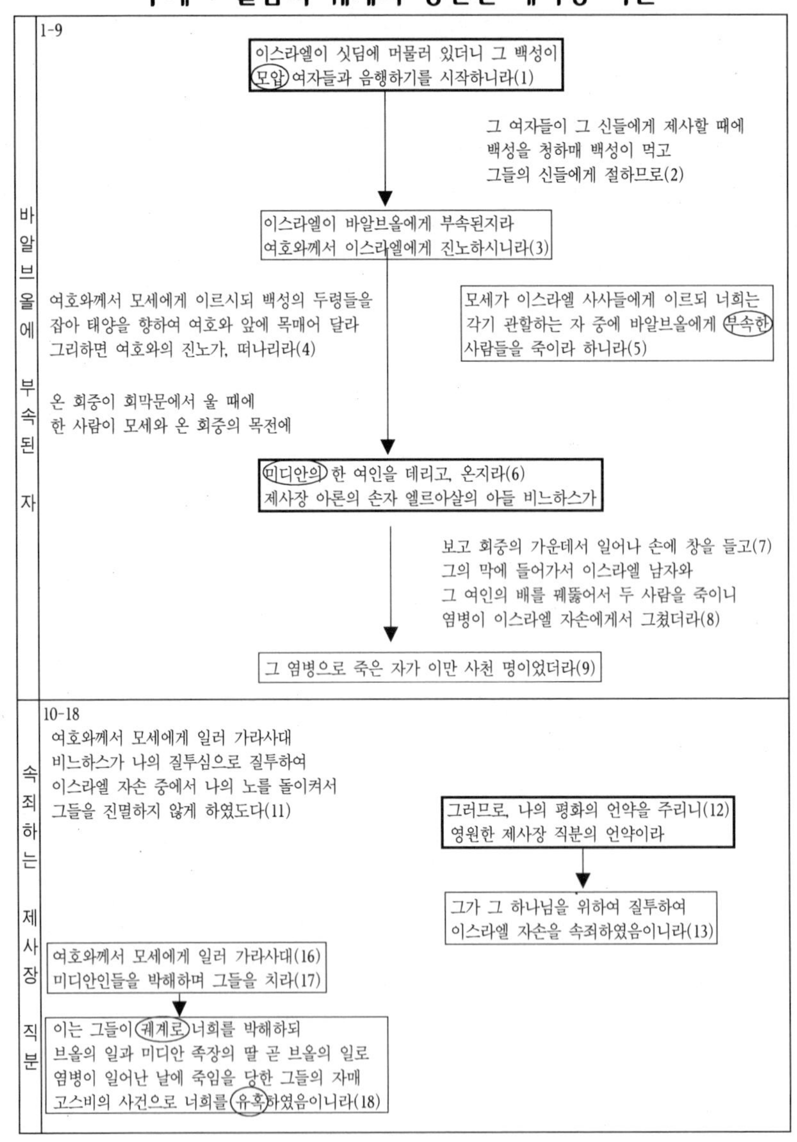

바알브올에 부속된 자
1-9
이스라엘이 싯딤에 머물러 있더니 그 백성이 모압 여자들과 음행하기를 시작하니라(1)
그 여자들이 그 신들에게 제사할 때에 백성을 청하매 백성이 먹고 그들의 신들에게 절하므로(2)
이스라엘이 바알브올에게 부속된지라 여호와께서 이스라엘에게 진노하시니라(3)
여호와께서 모세에게 이르시되 백성의 두령들을 잡아 태양을 향하여 여호와 앞에 목매어 달라 그리하면 여호와의 진노가, 떠나리라(4)
모세가 이스라엘 사사들에게 이르되 너희는 각기 관할하는 자 중에 바알브올에게 부속한 사람들을 죽이라 하니라(5)
온 회중이 회막문에서 울 때에 한 사람이 모세와 온 회중의 목전에
미디안의 한 여인을 데리고, 온지라(6)
제사장 아론의 손자 엘르아살의 아들 비느하스가
보고 회중의 가운데서 일어나 손에 창을 들고(7)
그의 막에 들어가서 이스라엘 남자와
그 여인의 배를 꿰뚫어서 두 사람을 죽이니
염병이 이스라엘 자손에게서 그쳤더라(8)
그 염병으로 죽은 자가 이만 사천 명이었더라(9)
속죄하는 제사장 직분
10-18
여호와께서 모세에게 일러 가라사대 비느하스가 나의 질투심으로 질투하여 이스라엘 자손 중에서 나의 노를 돌이켜서 그들을 진멸하지 않게 하였도다(11)
그러므로, 나의 평화의 언약을 주리니(12) 영원한 제사장 직분의 언약이라
그가 그 하나님을 위하여 질투하여 이스라엘 자손을 속죄하였음이니라(13)
여호와께서 모세에게 일러 가라사대(16) 미디안인들을 박해하며 그들을 치라(17)
이는 그들이 궤계로 너희를 박해하되 브올의 일과 미디안 족장의 딸 곧 브올의 일로 염병이 일어난 날에 죽임을 당한 그들의 자매 고스비의 사건으로 너희를 유혹하였음이니라(18)

25장 발람의 궤계와 영원한 제사장 직분

> [3]이스라엘이 바알브올에게 부속된지라 여호와께서 이스라엘에게 진노하시니라.

25장은, "백성이 모압 여자들과 음행하기를 시작하니라"(1) 이렇게 시작이 됩니다. 약속의 땅 문턱에 이르러 어찌 이런 일이 벌어진단 말인가? 이는 22-24장에 등장한 "발람"과 연관된 사건으로 보아야만 합니다. 왜냐하면 모세가 "보라 이들이 발람의 꾀를 좇아 이스라엘 자손으로 브올의 사건에 여호와 앞에 범죄케 하여 여호와의 회중에 염병이 일어나게 하였느니라"(31:16) 하고, 이 일이 "발람의 꾀"라고 해설을 해주고 있기 때문입니다. 모압 여자들이 "그 신(神)들에게 제사할 때에 (이스라엘)백성들을 청하매, 백성이 (우상제물을) 먹고 그들의 신들에게 절했다"(2)는 것입니다. 이것이 발람이 자기 곳으로 돌아가면서 발락에게 알려준 "꾀"였던 것입니다. 그리고 이 음행은 주님의 재림 문턱에서 공세를 취할 사탄의 마지막 무기(벧후 2:18)임도 명심해야만 합니다. 이를 두 단원으로 나누어 상고하겠습니다.

첫째 단원(1-9) **바알브올에 부속된 자**
둘째 단원(10-18) **속죄하는 제사장 직분**

첫째 단원(1-9) **바알브올에 부속된 자**

"이스라엘이 싯딤에 머물러 있더니 그 백성이 모압 여자들과 음행하기를 시작하니라"(1).

① "싯딤"이란 요단강을 건너기 전에 마지막으로 진을 쳤던 모압 평지의 한 지명입니다. 그런데 그곳에서 "음행"을 했다는 것입니다. 누구하고 말인가? "모압 여자들"이라고 말씀합니다. 또 하나의 음행 사건이 있는데, 어떤 사람이 "모세와 온 회중의 목전에 미디안의 한 여인을 데리고"(6) 이스라엘 진영으로 온 것입니다. "모압과, 미디안"이 누구인가? "모압 장로들과 미디안 장로들이 손에 복술의 예물을 가지고 떠나 발람에게 이르러"(22:7), 이스라엘을 저주케 하려던 대적들입니다.

② 그러나 하나님의 강권적인 막으심으로 저주작전이 실패하게 되자, 발람은 떠나면서 "음행작전"을 알려주었던 것입니다. "그 여자들이 그 신들에게 제사할 때에 백성을 청했다"(2상)는 것은 유혹이었던 것입니다. 이를 단호하게 거부했어야 마땅합니다. ㉠ 초청에 응하여, ㉡ "백성이 먹고", ㉢ 음행하고, ㉣ "그들의 신들에게 절하게"(2) 되는 것은 사탄의 궤계에 말려드는 하나의 수순(手順)인 것입니다. 이런 광경을 잠언 7장에서는, "내가 내 집 들창으로, 살창으로 내어다보다가 어리석은 자 중에 소년 중에 한 지혜 없는 자를 보았노라 그가 거리를 지나

음녀의 골목 모퉁이로 가까이 하여 그 집으로 들어가는데 저물 때 황혼 때 깊은 밤 흑암 중이라. 소년이 곧 그를 따랐으니 소가 푸주로 가는 것 같고 미련한 자가 벌을 받으려고 쇠사슬에 매이러 가는 것과 일반이라 필경은 살이 그 간을 뚫기까지 이를 것이라"(잠 7:6-9, 22-23) 하고 묘사합니다.

③ 그들은 유혹에 빠져 육적인 음행만이 아니라, 영적인 음행인 우상도 숭배한 것입니다. 주님은 버가모 교회를 향해서, "네게 두어 가지 책망할 것이 있나니 거기 네게 발람의 교훈을 지키는 자들이 있도다 발람이 발락을 가르쳐 이스라엘 앞에 올무를 놓아 우상의 제물을 먹게 하였고 또 행음하게 하였느니라"(계 2:14) 하십니다. 또 두아디라 교회를 향해서도 "네게 책망할 일이 있노라 자칭 선지자라 하는 여자 이세벨을 네가 용납함이니 그가 내 종들을 가르쳐 꾀어 행음하게 하고 우상의 제물을 먹게 하는도다"(계 2:20) 하고 책망하십니다. 사탄은 발람을 통해서, 후에는 이세벨을 통해서 구약교회를 음행이라는 궤계로 미혹했던 것입니다. 또한 버가모, 두아디라교회와 같은 신약교회를 타락케 한 것이 동일한 사탄의 음행작전임을 깨닫게 됩니다. 그렇다면 현대교회도 "발람의 궤계"에서 자유로울 수 없음을 깨닫게 됩니다. 현대교회의 음행과 우상숭배는 "세상을 사랑하는 것"(약 4:4)으로, 또는 "탐심은 곧 우상숭배니라"(골 3:5) 한 물질숭배로 나타납니다. 그리고 치명적인 것은 혼합종교화 하는 것이라 하겠습니다.

④ "이스라엘이 바알브올에게 부속된지라"(3상) 합니다. "바알브올"이란, 브올에 있는 바알이라는 뜻입니다. 그 바알에게 부속(附屬)되었다는 것입니다. 이스라엘이 전에는 바로에게 부속되어 있었던 노예들이었습니다. 그들을 유월절 어린양의 피로 구속하여 하나님께 부속시켜, 하나님의 백성들로 삼아주신 것입니다. 영적 논리로 하면 두 "부속"밖에 없다는 것과, 모든 사람들은 이 두 부속 중 어느 하나에 소속되어

있다는 점입니다. 두 진영에 동시에 부속될 수도 없거니와, 아무데도 부속되지 않은 중립은 없습니다. 그런데 이제 약속의 땅을 목전에 두고 영육 간의 음행을 통해서 "바알에게 부속"이 되었다는 것입니다. 이점을 사도 바울은 "너희 몸이 그리스도의 지체인 줄을 알지 못하느냐 내가 그리스도의 지체를 가지고 창기의 지체를 만들겠느냐, 창기와 합하는 자는 저와 한 몸인 줄을 알지 못하느냐"(고전 6:15-16) 하고 책망합니다.

⑤ "여호와께서 이스라엘에게 진노하시니라 여호와께서 모세에게 이르시되 백성의 두령들을 잡아 태양을 향하여 여호와 앞에 목매어 달라"(3하-4상) 하십니다. 이는, ㉠ 음행하는 일에 "백성의 두령", 즉 지도자들이 앞장섰음을 나타냅니다. 예루살렘이 멸망을 당한 원인도 지도자들 때문이었는데, 바벨론에서 귀환한 후에도 "거룩한 자손으로 이방 족속과 서로 섞이는데 방백들과 두목들이 이 죄에 더욱 으뜸이 되었다 하는지라"(스 9:2) 합니다. 그리고 이러한 악순환은 주님 당시도 반복되었던 것입니다. 이제도 반복될 수가 있다는데 경계가 됩니다. ㉡ "목매어 달라" 하심이 가혹한 일로 여겨지십니까? "불뱀을 만들어 장대 위에 달라"(21:8) 하심이 누구의 무엇을 상징하는가를 생각하시기를 바랍니다. 우리 죄를 위해서 하나님의 아들이 "목매어 달림"보다도 더욱 비참한 십자가에 못 박혀 달리셨습니다. ㉢ "그리하면 여호와의 진노가 이스라엘에게서 떠나리라"(4하) 하십니다. 나무에 달림은 저주받음을 뜻합니다. 주님께서 우리 대신 저주를 받아 나무에 달리심으로 말미암아 우리가 나음을 입은 것입니다. 이를 통해서 두 가지를 말씀해주는데 첫째는, 죄의 결과가 얼마나 비참한가 하는 점과, 둘째는, 죄를 해결하는 방도는 나무에 달림 밖에 없다는 것을 보여주고 있습니다.

바알브올에 부속된 자들을 죽이라

① 바알브올에 부속한 두령들을 목매어 달게 된 이 일로 인하여 "이스라엘 자손의 온 회중이 회막 문에서 울 때에 이스라엘 자손 한 사람이 모세와 온 회중의 목전에 미디안의 한 여인을 데리고 그 형제에게로 온지라"(6) 합니다. 이는 발람의 궤계가 얼마나 대담해졌으며 공공연히 행해지고 있었는가를 말해줍니다. 2절에서는 "백성을 청하매" 이스라엘 백성들이 미디안 진영으로 간 것으로 되어 있으나, 6절에서는 "여인을 데리고 그 형제에게로 온지라" 하고 이스라엘 진영 안으로 들어왔다는 것입니다. "이스라엘의 진"(陣)이 어떤 진영인가? 한 예를 들면 "너희 기구에 작은 삽을 더하여 밖에 나가서 대변을 통할 때에 그것으로 땅을 팔 것이요 몸을 돌이켜 그 배설물을 덮을지니 이는 네 하나님 여호와께서 너를 구원하시고 적군을 네게 붙이시려고 네 진중(陣中)에 행하심이라 그러므로 네 진을 거룩히 하라 그리하면 네게서 불합한 것을 보시지 않으므로 너를 떠나지 아니하시리라"(신 23:13-14) 한, 하나님이 거하시는 진인 것입니다. 그런데 나가서 음행하는 것으로 그치지 아니하고 진영 안으로 이방 여인을 데리고 들어와 음행을 하다니, 적은 누룩이 온 덩어리에 퍼지고 있는 것입니다.

② "제사장 아론의 손자 엘르아살의 아들 비느하스가 보고 회중의 가운데서 일어나 손에 창을 들고 그 이스라엘 남자를 따라 그의 막에 들어가서 이스라엘 남자와 그 여인의 배를 꿰뚫어서 두 사람을 죽이니 염병이 이스라엘 자손에게서 그쳤더라 그 염병으로 죽은 자가 이만 사천 명이었더라"(7-9) 합니다. 염병은 그쳤으나, 이로 인하여 2만 4천 명이나 희생이 된 것입니다. 이럴 경우 인간중심으로 생각하여 죽은 자의 비참함만을 보아서는 아니 됩니다. 저들의 신분이 무엇이며 어떤 임무를 수행하는 자들인가를 생각해야만 합니다. 죽은 그들은 하나님께서

유월절 양의 피로 구속하신 하나님의 백성들이요, 약속의 땅 가나안을 정복해야할 "여호와의 군대"였던 것입니다. 다음 장에서 "이십 세 이상으로 능히 싸움에 나갈만한 자를 계수하라"(26:2) 하심을 대하게 됩니다. 만일 바알브올에게 부속되지 않았다면 그들은 계수에 들었을 것이 분명합니다. 그렇다면 하나님 중심으로 볼 때 얼마나 큰 손실이란 말인가?

둘째 단원(10-18) **속죄하는 제사장 직분**

"제사장 아론의 손자 엘르아살의 아들 비느하스가 나의 질투심으로 질투하여 이스라엘 자손 중에서 나의 노를 돌이켜서 나의 질투심으로 그들을 진멸하지 않게 하였도다"(11).

① 본 단원에서는 세 가지를 말씀하십니다. 첫째는 비느하스가, "나의 노를 돌이키게 했다"고 말씀합니다. 둘째는, 그와 그 후손에게 "영원한 제사장 직분"(13)을 주시겠다고 언약하십니다. 셋째는, "미디안을 박해하며 그들을 치라"(17)고 명하십니다. 이 말씀의 의미가 무엇이며, 우리에게 어떻게 적용이 되는가?

② 먼저 "제사장 직분"입니다. 이는 비느하스 개인이나, 가문에 국한된 영광을 말씀함이 아닙니다. 왜냐하면 비느하스는 이 사건으로 인하여 제사장 직분을 받게 된 것이 아니기 때문입니다. 그를 가리켜 두 번이나 "제사장 아론의 손자 엘르아살의 아들"(7, 11)이라고 말씀하고 있습니다. 그렇다면 비느하스는 이전부터 제사장인 것입니다. 그러면 새삼스럽게 제사장 직분을 언급하시는 의도가 무엇인가? 이는, "장래 좋은 일의 대제사장으로 오사"(히 9:11) 우리에게 임할 하나님의 진노를 돌이키게 하여주실 그리스도를 내다보고 하시는 말씀입니다. 그러므로

본문에서는 "그와 그 후손에게 영원한 제사장 직분의 언약이라"(13상) 말씀하시는 것입니다. 이는 다윗에게 "네 집과 네 나라가 네 앞에서 영원히 보존되고 네 위가 영원히 견고하리라"(삼하 7:16) 언약하신, "다윗의 왕위(位)가 그리스도에게서 성취"(눅 1:32)될 것과 같이, 아론의 대제사장 직분도 그리스도에게서 성취될 것을 가리키는 말씀인 것입니다.

③ 그러므로 "그가, 이스라엘 자손을 속죄하였음이니라"(13) 하십니다. 어떻게 속죄했는가? 비느하스는 간음하는 자들을 죽임으로 "속죄" 하였으나, 우리의 대제사장이신 그리스도는 자신이 대신 죽으심으로 속죄하셨던 것입니다. 만일 제사장 비느하스가 속죄하지 않았다면 이스라엘은 "진멸"(11)되고 말았을 것이요, 우리에게 "영원한 제사장 언약"을 주시지 않으셨다면 우리는 진멸 될 수밖에 없었을 것입니다. 성경은, "이제 하는 말에 중요한 것은 이러한 대제사장이 우리에게 있는 것이라"(히 8:1) 말씀합니다. "하나님의 일에 자비하고 충성된 대제사장이 되어 백성의 죄를 구속"(히 3:17)하여 주신 대제사장을 우리가 모셨다는 것은 중요한 일 중 최대로 중요한 일인 것입니다.

④ 그러므로 이를 가리켜 "평화의 언약"(12)이라 말씀합니다. "평화의 언약"이 무엇인가? "내 종 다윗이 영원히 그 왕이 되리라" 하시면서, "내가 그들과 화평의 언약을 세워서 영원한 언약이 되게"(겔 37:25-26) 하겠다 하신 약속과 맥을 같이 하는 것입니다. "다윗이 영원한 왕이 되리라"는 말씀은 명백한 메시아 예언이요, 그러므로 "평화의 언약"이란 곧 복음인 것입니다.

영원한 제사장 직분

① "죽임을 당한 이스라엘 남자 곧 미디안 여인과 함께 죽임을 당한

자의 이름은 시므리니, 족장 중 한 족장이며"(14) 하고 이름과, 직위를 밝혀줍니다. 그리고 "죽임을 당한 미디안 여인의 이름은 고스비니 스르의 딸이라 스르는 미디안 백성 중 종족의 두령이었더라"(15) 하고 여인의 이름도 밝혀주고 있습니다. 그러니까 이스라엘의 족장과 미디안 두령의 딸 사이에 부속되는 일이 벌어진 것입니다.

② 그런 후에 "여호와께서 모세에게 일러 가라사대 미디안인들을 박해하며 그들을 치라"(16-17) 명하십니다. 18절 안에는 "궤계와, 유혹"이란 말이 있음을 주목하시기 바랍니다. 그들을 쳐야할 두 가지 이유는 첫째로, ㉠ "브올의 일"을 꼽으십니다. 이는 2-3절을 가리키는 말씀인데, "바알브올에게 부속"되도록 "음행과 우상숭배"로 유혹했기 때문이요, 둘째는, ㉡ "미디안 족장의 딸 고스비" 사건을 드십니다. 이 두 사건 모두가 발람의 궤계로 빚어진 것입니다. 이로 인하여 어떤 결과를 가져왔는가? 하나님의 백성 2만 4천명이나 죽임을 당한 것입니다. 그러므로 미디안을 가리켜 "이스라엘 자손의 원수, 여호와의 원수"(31:2-3)라고 말하는 것입니다. "미디안을 치라"는 말씀은 "마귀를 대적하라(약 4:7), 선한 싸움을 싸우라"(딤전 2:18)는 말씀으로 적용이 됩니다. 그렇다면 "바알브올에게 부속된 자"(첫째 단원)와, "속죄하는 제사장 직분"(둘째 단원)을 통한 계시는 분명해집니다. 아담의 후예들은 사탄에게 부속된 자들입니다. 이들이 구원을 얻을 수 있는 방도는 속죄하는 제사장 직분을 통해서 라는 말씀입니다. "죄가 더한 곳에 은혜가 더욱 넘치고"(롬 5:20), 사탄의 궤계와 유혹을 대항할 수 있는 것은 복음뿐이라는 말씀입니다.

민수기 26장 개관도표

주제 : 능히 싸움에 나갈만한 자를 계수하라

지파 이름	1차 계수	2차 계수	증감
르우벤	46,500명	43,730명	-2770명
시므온	59,300명	22,200명	-37100명
갓	45,650명	40,500명	-5150명
유다	74,600명	76,500명	+1900명
잇사갈	54,400명	64,300명	+9900명
스불론	57,400명	60,500명	+3100명
므낫세	32,200명	52,700명	+20,500명
에브라임	40,500명	32,500명	-8000명
베냐민	35,400명	45,600명	+10200명
단	62,700명	64,400명	+1700명
아셀	41,500명	53,400명	+11900명
납달리	53,400명	45,400명	-8000명
합 계	603,550명	601,730명	-1820명

계수대로 땅을 분배하라

52-65

여호와께서 모세에게 일러 가라사대(52)
이 계수대로 땅을 나눠주어 기업을 삼게 하라(53)

레위인의 계수함을 입은 자는 그 종족대로 이러하니(57)
일 개월 이상으로 계수함을 입은 모든 남자가

레위인	22,000명	23,000명	-1000명

그들은 이스라엘 자손 중 계수에 들지 아니하였으니(62),

이는 모세와 제사장 엘르아살의 계수한 자라
그들이 여리고 맞은 편 요단 가 모압 평지에서
이스라엘 자손을 계수한 중에는(63)

모세와 제사장 아론이 시내 광야에서 계수한
이스라엘 자손은 한 사람도 들지 못하였으니(64)

이는 여호와께서 그들에게 대하여 말씀하시기를
그들이 반드시 광야에서 죽으리라 하셨음이라(65)

26장

능히 싸움에 나갈만한 자를 계수하라

[2]이스라엘 자손의 온 회중의 총수를 그 조상의 집을 따라 조사하되 이스라엘 중에 무릇 이십 세 이상으로 능히 싸움에 나갈만한 자를 계수하라 하시니.

26장에 이르러 하나님은 두 번째 인구조사를 명하십니다. 이 말씀을 대하게 될 때 감회가 깊을 수밖에 없습니다. 첫째는, 시내 광야에서 모세와 제사장 아론이 계수한 사람은 갈렙과 여호수아 외에는 한 사람도 남지 않았다는 말씀을 대하게 될 때 감회가 깊습니다. 미리암도, 그리고 계수하던 아론도 죽고 없습니다. 그런데 결정적으로 우리를 감격케 하는 것은, 시내산을 출발하여 모압 평지에 이르기까지의 40년 동안, 거짓된 인간은 하나님께 어떻게 보답했는가 하는 배은망덕을 우리는 상고한 바입니다. 그럼에도 불구하고 하나님은 구속사역을 중단함이 없이 또다시 "계수하라" 하시는 신실하심을 생각하기 때문입니다. "이 계수대로 땅을 나눠주어 기업을 삼게 하라 수가 많은 자에게는 기업을 많이 줄 것이요 수가 적은 자에게는 기업을 적게 줄 것이니"(53) 하십니다. 그런데 잊어서는 아니 될 점은, 이 "수"(數)가 그냥 머리 수가 아니라, "20세 이상으로 싸움에 나갈만한 자"의 수라는 점입니다. 이는 무엇을 말씀해주느냐 하면 "기업의 분배"는 싸움(고난) 후에 주어진 다는 것과, 각 사람에게 그의 일한 대로 갚아 주신다는 점입니다. 이를 두 단원으로 나누어 상고하겠습니다.

첫째 단원(1-51) **각 지파의 계수함을 입은 자의 수**

둘째 단원(52-65) **계수대로 땅을 분배하라**

첫째 단원(1-51) 각 지파의 계수함을 입은 자의 수

"염병 후에 여호와께서 모세와 제사장 아론의 아들 엘르아살에게 일러 가라사대(1),

① "이스라엘 중에 무릇 이십 세 이상으로 능히 싸움에 나갈만한 자를 계수하라" 하십니다. 26장은 "염병 후에", 이렇게 시작이 됩니다. "염병 후에"라는 말씀을 대하면서 어떤 마음이 드십니까? "염병"은 인간이 범한 죄악으로 인한 결과였으나, "계수하라"는 명령은 조상 아브라함에게 언약하신 대로 그 자손들을 약속의 땅으로 인도하여 들이시겠다는 하나님의 은혜를 나타냅니다. 또한 "염병 후에" 라는 말은, 사탄의 궤계와 유혹에 대한 분한 마음이 들게 합니다. 왜냐하면 염병으로 죽은 2만 4천 명이 생각나기 때문입니다.

② 계수하라는 말씀이 현대교회에는 어떤 의미가 있는가? ㉠ "그 조상의 집을 따라 조사하되" 하십니다. 최우선적으로 "조상의 집"에 태어나야하는 것입니다. 이는 거듭남을 의미합니다. ㉡ 다음은 "이스라엘

중에" 라는 의미입니다. 그가 태어날 때는 개별적으로 되어지는 일이지만, 태어난 후에는 개인이 아니라 "이스라엘 중"에 속하게 된다는, 즉 몸 된 교회의 지체가 된다는 말씀입니다. ㉢ "이십 세 이상으로" 하십니다. 이는 그만큼 성장했음을 나타냅니다. ㉣ "싸움에 나갈만한 자를 계수하라" 하십니다. 이는 훈련되었음을 의미합니다. 현대교회에도 성령으로 거듭나서 "마귀의 궤계를 능히 대적하기 위하여 하나님의 전신갑주를 입은 자"(엡 6:11)의 수가 얼마나 되느냐가 중요합니다.

③ 도표에 나타난 대로 계수함을 입은 자의 총계는 40년이 지난 이제 약 2000명 정도 감소한 것으로 나타났습니다. 이는 "학대를 받을수록 더욱 번식하고 창성"(출 1:12)했다는 것과는 반대의 현상인 것입니다. 만일 1세대들이 징벌로 광야에서 죽지만 않았다면 약 두 배의 수로 증가했을 것이 아닌가? 적어도 바로 앞의 장에서 염병으로 2만 4천명이 죽지만 아니하였어도 계수함을 받은 수는 증가한 것으로 나타났을 것입니다.

④ 가장 두드러진 사실은 "시므온 지파"가 1차 계수 때의 59,300명에서 22,200명으로, 약 3/1로 감소한 일입니다. 혹자는 염병으로 죽은 24,000명의 대부분이 시므온 지파 사람들이었을 것이라고 추측을 합니다. 왜냐하면 미디안 여인 고스비 사건에 연루된 자가 "시므온의 족장"(25:14)이었기 때문입니다. 또 하나 주목하게 되는 것은 유다 진에 속한 세 지파(유다, 잇사갈, 스불론)는 모두 증가했다는 사실입니다. 아무튼 계수의 결과를 보면서 생각에 잠기게 합니다.

둘째 단원(52-65) **계수대로 땅을 분배하라**

"모세와 제사장 아론이 시내 광야에서 계수한 이스라엘 자손은 한 사

람도 들지 못하였으니"(64),

① "이 계수대로 땅을 나눠주어 기업을 삼게 하라"(53) 하십니다. ㉠ 이들에게는 1세대들처럼 땅을 정복하게 될 것인가에 대한 의구심 같은 것은 추호도 없습니다. 이들은 40년의 연단을 통해서 하나님께서 주시겠다 약속하신 것을 받기만 하면 된다는 믿음이 있었기 때문입니다. 그러므로 나누어줄 "기업"은 하나님의 선물이지 공로에 대한 보상이 아닙니다. 분배할 때에, ㉡ "제비뽑아 나누어"(55) 주라 하심은 공평을 기하기 위한 방편이라기보다는 하나님의 뜻을 묻는다는 의미가 있습니다. "사람이 제비는 뽑으나 일을 작정하기는 여호와께 있느니라"(잠 16:33) 합니다. 그렇다면 그리스도가 탄생하실 유다 지파에게 분배될 땅이 어느 곳일까 하는 관심을 갖게 합니다.

② "레위인의 계수함을 입은 자는 그 종족대로 이러하니"(57상), "레위인의 일 개월 이상으로 계수함을 입은 모든 남자가 이만 삼천 명이었더라" 합니다. 그런 후에, "그들은 이스라엘 자손 중 계수에 들지 아니하였으니 이는 이스라엘 자손 중에서 그들에게 준 기업이 없음이었더라"(62) 합니다.

③ 본 장을 마치기 전에 몇 가지 유념할 점은, 르우벤 지파를 계수하는 중에, "다단과 아비람은 회중 가운데서 부름을 받은 자러니 고라의 무리에 들어가서 모세와 아론을 거스려 여호와께 패역할 때에 땅이 그 입을 열어서 그 무리와 고라를 삼키매 그들이 죽었다"(9-10) 하고 이를 상기시키고 있는 점과, 이와는 반대로 "그러나 고라의 아들들은 죽지 아니하였더라"(11) 하고 밝히고 있다는 점입니다. 또 하나, "나답과 아비후는 다른 불을 여호와 앞에 드리다가 죽었더라"(61) 하고 경계로 삼고 있다는 점입니다. 여기에는 세 방면의 경계가 있는데, 첫째는, 성도들(다단과 아비람)에 대한 경계인데 거역하는 일에 휩쓸리지 말아야 할 것과, 둘째는, 목회자(나답과 아비후)에 대한 경계인데 복음진리를

보수해야한다는 것이고, 셋째는, 가정(고라의 아들들)에 대한 경계입니다. 비록 아버지라 할지라도 잘못 된 길을 갈 때에는 자식들이 동참하지 말아야 할 것을 밝혀주고 있는 것입니다. 시편에서 보는 바대로 고라 자손들은 하나님을 찬양하는 일에 쓰임을 받고 있는 것을 보게 됩니다. 이 경계가 계수와 결부되어 있음을 유념해야만 합니다.

④ "계수하라" 명하시는 본 장을 마치기 전에 다시 한 번 상기시켜서 우리 모두가 명심해야할 점은, 인간은 거짓되고 배은망덕하지만 하나님은 주권적으로 구속사역을 묵묵히 이루어 나가신다는 점입니다. 그러므로 인간중심으로 보면은 언제나 절망일 수밖에 없으나, 하나님중심으로 볼 때 비로소 소망이 있다는 점입니다. 이를 알았기에 도달하게 되는 결론은, "사람은 다 거짓되되 오직 하나님은 참되시다 할지어다"(롬 3:4) 하는 말씀입니다.

민수기 27장 개관도표

주제 : 목자 없는 양과 같이 되지 않게 하소서

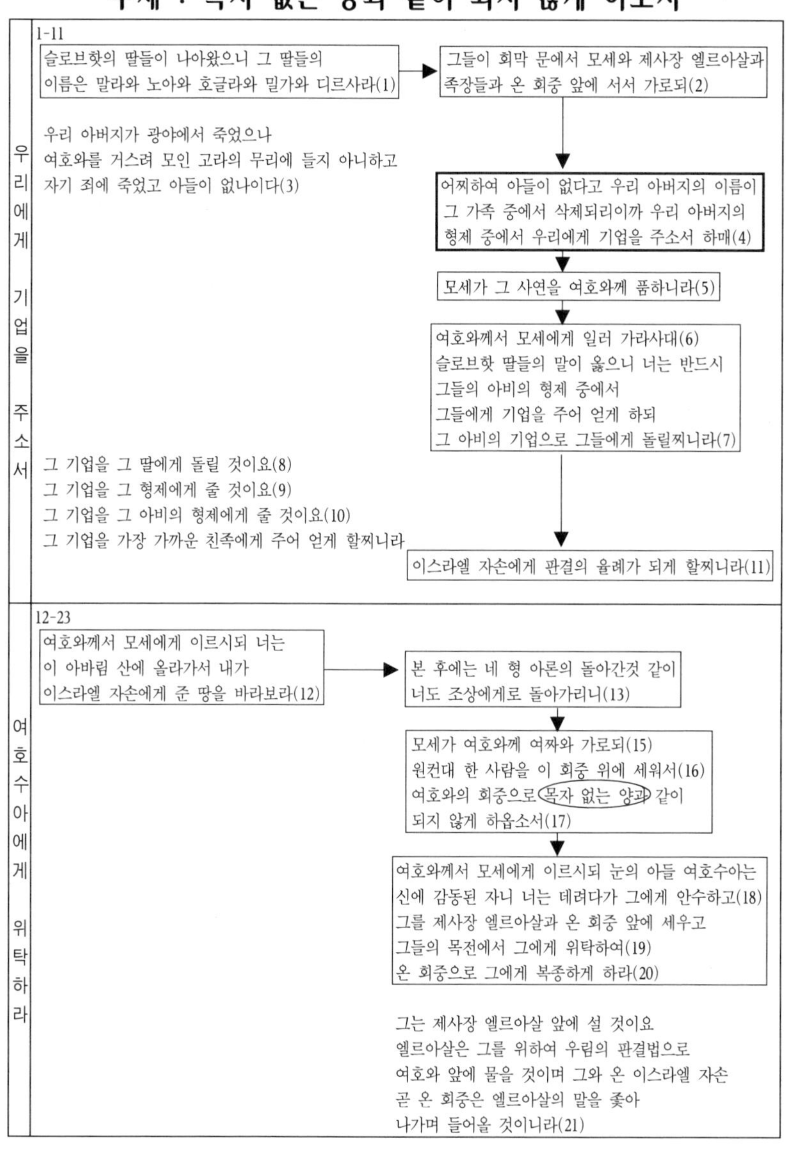

우리에게 기업을 주소서
1-11
슬로브핫의 딸들이 나아왔으니 그 딸들의 이름은 말라와 노아와 호글라와 밀가와 디르사라(1)
그들이 회막 문에서 모세와 제사장 엘르아살과 족장들과 온 회중 앞에 서서 가로되(2)
우리 아버지가 광야에서 죽었으나 여호와를 거스려 모인 고라의 무리에 들지 아니하고 자기 죄에 죽었고 아들이 없나이다(3)
어찌하여 아들이 없다고 우리 아버지의 이름이 그 가족 중에서 삭제되리이까 우리 아버지의 형제 중에서 우리에게 기업을 주소서 하매(4)
모세가 그 사연을 여호와께 품하니라(5)
여호와께서 모세에게 일러 가라사대(6) 슬로브핫 딸들의 말이 옳으니 너는 반드시 그들의 아비의 형제 중에서 그들에게 기업을 주어 얻게 하되 그 아비의 기업으로 그들에게 돌릴찌니라(7)
그 기업을 그 딸에게 돌릴 것이요(8)
그 기업을 그 형제에게 줄 것이요(9)
그 기업을 그 아비의 형제에게 줄 것이요(10)
그 기업을 가장 가까운 친족에게 주어 얻게 할찌니라
이스라엘 자손에게 판결의 율례가 되게 할찌니라(11)
여호수아에게 위탁하라
12-23
여호와께서 모세에게 이르시되 너는 이 아바림 산에 올라가서 내가 이스라엘 자손에게 준 땅을 바라보라(12)
본 후에는 네 형 아론의 돌아간것 같이 너도 조상에게로 돌아가리니(13)
모세가 여호와께 여짜와 가로되(15) 원컨대 한 사람을 이 회중 위에 세워서(16) 여호와의 회중으로 목자 없는 양과 같이 되지 않게 하옵소서(17)
여호와께서 모세에게 이르시되 눈의 아들 여호수아는 신에 감동된 자니 너는 데려다가 그에게 안수하고(18) 그를 제사장 엘르아살과 온 회중 앞에 세우고 그들의 목전에서 그에게 위탁하여(19) 온 회중으로 그에게 복종하게 하라(20)
그는 제사장 엘르아살 앞에 설 것이요 엘르아살은 그를 위하여 우림의 판결법으로 여호와 앞에 물을 것이며 그와 온 이스라엘 자손 곧 온 회중은 엘르아살의 말을 좇아 나가며 들어올 것이니라(21)

27장

목자 없는 양과 같이 되지 않게 하소서

[17]그로 그들 앞에 출입하며 그들을 인도하여 출입하게 하사 여호와의 회중으로 목자 없는 양과 같이 되지 않게 하옵소서.

26장의 "계수하라"는 명령을 시발(始發)로, 27장 이하는 약속의 땅 가나안에 입성(入城)할 준비작업이라 할 수가 있습니다. 이를 요약하면 초점이 세 가지 주제에 맞춰져 있습니다. 첫째는, 기업분배에 관한 일입니다. 이는 중요하고도 민감한 문제였던 것입니다. 둘째는, 모세의 후계자문제입니다. 그래야만 목자 없는 양과 같이 되지 않기 때문입니다. 셋째는, 가나안에 들어가서 지켜야할 제사와 절기에 관한 문제입니다. 이것이 중요한 것은 하나님과 교제를 지속해나가는 유일한 방도요, 궁극적으로는 언약백성으로써, 언약의 성취자로 오실 그리스도를 대망(待望)하게 하는 것이 제사제도이기 때문입니다. 본 장에는 "기업과, 후계자"가 언급이 되어 있습니다. 이 두 주제는 무관한 것이 아닙니다.

누가, 기업을 회복시켜줄 것인가 하는 불가분의 관계입니다. 이는 율법의 대명사인 모세가 줄 수 없었고, 여호수아에 의해서 주어지게 됩니다. 이를 두 단원으로 나누어 상고하겠습니다.

첫째 단원(1-11) **우리에게 기업을 주소서**
둘째 단원(12-23) **여호수아에게 위탁하라**

첫째 단원(1-11) 우리에게 기업을 주소서

"요셉의 아들 므낫세 가족에 므낫세의 현손 마길의 증손 길르앗의 손자 헤벨의 아들 슬로브핫의 딸들이 나아왔으니 그 딸들의 이름은 말라와 노아와 호글라와 밀가와 디르사라"(1).

① 본 단원의 핵심은 "기업"입니다. "기업"이라는 말이 7번이나 등장합니다. 슬로브핫의 딸들이 "모세와 제사장 엘르아살과 족장들과 온 회중 앞에 서서"(2) "우리에게 기업을 주소서"(4하) 하고 요청한 것입니다. 이는 당시로 하면 대담하고 당돌한 행동이라 할 수가 있습니다. 어찌하여 이들이 이런 요청을 하게 되었는가?

② 므낫세 지파 중 슬로브핫이라는 사람은 아들이 없이 딸만 다섯을 두고 죽었습니다. 이 딸들은 26장에서 "계수"할 때 큰 충격과 슬픔을 맛본 것으로 여겨집니다. 왜냐하면 "헤벨의 아들 슬로브핫은 아들이 없고 딸 뿐이라"(26:33) 언급하고 있음을 대하게 되기 때문입니다. 그렇다면 "20세 이상의 남자"(1:2)만 계수하고, 계수한 수에 따라 기업을 나눠준다고 했으니, 이들은 계수에 들지도 못하고 기업분배에서도 제외될 것이 분명하기 때문입니다. 이들의 슬픔은 여기에 국한 된 것이 아니었습니다. 이점이 이들의 진술 속에 나타납니다.

③ "우리 아버지가 광야에서 죽었으나 여호와를 거스려 모인 고라의 무리에 들지 아니하고 자기 죄에 죽었고"(3상) 합니다. 이는 그가 특별한 징벌로 죽은 것이 아니라, 일반적인 죄로 말미암아 죽었음을 뜻합니다. "고라의 무리에 들지 아니했다"는 것은 믿음을 지켰음을 나타냅니다. 그런데, "아들이 없나이다 어찌하여 아들이 없다고 우리 아버지의 이름이 그 가족 중에서 삭제되리이까"(3하-4상) 합니다. 여기에 중요한 의미가 있는 것입니다. 자신들이 기업을 얻지 못하게 된다는 것은 둘째요, 첫째는 "아버지의 이름"이 언약백성에서 "삭제"(4)된다는데 있었던 것입니다.

④ "우리 아버지의 형제 중에서 우리에게 기업을 주소서 하매"(4하), 이는 욕심이 아니라 "믿음"이었던 것입니다. 이 시점은 가나안에 들어간 것도 아니요, 기업을 분배하고 있는 마당도 아닙니다. 그것은 앞으로 받을 "소망"으로 남아 있을 뿐입니다. 그 소망이 실상으로 이루어지기까지는 요단강을 건너야 하고, 여리고 성을 정복해야하는 등 많은 난관이 있는 것입니다. 이런 시점에 "우리에게 기업을 주소서" 하고 당돌히 말한다는 것은 주님이 말씀하신 바 "네 믿음이 크도다" 하신 큰 믿음이라고 말할 수가 있는 것입니다.

⑤ 이제까지의 모든 문제, 즉 원망과 불평과 반역행위란 기업의 영광스러움을 경히 여기고 믿지 못한데 있다 해도 과언이 아닙니다. 그 대표적인 예가 땅을 정탐한 열 족장의 불신앙입니다. 이점을 에서의 경우에서도 보는 바입니다. "야곱이 떡과 팥죽을 에서에게 주매 에서가 먹으며 마시고 일어나서 갔으니 에서가 장자의 명분을 경홀히 여김이었더라"(창 25:34) 합니다. 이를 신약성경은 해설하기를, "너희의 아는 바와 같이 저가 그 후에 축복을 기업으로 받으려고 눈물을 흘리며 구하되 버린 바가 되어 회개할 기회를 얻지 못하였느니라"(히 12:17) 합니다.

⑥ "모세가 그 사연을 여호와께 품하니라"(5) 합니다. 슬로브핫 딸들

의 소청은 지도자들을 당황케 했던 것으로 여겨집니다. 이점이 자신의 선에서 처리하지 못하고 하나님께 품한 데서 나타납니다. "슬로브핫 딸들의 말이 옳으니 너는 반드시 그들의 아비의 형제 중에서 그들에게 기업을 주어 얻게 하되 그 아비의 기업으로 그들에게 돌릴지니라"(7) 하십니다. 우리는 가나안 여인이 "옳소이다마는 개들도 주인의 상에서 떨어지는 부스러기를 먹나이다" 하고 호소하였을 때에, "여자야 네 믿음이 크도다 네 소원대로 되리라"(마 15:27-28) 말씀하심을 알고 있습니다. 그 기업에 참여하기를 갈망하는 자에게 어찌 거절하실 수가 있단 말인가?

⑦ 이들의 믿음은 자신들의 문제만이 아니라 이와 유사한 자들을 구제하는 "판결의 율례"(11)를 낳게 만들었습니다. 이 슬로브핫 딸들의 기사는 마지막 장(36장)에서 다시 언급이 되고, 여호수아 17:3-4절에서 기업이 주어졌음을 기록할 정도로 중요하게 다루어지고 있습니다. 이는 그 딸들이 중요해서가 아니라 그들이 구한 "기업과, 믿음"이 귀하기 때문입니다. 슬로브핫 딸들은 믿음으로 기업을 유업으로 받았으나, "그러나 성경이 무엇을 말하느뇨 계집종과 그 아들을 내어 쫓으라 계집종의 아들이 자유하는 여자의 아들로 더불어 유업을 얻지 못하리라"(갈 4:30) 하고 함께 참여하지 못할 자들도 있을 것임을 말씀합니다.

⑧ 그러므로 "기업"문제는 현대교회 성도들에게 더욱 적실성이 있다 하겠습니다. "그러므로 네가 이후로는 종이 아니요 아들이니 아들이면 하나님으로 말미암아 유업을 이을 자니라"(갈 4:7) 하십니다. 구원 얻고 하나님의 자녀가 되었다는 것이 전부가 아닙니다. "자녀이면 또한 후사 곧 하나님의 후사요 그리스도와 함께 한 후사니 우리가 그와 함께 영광을 받기 위하여 고난도 함께 받아야 될 것이니라"(롬 8:17) 하십니다. "성도 안에서 그 기업의 영광의 풍성이 무언인지"(엡 1:18), 이를 알고 믿기만 한다면 잠시의 고난과 시련을 극복하고도 남음이 있을 것

입니다. 그런데 현실은 장래 기업의 영광스러움은 경히 여긴 체 에서처럼 팥죽 한 그릇을 구하고 있는 것은 아닌가?

둘째 단원(12-23) 여호수아에게 위탁하라

"여호와께서 모세에게 이르시되 너는 이 아비림산에 올라가서 내가 이스라엘에게 준 땅을 바라보라"(12).

① 본 단원의 중심점은 모세의 후계자에 대한 언급입니다. 앞 단원의 내용과 어떻게 결부되어 있는가? 하나님께서 모세에게, "본 후에는 네 형 아론의 돌아간 것같이 너도 조상에게로 돌아가리니"(13) 하신 말씀은, "갈렙과, 여호수아 외에는 한 사람도 남지 아니하였더라" 한 26장 마지막 절과 연결이 되는 문맥입니다. 그러니까 모세, 너도 죽게 된다는 엄정한 말씀인 것입니다. 그 사이에 슬로브핫 딸들의 기사가 끼어 든 것입니다. 그런데 이 삽입으로 인하여 문맥이 중단된 것이 아니라, 슬로브핫 딸들은 누구에 의하여 기업을 분배받게 될 것인가? 모세인가? 여호수아인가를 말씀해주는 것으로 조화를 이루고 있는 것입니다. 그것은 율법의 대명사인 모세가 아니라 여호수아에 의해서라는 말씀입니다.

② "이는 신 광야에서 회중이 분쟁할 제 너희가 내 명을 거역하고 그 물가에서 나의 거룩함을 그들의 목전에 나타내지 아니하였음이라"(14) 하십니다. 모세가 당시를 회상하며 기록한 신명기에 의하면, "구하옵나니 나로 건너가게 하사 요단 저편에 있는 아름다운 땅, 아름다운 산과 레바논을 보게 하옵소서" 하고 간구했다는 것입니다. 그러나 하나님께서는 "그만해도 족하니 이 일로 다시 내게 말하지 말라"(신 3:25-26) 하셨다는 것입니다. 이를 구속사라는 넓은 문맥으로 보게 되면, 영원한 기업은 율법의 수여자인 모세에 의해서가 아니라, "예수 그리스도"를

예표하는 여호수아에 의하여 주어짐을 계시해주고 있는 것입니다.

③ "바라볼 뿐"(12하) 약속을 받지 못한 것은 모세만은 아니었습니다. 아브라함, 이삭, 야곱, 요셉도 그러했습니다. 성경은 말씀하기를, "이 사람들은 다 믿음을 따라 죽었으며 약속을 받지 못하였으되 그것들을 멀리서 보고 환영"(히 11:13)했다고 말씀합니다. 주님은 "너희 조상 아브라함은 나의 때 볼 것을 즐거워하다가 보고 기뻐하였느니라"(요 8:56) 하십니다. 모세 자신도 "그리스도를 위하여"(히 11:26) 고난을 받았다고 말씀합니다. 신약의 선진들도 주님 재림의 날을 보지 못했으나 소망 중에 기뻐하며 믿음을 따라 죽을 수가 있었던 것입니다.

④ 떠나야할 모세의 소청이 무엇인가? "여호와, 모든 육체의 생명의 하나님이시여 원컨대 한 사람을 이 회중 위에 세워서, 회중으로 목자 없는 양과 같이 되지 않게 하옵소서"(15-17) 하고 간구합니다. "들어가지 못하리라"는 선고를 받은 모세는, 자신이 아니면 안 되는 양 고집함이 없이 "여호와의 회중"을 생각하여 "한 사람"을 세워주시기를 구하는 것입니다. 왜냐하면 "회중으로 목자 없는 양과 같이 되지 않게" 하기 위해서입니다.

⑤ 그 "한 사람"이 1차 적으로는, "눈의 아들 여호수아는 신에 감동된 자니"(18상) 하고 세움을 받지만 성경은 말씀하기를, "만일 여호수아가 저희에게 안식을 주었더면 그 후에 다른 날을 말씀하지 아니하셨으리라"(히 4:8) 하고, 궁극적으로는 예수 그리스도에게서 성취될 것임을 말씀합니다.

⑥ "목자 없는 양"이라는 주제는 생각보다 중요한 문제입니다. 하나님은 구약시대의 "왕, 제사장, 선지자"들을 백성의 목자로 세우셨던 것입니다. 그런데 이들이 역기능적으로 행하여 목자가 아니라 "이리" 노릇을 하고 있었던 것입니다. "인지야 너는 이스라엘 목자들을 쳐서 예언하라 그들 곧 목자들에게 예언하여 이르기를 주 여호와의 말씀에 자

기만 먹이는 이스라엘 목자들은 화있을진저 목자들이 양의 무리를 먹이는 것이 마땅치 아니하냐" 하고 책망하십니다. "목자가 없으므로 그것들이 흩어지며 흩어져서 모든 들짐승의 밥이 되었도다"(겔 34:1-2, 5) 하십니다. 그러므로 "내가 한 목자를 그들의 위에 세워 먹이게 하리니 그는 내 종 다윗이라 그가 그들을 먹이고 그들의 목자가 되리라"(겔 34:25) 하고 메시아 예언을 하십니다. 복음서는 "무리를 보시고 민망히 여기시니 이는 저희가 목자 없는 양과 같이 고생하며 유리함이라"(마 9:36) 말씀합니다. 그리고 주님은 선언하십니다. "나는 선한 목자라"(요 10:11).

⑦ 목자로 세움을 받음에 있어서 중요한 자격이 있습니다. 첫째로 "신의 감동된 자"입니다. 둘째로 "데려다가" 즉 소명입니다. 셋째로 "안수하고"(18) 한 임직하여, 넷째로 "위탁"(19)하는 일입니다. 다섯째로 "온 회중으로 그에게 복종하게 하라"(20) 하십니다. "모세가 여호와께서 자기에게 명하신 대로하여 여호수아를 데려다가 제사장 엘르아살과 온 회중 앞에 세우고 그에게 안수하여 위탁하되 여호와께서 자기에게 명하신 대로하였더라"(22-23). 이제 모세가 떠나도 하나님의 백성들은 목자 없는 양과 같이 유리하지 않게 된 것입니다. 우리를 목자 없는 양과 같이 버려 두시지 아니하시고, 양을 위하여 목숨을 버리신 선한 목자를 주심을 인하여 하나님을 찬양하십시다. 그 목자는 우리에게 기업을 분배하여주실 분입니다.

민수기 28장 개관도표

주제 : 나의 예물, 나의 식물, 나의 향기

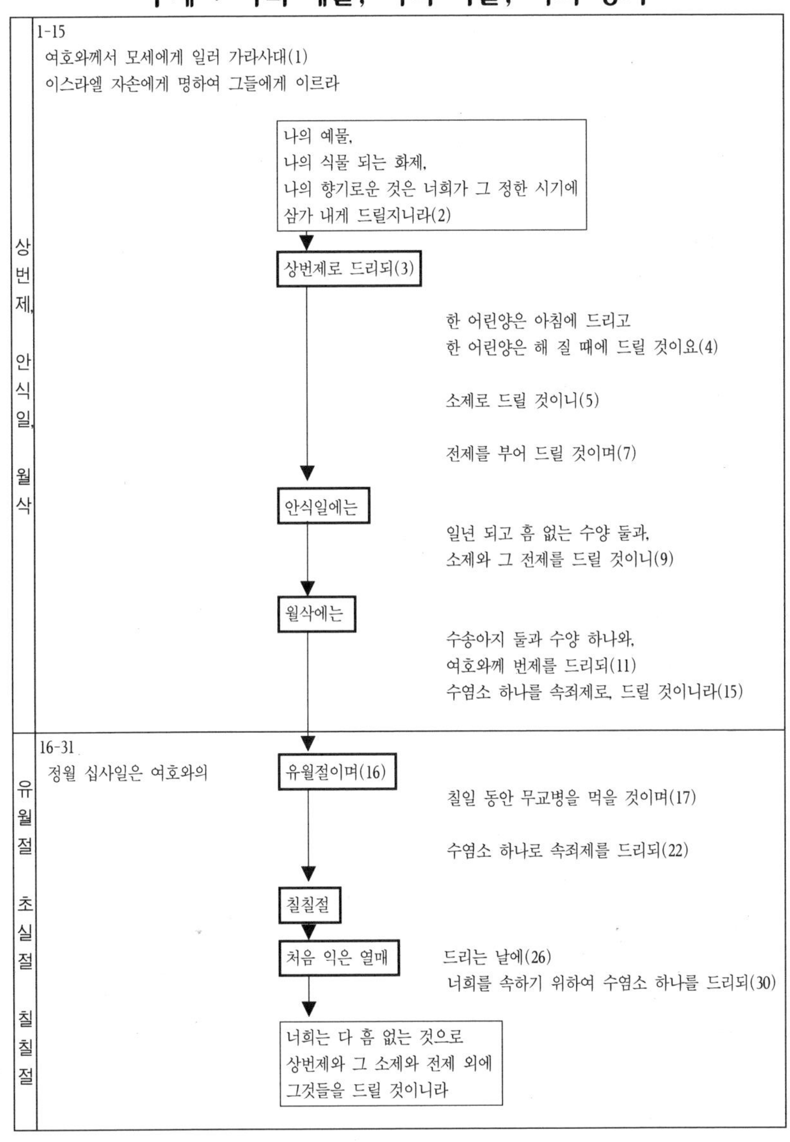
상번제, 안식일, 월삭
1-15
여호와께서 모세에게 일러 가라사대(1)
이스라엘 자손에게 명하여 그들에게 이르라
나의 예물,
나의 식물 되는 화제,
나의 향기로운 것은 너희가 그 정한 시기에
삼가 내게 드릴지니라(2)
상번제로 드리되(3)
한 어린양은 아침에 드리고
한 어린양은 해 질 때에 드릴 것이요(4)
소제로 드릴 것이니(5)
전제를 부어 드릴 것이며(7)
안식일에는
일년 되고 흠 없는 수양 둘과,
소제와 그 전제를 드릴 것이니(9)
월삭에는
수송아지 둘과 수양 하나와,
여호와께 번제를 드리되(11)
수염소 하나를 속죄제로, 드릴 것이니라(15)
유월절, 초실절, 칠칠절
16-31
정월 십사일은 여호와의
유월절이며(16)
칠일 동안 무교병을 먹을 것이며(17)
수염소 하나로 속죄제를 드리되(22)
칠칠절
처음 익은 열매
드리는 날에(26)
너희를 속하기 위하여 수염소 하나를 드리되(30)
너희는 다 흠 없는 것으로
상번제와 그 소제와 전제 외에
그것들을 드릴 것이니라

28장

나의 예물, 나의 식물, 나의 향기

[2]이스라엘 자손에게 명하여 그들에게 이르라 나의 예물, 나의 식물 되는 화제, 나의 향기로운 것은 너희가 그 정한 시기에 삼가 내게 드릴지니라.

28-29장은 여러 가지 제사제도입니다. 이는 레위기에서 충분하리 만치 말씀하신 바입니다. 그런데 또 말씀하시는 의도가 무엇인가? 첫째로 인식해야할 점은, 말씀하시는 시점과 대상을 생각해야만 합니다. 시점(時點)은, 요단 동편 모압 평지, 즉 가나안 문턱에 와 있는 시점이요, 대상(對象)들은 시내산 언약에 직접 참여하지를 못한 2세들(26:64-65)이라는 점입니다. 둘째로 인식해야할 점은, 하나님과의 교제를 가능케 하는 유일한 방편이 제사제도라는 점입니다. 그렇다면 이들 2세들에게 가나안에 입성하여 하나님과의 교제를 유지해나갈 방도를 다시 한 번 강조한다는 것은 너무나 합당한 일입니다. 중요한 것은 가나안 땅이 아니라 하나님과의 관계성이기 때문입니다. 그러므로 28-29장을 상고할

때에 예물을 "드려라" 하는 차원에서가 아니라, "하나님과의 교제"라는 대 주제 하에 상고해야만 본문의 의도를 바로 해석하는 것이 될 수가 있는 것입니다. 이를 두 단원으로 나누어 상고하겠습니다.

첫째 단원(1-15) **상번제, 안식일, 월삭**
둘째 단원(16-31) **유월절, 초실절, 칠칠절**

첫째 단원(1-15) **상번제, 안식일, 월삭**

"여호와께서 모세에게 일러 가라사대"(1),

① 서론을 통해서 대의를 파악했을 것으로 믿어집니다만, 결론부터 말씀드려야만 하겠습니다. 왜냐하면 본문에는 "드리라"는 말씀이 자주 등장하기 때문입니다. 28장에 28번, 29장에도 28번, 합해서 56번이나 나옵니다. 이를 교훈적으로 접근하여 "드리라, 드리라" 하고, 예물과 봉사와 헌신을 강조할 가능성이 있기 때문입니다. 그렇게 다이렉트로 적용을 한다면 우리들도 "번제, 속죄제" 등을 드리라는 율법이 되고, 의문이 되고 맙니다. 구약의 제사제도가 예수 그리스도의 십자가 구속사건을 통해서 적용이 될 때에 비로소 "복음과 은혜"로 다가오게 되고, "신령과 진정"으로 드리는 예배로 적용이 되는 것입니다.

② 만일 이를 간과한다면 하나님은 받기만을 좋아하는 사신 우상과 같이 될 수가 있습니다. 그리하여 불신자들은 교회에 가면 돈 내라는 부담감 때문에 가지 않는다는 말을 하게 되는 것입니다. 그렇게 한다면 하나님의 아들이 자신을 주심으로 단 번에 성취해 놓으신 "그리스도의 복음에 장애"(고전 9:12)를 주게 됩니다. 하나님은, "내가 네 집에서 수소나 네 우리에서 수염소를 취치 아니하리니 이는 산림의 짐승들과 천산

의 생축이 다 내 것이며 산의 새들도 나의 아는 것이며 들의 짐승도 내 것임이로다. 내가 수소의 고기를 먹으며 염소의 피를 마시겠느냐"(시 50:9-11, 13) 하십니다. "땅의 짐승을 그 종류대로, 육축을 그 종류대로"(창 1:25) 창조하신 하나님께서 형제의 손에서 양 한 마리를 받기를 원하신 단 말입니까?

③ 그렇다면 조석으로 드리는 "상번제"(3), "안식일"(9), "월삭"(11), "유월절"(16), "칠칠절"(오순절, 26) 등에 "송아지나, 어린양"을 "드리라" 하고 말씀하시는 의도가 무언인가? 생각해보십시오. 육신의 부모라 해도 자식들에게, "매일 조석으로 드려라, 주일마다 드려라, 매월 초하루에도, 그리고 일 년에 세 번은 크게 드려야 한다" 할 부모가 어디 있겠습니까? 본문에는 "양"이라는 말이 18번이나 나오는데, "어린양, 송아지, 염소" 등이 누구의 표상인가를 인식하는 자라면 이렇게 말씀하시는 하나님 아버지의 마음을 아실 것입니다.

④ 그것은 첫째로 아브라함에게 세워주신 "메시아언약"을 망각하지 않게 하시기 위해서였던 것입니다. 둘째는 이를 통해서 하나님과 교제를 유지케 하시기 위해서입니다. 그러므로 우리가 망각하고, 자주 놓치는 것이 있습니다. 망각하는 것은 하나님의 "언약"이고, 놓치는 것은 "문맥"입니다. 어찌하여 하나님께서 이들을 애굽 바로의 속박에서 해방시켜주셨는가? 이들이 출애굽 할 수 있었던 근거가 어디에 있는가? 하나님의 "언약"에 의해서입니다. "아브라함과 이삭과 야곱에게 세운 그 언약을 기억하사"(출 2:24), "아브라함과 이삭과 야곱에게 하신 맹세를 이루려 하심"(신 9:5)에서입니다. 언약의 핵심은 "네 씨로 말미암아 천하 만민이 복을 얻으리니"(창 22:18) 하심에 있습니다. 그리고 "문맥"은 저들을 유월절 양의 피로 구속하여 내시고, 약속의 땅이 바라보이는 요단 동편 모압 평지까지 인도하시고 말씀하시는 문맥인 것입니다. 이러한 언약과, 문맥을 염두에 두어야만 하나님의 의중을 깨달을 수가 있

는 것입니다.

⑤ 제사문제를 다룰 때에, "하나님이 제사와 예물을 원치 아니하시고 오직 나를 위하여 한 몸을 예비하셨도다"(히 10:5) 한 말씀을 염두에 두어야만 합니다. 이 제사제도는 예비해놓으신 "한 몸"에 대한 그림자요, 제사제도를 지키라 강조하심은 실체(實體)로 오실 그리스도를 망각하지 않고 대망(待望)케 하시기 위해서였던 것입니다. 성경은 말씀합니다. "이 뜻을 좇아 예수 그리스도의 몸을 단 번에 드림심으로 말미암아 우리가 거룩함을 얻었노라"(히 10:10). 아시겠습니까? "드리라, 드리라" 하신 "제물"은 궁극적으로 그리스도께서 단 번에 드려주실 대속제물을 상징하는 것이요, "드리라, 드리라" 하심은 "자기 아들을 아끼지 아니 하시고 우리 모든 사람을 위하여 내어주실"(롬 8:32) 메시아언약을 망각하지 않게 하시려는 사랑의 마음임을 깨닫게 되는 것입니다. 그러므로 28-29장을 통해서 최우선적으로 복음을 만나야만 하는 것입니다.

주실 것에 대한 표상

① 그러므로 28-29장에는 "흠 없는" 제물이라야 한다는 말씀이 15번 이상 등장합니다. 하나님께서 보실 때에 흠 없는 사람이 없듯이, 흠 없는 제물이 있을 것인가? 이는 "흠 없는 어린양" 되시는 그리스도를 상징합니다. 또한 "향기로운 번제, 향기로운 화제"라는 말씀이 11번 이상 등장합니다. "번제"란 전적인 헌신을 상징합니다. 그리고 "향기"란 하나님을 기쁘시게 해드림을 의미합니다. 주님이 담당하신 십자가는 첫째가, "내가 하늘로서 내려 온 것은 내 뜻을 행하려 함이 아니요 나를 보내신 이의 뜻을 행하려 함이니라"(요 6:38-39) 하신 번제를 위해서입니다. 그리고 "아버지께서 내게 하라고 주신 일을 내가 이루어 아버지를 이

세상에서 영화롭게 하였사오니"(요 17:4) 하십니다. 이것이 "향기"입니다. "나의 원대로 마옵시고 아버지의 원대로 하옵소서" 하고 죽기까지 복종하신 이것이 화제(火祭), 즉 십자가의 고난을 상징합니다. 얼마나 향기로운 번제입니까?

② 다음으로 28-29장에는 "속죄제"라는 말이 12번 등장합니다. 주님께서 담당하신 십자가에는 "번제"만이 아니라 "속죄제"의 뜻이 있습니다. 이 속죄제로 말미암아 우리가 구속함을 얻었고, 하나님과 화목하는 것이 가능하여진 것입니다. 하나님께서 28-29장을 통해서 "드리라"라 하심은 우리의 헌신을 촉구하심이 먼저가 아닙니다. 유월절, 오순절(칠칠절), 초막절이 누구에 의하여 어떻게 성취되었는가를 아는 그리스도인이라면 그렇게 말하지는 못할 것입니다. 그렇다면 짐승으로 속죄제를 드림으로 우리의 죄가 해결이 되는 것입니까? 이는 명백한 그림자인 것입니다. 그런데 거짓된 인간은 어떻게 보답했는가? "만군의 여호와가 이르노라 너희가 눈 먼 희생으로 드리는 것이 어찌 악하지 아니하며 저는 것, 병든 것으로 드리는 것이 어찌 악하지 아니하냐"(말 1:8) 하십니다. 그토록 배은망덕한 자들을 위해서 하나님은 어떻게 해주셨는가? 양 한 마리가 아깝거든 그만 두어라 하시고, "보라 세상 죄를 지고 가는 하나님의 어린양이로다"(요 1:29) 하고 자기 아들을 대속제물로 내어주셨던 것입니다. 이것이 구약성경의 마지막 책인 말라기와, 신약의 첫 책인 복음서와의 연결점입니다.

③ 그러므로 제사를 드림에 있어서 결정적으로 중요한 요소는 "감사로 제사를 드리는 자가 나를 영화롭게 하나니"(시 50:23) 하신 "감사"입니다. "내가 너의 제물을 인하여는 너를 책망치 아니하리니 네 번제가 항상 내 앞에 있음이로다" 하십니다. 그들은 부지런히 제사를 드렸습니다. 그런데 어찌하여 "내가 너희를 찢으리니 건질 자 없으리라"(시 50:8, 22) 하시는 책망을 받았는가? "감사"가 빠진 형식적인 예배였기

때문입니다. "하나님께서 "언약"을 세워주심에 대한 감사, 언약하신 바를 또한 이루어주실 것에 대한 감사, 그리하여 메시아를 바라는 감사가 빠진다면 우상숭배나 다를 바가 없기 때문입니다.

④ 본문을 교훈적으로 접근하게 되면 이를 다이렉트로 적용하여 "드리라, 드리라" 하고 적용을 시킵니다. 그러나 구속사의 관점은 예수 그리스도의 십자가를 통해서 신약의 성도들에게 적용을 시킵니다. 이것이 바른 해석이요 적용입니다. 사도 바울은 로마서 1-11장까지에서 구약의 제사제도가 실체로 성취된 복음을 증거합니다. 그런 연후에 "그러므로 형제들아 내가 하나님의 모든 자비하심으로 너희를 권하노니 너희 몸을 하나님이 기뻐하시는 거룩한 산 제사로 드리라 이는 너희의 드릴 영적 예배니라"(롬 12:1) 하고 적용을 시킵니다. "우리 중에 누구든지 자기를 위하여 사는 자가 없고 자기를 위하여 죽는 자도 없도다 우리가 살아도 주를 위하여 살고 죽어도 주를 위하여 죽나니 그러므로 사나 죽으나 우리가 주의 것이로라"(롬 14:7-8) 합니다. 이것이 향기로운 번제의 삶입니다.

상번제의 삶

① 이제 본문을 상고할 준비가 된 것입니다. "이스라엘 자손에게 명하여 그들에게 이르라 나의 예물, 나의 식물 되는 화제, 나의 향기로운 것은 너희가 그 정한 시기에 삼가 내게 드릴지니라"(2) 하십니다. 2절은, 28-29장 전체에 대한 명제와 같은 말씀입니다. 이하에서 말씀하시는 여러 가지 제사제도를 가리켜 "나의 예물, 나의 식물, 나의 향기"라 하심을, 우상에게 제물을 바치듯 하는 것으로 여겨서는 아니 됩니다. 이는 교제하기를 원하심을 나타내는 묘사입니다. 신구약을 막론하고 그리스도를 통하지 않고는 하나님께 나아갈 다른 "길"이란 없는 것입니다. 그

러니까 신약의 성도들은 이미 오신 그리스도를 믿음으로 하나님과 교제를 유지해 나가고, 구약의 성도들은 제사제도를 통해서 장차 오실 그리스도를 바라보며 하나님과 교제를 유지할 수가 있었던 것입니다. 그래서 "그 정한 시기에 삼가 내게 드릴지니라"(2하) 하시는 것입니다.

② 첫째로 말씀하시는 것이 "상번제"(3)입니다. "흠 없는 수양을 매일 둘씩 상번제로 드리되 한 어린양은 아침에 드리고 한 어린양은 해질 때에 드릴 것이요"(3-4) 하십니다. 상번제의 의미는 두 가지로 말씀드릴 수가 있는데 첫째는, 번제가 되어주실 그리스도를 대망케 하기 위해서이고 둘째는, 아침부터 저녁까지 날마다 하나님과 교제의 삶을 살아가기를 원하심을 나타냅니다. 이 상번제를 통해서 깨닫게 되는 것은, 주일만 "주의 날"이 아니라 1년 365일, 우리의 삶 전체가 주의 것이요, 주의 날이라는 고백입니다.

③ "또 고운 가루, 소제를 드릴 것이니(5), 전제를 부어 드릴 것이며"(7) 하고, "소제와, 전제"를 말씀하십니다. "소제"는 고운 가루로 드리는 제사이고, "전제"는 포도주를 부어드리는 것으로 번제와 함께 드리는 제사입니다. 이는 1차적으로 주님의 삶이 "소제"와 같은 삶이었고, 피 한 방울 남김이 없이 다 부어드린 "전제"였음을 나타냅니다. 이런 은혜를 입은 그리스도인들이 "소제와, 전제"의 삶을 살아야할 것으로 적용이 됩니다. 그렇게 산 사람이 있었습니다. 사도 바울은, "만일 너희 믿음의 제물과 봉사 위에 내가 나를 관제로 드릴지라도 나는 기뻐하고 너희 무리와 함께 기뻐하리니(빌 2:17), 관제와 같이 벌써 내가 부음이 되고 나의 떠날 기약이 가까웠도다 내가 선한 싸움을 싸우고 나의 달려갈 길을 마치고 믿음을 지켰으니"(딤후 4:6-7) 합니다.

안식일 규례

① 둘째가 "안식일에는"(9상) 하고 안식일에 드릴 것을 말씀하십니다. 어찌하여 안식일에 "흠 없는 수양 둘과, 소제와 전제"(9하)를 드려야만 하는가? "안식일"은 쉬는 날이 아닌가? 창세기 2장에서는, "하나님이 지으시던 일이 일곱째 날이 이를 때에 마치니 그 지으시던 일이 다 하므로 일곱째 날에 안식하시니라"(창 2:2) 하십니다. 그렇다면 마지막 날에 지음 받은 사람은 무슨 일을 시작하기 전에 먼저 "안식"(安息)부터 누렸다는 것이 됩니다. "하나님이 일곱째 날을 복을"(창 2:3상) 주셨다고 말씀하고 있으니까, 인간은 하나님이 주신 "복"(福)부터 먼저 받은 것입니다. 이것입니다. 어떤 경우에서도 인간의 의무가 먼저가 아닙니다. 하나님이 해주신 사랑, 은혜가 먼저입니다.

② 그런데 문제는 첫 창조의 안식과 복이 사탄에 의하여 파괴당했다는 것입니다. 그러므로 창세기 3장에서는 복 대신에 "저주"가 임하고, 안식이 아니라 "종신토록 수고하여야 그 소산을 먹으리라"(창 3:17) 한 "수고"의 무거운 짐을 지게 된 것입니다. 그리하여 "죽기를 무서워하므로 일생에 매여 종노릇하는 모든 자들"(히 2:15)이 되고 말았고, 이 종노릇이 "이스라엘 자손에게는 고역으로 인하여 탄식하며 부르짖으니"(출 2:23) 한 모습으로 나타나고 있는 것입니다. 그러므로 "원복음"이라 부르는 창세기 3:15절에서 하나님께서는, "내가...할 것이니라" 하고, 재창조의 일을 다시 시작하신 것입니다.

③ 이런 맥락에서 볼 때 "안식일에는 일 년 되고 흠 없는 수양 둘"(9)을 드리라는 말씀은 창조원리와 결부된 것이 아니라, 구속원리와 결부된 규례임을 깨달아야만 하는 것입니다. 만일 안식이 깨어지지 않았다면 제물을 드리는 일은 필요치가 않았을 것입니다. 그러므로 "안식일에 수양 둘을 드리라"는 것은, 하나님께서 해주실 일, 즉 자기 아들로

우리 죄를 대속하심으로 안식을 회복시켜주실 것에 대한 예표인 것입니다. 이를 깨달은 사람은 바로 모세였습니다. 그는 해설해주기를 "너는 기억하라 네가 애굽 땅에서 종이 되었더니 너희 하나님 여호와가 강한 손과 편 팔로 너를 거기서 (유월절 어린양의 피로) 인도하여 내었나니 그러므로 너의 하나님 여호와가 너를 명하여 안식일을 지키라 하느니라"(신 5:15) 합니다. 안식일에 수양을 드리라 하심은, 그리스도의 대속적인 죽음을 통하여 안식을 회복시켜주실 것에 대한 명백한 예표였던 것입니다.

④ 그러므로 가나안에 정착하게 된 것을 "안식을 주셨다"(수 21:44, 22:4)고 말씀하는 것입니다. 그런데 신약성경에서는 "만일 여호수아가 저희에게 안식을 주었더면 그 후에 다른 날을 말씀하지 아니하셨으리라"(히 4:8) 하고, 이것이 영적 여호수아에 의하여 성취될 안식에 대한 그림자임을 말씀합니다. 주님은 말씀하십니다. "수고하고 무거운 짐 진 자들아 다 내게로 오라 내가 너희를 쉬게 하리라"(마 11:28). 그리고 이 안식은 "모든 눈물을 그 눈에서 씻기시매 다시 사망이 없고 애통하는 것이나 곡하는 것이나 아픈 것이 다시 있지 아니하리니 처음 것들이 다 지나갔음이러라"(계 21:4)에서 완성이 될 안식인 것입니다.

⑤ 안식일에는 흠 없는 양이 죽임을 당했음을 잊지 마시기 바랍니다. 누구의 무엇을 위하여 죽임을 당했단 말인가? 구약의 성도들에게는 안식일의 주인 되시는 그리스도를 대망(待望)하면서 이를 잊지 않게 하시려고 "흠 없는 수양"을 드리라 명하셨고, 신약의 성도들은 구속의 은총을 기뻐하며 감사하면서, "오직 우리의 시민권은 하늘에 있는지라 거기로서 구원하시는 자 곧 주 예수 그리스도를 기다리노니"(빌 3:20) 한, 재림을 대망하면서 주일예배를 드리는 것입니다. 이를 위해서가 아니라면 안식일을 "주의 날"로 바꾸어 모이지는 않았을 것입니다.

⑥ 그러므로 언제나 중요한 것은 동기(動機)입니다. 하나님은 결과

론자가 아니십니다. 즉 모로 가도 서울만 가면 되고, 어떤 동기에서건 주일성수만 하면 되는 것이 아니라는 말씀입니다. 하나님이 요구하시는 것은 의식이 아니라 "마음"입니다. "헛된 제물을 다시 가져오지 말라 분향은 나의 가증히 여기는 바요 월삭과 안식일과 대회로 모이는 것도 그러하니 성회와 아울러 악을 행하는 것을 내가 견디지 못하겠노라"(사 1:13) 하십니다. 구약의 안식일 규례를 신약의 성도들에게 직선적으로 적용을 하여 율법적으로 주일을 지키게 해서는 아니 됩니다. 이 규례가 그리스도의 대속적인 죽으심(흠 없는 양의 죽음)을 통하여 적용이 될 때 복음이 되어, "사랑과 감사와 기쁨"으로 주일예배를 드리게 된다는 말씀입니다.

월삭의 규례

① 셋째로 "월삭에는"(11) 하고 월삭의 규례를 말씀하십니다. 월삭이란 달의 첫날을 의미합니다. "상번제"가 날마다 교제하기를 원하시는 것이요, "안식일"이 주(週)마다 교제하기를 원심을 나타낸다면, "월삭"이란 달(月)마다 교제하기를 원하심을 의미한다 하겠습니다. "그 남편이 가로되 초하루(월삭)도 아니요 안식일도 아니어늘 그대가 오늘날 어찌하여 저(선지자)에게 나아가고자 하느뇨"(왕하 4:23) 한 것을 보면, 구약의 성도들은 안식일이나 월삭에는 하나님의 말씀을 듣고자 전념했음을 알게 됩니다. 다시 강조합니다만 이렇게 명하심은 우리들에게서 "일천 번제, 주일헌금, 월정헌금" 등을 받으시려는 의도가 아니라, 아브라함과 이삭과 야곱에게 언약하신 그 메시아언약을 잊지 않게 하시기 위해서임을 명심해야만 합니다. 왜냐하면 구약의 성도들도 "메시아언약" 안에서 구원이 가능하였기 때문입니다.

② 그러므로 "상번제, 안식일, 월삭" 등을 명하신 법대로 지켜야 함

은 사활이 걸려있는 문제였던 것입니다. 이렇게 강조하고 또 강조하셨음에도 불구하고, "하나님의 전의 기구들을 모아 훼파하고 또 여호와의 전 문들을 닫고 예루살렘 구석마다 단을 쌓고 유다 각 성읍에 산당을 세워 다른 신에게 분향"(대하 28:24-25)하였다는 것은 무엇을 의미하는가? 하나님의 성전이 어찌하여 불에 타고 백성들이 이방에 포로가 되어야 했던가? 우상숭배, 즉 메시아언약을 망각하고 배신했기 때문입니다. 신구약을 막론하고 "천하 인간에 구원을 얻을 만한 다른 이름을 우리에게 주신 일이 없고", 이를 배반하면 오직 멸망뿐인 것입니다.

둘째 단원(16-31) 유월절, 초실절, 칠칠절

"정월 십 사 일은 여호와의 유월절이며"(16),

① 본 단원은 "유월절과, 칠칠절"에 대한 내용입니다. 먼저, "정월 십사 일은 여호와의 유월절이며" 하십니다. 본래 이 날은 민간력으로 7월입니다. 그런데 하나님께서 "이 달로 너희에게 달의 시작 곧 해의 첫 달이 되게 하라"(출 12:2) 명하셔서 "정월"이 된 것입니다. 말하자면 거듭난 생일인 셈입니다. "유월절"은 그리스도께서 유월절 양이 되시어 성취하실 때까지, "너희는 이 일을 규례로 삼아 너희와 너희 자손이 영원히 지킬 것이니 너희는 여호와께서 허락하신 대로 너희에게 주시는 땅에 이를 때에 이 예식을 지킬 것이라"(출 12:24-25) 하십니다. 이제 가나안 문턱에 이르러 재차 다짐하시는 것입니다.

② "또 그 달 십 오일부터는 절일이니 칠 일 동안 무교병을 먹을 것이며"(17) 합니다. 유월절은 정월 십 사일 저녁뿐이고, 다음 날부터는 누룩 없는 떡을 먹는 "무교절"입니다. 이는 우리의 구속이 "단 번"에 성취되었음을 나타내면서, 구속함을 얻은 성도들이 누룩 없는, 즉 "내가

거룩하니 너희도 거룩할지니라" 하신 성별의 삶을 살아야 할 것을 의미합니다. 얼마나 명백한 진리입니까!

유월절과, 무교절

① "칠칠절 처음 익은 열매 드리는 날에"(26상) 합니다. "칠칠절"(七七節)이란 "칠 안식일"(레 23:15), 곧 7×7에서 유래된 것으로 "오순절"의 별명입니다. 이 시기는 "처음 익은 열매"를 새 소제로 드리는 때이므로 이를 "초실절"이라고도 합니다. 그러므로 "초실절"의 의미도 놓쳐서는 아니 되는 것입니다. 이 칠칠절에 대한 구속사적 의미를 깨닫기 위해서는 레위기 23장으로 가보아야만 합니다.

② "위선 너희의 곡물의 〈첫 이삭〉 한 단을 제사장에게로 가져 갈 것이요 제사장은, 여호와 앞에 열납되도록 흔들되 안식일 이튿날에 흔들 것이며"(10-11) 합니다. 어찌하여 첫 이삭을 "안식일 이튿날에 흔들라" 하시는가? 이는 "그리스도께서 죽은 자 가운데서 다시 살아 잠자는 자들의 첫 열매"(고전 15:20)가 되실 것에 대한 상징입니다. 주님은 "안식일 이튿날"(마 28:1)에 부활하심으로 성취가 된 것입니다.

③ 이점이 이어지는 말씀에 더욱 분명하게 계시되어 있습니다. "안식일 이튿날 곧 너희가 요제로 단(첫 이삭)을 가져 온 날부터 세어서 칠 안식일의 수효를 채우고 제 칠 안식일 이튿날까지 합 50일을 계수하여 〈새 소제〉를 여호와께 드리라"(15-16) 하십니다. 이것이 오순절인데 오순절은 "첫 열매", 즉 주님의 부활로부터 50일이 되는 날이요, 이 날에 성령이 강림하심으로 탄생한 신약교회가, 곧 "새 소제"인 것입니다.

④ 본 장을 마치기 전에 다시 강조하고자 하는 바는, "상번제, 속죄제, 안식일, 월삭, 유월절, 칠칠절" 때는 예외 없이 흠 없는 양이 죽임을 당했다는 사실입니다. 이것이 세상 죄를 지고 가는 하나님의 어린양에

대한 그림자가 아니라면 무슨 의미가 있단 말입니까? 주님이 담당하신 십자가에는 하나님의 이름을 영화롭게 해드린 번제와, 우리의 죄를 위한 속죄제와, 대신 죽으심의 유월절양의 의미가 있는 것입니다. 그러므로 이제는 구속함을 얻은 우리가 소극적으로 죄를 멀리 하는 것만이 아니라, 적극적으로 하나님 아버지의 이름을 거룩하게 해드리는 번제의 삶을 살아야만 하는 것입니다.

민수가 29장 개관도표

주제 : 나팔절, 속죄일, 초막절을 지키라

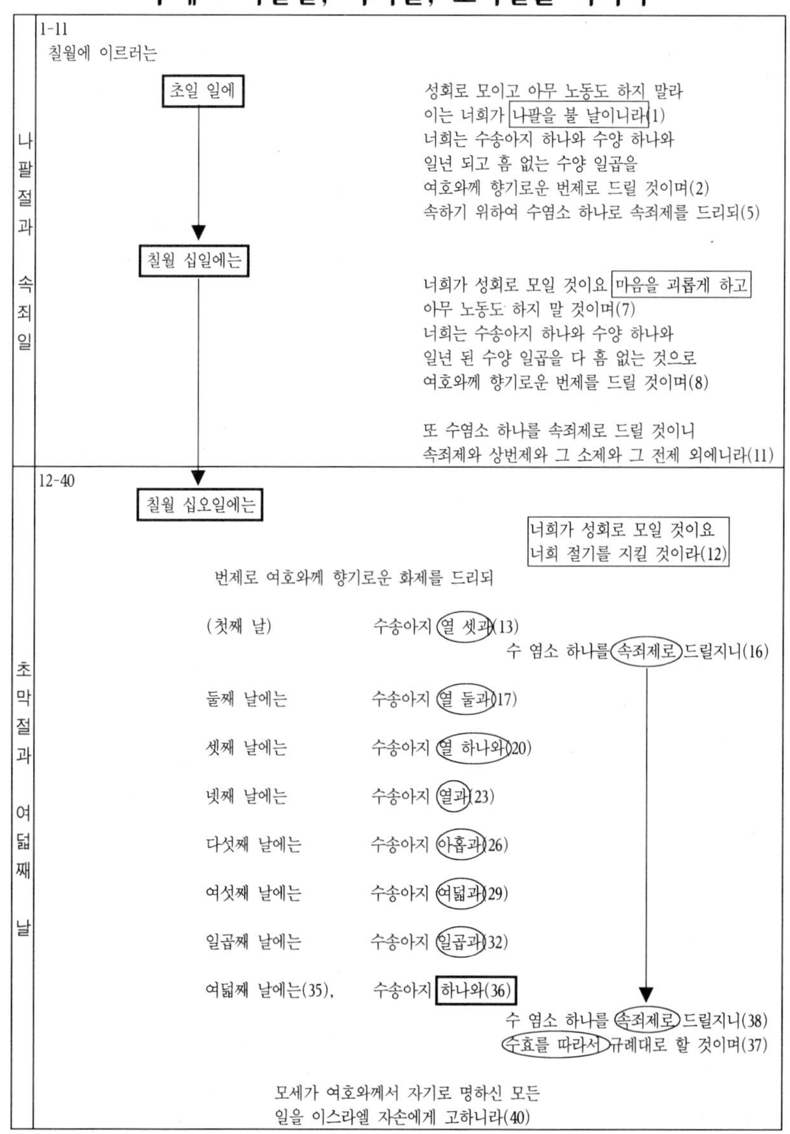
나팔절과 속죄일
1-11
칠월에 이르러는
초일 일에
성회로 모이고 아무 노동도 하지 말라
이는 너희가 나팔을 불 날이니라(1)
너희는 수송아지 하나와 수양 하나와
일년 되고 흠 없는 수양 일곱을
여호와께 향기로운 번제로 드릴 것이며(2)
속하기 위하여 수염소 하나로 속죄제를 드리되(5)
칠월 십일에는
너희가 성회로 모일 것이요 마음을 괴롭게 하고
아무 노동도 하지 말 것이며(7)
너희는 수송아지 하나와 수양 하나와
일년 된 수양 일곱을 다 흠 없는 것으로
여호와께 향기로운 번제를 드릴 것이며(8)
또 수염소 하나를 속죄제로 드릴 것이니
속죄제와 상번제와 그 소제와 그 전제 외에니라(11)
초막절과 여덟째 날
12-40
칠월 십오일에는
너희가 성회로 모일 것이요
너희 절기를 지킬 것이라(12)
번제로 여호와께 향기로운 화제를 드리되
(첫째 날) 수송아지 열 셋과(13)
수 염소 하나를 속죄제로 드릴지니(16)
둘째 날에는 수송아지 열 둘과(17)
셋째 날에는 수송아지 열 하나와(20)
넷째 날에는 수송아지 열과(23)
다섯째 날에는 수송아지 아홉과(26)
여섯째 날에는 수송아지 여덟과(29)
일곱째 날에는 수송아지 일곱과(32)
여덟째 날에는(35), 수송아지 하나와(36)
수 염소 하나를 속죄제로 드릴지니(38)
수효를 따라서 규례대로 할 것이며(37)
모세가 여호와께서 자기로 명하신 모든
일을 이스라엘 자손에게 고하니라(40)

29장

나팔절, 속죄일, 초막절을 지키라

[39]너희가 이 절기를 당하거든 여호와께 이같이 드릴지니 이는 너희 서원제나 낙헌제 외에 번제, 소제, 전제, 화목제를 드릴 것이니라.

29장은, 28장의 연속으로써 "나팔절"(1-6), 속죄일(7-11), 초막절(12-40)에 대한 규례입니다. 이 중에서 가장 강조되어 있는 부분이 초막절입니다. 초막절은 광야생활을 잊지 않도록 칠일 동안 기념하는 절기인데 절정은 마지막 날로 "명절 끝날 곧 큰 날"(요 7:37)이라고 말씀합니다. "끝날"이 큰 날이 되는 것은 광야생활을 청산하고 드디어 약속의 땅에 입성하는 기쁨을 만끽하게 되기 때문입니다. 그러므로 이 "끝날, 곧 큰 날"은 그리스도의 재림을 상징합니다. 그러니까 우리는 지금 "초막절"의 기간을 살아가고 있는 것이며, 끝날 곧 주님께서 재림하실 그 날을 대망하고 있는 것입니다. 여러 절기를 말씀하시는 순서를 주목하시기를 바랍니다. "초막절"을 맨 마지막에 언급하고 있습니다. 순서를 대별(大別)하면, 유월절→ 오순절→ 나팔절→ 초막절로 되어 있습니다. 유월절 어린양의 피로 구속하여 주시고, 오순절의 성령강림으로, 복음의 나팔을 불면서, 초막절 기간을 살아가며 명절 끝날 곧 주님의 재림을 사모하게 하시는 순서인 것입니다. 이를 두 단원으로 나누어 상고하겠습니다.

첫째 단원(1-11) **나팔절과, 속제일**
둘째 단원(12-40) **초막절과 여덟째 날**

첫째 단원(1-11) **나팔절과, 속죄일**

"칠월에 이르러는 그 달 초 일일에 성회로 모이고 아무 노동도 하지 말라 이는 너희가 나팔을 불 날이니라"(1).

① "칠월에 이르러는"(1상) 합니다. 7월에는 "나팔절"로 시작하여 대속죄일과, 초막절 등 중요한 절기가 집중이 되어 있습니다. 그렇게 된 것은 7월이 1년의 중간이요, 민간력으로는 정 월이 되기 때문으로 여겨집니다. 29장에서도 "드리라"는 말씀이 28번이나 등장합니다. 무엇을 드리라 하시는가? ㉠ "흠 없는"(2, 8, 13, 17, 20, 23, 26, 29, 32, 36) 제물로, ㉡ "번제"와, ㉢ "속죄제"(5, 11, 16, 22, 25, 28, 31, 34, 38)를 드리라 명하십니다. 그러므로 다시 강조합니다만 이는 무엇이 부족하신 것처럼 "받기"를 원하셔서 하시는 말씀이 아니라, 궁극적으로는 자기 아들을 대속제물로 "내어주시려"는 망극하신 은혜임을 놓쳐서는 아니 됩니다. 절기들을 지키며 제물들을 드리라 하심은 이를 망각하지 않게 하시려는 방편이었던 것입니다. 그러므로 본문 말씀이 우리에게 직접 적용이 되는 것이 아니라, 예수 그리스도의 십자가를 통해서 우리에게 적

용이 되어야 한다는 점입니다.

② "초 일일"은 나팔을 부는 절기입니다. 우리는 10:1-10절에서 나팔을 부는 경우를 상고한 바 있습니다. 이는 명령하는 신호(信號), 전쟁을 알리는 신호, 하나님으로 기억케 하시는 신호, 등으로 나팔을 불었습니다. 문맥적으로 보면 7월 1일에 부는 나팔은 대 속죄일(10일)과, 초막절(15일)을 준비케 하는 신호입니다. "대 속죄일"과 결부해서는, "크게 외치라 아끼지 말라 네 목소리를 나팔같이 날려 내 백성에게 그 허물을, 야곱 집에 그 죄를 고하라"(사 58:1)는 나팔이 될 것이고, "초막절"과 결부해서는, "좋은 소식을 가져오며 평화를 공포하며 복된 좋은 소식을 가져오며 구원을 공포하며 시온을 향하여 이르기를 네 하나님이 통치하신다"(사 52:7) 하는 나팔이 될 것입니다. 그러므로 나팔절이 신약의 성도들에게는 "복음의 나팔"로 적용(고전 14:8)이 된다 하겠습니다.

나팔절

① "칠월 십일에는 너희가 성회로 모일 것이요"(7상) 합니다. 이 날은 1년에 한 번 있는 거국적(擧國的)인 대 속죄일입니다. 온 백성이 회개하는 날입니다. 대제사장이 속죄의 피를 가지고 지성소에 들어가는 날이 이날입니다. 이것도 자격이 있어서가 아니라 "자기 피로 영원한 속죄를 이루사 단번에 성소에 들어가실"(히 9:12) 그리스도에 대한 예표의 인물이기 때문입니다.

② 속죄일의 규례가 레위기 16장에 자세히 기록되어 있기 때문에 여기서는 이를 상기시켜 줄뿐 자세히 언급하고 있지는 아니합니다. 레위기에 보면 속죄일에는 염소 두 마리를 제물로 준비합니다. 한 마리는, "또 백성을 위한 속죄제 염소를 잡아 그 피를 가지고 장안에 들어가서 그 수송아지 피로 행함과 같이 그 피로 행하여 속죄소 위와 속죄소 앞

에 뿌릴 지니"(레 16:15) 합니다. 이 피가 우리에게 어떤 효험이 있는가? 성경은 "그러면 이제 우리가 그 피를 인하여 의롭다 하심을 얻었은즉 더욱 그의 진노하심에서 구원을 얻을 것이니"(롬 5:9) 합니다. "뿌려진 피"로 말미암아 두 가지를 얻게 되는데, 첫째는 "의롭다 하심"을 얻게 됩니다. 왜냐하면 주님께서 대신 죄 값을 지불하셨기 때문입니다. 둘째는 "진노에서의 구원", 즉 심판을 당하지 않게 됩니다. 왜냐하면 주님께서 대신 진노, 즉 심판을 받으셨기 때문입니다.

③ 다른 한 마리는, "아론은 두 손으로 산 염소의 머리에 안수하여 이스라엘 자손의 모든 불의와 그 범한 모든 죄를 고하고 그 죄를 염소의 머리에 두어 미리 정한 사람에게 맡겨 광야로 보낼지니 염소가 그 불의를 지고 무인지경에 이르거든 그는 그 염소를 광야에 놓을지니라"(레 16:21-22) 하십니다. 이 그림자에 대한 실체가 "보라 세상 죄를 지고 가는 하나님의 어린양이로다"(요 1:29)에서 성취되었던 것입니다. 성경은 "동이 서에서 먼 것같이 우리 죄과를 우리에게서 멀리 옮기셨으며"(시 103:12) 합니다.

④ 이상에서 보는 바와 같이 대 속죄일에 "흠 없는 제물"을 드리라 하심은, 하나님께서 자기 아들을 통해서 이루어주실 것에 대한 그림자임이 명백한 것입니다. 그렇다면 우리가 해야할 일은 무엇인가? "마음을 괴롭게 하라"(7중) 말씀합니다. 마음을 괴롭게 하라 하심은 애통하며 회개하라는 뜻입니다. "이 날에 스스로 괴롭게 하지 아니하는 자는 그 백성 중에서 끊쳐질 것이라, 이 날에 누구든지 아무 일이나 하는 자는 내가 백성 중에서 멸절시키리니"(레 23:29-30) 하십니다. 어찌하여 "끊쳐지고, 멸절"되리라고 말씀하시는가? "마음을 괴롭게 하지 아니한다"는 것은 하나님께서 자기 아들을 통해서 이루어주실 복음을 믿지 않고 멸시한다는 것이 되기 때문입니다. "너희는 옷을 찢지 말고 마음을 찢고 너희 하나님 여호와께로 돌아올지어다"(욜 2:13), 이는 우리가 해

야할 일입니다.

대 속죄일

① "칠월 십 오일에는 너희가 성회로 모일 것이요"(12상) 합니다. 이는 초막절입니다. 한 주간 동안을 집에 거하지 않고 초막에 거하면서 하나님께서 광야를 통과케 하셔서 약속의 땅으로 인도하여 들이신 일을 회상하며 감사하는 절기입니다. 본문에서는 이를 12-38절까지 26절이나 할애하여 자세하게 설명하고 있습니다. 그만큼 중요하다는 뜻이 됩니다.

② 초막절 기간동안에 매일 드려야할 주된 제사는 "번제와, 속죄제" 입니다. "속죄제로 드릴지니" 하는 말씀이 8번(16, 19, 22, 25, 28, 31, 34, 38)이나 강조되어 있습니다. 이것만 보아도 초막절이 주님의 구속사역과 결부됨을 깨달을 수가 있습니다.

③ 그런데 주목해야할 점이 있는데, 레위기에서는 "칠월 십 오일은 초막절이니 여호와를 위하여 칠일 동안 지킬 것이요"(레 23:34) 하고 "칠일 동안"으로 말씀하셨습니다. 그런데 민수기에서는 "여덟째"(35) 날까지를 말씀하면서, 그 마지막 날을 "거룩한 대회로 모일 것이요" 하고, 이날이 대회(大會), 즉 "큰 날"임을 말씀합니다. 그렇다면 "여덟째 날", 즉 끝 날은 어떤 의미가 있는가? 요한복음에 의하면 주님은 초막절 명절을 맞이하여 예루살렘에 올라가셨습니다. 그리고 "명절 끝날 곧 큰 날"(요 7:37)이라고 말씀하는 것을 보게 되는데, 이 날이 "여덟째 날 대회"를 가리키는 것으로 여겨집니다.

④ "명절 끝 날 곧 큰 날"에 주님은 무엇이라 말씀하셨는가? "예수께서 서서 외쳐 가라사대 누구든지 목마르거든 내게로 와서 마시라" 하고 외치셨습니다. 핵심은 "내게로 오라"는 초청에 있습니다. 누구를 초청하고 있는가? "목마른 자"입니다. 이것은 무엇을 의미하느냐 하면 초막절

을 7일 동안이나 지켜도 영혼의 갈증은 해소가 되지 않았음을 가리킵니다. 기쁨이 없고 시원함이 없었다는 말씀입니다. 왜 그런가? 이는 참 것의 그림자였기 때문입니다. 그러므로 주님은 "누구든지 목마르거든 내게로 와서 마시라" 하시는 것입니다. 이는 초막절이 그리스도에게서 성취될 것이라는 복음초청이었던 것입니다.

⑤ 이점이 명하시는 제물의 수효를 통해서도 분명히 계시되어 있습니다. 첫날에 "수송아지 13"(13)을 드리라는 것으로 시작하여 12, 11, 10, 이렇게 매일 한 마리씩 감소하여 "일곱째 날에는 수송아지 7마리"(32)를 드리라 명하십니다. 그런 후에 여덟째, 즉 마지막 날에 이르러는 "수송아지 하나"(36)를 드리라고 명하시는 것입니다. 하나씩 감하게 되면 여덟째 날에는 수송아지 6마리가 되어야 하는 것입니다. 그렇다면 마지막 날에 6마리를 드리면 안 될까요? 물론 안 됩니다. 왜냐하면, "수효를 따라"(18, 21, 24, 27, 30, 33, 37), 즉 지시하는 대로 하라 명하셨기 때문입니다. 그렇다면 어찌하여 마지막 날에는 "하나"를 드리라 하시는가? "하나님이 제사와 예물을 원치 아니하시고 오직 나를 위하여 함 몸을 예비하셨도다"(히 10:5)를 계시하시기 위함이라고 밖에는 달리는 설명할 길이 없는 것입니다.

⑥ "너희가 절기를 당하거든 여호와께 이같이 드릴지니 이는 너희 서원제나 낙헌제 외에 번제, 소제, 전제, 화목제를 드릴 것이니라"(39) 하고 마치고 있습니다. "서원제나 낙헌제"는 자원제(自願祭)입니다. 즉 원하는 사람만 드리면 되는 것입니다. 그러나 "상번제, 안식일, 월삭, 유월절, 칠칠절(오순절), 속죄일, 초막절" 등은 반드시 지켜야할 의무제라는 말씀입니다. 왜냐하면 이는 구원과 결부되는 제사이기 때문입니다. 베드로의 증언대로 하면, "다른 이로서는 구원을 얻을 수 없나니 천하 인간에 구원을 얻을 만한 다른 이름을 우리에게 주신 일이 없음이라"(행 4:12)가 되는 것입니다.

민수기 30장 개관도표

주제 : 지켜야할 서약과 면제되는 서약

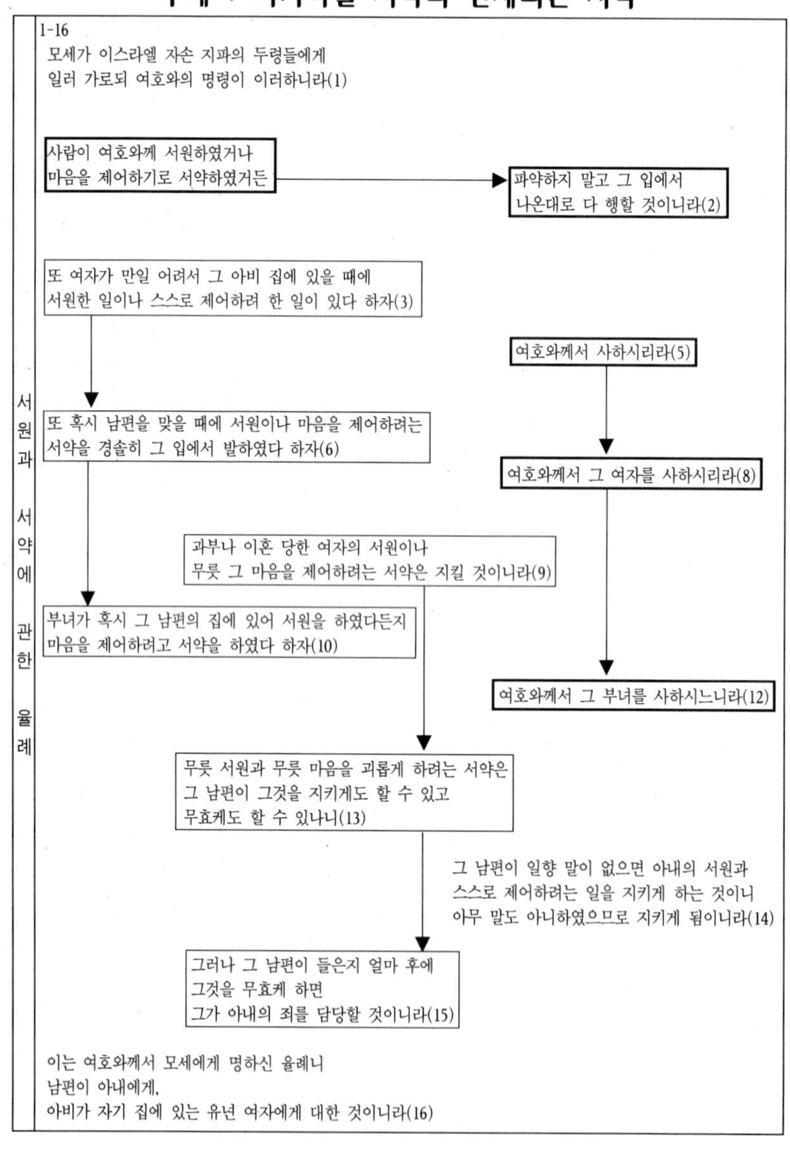
1-16
모세가 이스라엘 자손 지파의 두령들에게
일러 가로되 여호와의 명령이 이러하니라(1)
서원과 서약에 관한 율례
사람이 여호와께 서원하였거나
마음을 제어하기로 서약하였거든
파약하지 말고 그 입에서
나온대로 다 행할 것이니라(2)
또 여자가 만일 어려서 그 아비 집에 있을 때에
서원한 일이나 스스로 제어하려 한 일이 있다 하자(3)
여호와께서 사하시리라(5)
또 혹시 남편을 맞을 때에 서원이나 마음을 제어하려는
서약을 경솔히 그 입에서 발하였다 하자(6)
여호와께서 그 여자를 사하시리라(8)
과부나 이혼 당한 여자의 서원이나
무릇 그 마음을 제어하려는 서약은 지킬 것이니라(9)
부녀가 혹시 그 남편의 집에 있어 서원을 하였다든지
마음을 제어하려고 서약을 하였다 하자(10)
여호와께서 그 부녀를 사하시느니라(12)
무릇 서원과 무릇 마음을 괴롭게 하려는 서약은
그 남편이 그것을 지키게도 할 수 있고
무효케도 할 수 있나니(13)
그 남편이 일향 말이 없으면 아내의 서원과
스스로 제어하려는 일을 지키게 하는 것이니
아무 말도 아니하였으므로 지키게 됨이니라(14)
그러나 그 남편이 들은지 얼마 후에
그것을 무효케 하면
그가 아내의 죄를 담당할 것이니라(15)
이는 여호와께서 모세에게 명하신 율례니
남편이 아내에게,
아비가 자기 집에 있는 유년 여자에게 대한 것이니라(16)

30장

지켜야할 서약과 면제되는 서약

> [2]사람이 여호와께 서원하였거나 마음을 제어하기로 서약하였거든 파약하지 말고 그 입에서 나온 대로 다 행할 것이니라.

30장은 "서원"에 관한 율례입니다. 서원이란 말이 14번 정도, 또한 "서약"이라는 말도 그 정도 등장합니다. "서원"(네데르)이란 하나님께 드리기로 한 약속입니다. "서약"(에싸르)이란 "속박"한다는 뜻이 있는데, 예를 들면 금식기도하기로 작정하는 것 등을 의미합니다. 그래서 "마음을 제어하기로 서약하였거든"(2) 하는 것입니다. "서원, 서약"을 합해서 "맹세"하는 것으로 생각할 수가 있습니다. 다른 경우에도 그러합니다만 여기에는 교훈적인 면과 신학적인 면이 있다 하겠습니다. 이를 간과한 체 교훈적인 면만을 강조하게 되면 율법이 되어 정죄하게 되고 맙니다. 생각해보십시오. 서원을 했다가 지키지 못한 사람은 영원히 구제될 길이 없단 말인가? 그러므로 교훈적인 면과 함께 신학적인 면도 고찰을 해야만 치유(은혜)가 될 수가 있습니다. 이를 한 단원으로 상고하겠습니다.

원리(原理)

"모세가 이스라엘 지파의 두령들에게 일러 가로되 여호와의 명령이 이러하니라"(1).

① "사람이 여호와께 서원하였거나 마음을 제어하기로 서약하였거든 파약하지 말고 그 입에서 나온 대로 다 행할 것이니라"(2) 하십니다. 이것이 "서원, 서약"에 대한 "원리"(原理)입니다. 어찌하여 파약해서는 아니 되는가? "너희는 내 이름으로 거짓 맹세함으로 네 하나님의 이름을 욕되게 하지 말라 나는 여호와니라"(레 19:12) 하십니다. 즉 하나님의 의로우신 이름에 손상을 입히기 때문이라는 것입니다.

② 예를 들면, 여호수아는 가나안을 정복하는 과정에서 기브온 거민들의 말에 속아 "그들과 화친하여 그들을 살리리라는 언약을 맺고 회중 족장들이 그들에게 맹세" 한 일이 있습니다. 삼 일 후에 속았음을 알게 되지만 "그러나 회중 족장들이 이스라엘 하나님 여호와로 그들에게 맹세한 고로 이스라엘 자손이 그들을 치지 못한지라"(수 9:15-18) 합니다. 왜냐하면 "여호와의 이름"이 걸려있기 때문입니다. 요즘 회자(膾炙)되는 말 가운데 "노블레스 오블리주"라는 말이 있습니다. 특권층에는 그 명예에 합당한 엄격한 도덕성이 요청된다는 뜻입니다. 하나님의 백성이 되고, 자녀가 되고, 성직자가 되었다는 것은 그 신분에 합당한 엄격한 책임이 수반하는 것입니다. 그러므로 경솔하게 "서원이나 서약"을 해서는 아니 되는 것입니다.

③ 그리스도인들 중에는 "서원이나 서약"을 하고서 지키지 못하여 이것이 올무가 되어 정죄감에 빠져있는 형제들을 보게 됩니다. 이들을

위해서 하나님은 치료 책을 마련해주셨습니다.

사함 받는 서원

① 본문을 관찰해보면 세 가지 경우가 있습니다. ㉠, 사함 받을 수 있는 서원(5, 8, 12)과, ㉡, 반드시 지켜야할 서원(2, 9)과, ㉢, 대신 담당해야하는 서원(15)입니다. 3절 이하는 주로 "사함을 받는" 경우에 대한 말씀입니다. 도표에서 보시는 바대로 "여호와께서 사하시리라"는 말이 세 번(5, 8, 12) 나옵니다. 30장은 모두가 열 여섯 절인데 그 중에서 열 절이 사함 받는 경우에 관한 말씀입니다. 이로 보아 본 장의 의도가 정죄에 있는 것이 아니라 치유에 있음을 깨닫게 됩니다. 그렇다면 어떤 경우에 서원하고 지키기 못했어도 사함을 받을 수가 있는가?

② 첫째는, "또 여자가 만일 어려서 그 아비 집에 있을 때에 여호와께 서원한 일이나 스스로 제어하려 한 일이 있다 하자"(3) 한 경우입니다. 여기서 핵심은 "어려서", 즉 미성년자라는데 있습니다. 이럴 경우 부모가 자식의 서원을 인정을 하면 지켜야 하지만, 허락지 아니하면 "여호와께서 사하시리라"는 것입니다.

③ 둘째는, "또 혹시 남편을 맞을 때에 서원이나 마음을 제어하려는 서약을 경솔히 그 입에서 발하였다 하자"(6) 한 경우입니다. 여기서 핵심은 "결혼 전"에 한 서원입니다. 결혼한 후에 남편이 이 서원을 듣고 인정을 하면 지켜야 하지만, 만일 허락지 아니하면 "경솔히 입술에서 발한 서약이 무효 될 것이니 여호와께서 그 여자를 사하시리라"(8) 하십니다.

④ 셋째는, "부녀가 혹시 그 남편의 집에 있어 서원을 하였을"(10) 경우입니다. 이는 유부녀(有夫女)의 경우입니다. 남편이 이를 듣고 인정을 하면 지켜야하지만, "그러나 그 남편이 그것을 듣는 날에 무효케

하면, 여호와께서 그 부녀를 사하시느니라"(12) 합니다.

⑤ 공통점은, "미성년자, 결혼한 여자, 유부녀" 등은 그들이 "머리"가 아니라, 권위 아래 있는 자들이라는 점입니다. 부모의 권위, 남편의 권위 아래 있는 자들입니다. 그러므로 13절에서는, "무릇 서원과 무릇 마음을 괴롭게 하려는 서약은 그 남편이 그것을 지키게도 할 수 있고 무효케도 할 수 있나니" 하는 것입니다. 그리스도인들이란 하나님 아버지 권위 아래, 그리스도라는 남편의 권위 아래 있는 자녀요, 유부녀와 같은 자들입니다. 그러므로 전에 경솔히 발한 서원을 사함을 받을 수가 있는 것입니다. 이제는 "너희가 법 아래 있지 아니하고 은혜 아래 있음이니라"(롬 6:14) 하십니다.

지켜야 하는 서원

① "과부나 이혼 당한 여자의 서원이나 무릇 그 마음을 제어하려는 서약은 지킬 것이니라"(9) 하십니다. 왜냐하면 그들은 권위 아래 있지 않기 때문에 자신이 한 일에 대해서 자신이 책임을 질 수밖에 없다는 말씀입니다. 그리스도인들은 과부나 이혼 당한 여자와 같은 사람들이 아닙니다. 불신자들이 이런 처지에 있는 자들입니다.

② 사람이 심판을 당하게 되는 것은 "서원"한 죄 때문만이 아닙니다. "율법의 행위로서는 의롭다 함을 얻을 육체가 없기" 때문입니다. 그러므로 "율법 아래, 죄 아래, 심판 아래"(롬 3:19, 9) 있게 되는 것입니다. "사람이 의롭게 되는 것은 율법의 행위에서 난 것이 아니요 오직 예수 그리스도를 믿음으로 말미암는 줄 아는 고로 우리도 그리스도 예수를 믿나니"(갈 2:16) 합니다. 여기에는 경솔히 서원한 죄도 포함된다고 보아야만 합니다.

책임을 대신 담당하는 경우

① "그러나 그 남편이 들은 지 얼마 후에 그것을 무효케 하면 그가 아내의 죄를 담당할 것이니라"(15) 하십니다. 여기 대신 담당해야하는 장치가 있습니다. 우리의 경우가 이와 같고 그래서 주님은 대신 담당하신 것은 아닐까요?

② 이렇게 말하면, "당신은 서원을 무시하고 율법을 폐하고 있다"고 말하는 분이 있을지 모르겠습니다. 그러면 묻습니다. 도적질, 간음, 살인죄는 사함을 받을 수 있으나 유독 "서원"한 죄는 사함을 받을 수가 없단 말입니까? 주님은 사함을 받을 수 없는 죄는 성령을 거역한 죄 하나 뿐이라고 말씀합니다. 왜냐하면 성령의 사역이 그리스도의 구속을 우리에게 적용을 시켜서 사해주는 사역이기 때문입니다. 그러므로 성령을 거역한다면 달리는 사함 받을 방도가 없는 것입니다.

③ 이는 서원을 무시하는 것도, 죄를 부추기는 것도 아닙니다. "나도 너를 정죄하지 아니하노니 가서 다시는 죄를 범치 말라"(요 8:11), 다시는 경솔히 서원하지 말라, 주님 말씀대로 하면 "도무지 맹세하지 말라"(마 5:34)는 말씀을 하기 위해서입니다.

④ 끝으로, 이 시점에서 30장을 말씀하는 의도가 무엇인가? 약속의 땅에 들어가서 하나님의 백성답게 살아가게 하시기 위해서입니다. 다시 한 번 "노블레스 오블리주"라는 말을 기억할 필요가 있습니다. 하나님의 자녀가 되는 특권을 입은 자에게는 그 명예에 합당한 책임이 따른다는 말입니다. 이 세상을 살아가는 그리스도인들은, 특히 목회자들은 자신에게 "거룩하신 하나님의 이름"이 걸려 있음을 명심하여 각별히 언행을 조심해야만 하겠습니다.

민수기 31장 개관도표

주제 : 이스라엘의 원수를 미디안에 갚으라

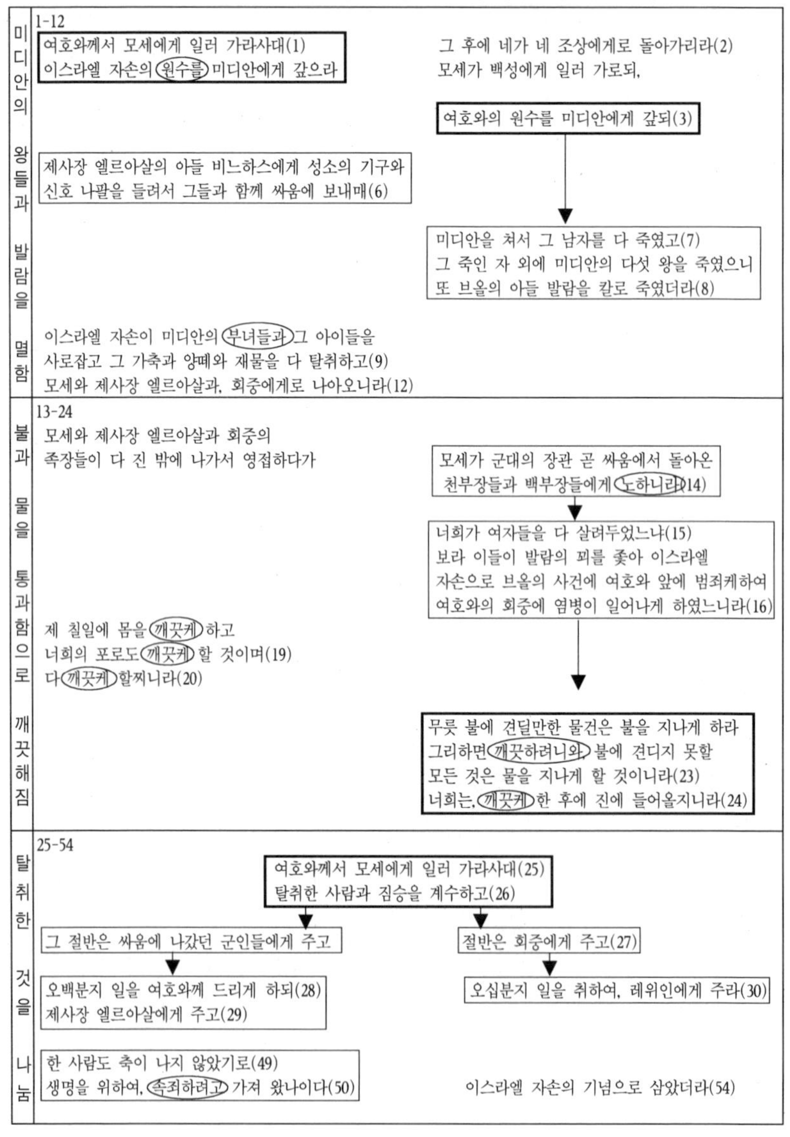
미디안의 왕들과 발람을 멸함
1-12
여호와께서 모세에게 일러 가라사대(1)
이스라엘 자손의 원수를 미디안에게 갚으라
그 후에 네가 네 조상에게로 돌아가리라(2)
모세가 백성에게 일러 가로되,
여호와의 원수를 미디안에게 갚되(3)
제사장 엘르아살의 아들 비느하스에게 성소의 기구와
신호 나팔을 들려서 그들과 함께 싸움에 보내매(6)
미디안을 쳐서 그 남자를 다 죽였고(7)
그 죽인 자 외에 미디안의 다섯 왕을 죽였으니
또 브올의 아들 발람을 칼로 죽였더라(8)
이스라엘 자손이 미디안의 부녀들과 그 아이들을
사로잡고 그 가축과 양떼와 재물을 다 탈취하고(9)
모세와 제사장 엘르아살과, 회중에게로 나아오니라(12)
불과 물을 통과함으로 깨끗해짐
13-24
모세와 제사장 엘르아살과 회중의
족장들이 다 진 밖에 나가서 영접하다가
모세가 군대의 장관 곧 싸움에서 돌아온
천부장들과 백부장들에게 노하니라(14)
너희가 여자들을 다 살려두었느냐(15)
보라 이들이 발람의 꾀를 좇아 이스라엘
자손으로 브올의 사건에 여호와 앞에 범죄케하여
여호와의 회중에 염병이 일어나게 하였느니라(16)
제 칠일에 몸을 깨끗케 하고
너희의 포로도 깨끗케 할 것이며(19)
다 깨끗케 할찌니라(20)
무릇 불에 견딜만한 물건은 불을 지나게 하라
그리하면 깨끗하려니와 불에 견디지 못할
모든 것은 물을 지나게 할 것이니라(23)
너희는, 깨끗케 한 후에 진에 들어올지니라(24)
탈취한 것을 나눔
25-54
여호와께서 모세에게 일러 가라사대(25)
탈취한 사람과 짐승을 계수하고(26)
그 절반은 싸움에 나갔던 군인들에게 주고
절반은 회중에게 주고(27)
오백분지 일을 여호와께 드리게 하되(28)
제사장 엘르아살에게 주고(29)
오십분지 일을 취하여, 레위인에게 주라(30)
한 사람도 축이 나지 않았기로(49)
생명을 위하여, 속죄하려고 가져 왔나이다(50)
이스라엘 자손의 기념으로 삼았더라(54)

31장

이스라엘의 원수를 미디안에 갚으라

[2]이스라엘 자손의 원수를 미디안에게 갚으라 그 후에 네가 네 조상에게로 돌아가리라.

31장의 중심점은 "이스라엘의 원수를 미디안에게 갚으라"(2)는 말씀에 있습니다. 이 일의 중요성을 "그 후에 네가 네 조상에게로 돌아가리라"(2) 하고, 이것이 모세의 마지막 사명임을 말씀하시는 데서 드러납니다. 이 말씀이 신약교회에는 "우리의 씨름은 혈과 육에 대한 것이 아니요, 악의 영들에 대함이라"(엡 6:12)는 말씀으로 적용이 됩니다. 성경에서 "원수"라는 말이 어디서 처음 등장하는지를 생각해보십시오. "내가 너로 여자와 원수가 되게 하고 너의 후손도 여자의 후손과 원수가 되게 하리니" 하신 창세기 3:15절입니다. 어찌하여 원수를 미디안에 갚아야만 하는가? 발람의 꾀를 좇아 미디안의 여인들이 이스라엘을 유혹하여 많은 군사를 죽게 했기 때문입니다. 어찌하여 "내가 너(뱀)로 여자와 원수가 되게 하겠다" 말씀하시는가? 하나님의 형상대로 지음 받은 인류의 시조를 유혹하여 죽게 만들었기 때문입니다. 그러므로 "이스라엘의 원수를, 여호와의 원수"(3)라고 부르고 있는 것입니다. 왜냐하면 구원계획, 즉 하나님의 나라 건설에는 하나님의 거룩하신 이름이 걸려 있는 싸움이기 때문입니다. 이를 세 단원으로 나누어 상고하겠습니다.

첫째 단원(1-12) **미디안의 왕들과 발람을 멸함**
둘째 단원(13-24) **불과 물을 통과함으로 깨끗하여짐**
셋째 단원(25-54) **탈취한 것을 나눔**

첫째 단원(1-12) **미디안의 왕들과 발람을 멸함**

"여호와께서 모세에게 일러 가라사대"(1),

① "이스라엘 자손의 원수를 미디안에게 갚으라 그 후에 네가 네 조상에게로 돌아가리라"(2) 하십니다. 먼저 생각할 점은 이스라엘이 미디안을 원수 시하고 있는 것이 아니라, 미디안이 이스라엘을 "나의 원수"(23:11, 24:10)라고 말하고 있다는 점입니다. 말로만이 아니라 적극적으로 공세를 펴서 음행으로 유혹하여 2만 4천명이나 죽임을 당하게 했던 것입니다. 그 때 하나님은 "미디안인들을 박해하며 그들을 치라"(25:17) 하셨는데, 본 장에서 실행에 옮기는 것입니다.

② 이 말씀을 교훈적으로 접근하게 되면 어떻게 되는가? "복수"가 되고 맙니다. 그런데 구속사라는 맥락에서 보면 "회복"의 역사가 되는 것입니다. 하나님의 나라건설이란 대적자 사탄이 뱀을 들어 인류의 시조를 미혹하여 죽게 만든 것을, 그 원수를 발등상 만들고 회복하는 역사이기 때문입니다. 미디안의 왕들이 발람의 궤계를 좇아 여자들을 통해서

이스라엘을 유혹한 것과, 사탄이 뱀을 통하여 인류의 시조를 유혹한 것은 동일한 작전이었던 것입니다. 25:18절을 보십시오. "이는 그들이 궤계로, 너희를 미혹하였음이니라" 하십니다.

③ 그런데 하나님은 "이스라엘 자손의 원수"(2)라고 말씀하시는데, 모세는 "여호와의 원수를 미디안에 갚으라"(3) 하고 말씀하고 있습니다. 미디안이 1차 적으로는 이스라엘의 원수일 수가 있으나 궁극적으로는 하나님의 나라건설을 파괴하려는 하나님의 원수인 것입니다. 구속사역에는 하나님의 영예가 걸려 있기 때문입니다. "내가 나를 위하며 내가 나를 위하여 이를 이룰 것이라 어찌 내 이름을 욕되게 하리요 내 영광을 다른 자에게 주지 아니하리라"(사 48:11) 하십니다. 이를 알았기에 다윗은 하나님의 원수가 곧 나의 원수라고 진술합니다.

여호와여 내가 주를 미워하는 자를 미워하지 아니하오며
주를 치러 일어나는 자를 한하지 아니하나이까
내가 저희를 심히 미워하오니 저희는 나의 원수니이다.

— 시편 139:21-22 —

현대교회의 결함 중 하나가 원수 사탄에 대한 적대감이 없다는 점입니다. 형제를 잡아먹고 있는데도 분한 줄을 모르고 있습니다. 주님은 죽음 앞에서 우는 무리를 보시며 "통분"히 여기셨고(요 11:33), 바울도 "우상이 가득한 것을 보고 마음에 분하여"(행 18:16) 했다고 말씀합니다. 고린도 성도들을 향해서 "얼마나 분하게 하게 얼마나 두렵게 하며 얼마나 사모하게 하며 얼마나 열심 있게 하며 얼마나 벌하게 하였는가"(고후 7:11) 합니다. 원수 사탄에 대한 분한 마음이 없다는 것은 하나님께 대한 사랑도 없다는 것이 아니겠습니까?

④ 미디안이 하나님의 원수요, 이 싸움에 하나님의 영예가 걸려 있음

이 "제사장 엘르아살의 아들 비느하스에게 성소의 기구와 신호 나팔을 들려서 그들과 함께 싸움에 보내매"(6) 한 말씀을 통해서도 나타납니다. 우리는 당연히 모세의 후계자로 세움을 입은(27:18) 여호수아가 진두지휘할 줄로 여겼으나 모세는 "여호와의 원수를 갚는" 전쟁을 제사장 비느하스로 하여금 지휘하게 하고 있습니다. 그것도 "성소의 기구와 신호를 들려서" 보내고 있음을 주목해야만 합니다. 이는 이 전쟁에 여호와 하나님의 거룩하신 명예가 걸려 있음을 인식했기 때문입니다.

⑤ 그리하여 "그 죽인 자 외에 미디안의 다섯 왕을 죽였으니, 또 브올의 아들 발람을 칼로 죽였더라"(8) 합니다. 여기 두 부류의 원수가 있는데, 미다안의 다섯 왕이 계시록에서 말하는 "짐승", 곧 적 그리스도라면 발람은 거짓 선지자인 것입니다. "짐승이 잡히고 그 앞에서 이적을 행하던 거짓 선지자도 함께 잡혔으니 이는 짐승의 표를 받고 그의 우상에게 경배하던 자들을 이적으로 미혹하던 자라 이 둘이 산 채로 유황 불붙는 못에 던지우고"(계 19:20) 합니다. "미디안의 왕들과, 발람"은 이를 예표하고 있는 것입니다.

⑥ 그런데 이것이 웬 일입니까? 12절은 개선하는 장면인데 모압 여인들을 이끌고 돌아오고 있는 것입니다. "이스라엘 자손이 미디안의 부녀들과 그 아이들을 사로잡고 그 가축과 양떼와 재물을 다 탈취하고"(9) 합니다. 이 여인들이 누구들이란 말인가?

둘째 단원(13-24) **불과 물을 통과함으로 깨끗하여짐**

"모세와 제사장 엘르아살과 회중의 족장들이 다 진 밖에 나가서 영접하다가"(13),

① "모세가 군대의 장관 곧 싸움에서 돌아온 천부장들과 백부장들에

게 노하니라"(14) 합니다. "진 밖까지 나가서 영접", 즉 환영하던 모세가 어찌하여 "노했단" 말인가? "모세가 그들에게 이르되 너희가 여자들을 다 살려 두었느냐"(15) 한 "여자들" 때문이었습니다. "보라 이들이 발람의 꾀를 좇아 이스라엘 자손으로 브올의 사건에 여호와 앞에 범죄케 하여 여호와의 회중에 염병이 일어나게 하였느니라"(16) 한 바로 그 여인들을 데리고 왔기 때문입니다. 이를 통해서 죄의 사악성과 끈질김, 뿌리깊음을 보게 됩니다. 보십시오. 여호와의 원수 미디안이 여기서 진멸 된 줄 알았는데, 사사시대에 이르러 "미디안의 손이 이스라엘을 이긴지라"(삿 6:1) 하는 말을 듣게 됩니다. 그리하여 7년 동안 이스라엘을 압제하는 것을 보게 됩니다. 이 "이스라엘의 원수"를 기드온이 갚는 것을 보게 됩니다.

② 본 단원에서 주목해야할 핵심적인 단어는 "깨끗케 하고" 라는 말씀입니다. 모두 다섯 번 등장합니다. 범죄했다, 타락했다는 것은 곧 더러워졌음을 의미합니다. 하나님의 거룩하신 이름(겔 36:20)과, 인간의 심령이 더럽힘을 받은 것입니다. 이를 회복한다는 것은 "깨끗케 함"을 뜻합니다. "원수를 미디안에 갚는" 이 전쟁이란 25장에서 더럽힘을 입은 영예와 심령을 깨끗케 하는 전쟁이었던 것입니다. 그러므로 오늘날 형제의 선한 싸움도 인류의 조상이 창세기 3장에서 더럽힌 것을 깨끗케 하는 싸움을 싸우고 있는 것입니다.

③ 그런데 미디안의 여인들이 이스라엘의 진중으로 들어온다는 것은 또 다시 더럽히는 행위가 되는 것입니다. 그러므로 깨끗케 함은 두 측면으로 정결케 해야만 했습니다. 첫째는 출전했던 군사 자신들입니다. "너희는 칠 일 동안 진 밖에 주둔하라"(19상) 합니다. 왜냐하면 살상을 하고 시체를 접촉했기 때문입니다. 이점을 "정결케 하는 물"을 만드는 율례(19:11)에서 말씀한 바입니다. 둘째는 모든 전리품들도, "무릇 불에 견딜 만한 물건은 불을 지나게 하고, 불에 견디지 못할 모든 것은 물을

지나게 할 것이니라"(23) 합니다. 이처럼 "불과, 물"을 통과한 후에야 하나님의 진영으로 들어옴이 가능해지는 것입니다. 이 그림자가 신약에 와서는 "물세례, 불 세례"로 발전을 하는 것입니다. 그러므로 주목하게 되는 것은 본문에 "정결케 하는 물로 그것을 깨끗케 할 것이며"(23중) 하고, 25장에서 만든 "정결케 하는 물"이 등장하고 있다는 점입니다. 이는 궁극적으로는 그리스도의 대속을 통해서만 정결케 된다는 것과, 십자가를 통과해야만 하나님 앞으로 나아감이 가능하여 짐을 나타내고 있는 것입니다.

셋째 단원(25-54) 탈취한 것을 나눔

"여호와께서 모세에게 일러 가라사대"(25),

① "너는 제사장 엘르아살과 회중의 족장들로 더불어 이 탈취한 사람과 짐승을 계수하고"(26) 합니다. 그 계수한 내용이 32-47절에 나와 있습니다. "양이 675,000이요, 소가 72,000이요, 나귀가 61,000이요"(32-34) 등 엄청난 것이었습니다.

② "그 얻은 물건을 반분하여 그 절반은 싸움에 나갔던 군인들에게 주고 절반은 회중에게 주고"(27) 하십니다. 그리고 군인들이 받은 것에서 500/1은 제사장 몫으로 하나님께 바치고, 회중들이 받은 몫에서 50/1은 레위인에게 주라(28-30) 하십니다. 이렇게 한다면 전리품을 나눔에 있어서 제외된 자는 한 사람도 없게 되는 것입니다.

③ 여기서 주목하게 되는 것은 전리품을 회중들에게도 주라 하셨다는 점입니다. 이는 그들이 직접 참전하지는 않았지만 "여호와의 원수를 갚는", 즉 "그의 나라와 그의 의"를 위한 선한 싸움에 방관자가 아니라 "함께"한 자들이기 때문입니다. 그런데 보상에는 차별이 있음도 간과해

서는 아니 됩니다. 전리품의 절반을 가지고 참전했던 12,000으로 나눈 몫과, 그 절반을 가지고 약 60만(26:51)으로 나눈 몫은 차이가 있었던 것입니다. 이 말씀이 우리에게는 어떻게 적용이 되는가?

④ 메시아 예언으로 유명한 이사야 53장에 그에 대한 언급이 있습니다. "여호와께서 그로 상함을 받게 하시기를 원하사 질고를 당케 하셨은즉", 즉 십자가를 담당케 하심으로, ㉠ "씨를 보게 되며", 즉 많은 사람이 구원을 얻게 된다는 것입니다. ㉡ "많은 사람을 의롭게 하며 또 그들의 죄악을 친히 담당하리라" 하십니다. ㉢ 궁극적으로는 "여호와의 뜻을 성취하리로다" 합니다. 이렇게 되는 날에 "이러므로 내가 그로 존귀한 자와 함께 분깃을 얻게 하며 강한 자와 함께 탈취한 것을 나누게 하리니"(사 53:10-12) 하시는 것입니다. 주님은 말씀하십니다. "보라 내가 속히 오리니 내가 줄 상이 내게 있어 각 사람에게 그의 일한 대로 갚아주리라"(계 22:12). 민수기의 본문은 이에 대한 그림자인 것입니다.

생명의 속전

① 48-54절까지의 내용은 출전한 "군인을 계수한즉 우리 중 한 사람도 축이 나지 아니하였기로"(49), 지휘관들이 하나님께 감사예물을 드리는 내용입니다. 12,000명이 출전하여 그토록 많은 전과를 올리면서도 "한 사람"도 희생자가 없었다는 것은 특별섭리(기적)가 아닐 수가 없습니다. 이 대목에서 주목하게 되는 것은 지휘관들이 예물을 드리면서, "우리의 생명을 위하여 여호와 앞에 속죄하려고 가져 왔나이다"(50하) 고백하고 있다는 점입니다. 그냥 감사가 아니라 "속전"이라는 뜻입니다.

② 지휘관들은 "군인을 계수"(49)하면서 출애굽기 30:12절 말씀을 생각했을 것입니다. "네가 이스라엘 자손의 수효를 따라 조사할 때에 조사 받은 각 사람은 그 생명의 속전을 여호와께 드릴지니 이는 그 계

수할 때에 그들 중에 온역이 없게 하려 함이라" 하십니다. 이는 "그가 모든 사람을 위하여 자기를 속전으로 주심"(딤전 2:6)으로 말미암아 생명을 보존할 수가 있게 됨을 나타냅니다. 그러므로 "생명의 속전"을 신약적으로 말하면, "이제는 내가 산 것이 아니요 내 안에 그리스도께서 사신 것이라"는 구속의 은총에 대한 신앙고백이 되는 것입니다. 이것이 "이스라엘의 원수, 곧 여호와의 원수"를 갚는 여호와의 군대의 정신입니다.

민수기 32장 개관도표

주제 : 육신의 소욕대로 행한 두 지파 반

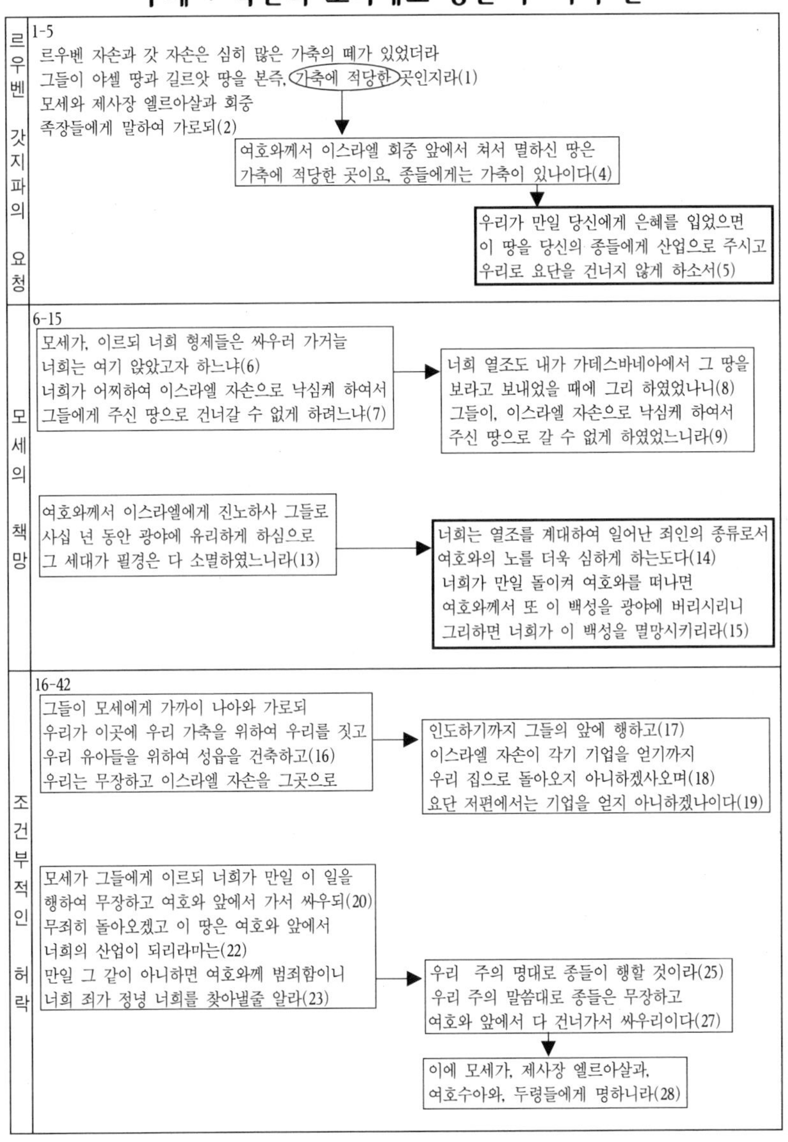
르우벤 갓지파의 요청
1-5
르우벤 자손과 갓 자손은 심히 많은 가축의 떼가 있었더라
그들이 야셀 땅과 길르앗 땅을 본즉, 가축에 적당한 곳인지라(1)
모세와 제사장 엘르아살과 회중
족장들에게 말하여 가로되(2)
여호와께서 이스라엘 회중 앞에서 쳐서 멸하신 땅은
가축에 적당한 곳이요, 종들에게는 가축이 있나이다(4)
우리가 만일 당신에게 은혜를 입었으면
이 땅을 당신의 종들에게 산업으로 주시고
우리로 요단을 건너지 않게 하소서(5)
모세의 책망
6-15
모세가, 이르되 너희 형제들은 싸우러 가거늘
너희는 여기 앉았고자 하느냐(6)
너희가 어찌하여 이스라엘 자손으로 낙심케 하여서
그들에게 주신 땅으로 건너갈 수 없게 하려느냐(7)
너희 열조도 내가 가데스바네아에서 그 땅을
보라고 보내었을 때에 그리 하였었나니(8)
그들이, 이스라엘 자손으로 낙심케 하여서
주신 땅으로 갈 수 없게 하였었느니라(9)
여호와께서 이스라엘에게 진노하사 그들로
사십 년 동안 광야에 유리하게 하심으로
그 세대가 필경은 다 소멸하였느니라(13)
너희는 열조를 계대하여 일어난 죄인의 종류로서
여호와의 노를 더욱 심하게 하는도다(14)
너희가 만일 돌이켜 여호와를 떠나면
여호와께서 또 이 백성을 광야에 버리시리니
그리하면 너희가 이 백성을 멸망시키리라(15)
조건부적인 허락
16-42
그들이 모세에게 가까이 나아와 가로되
우리가 이곳에 우리 가축을 위하여 우리를 짓고
우리 유아들을 위하여 성읍을 건축하고(16)
우리는 무장하고 이스라엘 자손을 그곳으로
인도하기까지 그들의 앞에 행하고(17)
이스라엘 자손이 각기 기업을 얻기까지
우리 집으로 돌아오지 아니하겠사오며(18)
요단 저편에서는 기업을 얻지 아니하겠나이다(19)
모세가 그들에게 이르되 너희가 만일 이 일을
행하여 무장하고 여호와 앞에서 가서 싸우되(20)
무죄히 돌아오겠고 이 땅은 여호와 앞에서
너희의 산업이 되리라마는(22)
만일 그 같이 아니하면 여호와께 범죄함이니
너희 죄가 정녕 너희를 찾아낼줄 알라(23)
우리 주의 명대로 종들이 행할 것이라(25)
우리 주의 말씀대로 종들은 무장하고
여호와 앞에서 다 건너가서 싸우리이다(27)
이에 모세가, 제사장 엘르아살과,
여호수아와, 두령들에게 명하니라(28)

32장

육신의 소욕대로 행한 두 지파 반

[6]모세가 갓 자손과 르우벤 자손에게 이르되 너희 형제들은 싸우러 가거늘 너희는 여기 앉았고자 하느냐.

32장은 우리에게 심각한 질문을 하게 만듭니다. 왜냐하면 갓 자손과 르우벤 자손들이 모세에게 나아와, "이 땅을 당신의 종들에게 산업으로 주시고 우리로 요단을 건너가지 않게 하소서"(5) 하고 요청을 하고 있기 때문입니다. 그들이 요청한 땅은 요단 동편, 아모리 왕 시혼과, 바산 왕 옥이 관할하던 땅입니다. 갓 자손과 르우벤 자손들은 그 땅이 비옥한 것을 보자 선점(先占)하려는 것입니다. 이래도 되는 것인가? 이는 학자들 간에 많은 논란을 불러 일으킨 문제이기도 합니다. 이 문제가 현대 교회에는 어떤 의미가 있는가? 이는 우리에게도 적실성이 있는 문제입니다. 이를 세 단원으로 나누어 상고하겠습니다.

첫째 단원(1-5) **르우벤과 갓 지파의 요청**

둘째 단원(6-15) **모세의 책망**

셋째 단원(16-42) **조건부적인 허용**

첫째 단원(1-5) 르우벤과 갓 지파의 요청

"르우벤 자손과 갓 자손은 심히 많은 가축의 떼가 있었더라 그들이 야셀 땅과 길르앗 땅을 본즉 그 곳은 가축에 적당한 곳인지라"(1).

① "갓 자손과 르우벤 자손이 와서 모세와 제사장 엘르아살과 회중 족장들에게 말하여 가로되"(2),

② "아다롯과 디본과 야셀과 니므라와 헤스본과 엘르알레와 스밤과 느보와 브온 곧 여호와께서 이스라엘 회중 앞에서 쳐서 멸하신 땅은 가축에 적당한 곳이요 당신의 종들에게는 가축이 있나이다"(3-4).

③ "또 가로되 우리가 만일 당신에게 은혜를 입었으면 이 땅을 당신의 종들에게 산업으로 주시고 우리를 요단을 건너지 않게 하소서"(5) 하고 요청을 합니다.

④ 이것이 합당한 요청인가? 이 말을 듣는 모세는 참으로 한심한 마음이 들었을 듯합니다. 왜냐하면 자신은 "구하옵나니 나로 건너가게 하사 요단 저편에 있는 아름다운 땅, 아름다운 산과 레바논을 보게 하옵소서" 하고 간구했으나, "그만해도 족하니 이 일로 다시 내게 말하지 말라"(신 3:25-26) 하는 거절을 당했기 때문입니다. 그런데 "우리로 요단을 건너지 않게 하소서" 하다니, 엄마나 답답했겠습니까? 이에 대해 몇 가지 생각해보아야만 합니다. ㉠ 저들은 "심히 많은 가축의 떼가 있었더라, 그곳은 가축에 적당한 곳인지라" 하고 "가축" 위주로 생각하고 판단을 했다는 점입니다. 그것은 하나님중심이 아닙니다. 언제나 붙들고

있어야 할 것은 ㉡ 하나님의 언약입니다. 하나님께서 조상 아브라함에게 약속하신 땅은 요단 건너 가나안 땅이었지 모압 평지가 아니었습니다. 멀리 갈 것도 없이 당장 34장에 "너희 남방은(3), 서편 경계는(6), 북편 경계는(7), 너희의 동편 경계는"(10) 하고 그 경계(境界)가 명시되어 있습니다. 그 경계는 동편으로 갈릴리(긴네렛 동편 해변) 바다에서 요단강을 따라 염해(사해)까지로 되어 있습니다. 요단 동편은 분명히 포함되어 있지 아니합니다.

⑤ 놓치지 말아야할 것은 하나님께서 아브라함에게 "너는 눈을 들어 너 있는 곳에서 동서남북을 바라보라 보이는 땅을 내가 너와 네 자손에게 주리라"(창 13:14-15) 하고 약속하신 하나님의 뜻입니다. 그것은 분명합니다. 아브라함의 자손으로 오실 그리스도가 탄생할 땅을 준비하심에 있었던 것입니다. 이 메시아언약이 언제나 중심에 와 있어야 하는 것입니다.

⑥ 여호수아 22장에 보면 가나안 정복이 끝난 후에 참전했던 갓과 르우벤 자손들이 처자식들과 가축이 있는 요단 동편으로 돌아가는 장면이 나옵니다. 그런데 그들은 요단 강가에 이르자 "단을 쌓았는데 볼 만한 큰 단이었더라"(수 22:10) 합니다. 어찌하여 단을 쌓았는가? "여호와께서 우리와 너희 사이에 요단으로 경계를 삼으셨나니 너희는 여호와께 분의(分誼)가 없느니라 하여 너희 자손이 우리 자손으로 여호와 경외하기를 그치게 할까 하여"(수 22:25) 단을 쌓았다는 것입니다. 지금이 아닙니다. 먼 훗날 자손 대에 가서 "너희는 여호와께 분의가 없다" 할 것을 염려해서 표적이 되는 단을 쌓았다는 말입니다. 이는 르우벤, 갓, 므낫세 반 지파들도 자신들의 판단이 떳떳치 못한 행동임을 알고 있었다는 것이 됩니다. 이점이 진상조사 차 출동했던 비느하스의 말에서도 드러납니다. "너희 소유가 만일 깨끗지 아니하거든 여호와의 성막이 있는 여호와의 소유지로 건너와 우리 중에서 소유를 취할 것이니라 오직

우리 하나님 여호와의 단 외에 다른 단을 쌓음으로 여호와께 패역하지 말며 우리에게도 패역하지 말라"(수 22:19) 하고 말했던 것입니다. 저들이 눌러 앉은 곳은 "여호와의 성막이 있는, 여호와의 소유지"가 아니라는 말입니다.

⑥ 이 사건이 우리에게는 어떤 의미가 있는가? 이 장면을 대하면서 생각나는 사람들이 있습니다. 구약에서는 롯입니다. "이에 롯이 눈을 들어 요단 들을 바라본즉 소알까지 온 땅에 물이 넉넉하니 여호와께서 소돔과 고모라를 멸하시기 전이었는고로 여호와의 동산 같고 애굽 땅과 같았더라"(창 13:10), 이런 육적인 조건만을 보고 그곳을 택했다가 그 결과가 어찌 되었는가? 신약에서는 십자가를 지시기 위해서 예루살렘으로 올라가시는 주님께, "우리의 구하는 바를 우리에게 하여 주시기를 원하옵나이다"(막 10:35) 하고 구한 야고보와 요한의 요청입니다. 그들은 자신들의 출세를 위하여 주님의 우편과 좌편 자리를 요구했던 것입니다. 주님은 "너희가 나의 마시는 잔을 마시며 나의 받는 세례를 받을 수 있느냐" 하고 물으십니다. 즉 영광이란 고난 후에 주어진다는 뜻입니다. 그러므로 모세는 그들을 책망합니다.

둘째 단원(6-15) **모세의 책망**

"모세가 갓 자손과 르우벤 자손에게 이르되 너희 형제들은 싸우러 가거늘 너희는 여기 앉았고자 하느냐"(6).

① 즉 너희의 유익과 안일만을 추구하려 하느냐? 그뿐만이 아닙니다. "너희가 어찌하여 이스라엘 자손으로 낙심케 하여서 여호와께서 그들에게 주신 땅으로 건너갈 수 없게 하려느냐"(7) 하고 책망을 합니다. 이 점에서 "공(公)과 사"(私)를 분별할 수 있어야만 합니다. 모세는 그들

자신의 유, 불리(不利)라는 "사적(私的)인 견지에서 말하고 있는 것이 아닙니다. 르우벤, 갓, 므낫세 반 지파가 자기들의 좋을 대로 요단강을 건너가지 않으려는 것은 그렇다 해도, 문제는 "이스라엘 자손으로 낙심케 하여서 여호와께서 그들에게 주신 땅으로 건너갈 수 없게 하려느냐"는 데 있는 것입니다. 이는 사적인 이익에 집착하여 공적인 하나님의 역사를 망치려 하느냐는 뜻입니다. 26장에서 계수한 싸움에 나갈만한 자의 수를 보면 두 지파 반의 수가 11만 명 이상이나 됩니다. 만일 이들이 이탈을 하게 된다면 다른 지파 군사들을 낙심시키기에 족한 것입니다. 이처럼 자신도 하지 않고, 하고자 하는 사람들의 믿음까지 약화시키는 일은 교회 안에도 있는 것입니다.

② 모세는 여기서 멈추는 것이 아니라 역사적인 사례를 들어서 책망합니다. "너희 열조도 내가 가데스바네아에서 그 땅을 보라고 보내었을 때에 그리하였었나니"(8) 합니다. 즉 열 족장들의 악평이 백성들을 낙심케 하여 결국 자신도 들어가지 않고 들어가고자 하는 자들도 못 들어가게 한 일을 상기시킵니다. "여호와께서 이스라엘에게 진노하사 그들로 40년 동안 광야에 유리하게 하신 고로 여호와의 목전에 악을 행한 그 세대가 필경은 다 소멸하였느니라"(13) 합니다. 그런 후에 저들에게 적용하기를,

③ "보라 너희는 너희의 열조를 계대(繼代)하여 일어난 죄인의 종류로서"(14상) 하고 저들의 정체(正體)를 돌아보게 합니다. 즉 너희 속에는 너희 열조의 불순종의 피가 흐르고 있다는 그런 뜻입니다. "이스라엘을 향하신 여호와의 노를 더욱 심하게 하는도다"(14하) 합니다. 즉 조상들보다 더욱 불순종하려 한다는 것입니다.

④ "너희가 만일 돌이켜 여호와를 떠나면 여호와께서 또 이 백성을 광야에 버리시리니 그리하면 너희가 이 모든 백성을 멸망시키리라"(15) 합니다. 모세의 책망 속에 저들의 판단이 잘못되었음이 조목조목 드러

납니다. 저들의 잘못을 한마디로 표현한다면, "그의 나라와 그의 의"보다는, 먼저 "무엇을 먹을까 무엇을 마실까 무엇을 입을까"를 생각한 데 있다 하겠습니다.

셋째 단원(16-42) **조건부적인 허용**

"그들이 모세에게 가까이 나아와 가로되 우리가 이 곳에 우리 가축을 위하여 우리를 짓고 우리 유아들을 위하여 성읍을 건축하고"(16),

① "이 땅 거민의 연고로 우리 유아들로 그 견고한 성읍에 거하게 한 후에 우리는 무장하고 이스라엘 자손을 그곳으로 인도하기까지 그들의 앞에 행하고 이스라엘 자손이 각기 기업을 얻기까지 우리 집으로 돌아오지 아니하겠사오며 우리는 요단 이편 곧 동편에서 산업을 얻었사오니 그들과 함께 요단 저편에서는 기업을 얻지 아니하겠나이다"(17-19) 하고 진술합니다. 저들의 말을 세 마디로 요약할 수가 있습니다. ㉠ 가축과 유아들을 위하여 견고한 성읍을 건축하여 거하게 하고, ㉡ 자신들은 무장을 하고 가나안을 정복하기까지 앞장서서 싸우겠으며, ㉢ 그렇다고 가나안에서는 기업을 요구하지 않겠다는 것입니다. "가축과, 유아"는 두고 자신들만 가겠다고 하는 것은 어디서 들어본 이야기가 아닙니까? 그렇습니다. 그것은 바로의 궤계(출 10:8-11, 24)였던 것입니다.

② 어떻습니까? 주님께 이렇게 말씀을 드렸다면 무어라 답변하셨을까? 이런 일이 있었습니다. "또 다른 사람에게 나를 좇으라 하시니 그가 가로되 나로 먼저 가서 내 부친을 장사하게 허락하옵소서, 예수께서 이르시되 손에 쟁기를 잡고 뒤를 돌아보는 자는 하나님의 나라에 합당치 아니하니라"(눅 9:59-62).

③ "모세가 그들에게 이르되 너희가 만일 이 일을 행하여 무장하고

여호와 앞에서 가서 싸우되 너희가 다 무장하고 여호와 앞에서 요단을 건너가서 여호와께서 그 원수를 자기 앞에서 쫓아내시고 그 땅으로 여호와 앞에 복종케하시기까지 싸우면 여호와의 앞에서나 이스라엘 앞에서나 무죄히 돌아오겠고 이 땅은 여호와 앞에서 너희의 산업이 되리라 마는 너희가 만일 그같이 아니하면 여호와께 범죄함이니 너희 죄가 정녕 너희를 찾아낼 줄을 알라"(20-23) 하고, 조건부적인 허락을 합니다. 모세의 말 중에 "무죄히 돌아오겠고" 한 말씀이 있습니다. 이 말은 저들의 판단이 옳다고 인정하는 뜻이 아닙니다. 이는 하나님께서 이루시려는 일에 걸림돌이 되지 않고 무사히 돌아오게 된다는 말일뿐입니다. 그렇다면 모세는 어찌하여 조건부적인 허락을 했을까? 성도들이 목회자에게 상담해 오는 경우를 보면 자기들끼리 이미 결정을 해놓고는 명분만 쌓으려는 경우가 많습니다. 이점이 "보라 너희는 너희의 열조를 계대하여 일어난 죄인의 종류로서, 여호와의 노를 더욱 심하게 하는도다"(14) 한 언사를 통해서 나타납니다. 만일 모세가 허락을 하지 않았다면 어떻게 반응을 했겠는가? 그래서 허용을 했을 것입니다.

④ "이에 모세가 그들에게 대하여 제사장 엘르아살과 눈의 아들 여호수아와 이스라엘 자손 지파의 두령들에게 명하니라"(28) 합니다. 즉 조건부적으로 허락하였음을 그들에게 통보를 한 것입니다. 왜냐하면 자신은 요단을 건너가지 못하게 될 것이기 때문입니다. 저들은 약속대로 무장을 하고 요단을 건너가 싸웠는데 그 수가 "4만 명 가량이라"(수 4:13) 합니다. 11만 명중에서 3/1 정도만이 참여한 것입니다. 그리고 싸움을 마치고는 원하던 대로 길르앗 땅으로 돌아왔던 것입니다. 이 대목에서 우리의 주목을 끄는 말씀이 있는데, 모세는 말하기를 저들이 약속대로 참전하면 "길르앗 땅(저들이 요구한)을 그들에게 산업으로 줄 것이요, 만일 너희와 함께 무장하고 건너지 아니하거든 가나안 땅에서 너희 중에 산업을 줄 것이니라"(29-30) 한 대목입니다. 이것이 무슨 뜻인

가? 길르앗 땅은 자신들의 공로(행위)로 얻은 땅이 되고, 가나안 땅에서 산업을 얻게 되는 것은 값없이 거저 주시는 은혜가 되는 것입니다.

목적이 다른 사람들

① 이제 생각해보아야만 하겠습니다. 육적 출애굽을 상고하면서, 두 가지 큰 질문이 영적 출애굽 도상에 있는 우리에게 주어집니다. 첫째는 1세대들이 들어가지 못한 점이고, 둘째는 르우벤, 갓, 므낫세 반 지파가 가나안 정복에 참여하였으면서도 약속의 땅을 기업으로 받은 것이 아니라, 싸움이 끝난 후에는 가나안을 떠나고야 말았다는 점입니다. 이것이 현대교회에는 어떤 의미가 있는가? 1세대들이 들어가지 못한 것은 "저희가 믿지 아니하므로 능히 들어가지 못한 것이라"(히 3:19) 하고 말씀합니다. 그렇다면 두 지파 반이 가나안 땅을 기업으로 받지 못한 그 원인이 어디에 있는가? 목적을 다른 곳에 두었기 때문이라고 말할 수밖에 없습니다. "그의 나라와 그의 의", 즉 하나님의 나라건설에 둔 것이 아니라, "가축을 위하여 우리를 짓고, 우리 유아들을 위하여 성읍을 건축"(16)하는데 두었기 때문입니다. 이런 일은, "저희가 다 자기 일을 구하고 그리스도 예수의 일을 구하지 아니하되"(빌 2:21) 하고, 바울 당시도 있었고, 오늘날은 더욱 만연해 있다 하겠습니다.

② 32장을 통해서 깨닫게 되는 것은, 이들 두 지파 반의 행동은, 낮에는 구름기둥 밤에는 불기둥으로 인도하여주신 성령의 소욕을 좇아 행한 것이 아니라 육신의 소욕대로 행한 것이라는 결론에 이르게 됩니다. 이런 일은 어느 시대나 있기 마련입니다. 그러므로 사도 바울은, "내가 너희에게 이르노니 너희는 성령을 좇아 행하라 그리하면 육체의 욕심을 이루지 아니하리라 육체의 소욕은 성령을 거스리고 성령의 소욕은 육체를 거스리나니 이 둘이 서로 대적함으로 너희의 원하는 것을 하지 못하

게 하려 함이니라"(갈 5:16-17) 하고 말씀하면서 권면하기를, "그리스도 예수의 사람들은 육체와 함께 그 정과 욕심을 십자가에 못박았느니라 만일 우리가 성령으로 살면 또한 성령으로 행할지니 헛된 영광을 구하여 서로 격동하고 서로 투기하지 말지니라"(갈 5:24-26) 합니다. 본 장은 우리에게 묻고 있습니다. "너는 기업을 요단 동편에서 받기를 원하느냐? 아니면 선한 싸움을 싸운 후에 가나안에서 받기를 원하느냐?".

민수기 33장 개관도표

주제 : 애굽에서 모압까지 인도하신 하나님

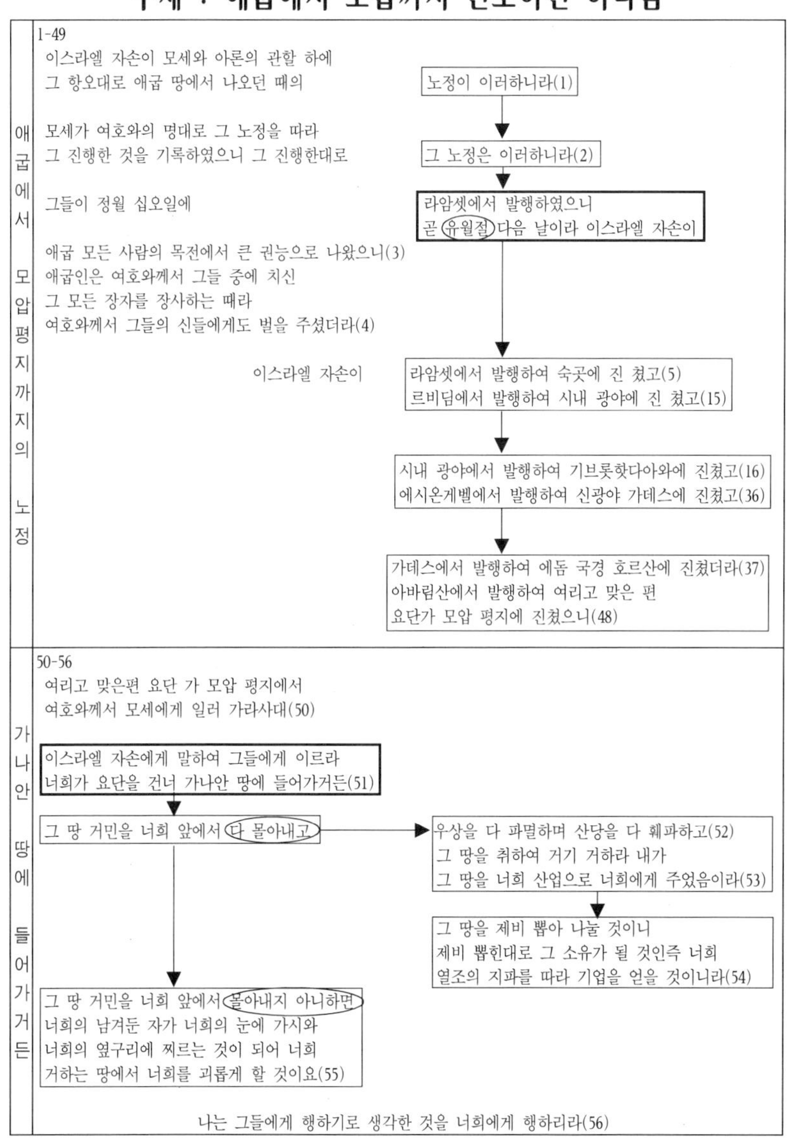
애굽에서 모압평지까지의 노정
1-49
이스라엘 자손이 모세와 아론의 관할 하에
그 항오대로 애굽 땅에서 나오던 때의
노정이 이러하니라(1)
모세가 여호와의 명대로 그 노정을 따라
그 진행한 것을 기록하였으니 그 진행한대로
그 노정은 이러하니라(2)
그들이 정월 십오일에
라암셋에서 발행하였으니
곧 유월절 다음 날이라 이스라엘 자손이
애굽 모든 사람의 목전에서 큰 권능으로 나왔으니(3)
애굽인은 여호와께서 그들 중에 치신
그 모든 장자를 장사하는 때라
여호와께서 그들의 신들에게도 벌을 주셨더라(4)
이스라엘 자손이
라암셋에서 발행하여 숙곳에 진 쳤고(5)
르비딤에서 발행하여 시내 광야에 진 쳤고(15)
시내 광야에서 발행하여 기브롯핫다아와에 진쳤고(16)
에시온게벨에서 발행하여 신광야 가데스에 진쳤고(36)
가데스에서 발행하여 에돔 국경 호르산에 진쳤더라(37)
아바림산에서 발행하여 여리고 맞은 편
요단가 모압 평지에 진쳤으니(48)
가나안 땅에 들어가거든
50-56
여리고 맞은편 요단 가 모압 평지에서
여호와께서 모세에게 일러 가라사대(50)
이스라엘 자손에게 말하여 그들에게 이르라
너희가 요단을 건너 가나안 땅에 들어가거든(51)
그 땅 거민을 너희 앞에서 다 몰아내고
우상을 다 파멸하며 산당을 다 훼파하고(52)
그 땅을 취하여 거기 거하라 내가
그 땅을 너희 산업으로 너희에게 주었음이라(53)
그 땅을 제비 뽑아 나눌 것이니
제비 뽑힌대로 그 소유가 될 것인즉 너희
열조의 지파를 따라 기업을 얻을 것이니라(54)
그 땅 거민을 너희 앞에서 몰아내지 아니하면
너희의 남겨둔 자가 너희의 눈에 가시와
너희의 옆구리에 찌르는 것이 되어 너희
거하는 땅에서 너희를 괴롭게 할 것이요(55)
나는 그들에게 행하기로 생각한 것을 너희에게 행하리라(56)

33장

애굽에서 모압까지 인도하신 하나님

[2]모세가 명대로 그 노정을 따라 그 진행한 것을 기록하였으니 그 진행한 대로 그 노정은 이러하니라.

33장의 내용은 애굽을 탈출하여 약속의 땅 가나안이 바라보이는 요단 동편 모압 평지까지 이르도록 진행한 노정기(路程記)입니다. 달려갈 길을 마치려는 모세가 여호와의 명을 따라 여기까지 진행해온 노정을 회상하면서 정리한다는 것은 감개가 무량한 일이었을 것입니다. 가나안에 입성하기까지의 기록이 아니라 바라보이는 "요단 가 모압 평지"까지의 노정기라는데 우리의 생각이 깊어집니다. 왜냐하면 "이 사람들은 다 믿음을 따라 죽었으며 약속을 받지 못하였으되 그것들을 멀리서 보고 환영하며 또 땅에서는 외국인과 나그네로라 증거"(히 11:13) 한 기록이기 때문입니다. 사무엘도 "여호와께서 여기까지 우리를 도우셨다 하고 그 이름을 에벤에셀이라"(삼상 7:12) 했습니다. 바울의 "노정기"는 사도행전에 나타나 있습니다. 그는 자신의 일생을 "내가 선한 싸움을 싸우고 달려갈 길을 마치고 믿음을 지켰다" 하고 말하면서, "그러나 나의 나 된 것은 하나님의 은혜로 된 것이라"(고전 15:10) 하고 고백을 합니다. 훗날 우리의 노정을 정리한다면 어떤 기록이 될 것인가? 이를 두 단원으로 나누어 상고하겠습니다.

첫째 단원(1-49) **애굽에서 모압 평지까지의 노정**
둘째 단원(50-56) **가나안 땅에 들어가거든**

첫째 단원(1-49) 애굽에서 모압 평지까지의 노정

"이스라엘 자손이 모세와 아론의 관할 하에 그 항오대로 애굽 땅에서 나오던 때의 노정이 이러하니라"(1).

① 이 "노정"은 모세가 자기 마음대로 인도한 기록이 아니라, "여호와의 명대로 그 노정을 따라 진행한"(2) 것이라고 말씀합니다. 그리고 곧 바로 노정을 말하고 있는 것이 아니라, "그들이 정월 십 오일에 라암셋(고센 땅)에서 발행하였으니 곧 유월절 다음 날이라"(3상) 하고, 출발점을 "유월절"에 두고 있음을 주목해야만 합니다. 이점이 어째서 중요하냐 하면 이스라엘이 이스라엘 됨의 뿌리가 "유월절"에 있기 때문입니다. 만일 유월절 어린양의 피가 아니었다면 출애굽도, 노정도, 가나안도 없는 것이 됩니다. 그러므로 저들은 라암셋에서 발행한 것이 아니라 "유월절"에서 출발한 셈입니다.

② 신약시대에 이르러 이를 누구보다도 굳게 붙잡고 있는 사람은 사도 바울입니다. "그러므로 우리가 믿음으로 의롭다 하심을 얻었은즉 우리 주 예수 그리스도로 말미암아 하나님으로 더불어 화평을 누리자"(롬

5:1) 합니다. "우리가 믿음으로 의롭다 하심을 얻었은즉, 하나님으로 더불어 화평을 누리자" 해도 되는 것입니다. 그런데 바울은 그 사이에 "우리 주 예수 그리스도로 말미암아"를 삽입하고 있는 것입니다. 왜냐하면 우리가 하나님과 화목할 수 있게 된 것이 "우리 주 예수 그리스도로 말미암아" 가능하여졌기 때문입니다. 이를 어찌 빼놓을 수가 있단 말인가? 이 "말미암아"가 끊어지거나 놓치게 되면 화목도, 구원도, 축복도 없습니다. 오직 진노와 심판만이 있을 뿐입니다. 그냥 "예수"가 아닙니다. "예수 그리스도"입니다. 바울은 "예수와 그리스도"를 결코 떼어놓고 있지 아니합니다. 왜 그렇습니까? 예수가 구약에서 언약하신 그리스도이심을 증거하기 위해서입니다. 초대교회 성도들은 이를 증거하는데 목숨을 걸었습니다. 더 좋은 호칭은 "우리 주 예수 그리스도"입니다.

③ "곧 유월절 다음 날이라 이스라엘 자손이 애굽 모든 사람의 목전에서 큰 권능으로 나왔으니"(3하) 합니다. 바로의 노예신분이었던 저들이 큰 권능으로 나왔다는 "큰 권능"이란 무엇인가? 그것은 1-9까지의 재앙을 가리키는 것이 아닙니다. "내가 이제 한 가지 재앙을 바로와 애굽에 내린 후에야 그가 너희를 여기서 보낼지라"(출 11:1) 하신 유월절의 밤을 가리킵니다. 애굽의 장자들이 심판을 당하여 애곡하던 밤에 이스라엘은 담대히 나왔던 것입니다. 이는 저들에게 무슨 자격이 있어서가 아니라 양이 대신 죽어 흘린 피가 문설주와 인방에 뿌려졌기 때문이었습니다. 이것이 "큰 권능"이었던 것입니다. 성경은 말씀합니다. "십자가의 도가 멸망하는 자들에게는 미련한 것이요 구원을 얻는 우리에게는 하나님의 능력이라"(고전 1:18). 이 큰 권능으로 인하여 애굽 사람들은 "모든 장자를 장사하는 때에"(4), 이스라엘은 "항오대로"(1) 담대히 나왔던 것입니다. 이것이 육적 출애굽의 출발점이요, 영적 출애굽의 출발점이기도 합니다.

내 백성이여 내 교훈을 들으며
내 입의 말에 귀를 기울일지어다
내가 입을 열고 비유를 베풀어서
옛 비밀한 말을 발표하리니
이는 우리가 들은 바요 아는 바요
우리 열조가 우리에게 전한 바라

이는 저희로 후대 곧 후생 자손에게 이를 알게 하고
그들은 일어나 그 자손에게 일러서
저희로 그 소망을 하나님께 두며
하나님의 행사를 잊지 아니하고 오직 그 계명을 지켜서(시 78:1-7).

④ 본문에는 "진쳤고" 하는 말이 자주 등장합니다. 38번 정도 나옵니다. 시내산을 출발하기 전에 진술하기를, "구름이 성막에서 떠오르는 때에는 이스라엘 자손이 곧 진행하였고 구름이 머무는 곳에 이스라엘 자손이 진을 쳤으니"(9:17) 하는 기사를 대한 바 있습니다. 그리고 출발하면서, "그들이 여호와의 산(시내산)에서 떠나 삼 일 길을 행할 때에 여호와의 언약궤가 그 삼 일 길에 앞서 행하며 그들의 쉬 곳(진칠 곳)을 찾았고"(10:33) 하고 말씀함을 기억하고 있습니다. 그렇다면 38번이나 "진쳤고, 진쳤다"고 말씀하고 있는 것은, 한 걸음 한 걸음 발자국마다 하나님이 인도하여 주셨다는 말씀이 되는 것입니다. 이 점을 모세는 진술하기를, "사람이 자기 아들을 안음같이 너희 하나님 여호와께서 너희의 행로 중에 너희를 안으사 이 곳까지 이르게 하셨느니라 이 일에 너희가 너희 하나님 여호와를 믿지 아니하였도다 그는 너희 앞서 행하시며 장막 칠 곳을 찾으시고 밤에는 불로 낮에는 구름으로 너희의 행할 길을 지시하신 자시니라"(신 1:31-33) 하고 말씀합니다.

세 시기의 노정

① 기록된 노정은 세 시기(時期)로 나누어집니다. 첫째 시기는 5-15절까지인데, 이스라엘 백성들이 거하던 고센 땅 즉 라암셋에서 발행하여 "시내 광야에 진쳤고" 한 시내산까지입니다. 그 기간은 "이스라엘 자손이 애굽 땅에서 나올 때부터 제 삼월 곧 그 때에 그들이 시내 광야에 이르니"(출 19:1) 한 대로 달수로는 3개월 째요, 날 수로는 한달 반정도가 소요되었을 것입니다. 이 기간의 여호와의 행사를 요약하면, "유월절→ 홍해도하→ 만나→ 생수→ 율법과 성막 식양"을 주신 것입니다. 이는 십자가로 구속함을 받은 자들이, 세례를 받고, 생명의 양식을 먹으며, 하나님의 백성답게 살아가게(율법 수여) 하심으로 성취가 된 것입니다.

② 둘째 시기는 16-36절까지인데, "시내 광야에서 발행하여(16), 신 광야 곧 가데스에 진 쳤고"(36) 한 "가데스"까지입니다. 이 시기는 불신앙으로 말미암아 광야에서 방황한 기간으로 약 38년 정도 됩니다. 이 기간의 행사를 요약하면, "10족장의 악평→ 고라 일당의 반역→ 모세와 아론의 불신앙→ 아론과 1세대들의 죽음" 등입니다.

③ 셋째 시기는 37-49절까지인데, "가데스에서 발행하여(37), 여리고 맞은 편 요단가 모압 평지에 진쳤으니"(48) 한 가나안 입구까지입니다. 이 기간의 행사를 요약하면 "시혼과 바산 왕 정복→ 발람의 궤계→ 불뱀→ 제2차 인구조사→ 원수를 미디안에 갚음" 등입니다. 이 노정을 회상하면서 시편 기자는 이렇게 찬양을 합니다.

하나님이여
주의 백성 앞에서 앞서 나가사
광야에 행진하셨을 때에(셀라).

날마다 우리 짐을 지시는 주
곧 우리의 구원이신 하나님을 찬양할지로다(시 68:7, 19).

둘째 단원(50-56) 가나안 땅에 들어가거든

"여리고 맞은 편 요단 가 모압 평지에서 여호와께서 모세에게 일러 가라사대"(50),

① "이스라엘 자손에게 말하여 그들에게 이르라 너희가 요단을 건너 가나안 땅에 들어가거든"(51), 어떻게 할 것을 지시하십니다. ㉠ "그 땅 거민을 너희 앞에서 다 몰아내고"(52상), ㉡ "그 새긴 석상과 부어 만든 우상을 다 파멸하며 산당을 다 훼파하고"(52하), ㉢ "그 땅을 취하여 거기 거하라 내가 그 땅을 너희 산업으로 너희에게 주었음이라"(53). ㉣ "너희의 가족을 따라서 그 땅을 제비 뽑아 나누라"(54상) 하십니다. 여기서 유념해야할 점은 "취하라, 주었음이라"는 연관성입니다. 하나님은 가나안 땅을 주셨습니다. 이것이 언약으로 주어진 것입니다. 이를 취하는 것이 믿음입니다. 이것은 인간이 해야할 책임입니다.

② "너희가 만일 그 땅 거민을 너희 앞에서 몰아내지 아니하면"(55상), 어떻게 되는가? ㉠ "너희의 남겨 둔 자가 너희의 눈에 가시와 너희의 옆구리에 찌르는 것이 되어 너희 거하는 땅에서 너희를 괴롭게 할 것이요"(55하) 하십니다. 이러한 경고는 여호수아를 통해서도 주어졌습니다(수 23:13). 사사시대가 어찌하여 그토록 암흑한 시대로 전락하고 말았는가? 사사기 1장에는 "쫓아내지 못하였다"는 말이 무려 8번이나 반복적으로 강조되어 있습니다. 쫓아내지 못한 것만이 아니라 그들을 부려먹기 위해서, "다 쫓아내지 아니하였더라"(삿 1:28)합니다. 그 결과는 어찌 되었는가? "마침내 섞이게 되었고, 통혼하게 되었으며, 그들

의 우상을 섬기기에 이르렀던"(삿 3:5-6) 것입니다.

③ 하나님은, "나는 그들(가나안 원주민)에게 행하기로 생각한 것을 너희에게 행하리라"(56) 하고 경고하십니다. 다시 말하면 죄악이 관영한 원주민을 쫓아내려 하심과 같이 너희를 쫓아내리라는 것입니다. 하나님은 홍수의 위험이 없는 곳에 땜을 건설하시지는 않으십니다. 이렇게 경고하심은 그럴 위험이 있었기 때문입니다. 그리고 이 경고는 이스라엘 백성들이 앗수르와, 바벨론에 추방을 당함으로 역사적으로 그대로 닥치고야 말았던 것입니다.

④ "너희가 만일 그 땅 거민을 너희 앞에서 몰아내지 아니하면"(55상) 하신 경고가 현대교회에는 어떻게 적용이 되는가? 두 가지 방면으로 적용이 된다 하겠습니다. 첫째는 성별(聖別)입니다. 교회의 성별 됨을 지켜야 하고, 개인의 성화로 적용이 됩니다. 주님은 "소금이 만일 그 맛을 잃으면 무엇으로 짜게 하리요 후에는 아무 쓸데없어 다만 밖에 버리워 사람에게 밟힐 것이니라"(마 5:13) 하고 경고하십니다. 둘째는 복음으로 정복하는 일입니다. 바울은 복음전파를 "하나님 앞에서 견고한 진을 파하는 강력"(고후 10:4)이라고 말씀합니다. 바울은 "예루살렘으로부터 두루 행하여 일루리곤까지 그리스도의 복음을 편만하게 전하였다"(롬 15:19), 다시 말하면 정복했다고 말씀합니다.

⑤ "애굽 땅에서 나오던 때의 노정이 이러하니라"(1) 하고 시작된 본 장은 이스라엘 백성들만의 이야기가 아닙니다. 하나님은 신약교회도 인도하셨으며, 또한 성도 개개인에게도 인도하신 노정기가 있는 것입니다. 그러므로 본 장은 광야 같은 세상을 살아가고 있는 우리들에게 많은 위로와 격려가 됩니다. 이 점을 시편 23편을 통해서 생각해 볼 수가 있습니다.

여호와는 나의 목자시니 내가 부족함이 없으리로다

그가 나를 푸른 초장에 누이시며
쉴만한 물가으로 인도하시는 도다
(푸른 초장, 쉴만한 물가로 시작된 시는),

내가 사망의 음침한 골짜기로 다닐지라도
해를 두려워하지 않을 것은 주께서 나와 함께 하심이라
주의 지팡이와 막대기가 나를 안위하시나이다
(사망의 음침한 골짜기를 통과하기도 하나),

나의 평생에 선하심과 인자하심이
정녕 나를 따르리니
내가 여호와의 집에 영원히 거하리로다.

목적지 "여호와의 집"에 이르러 영원히 거할 것을 확신하는 것으로 마치고 있습니다. 시편기자는 시작하신 이가 또한 이루실 것을 확신하고 있습니다. 이점이, "자기 이름을 위하여"(3) 라 한데서 드러납니다. 구원계획에는 하나님의 거룩하신 명예가 걸려있음을 믿기 때문입니다. 그러므로 "내 영혼을 소생시키시고, 자기 이름을 위하여 의의 길로 인도하시는도다" 하고 고백할 수가 있는 것입니다. 형제여, "그 날"에, "주께서 내 원수의 목전에서 내게 상을 베푸시고 기름으로 내 머리에 바르셨으니 내 잔이 넘치나이다"(5) 하고 찬양하게 될 것입니다.

내 인생 여정 끝내어 강 건너 언덕 이를 때
하늘 문 향해 말하리 예수 인도하셨네
매일 발걸음마다 예수 인도하셨네
나의 무거운 죄 짐을 모두 벗고 하는 말
예수 인도하셨네 -아멘-

민수기 34장 개관도표

주제 : 하나님이 주신 지경과, 분배할 자의 지명

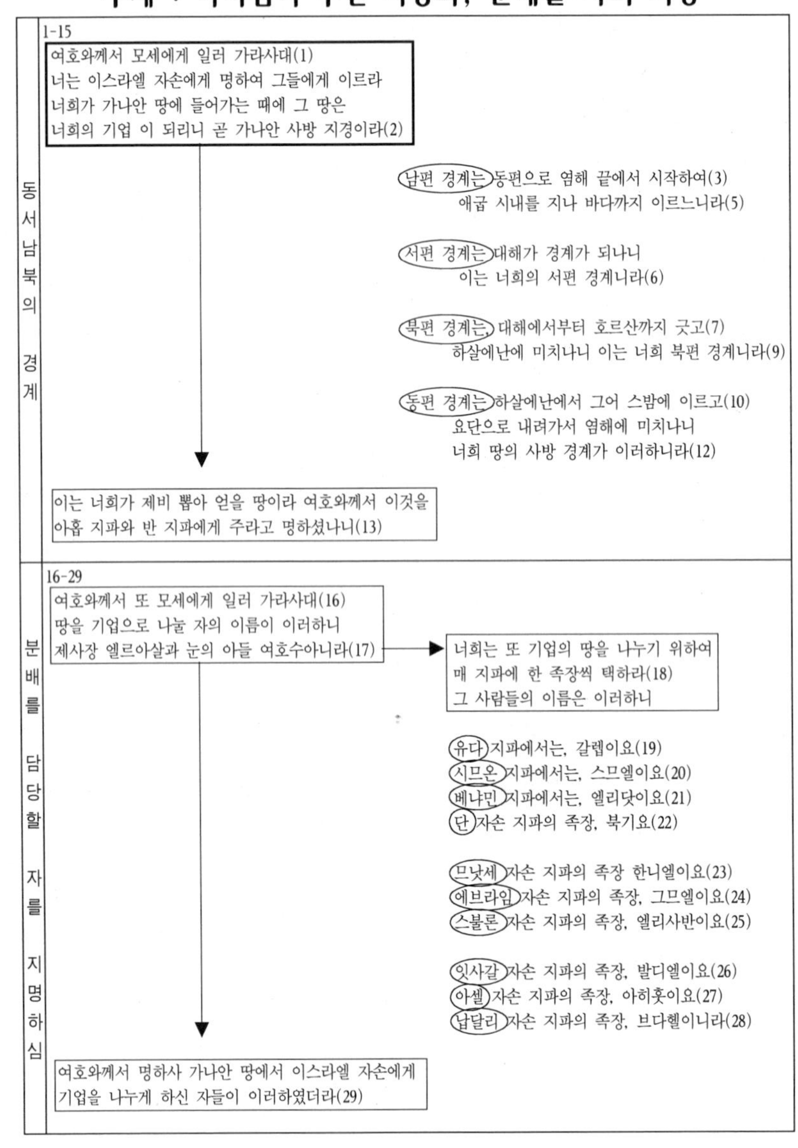
동서남북의 경계
1-15
여호와께서 모세에게 일러 가라사대(1)
너는 이스라엘 자손에게 명하여 그들에게 이르라
너희가 가나안 땅에 들어가는 때에 그 땅은
너희의 기업 이 되리니 곧 가나안 사방 지경이라(2)
남편 경계는 동편으로 염해 끝에서 시작하여(3)
애굽 시내를 지나 바다까지 이르느니라(5)
서편 경계는 대해가 경계가 되나니
이는 너희의 서편 경계니라(6)
북편 경계는 대해에서부터 호르산까지 긋고(7)
하살에난에 미치나니 이는 너희 북편 경계니라(9)
동편 경계는 하살에난에서 그어 스밤에 이르고(10)
요단으로 내려가서 염해에 미치나니
너희 땅의 사방 경계가 이러하니라(12)
이는 너희가 제비 뽑아 얻을 땅이라 여호와께서 이것을
아홉 지파와 반 지파에게 주라고 명하셨나니(13)
분배를 담당할 자를 지명하심
16-29
여호와께서 또 모세에게 일러 가라사대(16)
땅을 기업으로 나눌 자의 이름이 이러하니
제사장 엘르아살과 눈의 아들 여호수아니라(17)
너희는 또 기업의 땅을 나누기 위하여
매 지파에 한 족장씩 택하라(18)
그 사람들의 이름은 이러하니
유다 지파에서는, 갈렙이요(19)
시므온 지파에서는, 스므엘이요(20)
베냐민 지파에서는, 엘리닷이요(21)
단 자손 지파의 족장, 북기요(22)
므낫세 자손 지파의 족장 한니엘이요(23)
에브라임 자손 지파의 족장, 그므엘이요(24)
스불론 자손 지파의 족장, 엘리사반이요(25)
잇사갈 자손 지파의 족장, 발디엘이요(26)
아셀 자손 지파의 족장, 아히훗이요(27)
납달리 자손 지파의 족장, 브다헬이니라(28)
여호와께서 명하사 가나안 땅에서 이스라엘 자손에게
기업을 나누게 하신 자들이 이러하였더라(29)

34장

하나님이 주신 지경과, 분배할 자의 지명

[2]너는 이스라엘 자손에게 명하여 그들에게 이르라 너희가 가나안 땅에 들어가는 때에 그 땅은 너희의 기업이 되리니 곧 가나안 사방 지경이라.

34장의 내용은 이스라엘 백성들이 약속의 땅에 들어가서 얻을 땅의 경계와, 이를 분배할 각 지파 대표자들의 명단입니다. 33장은 여기까지 인도하신 노정, 즉 과거(過去)의 행적이요, 34장은 앞으로 얻을 기업, 즉 미래(未來)에 대한 계획입니다. 하나님께서는 모세가 달려갈 길을 마치기 전에 두 가지 일, 즉 장차 취해야할 땅의 경계와, 분배를 담당할 자를 지명하는 일을 확실히 해두시려는 것입니다. 이를 두 단원으로 나누어 상고하겠습니다.

첫째 단원(1-15) **동서남북의 경계**

둘째 단원(16-29) **분배를 담당할 자를 지명하심**

첫째 단원(1-15) **동서남북의 경계**

"여호와께서 모세에게 일어 가라사대"(1)

① "너는 이스라엘 자손에게 명하여 그들에게 이르라 너희가 가나안 땅에 들어가는 때에 그 땅은 너희의 기업이 되리니 곧 가나안 사방 지경이라"(2) 하시고,

② 사방(四方) 경계를 정해주십니다. ㉠ "남편 경계는 동편으로 염해 끝에서 시작하여"(3), ㉡ "서편 경계는 대해가 경계가 되나니"(6), ㉢ "북편 경계는, 대해에서부터 호르산까지 긋고"(7), ㉣ "동편 경계는 하살에난에서 그어 스밤에 이르고"(10), 이렇게 하신 후에 "그 경계가 또 요단으로 내려가서 염해에 미치나니 너희 땅의 사방 경계가 이러하니라"(12) 하십니다.

③ 본문을 대하면서 느끼게 되는 인상은, "남편 경계는⋯시작하여⋯이르고⋯지나⋯이르느니라", "북편 경계는⋯호르산까지 긋고 호르산에서 그어⋯하맛 어귀에 이르러 스달에 미치고" 하고, 마치 야전군 총사령관이 앞으로 점령해야할 경계를 붉은 색연필로 상황판(狀況板)에 그리면서 명령을 하달하는 장면을 연상하게 됩니다. 다윗은 성전 식양을 아들 솔로몬에게 주면서 "모든 것의 식양을 여호와의 손이 내게 임하여 그려 나로 알게 하셨느니라"(대상 28:19) 하고 말씀합니다. 하나님은 이처럼 자상하시고 구체적이십니다.

④ 이 말씀을 받는 이스라엘 족장들과 백성들은 흥분을 감추지 못했을 것입니다. 왜냐하면 이는 노예였던 저들에게는 엄청나게 광활한 경계였기 때문입니다. 이를 주시겠다니 얼마나 가슴 벅찬 일인가! 하나님께서는 아브라함에게도 "내가 이 땅을 애굽 강에서부터 그 큰 유브라데까지 네 자손에게 주노니"(창 15:18) 하고 약속하셨습니다. 하나님은 그 약속을 지켜주시려는 것입니다. 그런데 이스라엘 백성들이 가나안에

들어가서 차지한 땅은 훨씬 못 미치는 일부분뿐이었습니다. 그것도 오래도록 간직한 것이 아니라 그 땅을 빼앗기고 추방을 당하고야 마는 것이 구약의 역사입니다. 그 원인이 어디에 있는가? 한마디로 "불신앙"입니다. 하나님이 주신 기업을 취하기 위해서는 믿음이 있어야 했고, 우리의 것이 되기 위해서는 선한 싸움을 싸워야만 했고, 지키는 것도 오직 믿음으로 지키는 것입니다. 그러나 저들은 영광만을 바라고 고난을 감당하려 하지 않았던 것입니다.

구속사적 의미

① 가나안 정복이 현대교회에는 어떤 의미가 있는가? 이를 깨닫기 위해서는 구속사의 맥락에서 고찰해보아야만 합니다. 하나님은 인류의 시조에게 "생육하고 번성하여 땅에 충만하라 땅을 정복하라 바다의 고기와 공중의 새와 땅에 움직이는 모든 생물을 다스리라"(창 1:28) 하셨습니다. 그러나 범죄로 말미암아 죄악의 씨가 번성했고, 정복하기는커녕 에덴에서 추방을 당했으며, 다스리기는커녕 사탄의 노예가 되고 말았던 것입니다. 그렇다면 하나님은 이 계획을 포기하셨단 말인가?

② 아닙니다. 하나님은 죄악이 관영한 세상을 홍수로 심판하신 후에, "생육하고 번성하여 땅에 충만하라"(창 9:1) 하심으로 이를 결코 포기하시지 않으셨음을 나타내십니다. 그리고 아브라함에게 "내가 네게 복을 주고 네 씨로 크게 성하여 하늘의 별과 같고 바닷가의 모래와 같게 하리니"(창 22:17) 하고 언약하심으로 이 계획을 이루실 것을 약속하십니다. 하나님은 이 언약을 아브라함의 자손으로 그리스도를 보내셔서, "한 알의 밀이 땅에 떨어져 죽지 아니하면 한 알 그대로 있고 죽으면 많은 열매를 맺느니라"(요 12:24) 하고 성취하셨던 것입니다.

③ 그러므로 하나님의 나라를 건설하는 정복의 역사는 복음전파를

통해서 이루어집니다. "우리의 싸우는 병기는 육체에 속한 것이 아니요 오직 하나님 앞에서 견고한 진을 파하는 강력이라"(고후 10:4) 하고 말씀합니다. 우리에게도 여리고 성은 있고, 몰아내야 할 가나안 일곱 족속은 있는 것입니다. 사사기 1장에는 "쫓아내었다"(19-20)는 말씀과, "쫓아내지 못했다"(27, 29, 30, 31, 33)는 말씀도 있습니다. 그런가하면 "쫓아내지 아니하였더라"(28)는 말씀도 있습니다. 심지어 "아모리 사람이 단 자손을 산지로 쫓아들이고 골짜기에 내려오기를 용납지 아니하고"(34) 하는 말씀도 있습니다. 이 말씀은 우리의 상황을 점검케 합니다. 형제의 전선(戰線)은 어떤 상황입니까? 쫓아내고 있습니까? 쫓아내지를 못하고 있습니까? 혹시 쫓겨 들어가고 있는 것은 아닙니까?

④ 계시록에서 주님은 요한에게 "펴놓은 책을 가지라, 먹어 버리라" 하시면서 "네 배에는 쓰나 네 입에는 꿀같이 달리라" 하십니다. 무슨 뜻인가? "네가 많은 백성과 나라와 방언과 임금에게 다시 예언하여야 하리라"(계 10:8-11) 하십니다. 그렇습니다. 복음은 받아먹을 때 입에서는 꿀과 같이 단 것입니다. 그런데 이를 증거하는 일은 쓴 것과 같다는 뜻입니다. 이스라엘 백성들이 "너희 땅의 사방 경계가 이러하니라"(12)는 말씀을 들을 때는 꿀과 같이 달았겠지만, 이를 정복하기 위한 쓴 전투를 온전히 감당하지를 않았던 것입니다.

둘째 단원(16-29) **분배를 담당할 자를 지명하심**

"여호와께서 또 모세에게 일러 가라사대"(16),

① "너희에게 땅을 기업으로 나눌 자의 이름이 이러하니 제사장 엘르아살과 눈의 아들 여호수아니라"(17) 하십니다. 이 두 사람은 총책임자입니다. 엘르아살은 대제사장이고, 여호수아는 왕 같은 지도자로 모

두 그리스도의 예표의 인물입니다. 스가랴 선지자를 통해서는 "이 두 사이(다스리는 자와 제사장)에 평화의 의논이 있으리라"(슥 6:13) 하고 그리스도에게서 하나로 통합이 될 것을 말씀하십니다. 그리고 그리스도의 구속으로 말미암아 우리가 "왕 같은 제사장" 신분이 된 것입니다.

② "왕 같은 제사장"을 세우신 후에 "너희는 또 기업의 땅을 나누기 위하여 매 지파에 한 족장 씩 택하라"(18) 하십니다. 그리고 아홉 지파 반의 책임자들을 친히 임명을 하십니다. 그 중에 참여하게 된 1세대는 유다 지파 족장 "갈렙"(19)이 유일합니다. 왜 아홉 지파 반인가? 르우벤, 갓, 므낫세 반 지파는 요단 동편에서 기업을 받았기 때문에 제외시켰기 때문입니다. 나누는 방식은 "너희가 제비뽑아 얻을 땅이라"(13) 하십니다. 이는 땅의 분배가 여호와로 말미암음임을 나타내기 위해서입니다. 잠언서에서는 "사람이 제비는 뽑으나 일을 작정하기는 여호와께 있느니라"(잠 16:33) 말씀합니다. 그런데 세 지파 반이 받은 기업은 제비뽑아 얻은 땅이 아니라 자신들이 선택한 땅이었던 것입니다.

③ 묻고 싶은 것이 있습니다. 하나님께 지명 받은 이 사람들의 임무가 무엇입니까? "기업을 나눌 자"(17)라고 대답하셨습니까? 맞는 말이면서도 부족한 답변입니다. 여호수아 14:12절을 보십시오. 갈렙은 이렇게 말합니다. "그 날에 여호와께서 말씀하신 이 산지를 내게 주소서 당신도 그 날에 들으셨거니와 그 곳에는 아낙 사람이 있고 그 성읍들은 크고 견고할지라도 여호와께서 혹시 나와 함께 하시면 내가 필경 여호와의 말씀하신 대로 그들을 쫓아내리이다" 합니다. 아셨습니까? "쫓아내리이다". 쫓아내는 일에 선봉을 서야할 자들이라는 말씀입니다. 왜냐하면 기업을 얻기 위해서는 정복하는 것이 선행이 되어야 하기 때문입니다. 저들은 땅을 모두 점령한 후에 분배한 것이 아니라, "너희가 너희 열조의 하나님 여호와께서 너희에게 주신 땅을 취하러 가기를 어느 때

까지 지체하겠느냐, 일어나서 그 땅에 두루 다니며 그 기업에 상당하게 그려 가지고 내게로 돌아올 것이라"(수 18:3-4) 하고, 먼저 도면상에 그려서 분배를 한 후에 이를 점령해 나갔던 것입니다.

④ 민수기에는 중요한 세 가지 임무를 위한 각 지파 대표자들의 명단이 실려 있습니다. 첫째는, "이스라엘 중 이십 세 이상으로 싸움에 나갈 만한 모든 자"를 계수 할 각 지파의 대표자를 지명(1:5-15)하신 명단입니다. 둘째는, 약속의 땅을 정탐할 임무를 맡은 각 지파의 대표자(13:4-16) 명단이요, 셋째는, 땅을 분배할 임무를 맡은 대표자의 명단입니다. 이들은 중요한 임무를 맡은 것입니다. 그러므로 34장을 마치기 전에 자신에게 두 가지를 자문하게 됩니다. ㉠ 나 자신도 하나님께서 지명하여 부르신 자임을 인식하고 있느냐? ㉡ 정복하라고 내게 분배된 땅의 경계는 어디서 어디까지인가? 그리고 우리도 이렇게 찬양하십시다.

"여호와는 나의 산업과 나의 잔의 소득이시니
나의 분깃을 지키시나이다
내게 줄로 재어 준 구역은 아름다운 곳에 있음이여
나의 기업이 실로 아름답도다"(시 16:5-6).

민수기 35장 개관도표

주제 : 레위인의 성읍과 도피성

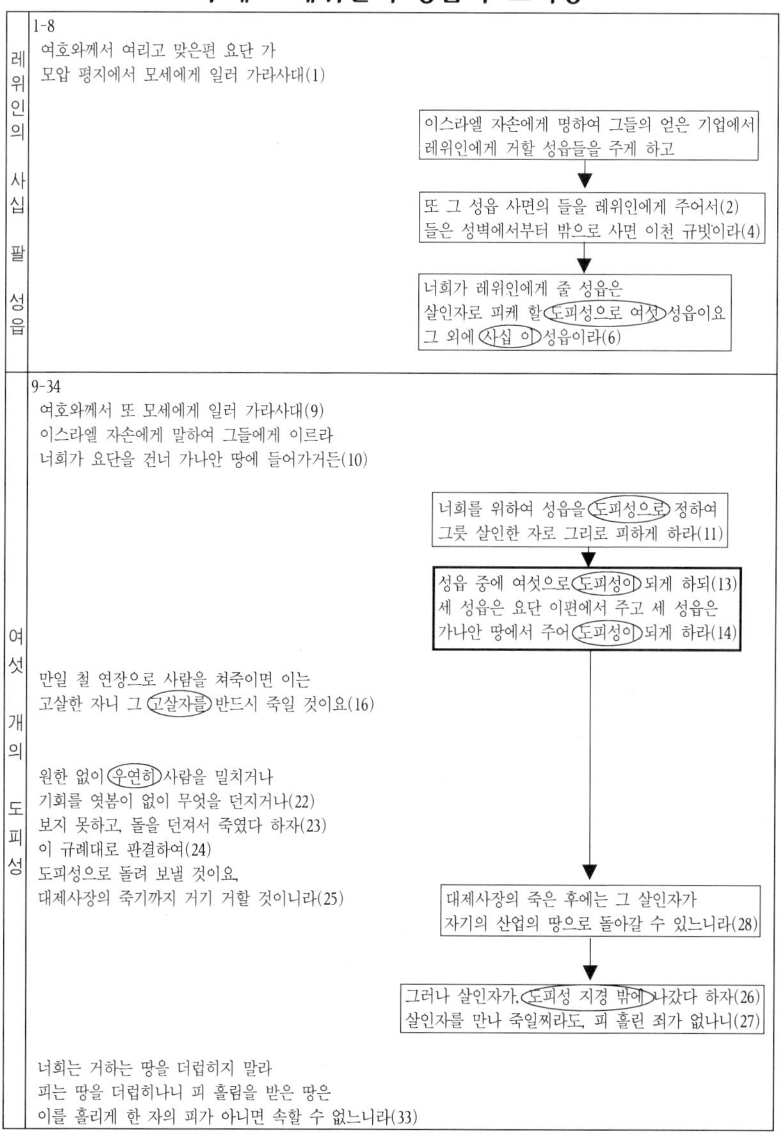
레위인의 사십 팔 성읍
1-8
여호와께서 여리고 맞은편 요단 가
모압 평지에서 모세에게 일러 가라사대(1)
이스라엘 자손에게 명하여 그들의 얻은 기업에서
레위인에게 거할 성읍들을 주게 하고
또 그 성읍 사면의 들을 레위인에게 주어서(2)
들은 성벽에서부터 밖으로 사면 이천 규빗이라(4)
너희가 레위인에게 줄 성읍은
살인자로 피케 할 도피성으로 여섯 성읍이요
그 외에 사십 이 성읍이라(6)
여섯 개의 도피성
9-34
여호와께서 또 모세에게 일러 가라사대(9)
이스라엘 자손에게 말하여 그들에게 이르라
너희가 요단을 건너 가나안 땅에 들어가거든(10)
너희를 위하여 성읍을 도피성으로 정하여
그릇 살인한 자로 그리로 피하게 하라(11)
성읍 중에 여섯으로 도피성이 되게 하되(13)
세 성읍은 요단 이편에서 주고 세 성읍은
가나안 땅에서 주어 도피성이 되게 하라(14)
만일 철 연장으로 사람을 쳐죽이면 이는
고살한 자니 그 고살자를 반드시 죽일 것이요(16)
원한 없이 우연히 사람을 밀치거나
기회를 엿봄이 없이 무엇을 던지거나(22)
보지 못하고, 돌을 던져서 죽였다 하자(23)
이 규례대로 판결하여(24)
도피성으로 돌려 보낼 것이요,
대제사장의 죽기까지 거기 거할 것이니라(25)
대제사장의 죽은 후에는 그 살인자가
자기의 산업의 땅으로 돌아갈 수 있느니라(28)
그러나 살인자가, 도피성 지경 밖에 나갔다 하자(26)
살인자를 만나 죽일찌라도, 피 흘린 죄가 없나니(27)
너희는 거하는 땅을 더럽히지 말라
피는 땅을 더럽히나니 피 흘림을 받은 땅은
이를 흘리게 한 자의 피가 아니면 속할 수 없느니라(33)

레위인의 성읍과 도피성

[6]너희가 레위인에게 줄 성읍은 살인자로 피케 할 도피성으로 여섯 성읍이요 그 외에 사십 이 성읍이라.

35장의 중심점은 "레위인의 성읍"에 있습니다. 하나님께서는 "그들의 얻은 기업에서 레위인에게 거할 성읍들을 주게 하라"(2)고 명하십니다. 그런데 핵심은 레위인의 성읍 중에 "도피성으로 여섯 성읍이요"(6) 한 "도피성"에 있는 것입니다. "레위인의 일 개월 이상으로 계수함을 입은 모든 남자가 이만 삼천 명이었더라"(26:62) 했으니까 결코 적은 수는 아닙니다. 이들에게도 거할 성읍이 필요한 것입니다. 그런데 어찌하여 한 곳에 모여 살게 하지 않고 48 성읍에 분산하여 살도록 명하셨는가? 또한 그 중에 도피성으로 6개나 정하라 하신 의도가 무엇인가? 이 말씀이 현대교회에는 어떻게 적용이 되는가? 본 장은 "여호와께서 모세에게 일러 가라사대" 한, 두 번(1, 9)의 언급을 분기점으로 하여 두 단원으로 나누어집니다.

첫째 단원(1-8) **레위인에게 사십 팔 성읍을 주라**
둘째 단원(9-34) **그 중에 여섯이 도피성이다**

첫째 단원(1-8) **레위인에게 사십 팔 성읍을 주라**

"여호와께서 여리고 맞은편 요단 가 모압 평지에서 모세에게 일러 가라사대"(1),

① "이스라엘 자손에게 명하여 그들의 얻은 기업에서 레위인에게 거할 성읍들을 주게 하고 너희는 또 그 성읍 사면의 들을 레위인에게 주어서"(2), ㉠ "성읍으로는 그들의 거처가 되게 하고, ㉡ 들로는 그들의 가축과 물산과 짐승들을 둘 곳이 되게 할 것이라"(3) 명하십니다. ㉢ "많이 얻은 자에게서는 많이 취하여 주고 적게 얻은 자에게서는 적게 취하여 줄 것이라"(8) 하십니다.

② 그리하여 "너희가 레위인에게 모두 사십 팔 성읍을 주고 그 들도 함께 주라"(7) 하십니다. 그렇다면 레위인을 한 곳에 모여 살게 하시지 아니하고 각 지파가 분배받은 것에서 나눠준 48개 성읍에 분산하여 거하게 하시는 의도가 무엇인가 하는 물음이 제기되게 됩니다. 이렇게 분산하여 거한다는 것은 임무를 수행하는데 효율성이 떨어지는 것이 아닌가?

③ 이것이 신정왕국의 통치 체제였던 것입니다. 레위인은 제사장 지파요, 죽임을 당했어야할 장자들을 대신하여 하나님께 바쳐진(3:45) 자들입니다. 한마디로 헌신자요, 사명자들입니다. 이들이 전국 방방곡곡 48개 성읍에 파송 받아 거주하고 있다는 것은 무엇을 의미하는가? 하나

님께서는 자기 백성들로 하여금 레위인들의 영향권 내에서 그들의 지도 하에 살아가도록 하신 것입니다.

④ 이점이 주님의 말씀을 통해서 분명해집니다. "너희는 세상의 소금이니" 하십니다. 생각해보십시오. 소금이 한 곳에 몰려있다면 제 역할을 할 수가 있습니까? "너희는 세상의 빛이라"(마 5:13-14) 하십니다. 빛이 한 곳만을 비친 다면 어두움을 물리칠 수는 없을 것입니다.

⑤ 그런데 여호수아가 죽은 후의 상황은 어떠했는가? "그 세대 사람도 다 그 열조에게로 돌아갔고 그 후에 일어난 다른 세대는 여호와를 알지 못하며 여호와께서 이스라엘을 위하여 행하신 일도 알지 못하였더라"(삿 2:10) 합니다. 이렇게 된 원인이 부모의 책임이기도 했지만, 소금과 빛의 역할을 감당하라고 48 성읍에 분산시켜 살아가게 하신 레위인들이 제 사명을 감당하지 못한 책임이라고 볼 수밖에 없는 것입니다. 암흑한 사사시대에 제사장들과 레위인들은 도대체 어디서 무엇을 하고 있었단 말인가? 사사기에서 그들의 모습은 찾아볼 수가 없습니다. 부록과 같은 마지막 부분에서 두 레위인이 하나는 우상의 제사장으로, 하나는 그의 첩으로 인하여 동족상잔을 일으키는 역기능적(逆機能的)으로 등장하는 것을 보게 됩니다.

⑥ 오늘날 "왕 같은 제사장"들은 지구촌 방방곡곡에 흩어져 살아가고 있습니다. 그럼에도 불구하고 세상은 점점 부패하고 어두워가고 있습니다. 문제가 어디에 있는가? 그리스도인들이 "48 성읍"에 흩어져 살아가면서도 제 역할을 못하고 있기 때문은 아니겠습니까? 이점을 다음 단원에서 더욱 확증하게 될 것입니다.

둘째 단원(9-34) 그 중에 여섯이 도피성이다

"여호와께서 또 모세에게 일러 가라사대"(9),

① "이스라엘 자손에게 말하여 그들에게 이르라 너희가 요단을 건너 가나안 땅에 들어가거든"(10), "너희를 위하여 성읍을 도피성으로 정하여 그릇 살인한 자로 그리로 피하게 하라"(11) 하십니다. 본 단원의 중심점은 "도피성"에 있습니다. 그렇다면 어찌하여 도피성을 주셨는가?

② 최우선적으로 유념해야할 점은 "도피성"은 죽어 마땅한 자가 이곳에 오면 살 수 있는 구원의 성이라는 점입니다. 어떤 자가 구원을 얻을 수가 있는가? ㉠ 고의로 사람을 죽인 "고살자"가 아니라, 부지중에 죽게 한 오살자(誤殺者)입니다. ㉡ 이 언약을 믿고 도피성으로 가면 살 수 있다는 믿음으로 달려온 자입니다. 오살자라 하여도 도피성으로 피신을 하지 않는다면 죽임을 당할 수밖에 없는 것입니다.

③ 그러므로 신약성경에서는, "앞에 있는 소망을 얻으려고 〈피하여 가는〉 우리로 큰 안위를 받게 하려 하심이라"(히 6:18) 하고 도피성의 계시를 그리스도에 대한 모형으로 해석해주고 있습니다. "앞에 있는 소망을 얻으려고 피하여 가는 우리"라고 말씀합니다. 뒤에서는 보수자(報讎者)가 쫓아옵니다. 붙들리면 죽게 됩니다. "저곳에 가기만 하면 살 수 있다"는 소망을 가지고 전심전력으로 피하여 가고 있는 것이 그리스도인들이라는 것입니다.

④ 그러므로 "그 피하였던 도피성 지경 밖에 나갔다 하자 피를 보수하는 자가 도피성 지경 밖에서 그 살인자를 만나 죽일지라도 피 흘린 죄가 없나니"(26-27) 하십니다. "도피성"은 성벽으로 둘러싼 성이 아니었을 것입니다. 오직 경계만이 정해졌을 뿐입니다. 즉 약속이란 말씀입니다. 이것은 무엇을 의미하는가? "언약"을 상징합니다. 구원은 언약 안에만 있습니다. 밖으로 나가면 보장이 없습니다. 유월절 양의 피를 뿌린

문 안에 있어야만 안전합니다.

⑤ 언제까지 도피성에 있어야만 하는가? "이는 살인자가 대제사장의 죽기까지 그 도피성에 유하였을 것임이라 대제사장의 죽은 후에는 그 살인자가 자기의 산업의 땅으로 돌아갈 수 있느니라"(28) 하십니다. 이 도피성의 "율례"(29)가 우리의 대제사장이신 그리스도의 죽으심을 통해서 신약의 성도들에게 적용이 될 때에 의미는 감동으로 다가오게 되는 것입니다. 그러므로 도피성을 말씀하는 문맥에 "속전"이라는 말이 두 번(31-32)이나 나옵니다. 그리고 "피가 아니면 속할 수가 없느니라"(33) 하십니다.

⑥ 어찌하여 도피성을 여섯 개나 주셨는가? "그 가는 길이 멀면 그를 따라 미쳐서 죽일까"(신 19:6) 하는 배려에서입니다. 그러므로 "그 도로를 닦고 무릇 살인자를 그 성읍으로 도피케 하라"(신 19:3) 하십니다. 얼마나 극진하신 배려인가? 오살자를 이처럼 배려하신 하나님께서 자기 백성들을 얼마나 아끼셨겠는가? 그렇다면 레위인의 성읍을 도피성 여섯을 포함하여 48개나 주셨다는 것은 각 지파 백성들의 아주 가까운 곳에 레위인들이 거주하고 있었음을 말해줍니다. 이렇게 하셔서 다스리게 하신 것이 신정국가의 체제요, 극진하신 하나님의 사랑의 왕국이었던 것입니다.

⑦ 여호수아 20-21장에 나타난 도피성들을 보면 "납달리의 산지 갈릴리 게데스와 에브라임 산지 세겜과 유다 산지의 기럇 아르바 곧 헤브론"(수 20:7) 등 모두가 높은 산지(山地)에 있었습니다. 이는 도피자가 어디서든지 잘 볼 수 있게 하기 위해서였을 것입니다. 그렇다면 이런 결론에 도달할 수밖에 없습니다. "저들이 죽임을 당하게 되는 것은 도피성이 멀기 때문도 아니요, 어디 있는지 몰라서도 아니라 오직 불신앙 때문이다".

⑧ 한 가지 부언할 말씀은 어찌하여 도피성에 피할 수 있는 자를 "오

살자"라고 한정을 하셨는가 하는 점입니다. 만일 이를 분별하지 않았다면 도피성의 율례가 오용(誤用)될 소지가 있고, 죄를 조장하는 결과를 가져오게 되었을 것입니다. 여기에 균형과 조화가 있는 것입니다. 오늘날도 순수하게 복음을 전하노라면, "그러면 죄를 지어도 괜찮단 말이냐, 너는 죄를 조장하는 무율법주의자다" 하는 오해를 받게 됩니다. 형제여, 우리들도 연약으로 인하여 부지중에 죄를 범할 수가 있습니다. 그러나 복음을 진정으로 인식한 자라면 어찌 고범죄를 범할 수가 있단 말입니까? 그리스도인들이란 "그 자유로 육체의 기회를 삼는 자가 아니요 오직 사랑으로 종노릇하는 자들"(갈 5:13)입니다.

민수기 36장 개관도표

주제 : 자기 기업을 지키리라

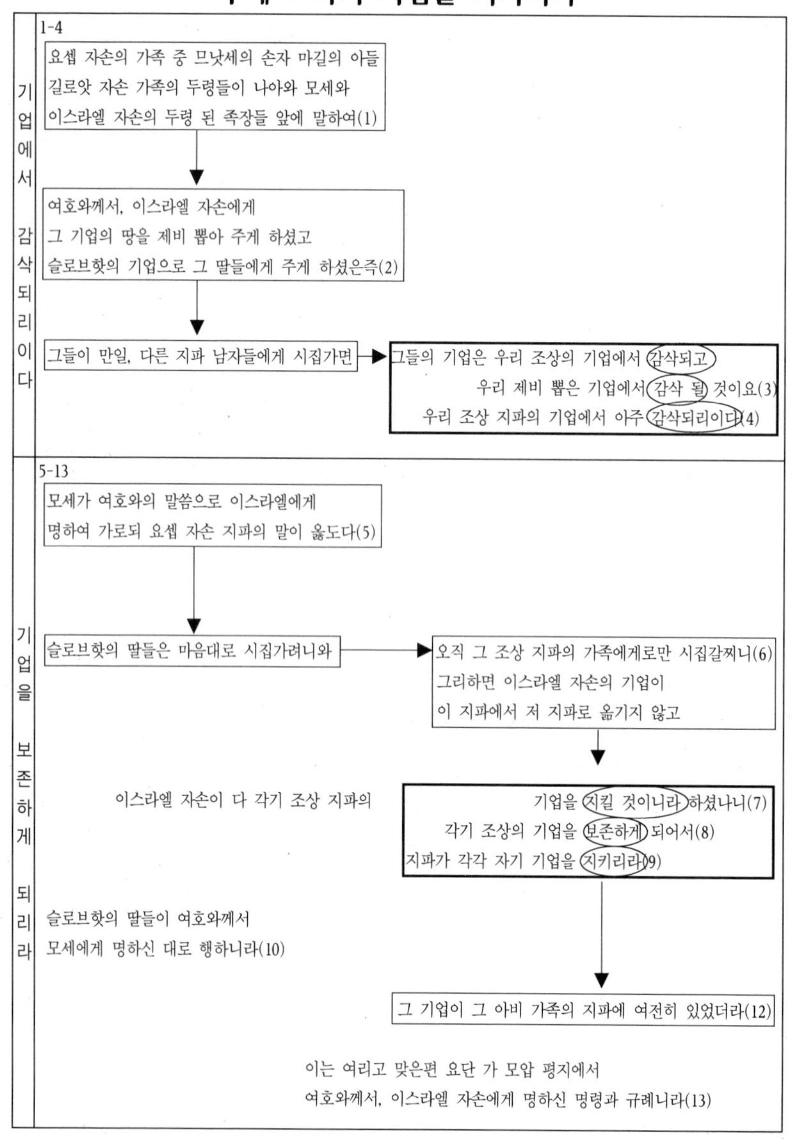
기업에서 감삭되리이다
1-4
요셉 자손의 가족 중 므낫세의 손자 마길의 아들
길르앗 자손 가족의 두령들이 나아와 모세와
이스라엘 자손의 두령 된 족장들 앞에 말하여(1)
여호와께서, 이스라엘 자손에게
그 기업의 땅을 제비 뽑아 주게 하셨고
슬로브핫의 기업으로 그 딸들에게 주게 하셨은즉(2)
그들이 만일, 다른 지파 남자들에게 시집가면
그들의 기업은 우리 조상의 기업에서 감삭되고
우리 제비 뽑은 기업에서 감삭 될 것이요(3)
우리 조상 지파의 기업에서 아주 감삭되리이다(4)
기업을 보존하게 되리라
5-13
모세가 여호와의 말씀으로 이스라엘에게
명하여 가로되 요셉 자손 지파의 말이 옳도다(5)
슬로브핫의 딸들은 마음대로 시집가려니와
오직 그 조상 지파의 가족에게로만 시집갈찌니(6)
그리하면 이스라엘 자손의 기업이
이 지파에서 저 지파로 옮기지 않고
이스라엘 자손이 다 각기 조상 지파의
기업을 지킬 것이니라 하셨나니(7)
각기 조상의 기업을 보존하게 되어서(8)
지파가 각각 자기 기업을 지키리라(9)
슬로브핫의 딸들이 여호와께서
모세에게 명하신 대로 행하니라(10)
그 기업이 그 아비 가족의 지파에 여전히 있었더라(12)
이는 여리고 맞은편 요단 가 모압 평지에서
여호와께서, 이스라엘 자손에게 명하신 명령과 규례니라(13)

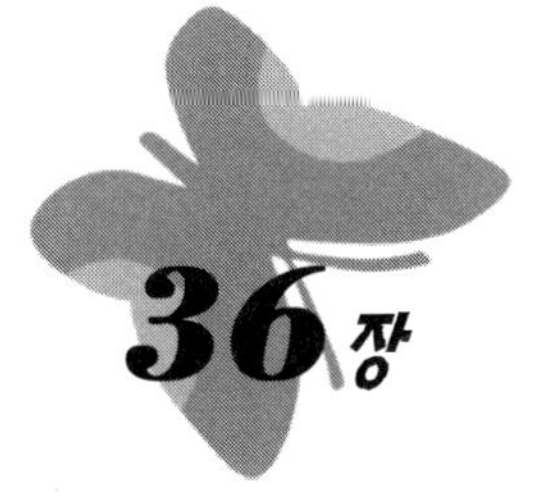
36장

자기 기업을 지키리라

[9]그 기업으로 이 지파에서 저 지파로 옮기게 하지 아니하고 이스라엘 자손 지파가 각각 자기 기업을 지키리라.

민수기 마지막 장에 이르렀습니다. 본 장의 내용은 27:1-11절에서 제기되었던 슬로브핫의 딸들에게 주라 하신 기업과 결부된 문제입니다. 27장의 중심점은 "기업을 주라"는 데 있고, 36장의 중심점은 "기업을 지키리라"(7, 8, 9)는 데 있습니다. 우선적인 우리의 관심은, 시내산을 출발하여 요단 동편 모압 평지, 즉 가나안 입구까지 인도하심을 보여주는 민수기가 "기업을 지키리라" 하는 말씀으로 마치고 있다는데 주목하게 됩니다. 본문은 모두가 13절 밖에 안 되지만 "기업"이라는 말이 16번이나 등장합니다. 이는 "기업"이라는 주제가 그만치 중요함을 나타내면서, 우리는 "영원한 기업"을 얼마나 중요시하고 있는가 점검하게 합니다.

첫째 단원(1-4) **기업에서 감삭되리이다**
둘째 단원(5-13) **기업을 보존하게 되리라**

첫째 단원(1-4) 기업에서 삭감되리이다

"요셉 자손 중 므낫세의 손자 마길의 아들 길르앗의 자손 가족의 두령들이 나아와 모세와 이스라엘 자손의 두령 된 족장들 앞에 말하여"(1),

① "가로되", 세 가지 점을 들어서 진정을 합니다. ㉠ 하나님께서 명하시기를 가나안에 들어가서 이스라엘 자손에게 그 기업의 땅을 제비뽑아 주라 하셨다는 것과, ㉡ 또 명하시기를 우리 형제 슬로브핫의 딸들에게도 기업을 주라 하셨는데,

② 문제는 만일 슬로브핫의 딸들이 다른 지파 남자에게 시집을 가면 그들이 받은 기업이 우리 지파에서는 "감삭이 되고", 다른 지파에 "첨가"가 되지 않겠느냐는 것입니다. 슬로브핫의 딸들이 기업을 받은 것은 개인 자격이 아니라 "요셉의 아들 므낫세 가족(27:1)의 일원으로 기업을 분배받았기 때문입니다. 우선적으로 이들의 믿음을 칭찬할 수밖에 없습니다. 아직 기업을 분배받은 것도 아닌데 벌써 감삭될 것을 걱정하고 있다니.

둘째 단원(5-13) 기업을 보존하게 되리라

"모세가 여호와의 말씀으로 이스라엘에게 명하여 가로되 요셉 자손 지파의 말이 옳도다".

① 모세는 자신의 생각이나 의견을 말하는 것이 아니라, "여호와의 말씀으로 이스라엘에게 명"합니다. 왜냐하면 이것이 이스라엘에 있어서 하나의 판례(判例)가 될 것이기 때문입니다. "요셉 지파의 말이 옳도다" 합니다.

② 그리하여 결정된 주문(主文)은, ㉠ "슬로브핫의 딸들은 마음대로 시집가려니와, ㉡ 오직 그 조상 지파의 가족에게로만 시집을 가라"(6)는 것입니다. 그렇게 되면 기업이 이 지파에서 저 지파로 옮기지 않고 "다 각기 조상 지파의 기업을 지킬 것이니라"(7)는 것입니다. "지킬 것이니라"는 말씀이 두 번(8, 9), "보존하게 된다"는 말이 한 번(8) 등장하여 강조적입니다. "슬로브핫의 딸들이 여호와께서 모세에게 명하신 대로 행하니라"(10) 합니다. 그리하여 "그 기업이 그 아비 가족의 지파에 여전히 있었더라"(12) 합니다.

③ 이제 생각해보아야만 하겠습니다. "기업"이라는 주제가 어떤 의미가 있기에 이를 "얻기" 위하여 그토록 간구(27장) 했으며, 이를 "잃지 않기"(36장) 위해서 이처럼 간구하고 있단 말인가? 기업이란 소유를 의미하는데 이에 대한 구속사적 의미는 중요한 바가 있습니다. 창조원리로 하면 모든 것이 하나님의 기업입니다. 그런데 하나님은 사람을 자기 형상대로 창조하셔서 자기 기업으로 삼으시고, 지은 바 만물을 관리하도록 사람에게 기업으로 주셨던(시 8:4-9) 것입니다. 그러나 범죄로 말미암아 이를 상실할 뿐만이 아니라, 사탄의 노예로 전락을 하고만 것입니다. 이를 예표적으로 보여주는 것이 이스라엘이 바로의 기업(노예)이 되어 고통을 당하는 모습입니다. 그런데 하나님은 저들을 유월절 양의 피로 구속하여 자기 기업으로 삼으신 것입니다. 여기에 구속의 원리가 있는 것입니다.

④ 그러므로 구속의 원리로 보면 첫째로, ㉠ 우리가 "하나님의 기업"(시 33:12, 엡 1:11)이요, 둘째로, 하나님이 "우리의 기업"(18:20, 엡

1:14)이라는 사실입니다. 다시 말하면 우리는 하나님의 백성(소유)이요, 하나님은 "우리들의 하나님"이시라는 말씀입니다. 성경의 대 주제는, "나는 너희 하나님이 되고, 너희는 내 백성이 되리라"는 것입니다. 왜냐하면 이것이 하나님의 나라 회복이기 때문입니다. 그러므로 구원계획이란 다름 아닌 잃어버린 기업을 회복시켜주시는 역사인 것입니다. 하나님은 이를 이루어 나가고 계시는 중입니다.

기업 무를 자

① 룻기의 주제는 이를 계시해주고 있는데, 룻기에는 "기업 무를 자"라는 말이 12번 정도 나옵니다. 엘리멜렉이 잃어버린 기업을 보아스가 회복(물어)시켜주는데, 이는 그리스도께서 우리의 기업을 회복시켜주실 것에 대한 그림자였던 것입니다. 여인들은 "찬송할지로다 여호와께서 오늘날 네게 기업 무를 자가 없게 아니하셨도다"(룻 4:14) 찬양하고 있는데, 이는 진실로 우리들이 찬양해야할 제목인 것입니다.

② 이런 맥락에서 볼 때, "기업을 얻고", 얻은 기업을 "지킨다"는 것의 중요성을 깨닫게 되는 것입니다. "믿음으로 아브라함은 부르심을 받았을 때에 순종하여 장래 기업으로 받을 땅에 나갈새 갈 바를 알지 못하고 나갔다"고 말씀하면서 이와는 반대로, "너희의 아는 바와 같이 저가(에서) 그 후에 축복을 기업으로 받으려고 눈물을 흘리며 구하되 버린 바가 되어 회개할 기회를 얻지 못하였느니라"(히 11:8, 12:17) 하고 "잃어버린 자"도 말씀합니다.

③ 아브라함이 본토 친척 아비 집을 떠나 갈 바를 알지 못하고 나간 것도 "기업"을 얻기 위해서요, 이스라엘 백성들이 애굽을 탈출하여 천신만고 여기까지 온 것도 아브라함에게 언약하신 기업을 얻기 위해서입니다. 또한 그리스도께서 영광의 보좌를 떠나 이 땅에 오셔서 십자가를

담당하심도, "부르심을 입은 자로 하여금 영원한 기업의 약속을 얻게 하려 하심이니라"(히 9:15) 하고 말씀합니다. "썩지 않고 더럽지 않고 쇠하지 아니하는 기업을 잇게 하시나니 곧 너희를 위하여 하늘에 간직하신 것이라"(벧전 1:4) 하십니다.

④ 우리가 하나님의 자녀가 되었다는 것이 끝이 아닙니다. "자녀이면 또한 후사 곧 하나님의 후사요 그리스도와 함께 한 후사", 곧 "유업"을 이을 자라고 말씀하십니다. 저들이 추구한 것은 그림자에 불과했습니다. 그러나 우리에게는 가나안과 비교할 수 없는 "그리스도 안에서 하늘에 속한 모든 신령한 복으로 우리에게 복 주시려고"(엡 1:3) 쌓아놓고 계시다는 것입니다. 그러므로 바울은 옥중에서, "성도 안에서 그 기업의 영광 풍성이 무엇인지"(엡 1:18) 알게 해달라고 기도하고 있는 것입니다.

⑤ 이런 맥락에서 볼 때, 시내산을 출발하여 광야를 통과한 민수기가 하나님께서 약속하신 "기업"이라는 주제로 끝을 맺고 있다는 것은 현대교회에 시사하는 바가 크다 하겠습니다. 이제 다시 한 번 유념해야할 점은 슬로브핫의 딸들이나, 므낫세 지파의 족장들이, 이처럼 기업에 집착하고 있는 것은 이미 주어졌기 때문이 아니라, 아직은 약속으로 남아 있다는 점입니다. 동일하게 우리도 기업은 약속으로 남아있는 것입니다. 그렇다면 이처럼 "얻기"를 구하고, "잃지 아니하려" 함을 통해서 말씀하시고자 하는 바는 분명해지는 것입니다. 민수기는 우리에게 이렇게 질문함으로 끝을 맺고 있는 셈입니다. "저들은 그림자로 주어진 기업을 얻기 위해서, 그리고 그 기업을 잃지 않기 위해서 이토록 집착하고 있는데 너는 썩지 않고 쇠하지 아니하는(벧전 1:4) 영원한 기업을 얼마나 소망하고 있느냐?"

⑥ 마지막으로 이 책의 "머리말"을 인용함으로 구속사의 관점에서 본 "민수기 파노라마"를 마치고자 합니다.

민수기에는 두 번의 인구조사가 나옵니다.
출애굽기에서는 십계명의 첫 석판은 깨어지고
두 번째 석판이 주어집니다.
출애굽을 한 그들이 훗날, "출바벨론"을 하게 됩니다.

이것은 무엇을 말씀해주는 것일까요?
하나님이 하시는 일에도 시행착오가 있단 말인가?
아닙니다.
여기에 구약성경을 통해서 하시고자 하는 메시지가
농축이 되어 있는 것입니다.

인간의 거짓됨입니다.
하나님의 신실하심입니다.
결론은 자력구원의 불가능성입니다.

타락한 인간에게 하나님은 먼저 복음을 주셨습니다.
그러나 그것만으로는 무용지물입니다.
죄를 모르면 복음이 필요치가 않기 때문입니다.

그래서 율법과 선지서와 구약의 역사가
"구약성경"이라는 이름으로 주어진 것입니다.
구약성경의 주제는 두 가지로 요약이 됩니다.
"내게 대하여(그리스도) 증거한 것이로다"(요 5:39).
"율법으로는 죄를 깨달음이니라"(롬 3:20).

죄를 깨닫기에는 구약성경의 분량이 너무 적다는 말인가?

죄를 모르면, 복음을 모릅니다.
그래서 철학을 말하고, 축복을 찾고 있는 것입니다.

저는 이 책을 그리스도와 복음을 증거하기 위해서 썼습니다.
이제 묻습니다. 형제는 이 책을 통해서
죄를 깨닫고, 그리스도를 만나셨습니까?

구속사의 관점에서 본
구약성경 파노라마
민수기

초판 1쇄 발행 2007년 09월 20일
초판 3쇄 발행 2016년 06월 20일

지은이 유도순
펴낸이 유효성
펴낸곳 도서출판 머릿돌

등록번호 제17-240호
등록일자 1997년 5월 20일
주소 서울 동작구 노량진1동 205-7
TEL. 031-607-7678 / Mobile. 010-94728327
http://edendongsan.onmam.com
E-mail yoodosun@hanmail.net / yoohs516@hanmail.net

총판 기독교출판유통
경기도 고양시 일산동구 장항동 585-12
(031) 906-9191

ISBN : 978-89-87600-42-0 (03230)

* 정가는 뒷표지에 있습니다.
* 잘못되거나 파손된 책은 구입하신 서점에서 교환하여 드립니다.